湛广◎著

品牌源动力

POWER SOURCE OF BRAND
6C BRAND POSITIONING AND STRATEGY EXECUTION

6C定位与战略执行

中国发展出版社
CHINA DEVELOPMENT PRESS

图书在版编目（CIP）数据

品牌源动力：6C定位与战略执行/湛广著. —北京：中国发展出版社，2013.6
ISBN 978-7-80234-938-4

I. ①品… II. ①湛… III. ①品牌战略-研究 IV. ①F272.3

中国版本图书馆CIP数据核字（2013）第093346号

书　　　名：	品牌源动力：6C定位与战略执行
著作责任者：	湛　广
出 版 发 行：	中国发展出版社
	（北京市西城区百万庄大街16号8层　100037）
标 准 书 号：	ISBN 978-7-80234-938-4
经 销 者：	各地新华书店
印 刷 者：	北京科信印刷有限公司
开　　　本：	700mm×1000mm　1/16
印　　　张：	27.75
字　　　数：	450千字
版　　　次：	2013年6月第1版
印　　　次：	2013年6月第1次印刷
定　　　价：	49.00元
联 系 电 话：	(010) 68990642　68990692
购 书 热 线：	(010) 68990682　68990686
网 络 订 购：	http://zgfzcbs.tmall.com//
网 购 电 话：	(010) 88333349　68990639
本 社 网 址：	http://www.develpress.com.cn
电 子 邮 件：	bianjibu16@vip.sohu.com

版权所有・翻印必究

本社图书若有缺页、倒页，请向发行部调换

站在人文精神的高度缔造经典品牌

周文明

1

近日,湛广兄送来《品牌源动力——6C定位与战略执行》手稿,既在期待之中,又在意料之外。

湛广兄从事品牌建设与管理研究和实践工作10多年,早就盼着他把心得整理出来,以成精神之食粮,给大家分享,这在期待之中;意料之外的是,他拿出的东西竟是如此系统,如此深刻,可见用功之深,用情之切!

《品牌源动力——6C定位与战略执行》这本书,包含9章内容,分别论述了品牌战略、品牌价值、6C定位和集团品牌管控等内容。纵观全书,有几点特别引起了我的注意:

一、从历史发展的角度,全景式揭示了品牌的起源和演变历程

在中国的历代文献中,并无"品牌"一词,因此,我们今天所说的"品牌"概念,属于舶来品。作者带着我们跨越千年的历史,去追溯西方及东方品牌演变历史长河中的颗颗珍珠,从牛马身上的烙印到LV等早期品牌标志的诞生;从20世纪初龙虎人丹和日本仁丹的旷日持久商标官司,到瑞士"钟表之国"和巴黎"时尚之都"的品牌价值与文化传承,书中绘声绘色讲述各个大牌崛起的精彩故事,让读者从前所未有的全新视野,窥知品牌的前世与今生。

二、从品、牌、客三个维度，对品牌的本质和定义做了创新性论述

市场营销专家菲利普·科特勒博士给出的品牌定义："品牌是一个名称、名词、符号或设计，或者是它们的组合，其目的是识别某个销售者或某群销售者的产品或劳务，并使之同竞争对手的产品和劳务区别开来。"作者认为，科特勒博士将品牌看作"一个名称、名词、符号或设计"，实际上还停留在品牌概念发展史的第一和第二阶段（烙印与商标），这不是现代意义上的品牌含义。这种过时的认识，对于企业界的实际经营逐步丧失了现实意义。作者通过大量的案例、事实和逻辑，论证了品牌不等于一个符号，不等于一个商标，而是包含了品、牌、客三要素的价值复合体，这就是品牌定义SIC模型。作者认为，任何成功的品牌，都必须包含这三个要素，缺一不可。无数血的教训表明，品牌只要忽略或缺失了任何一个要素，那么必定导致失败。SIC模型第一次对品牌定义进行了创新性的论述，客观而科学地揭示了品牌的本质，为当代品牌学的发展提供了重要基础支撑。

三、对品牌价值和顾客体验做了科学而系统的论述

当代人们热衷于搞"全球品牌价值排行榜"，然而，品牌价值究竟是什么？似乎没有人系统深入的阐释过。本书提出了品牌价值CAPE模型，即品牌价值包括四个层次的内容：文化（Culture）、情感（Affection）、价格（Price）、功用（Effect）。其中功用和价格属于理性价值，就是我们通常所说的"性价比"；情感和文化属于感性价值，这是品牌的上层建筑。

对于顾客体验，作者也进行了系统研究，在前人研究的基础上，根据顾客的消费行为过程，把顾客体验分成媒体与公关体验（Media and PR Experience）、终端体验（End of the Market Experience）、消费体验（Consumption Experience）三大模块。为了便于记忆和传播，取关键词的首字母，简称顾客体验MEC模型。

CAPE模型和MEC模型的提出，真正厘清了品牌价值和顾客体验的内涵，让商业实践变得有章法，有效果。

四、首次提出品牌6C理论，将品牌战略、价值塑造转化为实操性方法

6C理论是本书的核心内容，包含顾客定位、品类定位、格调定位、溢价定

位、个性定位和核心定位6个维度。

6C定位克服了特劳特定位和广告攻心的局限性,全方位解决了品牌定位的实操问题,从而贯通了品牌战略、品牌价值和顾客体验之间一脉相承的联系,让品牌定位不再是空泛的、抽象的概念,而是一个直奔品牌建设终极目标的可操作性方法。6C定位理的提出,为品牌学科的成熟和完善,提供了一个新的思考空间。

此外,本书第九章用精炼的语言论述了集团品牌战略管控5大模块、12项任务和品牌危机公关3道防线。尤其危机公关3道防线的提出,建立在作者丰富的实践经验之上,颇具创新性,对于品牌公关界人士有重要借鉴意义。

我在传媒公司服务过2年,在企业管理咨询公司服务过3年,现在从事实业创业也有6个年头了,对企业品牌建设与管理亦有些涉猎与思考。我以为要对品牌这门学问有深入系统的见解宜有以下几个前提:

其一,要有敏感的神经,尤其是对于消费者和消费趋势的洞察;

其二,要对生活方式的变迁有深刻的感知和预见;

其三,要有深厚的商业知识功底和对中西方文化的热爱;

其四,要具备人文情怀。

在通读完湛兄的论述后,我感受到了湛兄具备了这样的素养,并且写出了一些我过去不曾思考的问题,引发了我诸多思考。

品牌文化外在表现为消费文化,内在表现为人文精神。

品牌的发端最早是为了加深识别与记忆,并在生活中的诸多领域有萌芽;自引入到商业领域后,品牌逐步演变为一种文化,现代社会的品牌文化本质上是一种消费文化,促进消费行为变成一种社会文明,而逐步远离简单的"野蛮花钱"。"品"的发端是造出来的,但品牌文化是在商业社会的时间和空间里沉淀下来的,其内在表现为价值追求、审美情趣、地缘文化、社会性格、精神信仰等诸多人文因素,简单地说是人文精神在影响着品牌的价值导向。

自文艺复兴之后，资本主义在欧洲得到蓬勃发展，商业文明更是在资本主义的背景下大放光彩。消费文化随着工业文明的发展不仅成为了社会现象，更成了一种必要的时尚，品牌消费首先在精英阶层兴起，尔后扩展到大众阶层，为品牌文化的蓬勃发展创造了最早的土壤；在尔后的几百年里，首先在欧洲沉淀下来了。今天大家熟知的不少经典品牌，品牌文化随着资本主义的蔓延，逐步扩展到北美和亚洲，走进了生活的每一个角落，演绎了多少生动感人的故事，也透视出世事变迁。

而中国，在商业意义上的品牌文化，真正的蓬勃发展是在改革开放以后的三十多年。我们对于品牌的认识和理解，也正如我们对于消费的理解一样，是一个逐步从野蛮走向文明的过程，是一个简单的从价格到价值理解过程，是一个从"牌子"到"品味"的体验过程，是一个从物质享受到人文情怀的体验过程。可见，某种意义上，品牌的进化史也是一个社会或者国家的进化史，与我们每一个人息息相关，不管你想不想与之有关。

"大牌崛起"某种意义上是"大国崛起"的一部分，而在"品牌自强"这条路上，我们似乎有太多的事情要做，不仅仅是基于商业范畴的考虑，更与民族自信有关。作为品牌的研究者和品牌的创建者，我们更是在有意无意地肩负着神圣的使命与沉重的责任。基于此，我要感谢湛兄为此做出的不懈努力，并激励我自己在实业领域里更用心去经营一手创建的品牌，就像养育自己的孩子。

书是我们最宝贵的精神食粮，能读到如此饱含真知灼见的书，实乃幸事；能有湛兄这样思想深刻的挚友，更是生命中的大幸！期待湛兄有更多更好的作品面世。

2013 年 3 月

周文明草就于重庆

周文明：重庆鹏方交通科技股份有限公司董事、CEO。

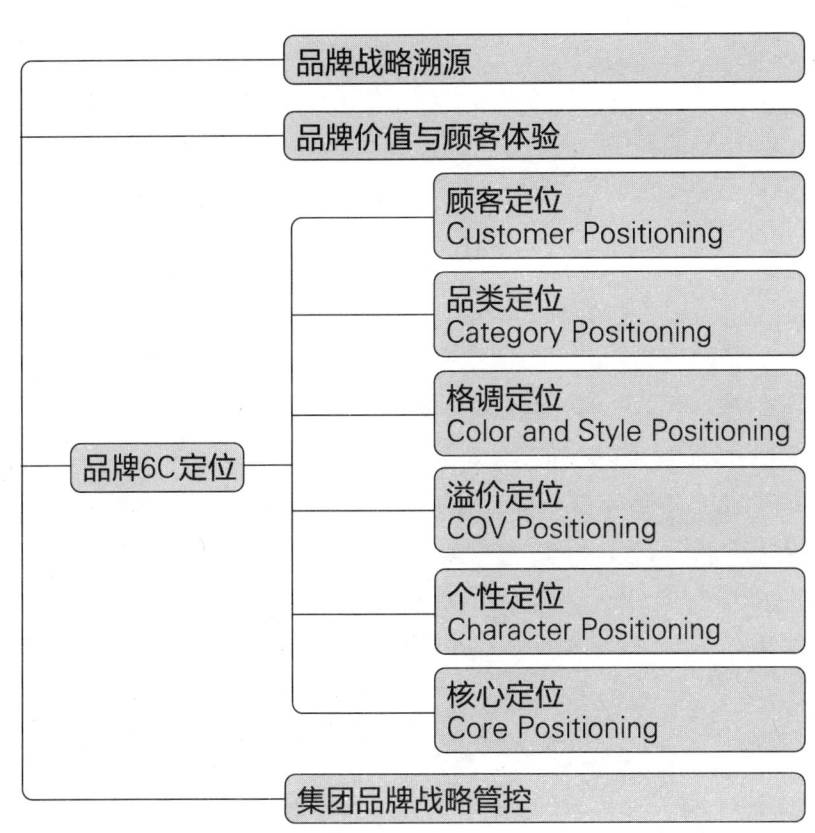

目 录 • Contents

第一章 品牌战略溯源

01 | 从矮穷矬到高富帅——品牌的起源　2
02 | 统领江湖五种力量——愿景与使命　22
03 | 品牌殿堂的秘钥——广义品牌SIC模型　31
04 | 从三级片到文艺片——品牌战略路径　50
05 | 特劳特定位的局限——6C定位模型　62
06 | 图解品牌构建方法——PSA三部曲　71
07 | 品牌的混沌与秩序——品牌族群战略　73
08 | 占卜问卦不如调查——品牌调研与诊断　81

第二章 品牌价值与顾客体验

01 | 品牌信仰的根基——CAPE价值理论　90
02 | 释放品牌的荷尔蒙——顾客体验MEC模型　92
03 | 从洗脑到自我救赎——媒体感受　98
04 | 攻克心扉的特洛伊木马——公关体验　110
05 | 顾客拦截的艺术——终端体验　113
06 | 超越金钱的心灵陶醉——消费体验　136
07 | 顾客流失漏斗揭秘——电商品牌体验　146

目录 • Contents

第三章 顾客定位

- 01 | 神爱世人我独爱你——目标顾客定位　154
- 02 | 勾画目标人群的风骨——定客ABCD模型　165
- 03 | 唤醒沉睡的宝藏——重构需求力　167
- 04 | 危机下的消费抑制——重启购买力　173
- 05 | 市场的颠覆性力量——重塑价值观　178
- 06 | 中了品牌的毒——创建顾客黏度　186

第四章 品类定位

- 01 | 上帝创造了品类——品牌与品类　194
- 02 | 宝洁细分出300个品牌——细分定类法　199
- 03 | 迪斯尼开发3000个地产——整合定类法　204
- 04 | 时装设计师孙中山——创新定类法　210
- 05 | 霸王凉茶与马应龙眼霜——A模式与J模式　212
- 06 | 做第一还是做唯一——品类竞争梯队　216
- 07 | 屈臣氏的边界与方寸——定类与商品规划　220

第五章 格调定位

- 01 | 从孔夫子到犀利哥——古今格调纵横谈　226
- 02 | 小萝莉大战OL——品牌格调经典范式　231
- 03 | 争奇斗艳夺花魁——格调定位矩阵　242
- 04 | 换标风波犯众怒——定调与VIS设计　248
- 05 | 玻璃卖出水晶价——定调与产品设计　259
- 06 | 视觉创意的灵魂——定调与广告设计　267
- 07 | 快时尚的江湖演义——ZARA深度分析　272

目 录 • Contents

第六章 溢价定位

01 | 叠石桥的传说——价格的生死符咒　　280
02 | 品牌吸金有道——溢价定位与竞争策略　　286
03 | 纠葛的双刃剑——价位、价宽和价让　　291
04 | 英雄的阵营与座次——PE与PR定价矩阵　　295
05 | 妥协才能共赢——多方权益定价法　　301
06 | 定立营销的格局——价格与产品规划　　308
07 | 高街品牌的二次革命——平价主导的业态变革　　311

第七章 个性定位

01 | 对号入座测个性——品牌个性维度量表　　318
02 | 良民最爱亡命徒——品牌个性12种原型　　321
03 | 狼老板不做羊品牌——品牌个性定位方法　　327
04 | 有了个性你就喊——品牌个性与品牌主张　　333
05 | 上层建筑一脉相通——品牌个性与企业文化　　334

第八章 核心定位

01 | 择其善者而从之——择优法则　　338
02 | 四海归于一统——归纳法则　　339
03 | 自立山头称大王——唯一法则　　340
04 | 天下英雄谁敌手——第一法则　　342
05 | 不畏浮云遮望眼——前瞻法则　　343
06 | 灵感源于勤调研——3C法则　　346

目 录 • Contents

第九章 集团品牌战略管控

01 | 五步可成诗——集团品牌战略5大模块　　350

02 | 捍卫价值的藩篱——集团品牌管控12项任务　　362

03 | 好戏在高台——集团品牌管控组织与流程　　382

04 | 阵亡率极高的游戏——品牌资产评估与并购　　386

05 | 门当户对好联姻——集团品牌联合　　406

06 | 掐灭危险的火花——品牌危机公关3道防线　　413

参考文献　　426

后记　　427

第一章

品牌战略溯源
Brand Strategy Introduction

一条破牛仔裤，如果来自美国，就被人们当作时尚的象征；如果出自阿富汗，就被人们理解为战争的创伤；如果来自非洲，就被人们理解为贫穷所致……品牌，决定了人们的价值判断！

---

01 从矮穷矬到高富帅
——品牌的起源

⊙ 大牌崛起：从矮穷矬到高富帅

　　1837年，爱马仕的创始人Thierry Hermès在法国巴黎创建了一家马具公司，因为他是一位非常爱马的人士，所以中文译名就叫"爱马仕"。

　　他的首宗生意就是为马匹制造项圈。那时候的法国，还没有出现现代交通工具，通信基本靠吼，治安基本靠狗，交通基本靠走——不过，进步的地方就是可以用马车作为代步工具，而马的项圈就是马拉车的时候之承力物件。风靡一时的电影《战马》，片中就有多处给马戴项圈的镜头，当主人公艾尔伯特给心爱的马驹乔伊第一次戴项圈时，乔伊对项圈是非常恐惧和拒绝的，费了很大周折才总算给它戴上。显然，马是通人性的动物，它不愿意受到束缚。因此，项圈的好坏会直接影响马的工作热情和工作效率。出于对马的热爱，爱马仕将马作为终极客户来用心服务，耗费大量的时间和心血，去研究马的形体特征和受力结构，最终要让马匹佩戴最贴颈、最舒适的项圈。今天我们的产品设计要求符合"人体工学"，体现人性化特征，其实这种理念最先被爱马仕用于马身上。正因为如此，爱马仕在1867年的世界皮革展览中获得一等业务奖章，从此在马具皮革领域奠定了江湖地位。

　　在过去漫长的岁月中，马具是很重要的日用品。尤其是上层社会的贵族，出行必定是香车宝马，那些名贵的纯种马价值不菲，好马必配好鞍，因此马车和马具都是非常考究的。正因为有上层社会的消费带动，爱马仕由此沉淀了具有贵族气质的品牌精神和文化，这为其以后从马类用品向人类用品转型提供了有利条件。

　　到20世纪上叶，汽车工业兴起，当爱马仕第三代掌门人Charles-Emile HERMES接过爱马仕公司的权杖时，发现爱马仕面临被淘汰的命运。于是他积极开展多元化战略，将业务拓展至手提袋、旅行袋、手套、皮带、珠宝、笔记本以及手表、烟灰缸、丝巾等。甚至在爱马仕第五代接班人接掌后，更陆续

图1-1　左图为爱马仕创始人Thierry Hermès，右图为爱马仕在巴黎开设的第一家马具工厂原址，现在仍旧是爱马仕的旗舰店

图片来源：Wmagazine

推出了香水、领带、西装、鞋饰、沐浴巾、瓷器、珠宝、男女服饰、手表和桌饰系列等新商品，让爱马仕真正成为涵盖生活全方位的经典品位代表。

纵观历史，19世纪的欧洲、美国等地，诞生了最早的一批现代意义上的知名品牌。如爱马仕（HERMES）、卡地亚（CARTIER）、路易·威登（LV）、李维斯（LEVI'S）等等。这些古董级品牌，经历150年以上的精心修炼，吸收天地之灵气、日月之精华，如今都成为全球顶级的奢侈品牌或著名消费品牌，无论过去、现在，还是未来，都在引领全球的时尚消费潮流。追溯这些品牌背后的故事，有助于我们认知品牌起源的历史。

我们再来看看LV和李维斯的发家史：

就在爱马仕诞生的1837年，一个年轻人背起简易的行囊，离开了法国东部的一个小村庄，沿着尘土飞扬的乡间土路，步行400多公里，连续很多天风餐露宿，前往巴黎。沿途都是贫瘠的土壤和稀疏的庄稼，偶尔能看到一些用来耕地的小毛驴。当时的法国农作物种植业并不发达，葡萄种植还没有普及，土地的谷物产出率很低，有些地方采用畜牧和种植混合的方式，也改变不了贫穷的面貌。

他的父亲在附近一个林场当伐木工人，但是工资微薄，跟农民一样贫穷。于是，穷人的孩子早当家，小小年纪的他决定独自出去闯天下，用自己的智慧和汗水，赚钱过上好日子。这么一个单纯而朴素的梦想，让这个单瘦的年轻人心中热血沸腾，对前路的艰辛完全没有在意。他的大名叫路易·威登（Louis Vuitton），时年16岁。

来到举目无亲的巴黎，小路易在木工作坊干过，后来又有机会给上层社会的贵族收拾行装，类似马夫和佣人之类的职业。据说，最传奇的是他在拿破仑三世登基之后，成为皇后乌捷妮的御用捆工，心灵手巧的他很快赢得皇后的器重。路易·威登在为上流社会服务时，发现那些爱好旅行的人士，包括皇后乌捷妮在内，最大的苦恼是没有合适的行李箱，华美的服饰经常被弄得皱巴巴的，颇煞风景。因此，他深知改进行李箱包的重大意义，于是他决定辞去政府公务员的职务，下海经商，于1854年，在巴黎街头创建第一家以自己名字命名的皮箱店，革命性地创制了平顶皮衣箱，改变了以往圆顶衣箱的缺陷。

以咱东方大国的思维来推测，路易·威登下海之前，应该已经积累了上层社会的人脉资源，或许能够获得政府采购之类的订单，比如圣诞节到来，宫廷内务总管给公务员们发LV包作为福利。当然，这些都无从考证。我们只知道当时的事实是：这种箱子很快便成为巴黎上流社会王公贵族们出行的首选物品。品牌血统的高贵，为LV成为全球顶级奢侈品牌奠定了基础。

后来的岁月，路易·威登成为法国历史上最杰出的皮件设计大师之一，LV的魅力与日俱增。不过，有一点他是万万没有想到的，150年之后，如此高档的LV奢侈品牌，却成为某个东方大国普及率最高的大牌。从家庭主妇到商界巾帼，从繁华都市到边陲小镇，无论何人何地何时，你都可以看到LV的魅力在人潮中流淌。当然，千万别误会，并非LV变成了大众消费品，也并非人人都可以买得起LV，而是由于某国山寨产业发达，让仿制精良的冒牌LV走进千家万户，成为居家旅行、攀比摆阔必备之良物。

因此，现实告诉我们，骑白马的不一定是王子，拎LV的也不一定是阔太，具体得看身份和场合。王菲和张柏芝拎的LV包一定是正品；而隔壁张大妈在菜场为了1毛钱而讨价还价时拎的LV包，就真假莫辨了。但无论如何，LV作为一个著名品牌，已经深深烙印在广大人民群众心目中，这是不容置疑的事实。越是山寨流行，越是证明其品牌之成功。

题归正传。那是一个品牌的洪荒时代，也是重量级大牌诞生的时代。并且，绝大部分品牌都不是生为贵族，而是崛起于最底层。我们今天看到的，都是从"矮穷挫"变成"高富帅"的青春励志故事。几乎跟LV同一时间诞生的品牌，是牛仔界的老大——李维斯（LEVI'S）。我们再来看看李维斯发家的故事。

1848年1月24日，在现今加州旧金山的一个山谷里，一个名叫James W. Marshal的木匠正在建造锯木厂，锯木厂选址在河流边，这样便于运输木头。那时候还没有电动机，所以锯木厂采用水车作为动力设备。清晨的阳光了驱散薄雾，这片氤氲沉寂的古老大地，在无意中暴露了它的富饶。当木匠在调试水车的时候，发现水流冲刷下出现了一些金灿灿的东西，在阳光下显得格外耀眼。他下意识地捡起其中较大的颗粒，眯缝着眼鉴定半天，最终得出惊人的结论："哦，卖糕的！这货居然是金子！"幸亏木匠是一个老实人，他没有一个人闷声发大财，而是将消息告诉了其他工友。于是，一传十，十传百，加州发现金子的消息很快传播开来。同年8月，消息传到东部的纽约，纽约作为当时的国际化都市，将消息进一步传播到全美和世界各地。从此，许多怀揣一夜致富梦想的人开始涌入旧金山港口。1849年起，加州淘金潮真正兴盛起来，从美国各地和其他国家出发前往加州淘金的人络绎不绝，当时旧金山港口的帆船密密麻麻，而市区的人口迅速暴涨。据当时的报纸记载，鼎盛时期多达30万人赶往加州，其中15万人走陆路，15万人走水路。可谓水陆兼程，浩浩荡荡，蔚为壮观。另据统计，1847~1870年之间，旧金山常住人口从500人增加到15万人。

旧金山人口的激增，带来了很多问题，吃的、用的、穿的、住的等等都供不应求。1853年——比LV的诞生还早一年，来自德国巴伐利亚的年轻商人李维斯也慕名来到旧金山。正是由于他的到来，解决了淘金者的工作服问题，并诞生了世界上第一条牛仔裤。

话说李维斯当时24岁，他6年前从德国移民到纽约，开始是替做绸布生意的两个哥哥作推销。当时他英文还很蹩脚，在这个陌生的国度很不适应。但为了生活，不得不背上了一百磅重的布匹、衣服、针线等，前往南部肯塔基州，向那些农夫、伐木工人等兜售一两块钱的"纽约货"。生意并不好做，每天背着沉重的货物赶路也非常艰辛，于是当他听到加州发现金矿的消息后，也决定去闯荡一下，说不定还能发大财哩。

他并不知道淘金的人需要什么，只是按照自己想法，随身背了一些布

图1-2 左图为当年旧金山淘金热的情景,右图为加州轮船航运公司的广告:"去加州淘金指南:坐轮船只需35天"

图片来源:PhotoShelter

料、衣服和几匹用来做帐篷、马车篷用的帆布。到了旧金山之后,他就听到无数的矿工们向他抱怨"怎么不多带些裤子来卖",他们说,现在裤子实在太不耐穿了,在这鸟不生蛋的地方,甭说挖金子这粗活,赶个马车都很容易把裤子弄破!李维斯急中生智,找个裁缝把几匹粗帆布加工成粗犷的牛仔裤,没想到立即受到工人们的欢迎。这裤子真是伟大的发明,防水、防污、防破损!莫非是传说中的"三防裤"? 这就是世界上第一条作为工装之用的牛仔裤。从此李维斯发现了生意机会,立即向两个哥哥要求发货,重点是粗帆布。李维斯的生意就这样做起来了。时光能成就一切,也能摧毁一切,多年之后,旧金山早已见不到当年淘金者的身影,而李维斯发明的帆布牛仔裤却风靡全球。

顺便说一句,加州的淘金热,不仅仅让一批屌丝勤劳致富,更重要的是还催生了一批百年老字号品牌,除了李维斯,还有吉德利巧克力店(Ghirardelli,1852年)、FOLGERS 咖啡(1850年)、富国银行(1852年)和加州银行(Bank of California,1864年)等等,它们都是在淘金热中应运而生的老牌子,时至今日,这些品牌仍旧焕发生机。

纵观上述大牌崛起的历史,我们可以发现很多共同的规律,为今天的品牌建设提供重要借鉴。正所谓"传奇始于阡陌,高贵源自黎庶",但我们不能局限于这个励志之道,下面要进一步探讨这些成功品牌背后的规律和奥秘。

⦿ 品牌概念演变史之一：烙印

我们今天所说的"品牌"概念，严格说来属于舶来品。在英文中，品牌的单词是"Brand"，Brand来自于古挪威语，意思就是"烧灼"，并引申为"烙印"，后来随着商品经济的发展，才逐渐有了"商标"和"品牌"的含义。所以，Brand的词义演变史就是：烙印——商标——品牌，这也正是品牌概念的发展史。下面先来说说第一阶段的含义：烙印。

在美国西部电影中，经常出现这样的壮观景象：原野落日，余晖万丈，身手矫健的牛仔，驱赶着黑压压的牛群在广袤的牧场上奔腾，气势磅礴，排山倒海。仅一个德克萨斯州，就有几百万头牛在这里茁壮成长。一个严肃的问题是：这么多的牲畜混在一起，如何区分谁是谁家的牛呢？于是，聪明的牛仔就想出了一个简单有效的方法：给所有牛打上烙印。让牛受些皮肉之苦，虽然不太"牛道"，但是别无更好的方法。在美国和加拿大，如今的牧场主还保留着一个重要传统日子——烙印日（Branding Day），这天要在牧场中新生一代的牛身上，烙印代表牧场的标志（如图1-3所示）。

图1-3　烙印日给牛马打烙印的情景，右图为烙印的牧场标志

图片来源：七色地图

人类畜牧业已经有了3000多年的历史，因此烙印可以说是最古老的标志手法。然而，"烙印"却不限于牧场使用。游牧民族发明的Brand法也引起了其他民族的兴趣，于是他们创造性地拓展了烙印的新用途——从用于牲畜到用于奴隶、犯人或战俘身上。

例如古罗马的奴隶就被迫接受跟牲畜同样的待遇——奴隶主用烧红的烙铁在奴隶的前额或脊背上烙下一个标识，这种标识通常是奴隶主姓名的第一个字母。那个时候没有祛疤灵之类的产品，因此烙印就是无法去除的终身印记，如此可以有效防止奴隶或犯人逃跑。这等残忍的方法，后来逐渐被刺字所替代。例如中国先秦时代以来的黥刑就是在犯人脸上刺字。在宋朝的时候，刺字、流配、充军达到高峰。别以为宋朝很残酷，其实还算仁慈，因为刺配刑罚有时可以抵扣死刑，即刺配可以免死。基于这样的史实，人们对刺字、刺青多有误解，以为有刺青的都是坏人，以为刺青是青龙帮、山口组等黑帮的专利。实际上，世界各地的土著民族很多都有文身、纹面等历史习俗，古埃及利用刺青来划分社会地位，英国维多利亚时代的妇女流行在唇部文上红色。甚至民族英雄岳飞的背上也有"精忠报国"四个字的刺青。有趣的是，如今文身和刺青已经成为时尚潮流，都市前卫男女偶尔露出一块张牙舞爪的刺青图案，千万不要大惊小怪。

Brand词义由"烙印"发展为"商标"，经历了一个漫长的过程。随着人们对烙印法的娴熟运用，后来此法又有了更大的发展，已经广泛用于各类专属物品上，工艺水平也更加多样化，除了原汁原味地用烧红的烙铁去烫，还发明了刀刻、笔绘、刺绣等。例如杨家将的兵器上刻有"杨"记徽标，关羽的帅旗上写着一个斗大的"关"字，罗马军团的徽标是一只鹰……不过这些都是非卖品，既然不是商品，那么这些标志也不能称为商标。

中国传统艺术"诗书画印"中的"印"也具备商标功能，当书画作品或碑文拓本等在市面流通时，人们鉴定一幅作品是米芾的还是王羲之的，抑或是怀素的，首先的凭证就是看落款和印章，其次还有风格、题材、年代等其他要素。但是，由于艺术品属于个人智慧产品，无法工业化批量生产，所以这个"印"实际上只能算准商标。河南安阳一座古墓中出土了"魏武王常所用格虎大戟"石碑，专家立即断言这是曹操墓。在专家看来，"魏武王"三个字相当于商标，凡是带有"魏武王"的物品，必属曹操出品。其实，驰名商标都假冒，何况"魏武王"三个字并非受到法律保护的商标。

烙印真正变成商标，那是发生在商品流通领域。当法国南部牧场或德克萨斯州牧场的牛被卖到市面时，人们看到，每头牛都带有特殊的标志，诸如威廉家的、史密斯家的、布朗家的……只要认准某家的标志，就意味着可以买到物美价廉的牛。于是，烙印就逐渐具备了商标的功能，让客户产生信赖感和忠诚度。因而这种商标功能立即被各行各业的商家竞相模仿，纷纷给自己的商号

图1-4 "魏武王常所用格虎大戟"石碑

来源:Worldchinese Weekly

打上标志,早期的商标一般都是自家的姓氏和名字,像爱马仕、LV、香奈儿等等,跟中国的"李记"、"孙记"、"泥人张"、"王麻子"等商号有异曲同工之妙。

烙印演变成商标是历史的必然。早期的商品生产者还发现,商标不但可以让顾客产生信赖和偏好,提升竞争力,而且还有遏制仿冒者的功能。在16世纪初期,欧洲威士忌酿酒商已经对烙印法运用娴熟,他们在装酒的大木桶上烙上自己的名字,以防假冒。由于仿冒的成本远远低于创新,原创者很快就被物美价廉的山寨品打败,因此,为了保护自己的产权,给自家的产品上打上烙印、刻上标志便也顺理成章了。这就是商标与品牌的起源。

◉ 品牌概念演变史之二:商标

下面我们来分析一下Brand词义演变史的第二个阶段:商标。从某种意义上说,"烙印"变成"商标",首先得感谢那些遭受皮肉之苦的牛马畜类。一个有趣的事实是,因为限于当时的技术条件,不可能在牛马身上烙出一个形态复杂、色彩绚丽的图案来,所以最有效可行的方式就是烙上单纯的字母,

GUCCI,诞生于1921

LV,诞生于1854

Chanel,诞生于1913

Dior,诞生于1946

图1-5 早期的品牌LOGO都是简单的字母及变形图案

或者形状简单的图案。正因为商标起源于"烙印",因此早期知名品牌的标志都是非常简洁、规则的,纯字母组合或稍加变形占据了绝大多数。例如LV、GUCCI、DIOR、CHANEL、LEVI'S、LEE等等,如图1-5所示。

也许有人会说,早期商标中的爱马仕就不是简单的字母商标嘛,如今呈现在人们面前的是不规则的马车图案和"HERMES"法文字母组合,如图1-6所示。

其实,这个马车图案是爱马仕第三代掌门人埃米尔·爱马仕后来才加上去的。他喜欢搞

图1-6 爱马仕的马车图案是后来加上去,源自Alfred de Dreux的水粉画

右图来源:itwonlast

收藏,用多年积累的各类藏品组建了爱马仕博物馆,馆中收藏了19世纪法国画家Alfred de Dreux的一副水粉画,画中是一位小马夫在一辆维多利亚式的双座马车前等待他的主人。埃米尔·爱马仕对这幅画爱不释手,并从中找到了灵感,联想到爱马仕制造马具起家的历史渊源,于是就在商标上增加著名的马车图案。这种古典、轻松而优雅的风格,把爱马仕的形象传到了世界各地。后来,这幅画也印在了爱马仕最著名的香水Caleche的包装上。换而言之,爱马仕最开始的商标,也是纯粹的字母组合,没有其他复杂图案。可以说,凡是今天看上去形态复杂的老字号商标,如果去考证其第一代商标形式,几乎都是最简约的、规则的字母与文字形式。

商标的这种简约传统也影响了后世的品牌，尤其在服装等时尚领域，很多地道的国外品牌都采用纯字母组合，例如JACK&JONES、ZARA、ESPRIT、H&M等等。中国国内的很多品牌为了模仿国外大牌，经常"言必称希腊"，动辄将品牌原产地说成巴黎、意大利等等，为了模仿得惟妙惟肖，商标也常常采用极为简约的纯字母风格，当大部分有意义的字母组合都被别家注册了时，才不得不弄些图形组合。

在当代，随着数字图文技术和印刷技术的发展，以及为了跟已有商标相区别，整体趋势上是商标的形状越来越复杂、色彩越来越丰富。但在人类的认知习惯上，人们对于简约的符号更容易识别和记住。

从品牌的起源历史来看，是先有产品，后有商标的。虽然第一家LV店铺创建于1854年，但在那个品牌洪荒时代，"Brand"还在为牧场主服务，并没有诞生今天所说的品牌或商标概念。

当路易·威登开第一家店之后不久，就遇到一个困扰他的问题：他的设计很快便被抄袭，平顶方形衣箱成为潮流，仿制的山寨产品充斥市面。LV如今不怕山寨，那是因为它原本就是从山寨产品中杀出一条血路来的。直到1896年，也就是路易·威登第一家店开业42年之后，他才意识到必须拥有自己的独特标志，以便跟众多仿冒者相区别，于是推出了第一代LV标志，其实那不是一个商标，而是一种固化的设计风格——"印着交织字母图案的粗帆布"（Monogram Canvas），这种风格延续至今，成为LV的独特形象（如图1-7）。后来，路易·威登的儿子乔治·威登用父亲姓名中的简写L及V组合成花朵图案，推出第二代标志，这才是我们今天看到LV商标。

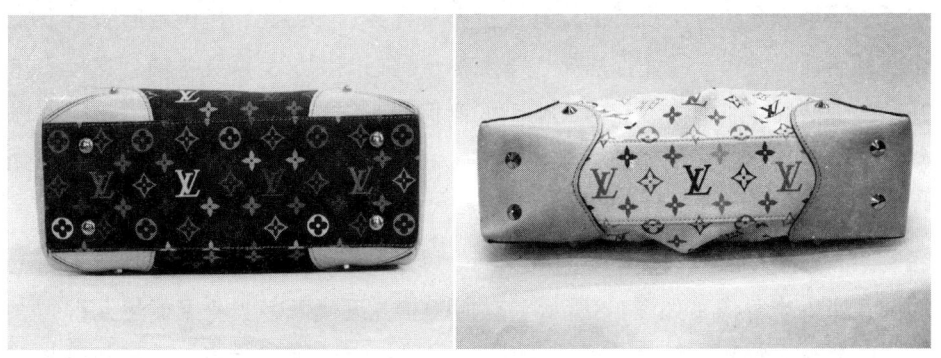

图1-7　LV经典风格——印着交织字母图案的帆布

同样的，开始李维斯和路易·威登一样，也是没有商标和产权意识的，面对仿冒者就像当年的淘金者一样蜂拥而至时，老李终于忍无可忍了，遂在1897年注册LEVI'S商标，只比LV晚了1年。从此李维斯成了美国牛仔文化的先驱。出于同样的渊源，LEVI'S商标也是极其简约的字母组合。

有意思的是，早期的很多著名品牌来自服饰及纺织皮革用品领域。道理也很简单——18世纪的英国工业革命，最先是从纺织工业开始的。同时，西方的畜牧业发达，也不缺皮毛原料。因此，服饰、箱包等纺织及皮革用品，最先成为大工业时代量产的品类，成为广为流通的商品，因此也最先具备了诞生品牌的条件。

与此同时，那些与人们生活密切相关的领域，例如食品和饮品、医药保健品、香水和化妆品、珠宝首饰等，也是最先诞生商标与品牌的，看来人类祖先很早就开始追求美食、美酒、健康和美丽。例如在食品和饮品领域，有人头马、轩尼诗以及中国的全聚德、狗不理、茅台等；在医药保健领域，有中华老字号同仁堂、九芝堂，美国老字号罗氏、强生等；在香水、化妆品领域，有香奈儿、娇兰、迪奥、兰蔻等。

需要强调的是，商标只有被注册，才具有唯一的、排他性的产权，才受到法律保护。西方商品经济发展历史悠久，因此也最早拥有官方商标注册机构。早在19世纪，现代意义的商标制度就已经在欧洲建立，法国成为世界上第一个建立商标注册制度的国家。中国在这方面则起步很晚，晚了将近100年。中国早期的老字号商标均无合法保护措施，像同仁堂这样的，在过去几百年时间内都是无防护地"裸奔"。直到1904年，清政府在西方国家的"胁迫"下颁布了中国第一个商标法规《商标注册试办章程》。1923年，民国政府管辖下的农商部商标局颁布了《商标法》、《商标法施行细则》，以及各项公文程式，开始受理商标注册事务。此后，中国的商标和产权保护才逐渐跟西方接轨。姗姗来迟的商标注册，也为后来的一个国际商标争议公案埋下了伏笔。

20世纪初，中日贸易出现大幅逆差，日货大量进入中国市场。当时最有名气的品牌是日本仁丹，在中国城乡到处可见仁丹招贴画，画上是翘着小胡子的旧式军人半身像（如图1-8所示）。1909年，近代著名实业家黄楚九得到一张"诸葛行军散"的古方，同时参考自己祖传的《七十二症方》，反复研制出新的方剂，做成小粒药丸，取名为"人丹"，并设计了"龙虎"商标。但是，当时官方并无商标注册受理机构，因此龙虎商标一开始并未注册。龙虎牌人丹上市后，黄楚九跟日本仁丹开展了广告战，凡是有仁丹海报的地方，就会出现一幅龙虎人丹海报。日本东亚公司眼看龙虎人丹对他们的仁丹构成了威胁，便控告人丹是"冒牌"、"侵权"，要求中国政府勒令停产。黄楚九聘请上海著名大律师，与日商大打官司。这场旷日持久的商标官司一直上诉到北洋政府大理院（相当于最高人民法院），前前后后一共拖了近10年的时间，最后以"龙虎牌"人丹胜诉而结案。此案黄楚九虽然花去了近10万元诉讼费，但是却让龙虎商标闻名于世。

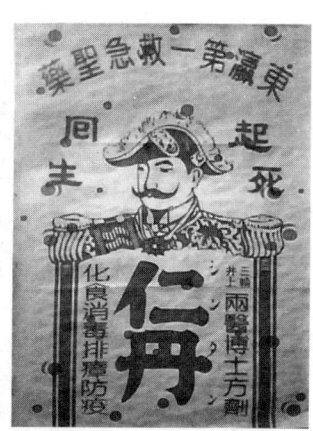

图1-8 龙虎商标图案（左）和日本仁丹老海报（右）

1923年5月，民国政府正式成立商标局。黄楚九立即派人到商标局将"龙虎"两字呈请注册。此后，"龙虎"商标正式受到了法律保护。回首往事，令人感叹唏嘘，如果中国当局早日开展商标注册事务，则那场旷日持久的官司是完全可以避免的。

⦿ 品牌概念演变史之三：品牌

前面我们穿越了几百年的历史，去探寻品牌的发展史。现在，我们进入品牌发展史第三阶段：品牌。在这个阶段，Brand才具有现代意义的品牌含义。

当LV从一个烙印符号，变成一个商标，再变成为一个奢侈品品牌时，它的背后承载的价值已经发生了质的变化。150年前，把LV店整体卖掉，也值不了多少钱，就别提那个标志符号了。如今，LV在奢侈品牌价值排行榜上高居第一位，价值高达259亿美元。

这259亿美元，既包括理性价值——优秀的设计、上乘的材质、精良的工艺、人性化的功能等等；也包含感性价值——悠久的历史、厚重的文化、传

图1-9 法国香水史上的经典之作香奈儿5号，诞生于1921年，魅力长存

来源：Chanel

奇的故事、高贵的风格和调性、奢华的气质、引导潮流的影响力等等。此外，还包括150多年来沉淀的知名度和美誉度。所有这些，共同构成了LV品牌价值。

品牌实际上是一个价值复合体，其基础是功能和利益，上层建筑就是情感和文化。当人们被香奈儿、万国、奔驰、纪梵希、娇兰等知名品牌所折服时，实际上是折服于品牌背后的功能与利益、情感与文化。麦当劳的烤翅味道未必就超越北京胡同中的烤羊肉串，必胜客的匹萨口感也未必胜于天津街头的大肉包，也许这些本来就没有可比性，但是到了品牌价值层面，就有了可比性。由于麦当劳和必胜客们带来了全新的消费体验，代表了美国价值和文化，从而让人刮目相看，品牌价值就远远高于那些"国粹"。等到年轻一代适应了其口味，那么长大后要改变还很难，此时品牌忠诚度就变得更加牢固。

有人说品牌是一种信仰，让人着迷、膜拜，沉湎其中。"郭美美事件"、"副县长女儿炫富事件"中，"左手LV右手爱马仕"的做派引起了网民的强烈不满，并在报刊、电视等传统媒体的介入下，演变成一场轩然大波。普通公民对权贵炫富的反感，也波及一些奢侈品牌，导致负面评价和负面影响。其实，品牌何辜，我们应该理性面对。炫富当然是不对的，但是对于普遍存在的对大牌追崇情结，如果简单斥之为"拜金主义"、"物欲横流"，则是肤浅的。品牌是商品经济发展到一定阶段的奇葩，承载着沉甸甸的商业价值和商业文明，是推动经济、文化和社会进步的引擎。只有那些富于创造和创新的民族，执着打造精品的民族，才有资格拥有世界顶级的品牌。德国1/4的人口在从事汽车制造及相关产业，这个一丝不苟的民族不断为世界奉献各类机械精品。瑞士人400多年来执着于钟表制造业，于是瑞士诞生了很多不朽的钟表品牌。法国人用300年时间来设计时装，用700年的时间来研制香水，用800年时间来将葡萄酒推向全球，由此法国也成为著名的时尚之都、浪漫之国。同样的，美国人用50年的时间创建了举世闻名的硅谷，成为全球电子科技与IT产业的龙头。这里集结了10000家IT、电子类企业，并诞生了思科、英特尔、惠普、苹果等世界级企业与品牌。

图1-10　经历几百年的沉淀和精研，17世纪之后法国葡萄酒开始称霸全球

来源：Chateau Margaux

相比之下，商品经济起步很晚的中国，却是另外一番景象。2012年，全球知名广告公司智威汤逊（JWT）发布了中国品牌知名度的调查报告，结果显示，高达36%的英国和美国的消费者"从未听说过任何中国品牌"，而他们真正听说过的中国品牌也屈指可数，其中知名度最高的三个品牌是中国国际航空、中国银行和联想。国航和中行都是国字号央企，它们的知名度实际上是搭上了国际客流和资金流的便车，靠的是提供垄断性公共服务这个先天条件。中国改革开放、跟国际接轨只有30多年，所以现代意义上的品牌塑造，也就是近几十年的事情。中国品牌要走向世界，还有很长的路要走。

品牌成功的背后，是企业保持基业长青和永续经营的能力。成功的企业未必诞生成功的品牌；但是成功的品牌背后，一定有成功的企业。韩国银行发表的《日本企业长寿的秘密及启示》报告书称，日本拥有3146家历史超过200年的企业，为全球最多，更有7家企业历史超过了1000年。排在世界最古老企业前三位的都是日本企业。而日本调查公司东京商工研究机构数据也显示，全日本超过百年历史的企业竟达21666家之多。89.4%的日本百年企业都是员工少于300人的中小企业，多以家庭为单位经营。经营范围大部分是制作食品、酒类、药品以及与传统文化相关行业。由此可见日本人坚忍不拔的执着精神，他们可以将企业作为若干代人兢兢业业奋斗的目标。

图1-11　现存最古老的瑞士表品牌GALLET，成立于1466年，其飞行师手表（Flight Officer Watch）系列成为一个时代的经典

资料来源：Galletwatches

超过200年历史的长寿企业和品牌在欧洲也有很多，例如德国有837家，荷兰有222家，法国有196家。而在中国，最古老的老字号是成立于1538年的六必居，之后是1663年的剪刀老字号张小泉，再加上陈李济、同仁堂药业以及王老吉，中国现存的超过150年历史的老字号品牌仅此5家。

所以，我们应该对那些经历时光考验的品牌报以崇高的敬意，它们都是商业历史长河中璀璨的珍珠。它们不仅仅是一个商标和符号，更是商业价值的沉淀和商业文化的结晶。每一个成功的品牌，都是一段不朽的传奇。每一个成功的品牌，都需要一代人的心血，甚至几代人的接力。当一个优秀品牌走向全球后，它甚至可以成为国家的象征，承载了国家的价值观和文化，例如可口可乐代表美国文化，香奈儿成为法国的象征，帝王威士忌代表苏格兰……当一个民族执着于创新产品、创造价值、创建品牌时，才可以说这个民族脱离了愚昧和荒蛮。

⦿ 傻傻分不清：商标≠品牌

长期以来，人们对于品牌的概念是模糊的，甚至将商标等同于品牌，以为注册一个商标，就拥有一个品牌了。这种错误认识的盛行是有原因的。品牌界的很多学者，就是这样认为的。例如著名市场营销专家菲利普·科特勒博士给出的品牌定义是："品牌是一个名称、名词、符号或设计，或者是它们的组合，其目的是识别某个销售者或某群销售者的产品或劳务，并使之同竞争对手的产品和劳务区别开来。"显然，科特勒将品牌和商标混为一谈，并误导了很多不明真相的群众。由于将商标视同为品牌的观点流谬甚广，并在实践中带来了很多危害和深刻教训，所以下面将重点来阐述商标与品牌的本质区别。

从前面的品牌概念发展史可以看出，品牌跟商标既有密切的关系，也有明显的区别。商标只是品牌的识别符号，本身不具有价值，其价值来源于品牌背后所承载的感性价值与理性价值。因此，商标不等于品牌，只是用来指代品牌。打个更通俗的比喻："奥巴马"这个词之所很牛，仅仅是因为它是美国总统的名字；如果这个名字用于其他人身上，则一文不值。如果你家孩子取名"奥巴马"，并不会给你家带来总统的待遇，你家也不会变成白宫，也无须为你家配置几名黑衣保镖，感恩节也不用买一只火鸡来放生⋯⋯假如你孩子未来真成了总统，那么他无论取什么名字都有价值，哪怕叫"狗剩"、"铁蛋"都行。

所以，如果光有一个商标，是不能称其为品牌的。当路易·威登在皮箱上第一次烙印"LV"时，还不能说一个品牌诞生了。否则你可以把家里的所有物品都刷上"LV"，看看是否都变成了奢侈品。前面强调过，先有产品，后有商标。即便没有商标，路易·威登和李维斯们依旧可以生存的，依旧可以创造价值。因此，商标符号本身并无价值，只不过给原来实体提供了一个标志和一种合法保护而已。人们普遍认为，著名品牌的商标具有无形价值，这个没有错；但是我们要清醒认识到，商标承载的无形价值源自企业和品牌的有形价值，如果脱离了有形价值，那么无形价值就变成了无源之水、无本之木。

透过现象看本质。品牌的成功，绝对不是源于商标，而是源于品牌背后的强大支撑体系。如果我们忽略了品牌背后的力量，眼睛光盯着一个商标，那么就会谬以千里。例如百丽鞋业，既是一个产品品牌，也是一个企业集团品牌，中国销售排名前10位的品牌女鞋中，百丽公司占据了6个：百丽、天美意、她他、思加图、百思图、森达。2007年百丽在香港上市的时候，股票市值高达800亿人民币，而当时的国美电器才360亿。如此强大的品牌，成功的关键因素却鲜为人知——百丽通过旗下庞大品牌族群，实现了对百货零售业的终端控制。百丽公司的柜面，往往占据一个百货商场鞋柜总面积的1/3～1/2，百丽鞋业拥有中国百货商业的10000多个黄金铺面，此外百丽服饰也占据了3000多个百货终端，累计掌握中高端百货自营零售店15000个，这种排他性、半垄断性的终端掌控能力，就构成了百丽品牌背后的强大支撑体系，也就是其核心竞争力。试想，如果抽掉这15000个高级营销终端资源，百丽集团的收益从哪里来？若没有收益，百丽的商标还能价值几何？

殊不知，无数案例都证明了一点：凡是企业经营不善的，商标价值也会灰飞烟灭。例如曾经位列重庆医药零售业前三强的"时珍阁"品牌，因为陷入债务危机而关门，其会计报表上显示品牌资产价值6000万元，而最终的商标拍卖会上，只卖了1.15万元。可见，品牌背后的价值消失之后，商标也会变得不值钱。换句话说，商标是跟品牌价值捆绑在一起的。商标本身不值钱，值钱的是商标背后的品牌价值。

反过来看，只要品牌背后的价值还在，并且这个价值强大到了不可替代的程度，那么商标就不那么重要了，甚至是可以换掉的。2012年，淘宝商城更名为"天猫"，引起江湖一片热议，褒之贬之都有，坊间还笑传京东商城应该改成"京巴"，以与"天猫"抗衡。但褒贬也罢，玩笑也罢，事实证明，天猫的销售额没有受到丝毫影响，也没有任何顾客因此而拒绝上天猫商城购物。如果商标等同于品牌，那么改了商标名，就不是原来的品牌了。天猫就是一个完全陌生的品牌，但是消费者不这么看。大家认可的是淘宝商城背后的强大价值，至于它的商标叫阿猫还是阿狗，并不重要。

这方面更典型的案例是加多宝。天猫换标是主动的，加多宝是被动的。在加多宝公司输掉官司、王老吉商标被广药集团收回后，加多宝公司一夜之间变成一家没有商标的企业！如果商标等于品牌的话，如果商标承担了品牌的全部价值的话，那么意味着加多宝公司顿时变得一无所有；而广药得到王老吉商标之后，应该获得王老吉原来的市场份额和销售额。然而，事实并非如此，幸亏商标只是品牌的一个要件，而不是全部。商标虽然不在了，但是王老吉品牌背后的价值体系，还留在加多宝公司，包括强大的品牌运营团队，庞大的渠道和终端销售网络，完善的渠道管理运营系统，高效的生产与供应链系统，雄厚的资金实力，巨额的广告投入等等。这个品牌背后的价值支撑体系，是拿不走也无法复制的。所以，加多宝公司将企业品牌"加多宝"变成产品品牌使用，一方面动用庞大的资金，铺天盖地投放密集的广告，"红罐凉茶改名加多宝"、"还是原来的配方，还是熟悉的味道"、"正宗凉茶，加多宝出品"，让加多宝的知名度一夜之间取代了王老吉的地位。另一方面，加多宝厉兵秣马、运筹帷幄、重振旗鼓，利用成熟的团队、强大的供应链、无可匹敌的经销商和渠道优势，在2012年夏天的凉茶销售旺季，打了一场漂亮的市场份额保卫战。而广药集团刚刚接手王老吉商标，无论是品牌运营团队建设、生产供应链建设，还是渠道和销售网络建设，都在一片仓促之中进行，在市场中明显处于弱势，加多宝却越战越勇。2012年，广药操作下的王老吉销售额大约只有加多宝的1/10；为王老吉投入数亿元的广告，而利润只有区区3000余万。

　　还有一个经典案例是可口可乐。大家都知道可口可乐的品牌值钱，根据Intelbrand发布的"全球品牌排行榜TOP100"，可口可乐已经连续13年蝉联冠军，品牌价值将近800亿美元。美国《商业周刊》评出的"全球十大最有价值品牌排行榜"上，可口可乐也是多年蝉联第一名。于是江湖上就有人以讹传讹，说可口可乐公司最值钱的就是它的商标，假如一把大火烧掉它的一切，只要拿着这个商标，就能卖800亿美元。这个谣言的源头，就是可口可乐成功的关键人物、原总裁伍德拉夫，他原话是这样的："即使可口可乐公司在全球的工厂一夜化为灰烬，但凭可口可乐这块牌子，它也能很快起死回生。"然而，历史事实已经证明这句话是错误的：无需烧掉可口可乐的任何工厂，只需在生产中改变一下成分配比，也就是说改变一下它的配方，那么可口可乐就会变得一文不值了。这个验证可口可乐商标价值的实验，是由伍德拉夫的继承者郭思达来完成的。

　　1985年4月23日，风靡了99年的可口可乐在纽约市林肯中心举行了盛大的新闻发布会，CEO郭思达郑重向公众宣布可口可乐更换新口味。在24小时之内，81%的美国人知道了可口可乐改变配方的消息，这个24小时获悉率甚至高于16年前阿波罗登月。同时，70%以上的美国人在新可乐问世的几天内品尝了它，这也超过任何一种新产品面世时的品尝率。

图1-12　可口可乐CEO郭思达（右）宣布新可乐NEW COKE诞生

来源：The New York Times

然而，表面风光之下，其实暗流涌动，一场营销噩梦开始了。仅以电话热线的统计为例，在新可乐上市4小时之内，接到抗议更改可乐口味的电话650个；4月末，抗议电话的数量是每天上千个；到5月中旬，批评电话多达每天5000个；6月，这个数字上升为每天8000多个。与此同时，公司还收到了40000多封抗议信，大多数美国人表达了同样的意见：可口可乐背叛了我们！他们说："重写《宪法》合理吗？《圣经》呢？在我看来，改变可口可乐配方，其性质一样严重。"其中有人甚至寄来了一张最高面值1000万美元的空白支票，并且还附带一张纸条"你们是不是不要老配方了，就把它卖给我吧"。为此，可口可乐公司不得不新开辟数十条免费热线，雇佣了更多的公关人员来处理这些抱怨与批评。

6月底，新可乐的销量仍不见起色，愤怒的情绪却继续在美国蔓延，媒体还不停地煽风点火。众怒难犯，焦头烂额的可口可乐决定采取折中策略，一方面恢复传统配方的生产，定名为Coca-Cala Classic（古典可口可乐）；另一方面，继续生产新可乐（New Coke）。

7月11日，郭思达率领公司高层管理群站在可口可乐标志下宣布了恢复传统可乐生产的消息，美国上下一片沸腾，当天即有18000个感激电话打入公司免费热线。ABC电视网中断了周三下午正在播出的热点节目插播了这条新闻。经典可口可乐的复出几乎成了第二天全美各大报的头版头条新闻。老可乐的归来甚至被民主党参议员大卫·普赖尔在议院演讲时称为"美国历史上一个非常有意义的时刻，它表明有些民族精神是不可更改的。"当月，可口可乐的销量同比增长了8%，股票攀升到12年来的最高点每股2.37美元。尽管经历了营销噩梦，然而知错就改的态度还是受到公众的谅解，可口可乐在1985年还是占到了全球饮料总销量的21.7%，雄踞世界第一。

从这个戏剧性的故事可以看出，在商标没有丝毫改变的情况下，仅仅改变一下口味，可口可乐就变成了全民公敌，公司面临垮塌的危机，品牌价值几乎变成了零，商标对人们不但失去号召力，而且还引起了憎恨；当口味还原之后，品牌价值才重新回归原位。可见，可口可乐商标是个脆弱的东西，它必须跟口味配方、品牌文化、公众情感等捆绑在一起，才有价值和意义。如果把品牌背后的价值和文化剥离，那么仅仅一个商标是不值钱的。

当时电视台报道的一个故事是，一位退休的空军军官打算在死后火化，把自己的骨灰密封在可口可乐灌装瓶子里。但是听说可口可乐变味儿了，马上就考虑修改遗嘱。因为这已经不是他熟悉的可口可乐了，也不是那个跟他一块在蓝天战斗的可口可乐了。可见，这位老英雄并不把可口可乐的商标当回事，只是喜欢它的经典口味，更重要的是寄托了浓郁的个人情感。

改变口味的实验，是经过当时可口可乐公司95岁高龄的太上皇伍德拉夫首肯的。可惜，他在新可乐上市前的一个月就驾鹤西去，没有看到可口可乐的危机局面。而郭思达仍旧不服气，他觉得，光可口可乐这个商标，就价值连城，即便一把大火烧掉一切，光凭这个商标也可以很快起死回生，现在没有大火发生，只是用它来顺便来推一个新产品，怎么就不能起死回生呢？大家真的不给"可口可乐"这个价值800亿美金的商标一点面子么？于是，在新可乐退市5年后，他又把这个失败的配方产品再次拿了出来，更名为"可口可乐Ⅱ"继续大张旗鼓销售。也许，郭思达的执着，只是为了验证可口可乐商标在脱离原有经典产品之后，到底能值多少钱。可惜顾客就是不给面子，无论你老郭如何投广告，如何促销，如何威逼利诱，大伙儿就是巍然不为所

图1-13 左图为新可乐广告，主题为"CHANGE"（改变）；右图为新可乐广告语被媒体恶搞为"FAIL."（失败）
来源：The New York Times

动。最后，无计可施的老郭只得下令停止可口可乐Ⅱ的市场计划，这个可怜的新产品，两次粉墨登场，结局都是草草收场。

由前面的分析，我们可以发现，可口可乐商标价值800亿美元，是必须有附加条件的，那就是不能脱离可口可乐公司资源，不能脱离它的经典产品，不能脱离它的物质层面，不能脱离它的文化价值，不能脱离公众情感，不能脱离美国历史文化。否则，品牌背后的价值消亡了，单独的商标并不值什么钱。

综上所述，商标是品牌的一个组成要素，不能等同于品牌，也不能替代品牌，只能用来描述和识别品牌。注册一个商标只需走一个程序；打造一个知名品牌需要几年、几十年甚至上百年时间。

02 统领江湖五种力量
——愿景与使命

◉ 品牌的号召力

在中国，靠哭功成就霸业的人有两个，一个是蜀国领袖刘备，另一个就是当代的乳业霸主老牛。虽然牛根生已经宣布退隐江湖，但是江湖上仍有他的传说。

话说蒙牛创业早期的飞速发展，依靠的就是牛根生的个人品牌。当年老牛在伊利集团受到排挤，不得不率部出走，揭竿为旗，斩木为兵，创建蒙牛。正是他的个人品牌和个人魅力，团结了一帮肝胆相照的生死兄弟，所以赢得一呼百应的局面。经过艰苦奋斗，谱写了一段传奇。央视在赚得了蒙牛的大笔广告费后，发自肺腑地称赞老牛曰："他是一头牛，却跑出了火箭的速度。"

在2008年三聚氰胺事件发生之前，蒙牛的品牌影响力已经如日中天，势头压倒对手伊利，荣登行业龙头老大的宝座。投资界、商界、消费者、媒体、政府人士，都众星捧月一般对蒙牛推崇有加，赞叹不已。即便三聚氰胺事件爆发之后，乳业企业哀鸿遍野，各界人士无不对蒙牛牵涉其中表示震惊，但鉴于蒙牛长期建立的品牌美誉度和影响力，整体上仍旧对蒙牛抱以宽容态度，蒙牛受到的冲击和损失有限。

三聚氰胺发生后，让牛根生真正受到危机考验的，是蒙牛股权质押事件，而这最终也是靠品牌的影响力而解决的。那是在蒙牛创业初期，由于资金匮乏，遂以一部分股权为抵押，向摩根士丹利、瑞银等国际投行贷款，其中向摩根抵押的股权为4.5%。后来，突如其来的三聚氰胺事件加上金融风暴的影响，让蒙牛股票大跌，跌去了6成多。此时，牛根生内忧外困，手头又紧张起来，按照协议，如果不能及时补足保证金，那么向摩根抵押的股权就可能出售，而那些心怀叵测的大鳄如瑞银等又在蠢蠢欲动，一旦它收购抵押的股权，就可以问鼎蒙牛的控股大权了，这是老牛无论如何不能接受的。

这年北国的深秋格外寒气逼人，老牛怀着悲愤的心情，参加了一场商界大腕聚会。到会者都是江湖厉害人物，例如柳传志、傅成玉、田溯宁、马云、郭广昌、俞敏洪等等，老牛此时不顾一代武林盟主的尊贵身份，在酒桌上上演刘备的哭功，寻求帮助。老牛历数创业之艰辛、现实之危机，听者为之动容，闻者为之变色，有强大的个人品牌和企业品牌做背书，各位大腕如何能不给面子？于是，为人厚道的柳传志当场表态："我们要相信老牛的企业，相信老牛的为人！"众人皆以为然，纷纷解囊相助，场面非常悲壮。柳传志当即借给老牛2亿元，俞敏洪借给老牛5000万，傅成玉准备了2.5亿元，让老牛随时去取……

事情到此还没结束，话说这老牛啊，在奶业奋斗多年，深谙"会哭的孩子有奶吃"的硬道理，于是，这一哭就哭得不可收拾。他连夜边哭边写，边写边哭，泪流成河，恰似一江春水向东流，草就一封江湖万言求救帖，五百里加急发给当年在长江商学院上学的所有同学。当年的同学如今自然都混成了一方商业霸主，一看到老牛的哭诉信，顿时炸开了锅，这还了得！老牛被摩根那老家伙欺负了，简直是不把咱长江商派放在眼中嘛！如果让摩根得逞，以后咱长江商派还怎么在江湖上混呢！于是，一夜之间，各地鸿雁传书前来安慰老牛，并有大笔大笔的银子流向老牛的账户。尤其是老牛当年的师父周其仁教授，连夜亲率40位经济学界大内高手前来助阵！一时间，在蒙牛总部聚集了大量的钱财和大量的武林高手，山雨欲来风满楼，一场大战一触即发！最终，众志成城，在气势上打压了摩根，一场危机化险为夷。

若不是老牛平日注重积累个人品牌、打造企业品牌，否则关键时刻如何能号令各路诸侯，解决燃眉之急呢！可见，品牌是个好东西，平日可以赚钱，关键时刻可以救命。值得注意的是，中国人很重视人脉，也就是特别重视个人品牌，重视个人知名度和美誉度，风投经常说："投资就是投人"，因此个人信誉非常重要。能够打造流芳百世的品牌之人，首先必定有好的个人品牌。

⊙ 品牌愿景：法人意志澄清

纵观中国商品经济的发展，消费者心态经历了"有没有——贵不贵——值不值"三个阶段。

在计划经济时代，包括改革开放之初，由于物质产品匮乏，吃饭穿衣都要凭票，全国人民该穿几条裤子，都在计划之中。所谓"计划"，就是"减少"的意思。例如"计划生育"，就是"减少生育"。所以，计划经济时代是物质极端匮乏的年代，人们关心的问题就是"有没有"，只要有就行，品质、价格、品牌都不在话下。那个时候，钱真的不是万能的，何况人们也没什么钱，那时工资水平很低，很多东西花钱也买不到。改革开放之后，到20世纪末，商品已经大为丰富，东西多了，就有货比三家的习惯，此时人们关心的是"贵不贵"的问题，只要价格合适，质量尚可，就有人愿意掏钱买单。到了21世纪初叶，在过去的10余年，随着中国加入WTO，市场经济与国际接轨，于是人们的购买力和消费品位也逐渐提升，不再局限于价格和品质问题，关注的重心是"值不值"的问题。此时，品牌价值、档次、形象、情感和文化因素就成为商品消费的重心。即便对于奢侈品牌和高端品牌，价格再贵也不乏购买者，因为他们心中有一杆秤，觉得该品牌"值"！因此，在当今社会，不做品牌是没有出路的。

毫无疑问，那些依靠廉价和倾销赚钱的企业，逐渐会被淘汰，因为一方面市场竞争日趋激烈；另一面中国人口红利时代即将结束，人工和原材料成本不断上升，没有附加值和品牌溢价，就无法生存。就连耐克、阿迪达斯这样的国际大牌，都纷纷放弃在华的自营工厂，转而在东南亚国家投产。耐克年报显示，2001年鞋类产品生产中，中国工厂占了约40%，排名全球第一，2005年这个数字降至36%，2010年则进一步下滑至34%。相比之下，耐克在东南亚国家越南的产能却一路高歌猛进，从2001年13%发展至2010年37%，取代了中国第一的位置。此后，中国工厂的地位越来越不重要，到2012年，耐克和阿迪达斯都宣布放弃在华自营工厂。显然，这是出于成本的考虑而做出的理性选择。失去了低成本的优势，那么中国代工、中国制造的黄金时代已经结束。

其实，从本世纪初开始，美国对"中国制造"的安全和质量就开始质疑，这也影响到欧盟、日本等中国的贸易伙伴对"中国制造"的态度。近几年来，接二连三发生的玩具召回事件、温州烧鞋事件、食品安全事件、家具反倾销事件、光伏反倾销事件等等都成为中国出口型企业的噩梦。然而，这些都不是最严重的。最严重的事情发生在2008年及以后的数年中，由于经济危机席卷全球，"中国制造"更加坠入了无底深渊。从国民经济结构上看，中国制造的商品，只有一半被本国居民消费，剩下的都用来出口。当欧美国家爆发金融危机之后，出口的道路受阻，很多外向型的加工生产企业于是纷纷倒闭。在最严重的时期，广东省副省长肖志恒在接受中新社记者采访时透露，2008年1月至9月份，全省关闭的企业就在5万家以上。可见，中国制造的低端产业模式，丝毫没有抗风险的能力。此后，中国制造真正迎来了冬天。5年之后的今天，经济危机还没有见底。

所以，作为企业法人，一定要认识到品牌的重要性，根据施振荣的微笑曲线，产业必须从低端制造向技术研发、渠道掌握和品牌运作方向转型。法人必须坚定打造品牌的决心和意志，才能用崇高的愿景目标鼓舞全体员工。

有人说，所谓愿景，就是不可能完成的目标。笔者认为，我们应该切实一点，不要搞得那么玄乎，不要动辄"为了全人类的事业而努力奋斗"。笔者认为，品牌愿景是指品牌未来的远大目标，它包括三种形式：第一，设定一个具体的定量目标，例如神州数码在2010年设定的未来五年愿景是实现营业额和市值"两个1000亿港币"的目标。第二，设定一个具体的定性目标，例如先声药业的品牌愿景是"在重大挑战领域创造革命性药物"。再如中粮集团的愿景是"确立主营行业的领导地位"。第三，设定一个抽象的理念目标，例如迪斯尼的品牌愿景是"为千百万人带来欢乐"，梁山好汉的品牌愿景是"替天行道"，等等。总之，法人意志决定了品牌的战略高度和战略愿景，决定了品牌能走多远，能做多大。

鉴于品牌愿景的重要性，无论是由企业独立来推动品牌建设实施，还是由外部品牌咨询机构来协助规划与操盘，我们在开展品牌项目之前，首先都有必要进行法人意志澄清，要弄清楚企业法人代表对品牌建设的愿景和目标，以及愿意投入多大的人力、物力、财力来实现目标；是将品牌建设作为企业战略来理解和执行，还是只是当作一个营销工具来对待。我们必须清醒认识到，愿景决定战略高度，愿景决定行动耐力。打造百年品牌，比拼的不是计谋和速度，而是高度和耐力。

根据SIC模型（详见本章03节），品牌实际上包含了企业内部全部的生产经营管理活动，以及企业外部全部的营销推广活动，尤其对于时尚、零售与快消行业的企业而言，品牌实际上就是代表了一切。有人一语中的：站在品牌的角度看企业，一切都是为了品牌；站在营销的角度看企业，一切都是为了营销。品牌和营销都是企业的命脉，但是在实际中，很多中小企业还没有上升到重视品牌的阶段，普遍存在重营销、轻品牌现象，结果品牌不能跟随企业发展而同步提升，企业的整体竞争力和盈利水平都会遭遇瓶颈。纵观珠三角和长三角的众多寿命超过10年的企业，大约只有10%的企业迈向了品牌化道路，并尝到了品牌反哺带来的甜头。其他90%的企业由于品牌意识觉醒较晚，至今还停留在做销售的阶段，还在价格战的漩涡中无法自拔，其品牌对于顾客来说还是一个新牌子，浪费了过去10年的大好时光。笔者曾听到一位15年前下海创业的老板的喟叹："过去好赚钱的时代，忽略了品牌建设；如今生意不好做了，再来做品牌也已经晚了。"

因此，企业法人应该从企业战略层面来理解品牌，建设品牌，澄清法人意志，明确品牌愿景，进而确定品牌战略方向和行动计划，确定资源投入方案。没有明确愿景的品牌做不好；不能从公司战略层面来理解和推动品牌建设的，也做不好。

◉ 品牌使命：统领五种力量

我们再来看看品牌使命，品牌使命是指为实现愿景而必须经历的路径或完成的任务。企业家都是理想主义者，一个远大梦想支撑其奋斗一生；品牌是凝聚企业家心血的宠儿，因此，品牌也必定肩负重大使命。品牌是沟通企业内外各种关系的桥梁和纽带，为了实现品牌的愿景和目标，品牌建设的最基本使命，就是要成为一面大旗，影响和号令"五种力量"（如图1-14）。

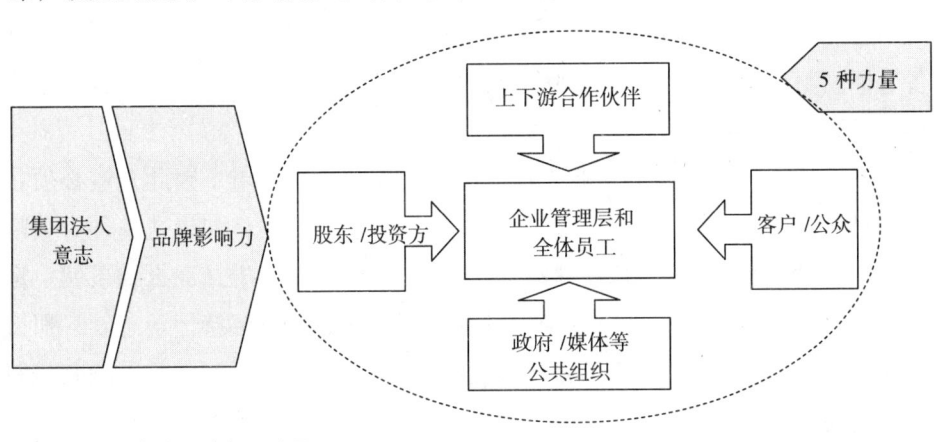

图1-14　品牌对五种力量的号召

①投资方：主要包括自然人股东和机构投资者，他们为企业的生存发展提供必要资本支持，并从企业的收益中获得红利，或者通过上市套现而获得倍数回报。在商业的江湖中，投资方有时候扮演天使，成就了Google、Facebook等无数知名品牌；有时候他们也会变成魔鬼，创始团队和投资人反目成仇的江湖恩怨故事也时常上演。

②业务合作方：企业上游和下游合作伙伴，他们是价值链上的各个环节，让企业价值能够顺利流通和转化，并分享价值链上不同环节的收益。在品牌的光环背后，他们的存在就像一个影子，例如顾客并不知道沃尔玛的代工厂是谁、在哪里，但是沃尔玛一定知道谁是自己的上游供应商，并通过利益共享而笼络他们。

③顾客和公众：他们消费企业的产品和服务，让品牌价值变现，他们是品牌价值的最终评价者。我们常说"以顾客为中心"、"顾客是上帝"等等，可见赢得顾客之重要性。

④公共组织：包括政府、媒体、行业协会和其他社会团体，他们拥有行政权或话语权，具有广泛影响力，可以成就你，也可以败坏你。这里充斥着明规则和潜规则，无论本土品牌豪气冲天的国际化扩张，还是国外品牌踌躇满志的进军中国战略，如果不懂游戏规则，都可能会在阴沟里翻船。

⑤企业管理层和全体员工：他们是企业的中坚力量，价值的直接创造

者，他们的价值观和士气对企业的成败有直接影响。任何一个优秀的品牌，背后一定有一支优秀的团队。投资方一定要明白，看起来是将钱投给了机器、设备、原材料、土地等资源，实际上是将钱和希望投给了一群人，唯有依靠他们，才能实现业绩目标。

上述这五种力量构成企业生存的全部内在和外在环境，因此企业必须获得五种力量的认可和支持，才能生存与发展。事实证明，如果这五种力量都认可品牌的愿景，都认为该品牌、该企业一定能实现梦想，那么结果就一定会如愿以偿；反之，如果这五种力量都不认可该品牌，都持怀疑态度，那么结果十有八九会失败。因而品牌建设的最基本使命和目标，就是影响和号召五种力量。

例如拉手网首次IPO失败，首先在于其品牌被五种力量普遍质疑。本来电商业界对于团购网站的商业模式一直就争议不断，投资界对于团购的烧钱方式也颇有微词，拉手作为团购行业的领头企业，一味攻城略地，盲目扩张，寄希望于上市圈钱，不顾市场价值规律而揠苗助长，忽视商业模式的改进、顾客体验的提升和品牌美誉度的塑造。它无力改变和创新团购网站的盈利模式，无力改变五种力量对本企业的态度，更无法改变大家对整个行业的态度。网易财经调查显示，90%的公众认为其IPO不能成功，结果就真的不成功。

反过来，对于那些执着打造品牌的企业，随着品牌影响力的逐渐增强，就会享受到品牌带来的种种好处，出现众望所归、得道多助的良好局面，整个企业会渐入佳境。下面我们来看看驴妈妈旅行网的案例。

2008年，驴妈妈旅行网创立之初，找到了一个市场间隙，将主要精力放在了景区票务的在线分销上。创始人洪清华认为，景区门票太贵，这是国内游的基本行情，如果网站能为自助游散客提供热门景区的折扣门票，驴妈妈一定大有可为。于是就将票务视为网站的第一个创新点。然而，理想是热的，现实却是冷的。由于驴妈妈旅行网此时还缺乏品牌知名度、美誉度和影响力，无法号召五种力量，于是景区票务分销成为一块"难啃的骨头"。

据介绍，最初的100家景区往往是最难谈的，最初谈成的几十家景区，基本都得益于洪清华团队以前做旅游咨询业务时积累的客户关系。有时即使是老客户也要碰钉子，为了拿到一家长三角知名5A级景区的门票折扣，他们前前后后花了整整两年时间。为了赢得客户，洪清华采取了向它们同时提供景区营销咨询业务的策略，为景区推广提供更具潜力的营销模式。周庄是第一批谈成的十来家景区之一，打动景区的也正是他们为周庄量身订制的针对度假休闲客的景区特色旅游模式。这些，都为客户创造了价值，也为驴妈妈自身品牌价值加分。

两年之后，驴妈妈逐渐打开了局面，在行业内树立了良好的品牌形象和声誉，众多景区、旅行社、酒店等企业已经认可了驴妈妈。此时去谈合作景区，就显得水到渠成、易如反掌，整个业务呈现加速趋势。到目前，据称已经有5000多家景区、5000多家特色酒店、数百家国内外旅游局和航空公司等同驴妈妈旅游网开展合作。

同时，驴妈妈旅游网的品牌影响力也获得投资界的认可，2008年成立时，凭借创始人的人脉资源获得天使投资。到后来，就主要靠商业模式创新和品牌力量吸引风投。2009年9月，驴妈妈完成数千万元的A轮融资。2010年11月，驴妈妈获得红杉资本和鼎晖创投的B轮亿元注资。2011年9月，驴妈妈完成C轮融资，投资方为江南资本与红杉资本。

纵观那些成熟的品牌与企业发展历程，我们发现，在早期当企业品牌还很弱小时，企业往往靠创始人的个人品牌而获得生存的资源。随着企业的发展，公司品牌和个人品牌都逐渐提升，逐渐可以号召五种力量，那么此时企业将获得更多社会支持和资源支持，例如在商超中可以获得更多陈列面积、更好的陈列位置；更容易融资，更容易实现上市计划；更容易获得政府的土地、减税、财政补贴等方面支持；在上游供应商面前有更强的议价能力；有更多的大型经销商/代理商愿意跟本品牌合作；尤其重要的是，有更多的顾客愿意花更多的钱购买……最终，品牌呈现强者愈强、胜者通吃的局面，这就是品牌带来的"马太效应"。

◉ 积极向善的品牌文化

愿景和使命，属于品牌文化的范畴。经过对中外众多成功品牌的文化之研究，我们发现，唯有积极向善的文化，才能广泛号召五种力量。

前面提到过，迪斯尼品牌愿景是"为千百万人带来欢乐"，这个梦想鼓舞了所有的顾客、员工、股东、媒体、公共组织和其他利益相关者。于是，迪斯尼品牌得到各方的追捧，它的魔力锐不可当。事实上，迪斯尼的梦想的确实现了，其创始人沃尔特·迪斯尼也得全世界的尊敬。1966年12月15日，沃尔特·迪斯尼病逝，各国报纸纷纷报道这一消息，称之为"人类的损失"，许多国家元首致电哀悼。美国约翰逊总统在致迪斯尼妻子的唁电中说："在您丈夫的才华照耀之下，千千万万的人们享受到了一种更光明、更快乐的生活。他所创造的真、美和欢乐是永世不朽的。"

仁爱与向善的文化是全球品牌文化和企业文化的共同特征。例如日本企业深受到宗教文化的深刻影响，在日本的宗教中，儒教、佛教和日本本土宗教神道影响最大。而所有宗教都是教人向善的，如儒教主张仁和、神道主张忠君爱国等等，于是日本企业就吸收了仁、义、礼、智、忠、孝、和、爱等伦理思想，构成了其企业和品牌文化的基调。如丰田汽车公司就提出这样的品牌文化理念："尊崇神佛，心存感激，为报恩感谢而生活"。

再如美国现代企业的品牌文化也是建立在西方的基督文化之上，基督教主张"天赋人权"、"自由、平等、博爱"等普世价值观，表现在品牌文化中，就是崇尚个人主义精神，突出强调对人的关怀、尊重、信任，以及激发人的责任感、使命感和创造力。例如IBM把"尊重个人"作为其核心文化，著名的"惠普风范"也是以尊重员工、人性化管理为核心，美国的牛仔品牌、好莱坞的鸡血电影，都在强调和宣扬英雄主义、硬汉形象、正义与责任、人性与博爱等等，这些积极向善的品牌文化，深刻影响了全球消费者。

综上所述，凡追求成功的企业家，一定要努力打造一个优秀品牌，并给品牌赋予鼓舞人心的愿景、使命和梦想。崇高的愿景和使命，积极向善的品牌文化，可以为品牌注入强大的基因。虽然初生的品牌就像婴儿一样需要精心呵护，但是成熟的品牌却具有强大的力量，可以号召五种力量，为企业生存发展赢得丰富资源和巨大空间。

03 | 品牌殿堂的秘钥
——广义品牌SIC模型

◉ 外贸冠军的内销之殇

几年前的一个冬日,笔者应邀去浙江一家企业考察,该企业名叫浙江TY服饰有限公司(化名,请勿对号入座),主营业务是内衣外贸,主要优势是生产加工能力,年产内衣600万套。给国外品牌做OEM代工10多年,虽然毛利不高,但在很长时间内订单充足,收益稳定,所以也积累了较雄厚的资金实力,在当地也算外贸冠军了。然而,2008年之后,受到金融危机影响,出口订单大幅缩水,TY老板感到情况严重,遂决定进军国内市场,寻求转型。虽然他不熟悉国内市场,也不懂品牌运作,但是他善于学习,再加上无师自通的悟性,很快就摸清了门道。说干就干,行动效率极高,短时间内就迅速建起一个团队,购买了一个商标,编个漂亮的品牌故事,请专业设计公司制作了一套VI和SI系统,并根据国内消费者的形体数据对外贸产品进行尺寸修改,高效生产了一批产品,把价格定得很高……经过这一套令人眼花缭乱的连贯动作之后,他就踌躇满志地向外界宣布:TY是做高档女性内衣品牌的,跟舒雅、CK、黛安芬、华歌尔、BVD等国际大牌属于同一级别!他的逻辑似乎很有道理:我们一直为国外的中高档品牌代工,品质过硬,这些产品在国外都能成为高档品,在国内难道还不能么?

TY品牌的定位是否合理?我们先来分析一下国内女性内衣市场的品牌排行情况,如图1-15所示,第一阵营是国际知名品牌,如舒雅、CK、黛安芬等,占据一二线城市核心商圈的高档商场,终端业态以专柜和店中店为主。第二阵营是国产知名品牌,如爱慕、曼妮芬、桑扶兰等,进驻一二线城市的主流商圈,业态主要包括中高端商场的专柜、店中店,繁华街道的品牌旗舰店和专卖店,以及区域市场的专卖店和加盟店等。第三阵营是国产一般品牌,如康妮雅、仙宜岱、奥丽侬、霞黛芳、都市丽人等,进驻二三线城市的商超、专卖店、加盟店和内衣连锁小超市等。第四阵营是无品牌或小品牌,大部分批发和出口型内衣生产企业都属于这种情况，或贴牌，或自有商标但无知名度。主要通过批发进入低端卖场、街边小店和乡镇市场。那么，根据以上分析，TY品牌属于第几阵营呢？

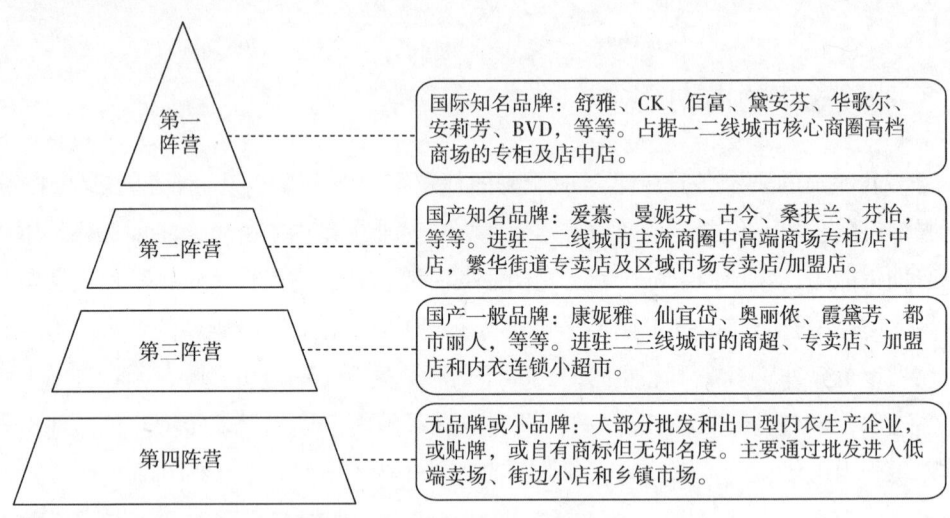

第一阵营：国际知名品牌：舒雅、CK、佰富、黛安芬、华歌尔、安莉芳、BVD，等等。占据一二线城市核心商圈高档商场的专柜及店中店。

第二阵营：国产知名品牌：爱慕、曼妮芬、古今、桑扶兰、芬怡，等等。进驻一二线城市主流商圈中高端商场专柜/店中店，繁华街道专卖店及区域市场专卖店/加盟店。

第三阵营：国产一般品牌：康妮雅、仙宜岱、奥丽侬、霞黛芳、都市丽人，等等。进驻二三线城市的商超、专卖店、加盟店和内衣连锁小超市。

第四阵营：无品牌或小品牌：大部分批发和出口型内衣生产企业，或贴牌，或自有商标但无知名度。主要通过批发进入低端卖场、街边小店和乡镇市场。

图1-15　国内市场女性内衣品牌梯队（华东区域实地调研）

TY老板始终坚持认为，TY品牌是当之无愧第一阵营的。既然是第一阵营的"高档品牌"，那么渠道开拓一开始就瞄准华东区域的高档百货商场。业内人士都知道，大型百货商场的内衣柜台向来面积有限，竞争激烈，只有第一阵营和第二阵营的品牌才有资格进驻。道理很简单，中国的商场一般都是根据品牌销售额提取返佣的，如果品牌销售业绩不好，商场的收益也不会好。所以商场对进驻的品牌把控非常严格，招商经理都是见多识广的行家里手，第一阵营有哪些品牌，第二阵营有哪些品牌……都一清二楚。所以，现在问题的焦点就是：招商经理是否认可TY品牌属于第一阵营？答案是否定的。虽然TY老板一向对自己的公关能力很自负，但是渠道开拓却处处碰壁。最后只好退而求其次，委屈那高档品牌的身份，在三线城市的一些中低档商场和批发市场上柜，由于定价过高、没有知名度、缺乏价值感，产品根本卖不出去。最后只得放下身段，廉价进行处理，折腾了一年多，先后亏损了2000多万元。

显然，TY老板无法接受这样一个结果，有两个问题他想不明白：一是他可以将产品打入欧美中高端市场，为何却在国内翻了船？二是TY品牌的高端定位为何就是行不通，到底错在哪里？

第一个问题其实很好回答：成功的生产型企业突然转入渠道与品牌运作时，都很容易犯类似的错误，因为进入了不熟悉的领域，而过去的成功让其产生路径依赖，以为可以三板斧杀到底，轻易复制以前的成功，结果却是事与愿违。

第二个问题如何回答？似乎一两句话说不清楚。其实，任何事情只要还原其本质，就不会太复杂。我们首先必须厘清品牌的本质，弄清楚品牌和高档品牌的基本要素，然后检核一下TY品牌是否具备高档品牌的要素，就不难做出判断和回答了。请继续看下面的分析。

⊙ 广义品牌SIC模型

品牌品牌，有品有牌。笔者倡导系统性的品牌观，即品牌是企业的一种战略性资产，承载理性价值和感性价值，为企业构建一种区隔竞争对手、满足顾客需求、保障未来持续盈利的核心竞争力。它立足于企业内部支撑体系（品）、表现为外部形象体系（牌），成就于顾客对品牌的评价结果（客）。简而言之，品牌的本质就是包含品、牌、客三要素的价值复合体，三者缺一不可。

品——内在支撑体系（Support System），主要表现为理性价值，是品牌生存和发展的根基，包括产品、功能、品质、性价比、创新、技术、生产、营销、管理、企划、渠道、人力资源等要素。

牌——外在形象体系（Image System），主要表现为感性价值，是品牌与顾客沟通的桥梁和手段。包括商标、形象、终端、广告、新闻、公关、活动、模特、明星代言、外观包装等要素。

客——顾客评价体系（Customer's Evaluation），即知名度、美誉度和忠诚度等指标，这是品牌追求的结果。品牌必须得到客户知晓、认可和接受才能兑现价值，否则就只是一个毫无意义的商标符号。

以上三要素综合起来，取品（Support）、牌（Image）、客（Customer）英文单词的第一个字母，简称为品牌定义SIC模型。它们之间的关系如图1-16所示。

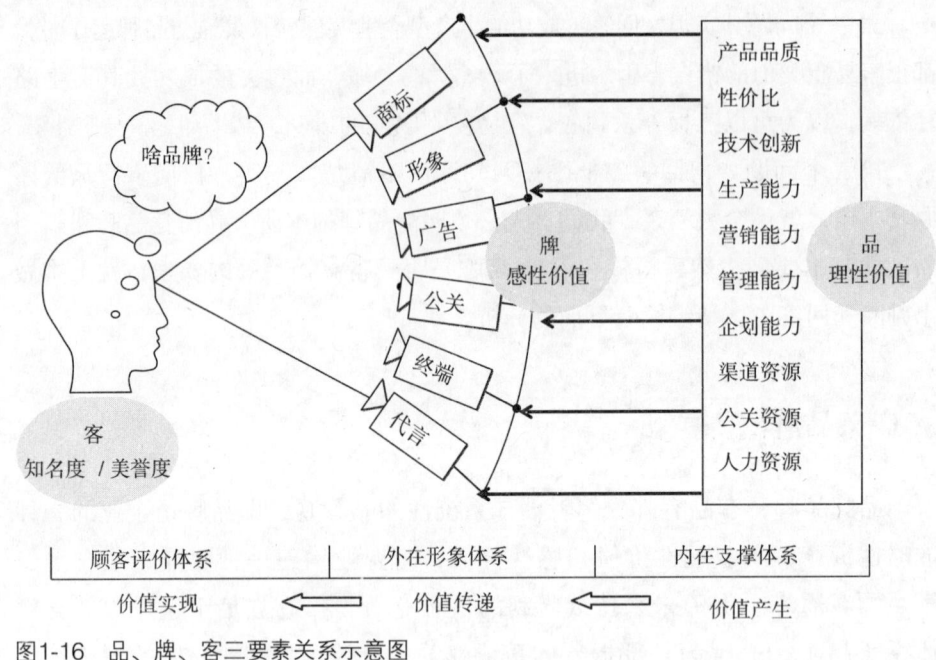

图1-16 品、牌、客三要素关系示意图

需要指出来的是：品既包括企业所拥有的资源和能力，也包括企业不拥有、但能整合与掌控的资源和能力。例如美特斯邦威采用虚拟经营的哑铃模式，上游生产和下游渠道都主要通过外部完成，虽然它不拥有这些品，但是它能掌控这些资源，那么理所当然也可以说它的品很强大。

很多企业竭尽所能，很多企业家穷其一生，都是为了打造一个成功品牌。换个角度看，品牌承载了企业全部的价值，企业创造的每一个有形价值，都可以给品牌无形资产加分，并在品牌资产库中积累和沉淀下来，成为企业的巨大财富，让企业获得持续盈利的能力。也就是说，品牌不仅仅可以为现时带来溢价和利润，而且可以保障企业在未来不确定的市场中继续保持盈利的能力。让未来变得更明确、可预期，这就是品牌资产最大的魅力。例如，鉴于可口可乐过去和现在的强势地位，我们可以认为它未来5年、10年甚至50年，都会继续盈利。这种乐观的预期，对于非知名品牌和企业而言，是不可思议的。

从SIC模型可以看出，品牌建设需要调动公司的全部资源和能力，这已经属于企业战略层面的内容。只有将品牌视为企业战略的一个重要部分，并通过战略层面的资源和能力投入来塑造品牌,才能为企业赢得品牌资产的累积和持续发展。这就是本书所要阐述的战略性品牌观,也可称为广义品牌观。

也就是说,品牌定义可以分为广义和狭义两种,广义的品牌,就是SIC模型,包含品、牌、客三要素。而狭义的品牌,就是SIC模型中"牌"的内容,我们平时所说的"牌子",以及广告公司、品牌机构、策划机构等所从事的品牌服务,大多属于狭义品牌的内容,包括商标、形象、终端、广告、公关、活动、新闻、模特、明星代言、外观包装等。

当我们使用狭义品牌定义时,一定要清醒认识到,这不是品牌的全部,只是品牌的要素之一,如果以偏概全,就会犯下严重的错误。

前面提到的菲利普·科特勒博士的品牌定义,将品牌等同于商标,等同于一个符号,也是属于狭义的品牌定义。再回到TY公司的案例,我们就很容易发现,菲利普博士的定义是非常片面的,如果品牌就是一个商标、一个符号的话,TY公司已经拥有一个设计得很上档次的商标符号,那它岂不就拥有一个很上档次的品牌?事实并非如此,高档商场那些见多识广的招商经理,都拒绝认可它是一个高档品牌,在他们眼中甚至连个普通品牌都算不上,在顾客眼中亦是如此。可见,菲利普·科特勒的品牌定义误导了多少企业!TY公司的老板就是他的信徒。

下面,我们用SIC模型来分析TY品牌,就可以明确回答TY老板的第二个问题了——

第一,TY公司没有品——产品设计能力、营销能力、策划能力、管理能力、渠道资源、运营团队等要素都不成熟。

第二,TY公司没有牌——缺乏高档内衣品牌的基本要素,如对时尚潮流的领导、良好的品牌形象、优秀的品牌文化沉淀、大牌明星代言、较大规模的广告投入、较大影响力的公关活动等等,都不存在。

第三,TY公司没有客——自认为高档,但也没有顾客认知和认同,缺乏知名度、美誉度和忠诚度。

因为品、牌、客三个要素同时缺失,所以TY公司品牌必然不成功。回答完毕!

可见,运用SIC可以解释和解决实际问题,可以用来检核一个品牌的健康度，让企业管理者明白品牌建设需要努力的方向。

TY品牌三要素同时缺失，只是一个极端例子。正常情况下，SIC三要素只要缺失或损害其中任意一个，品牌都会陷入危机之中。下面我们分别举例说明：

（1）品的缺陷：碧生源

长期以来，保健品行业奉行"鸡血营销"策略，即通过打鸡血针式的疯狂广告投放，将一个新概念快速占领顾客心智，然后获得营销的倍数增长。这种模式近年来越来越不奏效，众多保健品品牌都成为先烈，只剩下脑白金、碧生源等少数品牌似乎实现了基业长青。然后，殊不知，脑白金的顾客都已经转移到了三四线城镇和乡村市场，城市人群很少人还会相信那神奇的效果。早在2002年，脑白金的创始人史玉柱就将脑白金品牌卖掉了。为什么要将一棵摇钱树卖掉？因为精明的史玉柱早就知道了脑白金的未来是什么，既然从中赚足了钱，那就见好就收。

同样的，碧生源减肥茶的业绩也经历一条先增长、后衰落的抛物曲线。最为引人注目的是广告费占销售额的比例2009年为30%，2011年为40.9%，到2012年，已经上升到71.5%，这意味着，碧生源营销成本越来越高，相对应的是毛利越来越低，推广ROI（销售额/推广费用）逐渐下降。直到2012年，碧生源已经打破了盈亏平衡，出现大幅亏损。

那么，为何碧生源会步其他保健品先烈的后尘呢？道理很简单，保健品行业普遍存在一个现象：急功近利严重，一味强调鸡血营销和广告攻心，重视牌的建设，但是忽略品的投入。碧生源的年报表明，长期以来，碧生源将巨额的营销费用投入广告中，而产品科研投入却很少。尤其是产品成本低廉得难以想象，平均每包产品的成本仅0.045元，也就是4分5厘钱。根据碧生源2010年IPO时的资料，碧生源常润茶的"专有配方"包括绿茶以及土茯苓、沙参、淮山药、草决明及番泻叶等中草药；碧生源减肥茶配方则包括绿茶、蜂蜜以及金银花、决明子、荷叶、山楂、番泻叶及绞股蓝等中草药。这样的配方技术含量不高，成本低廉，尤其是番泻叶成分有副作用，通过腹泻的方式减肥，让很多顾客的体验非常糟糕。腹泻会带来脱水和疲劳等诸多症状，减肥成功之后，又会很快反弹。所以，最终大量的顾客经过第一次尝试之后，就不再选择碧生源。这样，也不难解释碧生源的鸡血广告为何不再奏效了：当碧生源市场份额不大时，通过广告轰炸源源不断获得新客户，所以业绩不断增长；后来新顾客资源已经挖掘殆尽，而老顾客又没有沉淀下来，所以获取顾客成本越来越高，收入和毛利却越来越低。

碧生源品牌的案例告诉我们，纯粹的广告攻心战，能忽悠一时，但不能忽悠一世。不注重品的建设，最终导致品牌价值空心化，导致顾客忠诚度的缺乏，于是品牌发展不可持续。

（2）牌的虚假：达芬奇

达芬奇家具是一个终端品牌，号称亚洲规模最大、档次最高的家具代理公司，多次获得由《胡润百富杂志》颁发的"最受富豪青睐的家具品牌奖"。总公司在北京、上海、广州、深圳、成都、重庆、杭州、香港等地都设有分公司和专卖店，代理销售的家具有卡布丽缇、珍宝、好莱坞、阿玛尼、范思哲、芬迪和兰博基尼等100多个品牌，据说这些品牌都是家具中的"国际超级品牌"，售价以"天价"著称。

然而，如此高端的洋品牌家具连锁店，却被央视曝光了其品牌洋身份造假的丑闻。达芬奇专卖店销售人员对记者说，他们出售的卡布丽缇都是位于意大利坎图镇卡布丽缇公司生产的，100%的进口货。然而，记者经过一番调查，却发现卡布丽缇家具竟然就是一家位于广东东莞名不见经传的长丰家具有限公司生产的。长丰家具公司一张价格3万元左右的双人床，一旦进驻达芬奇家具终端，贴上洋牌子，卖价就变成了30多万。

最终的深入调查发现，达芬奇的所谓100%原装进口产品，其实是假冒洋品牌的身份。达芬奇将大陆生产的家具，装上远洋货轮，拉到公海一日游，然后再办理进关手续，就变成了进口货了。

此事被曝光后，达芬奇家具自然是成为众矢之的，品牌和公司都受到重挫。显然，达芬奇家具的牌出了问题，采用了虚假的洋身份，骗取了公众的信任，一旦东窗事发，那么就不可长久了。

（3）客的缺失：曼秀雷敦

美国的曼秀雷敦品牌进入中国之前，在美国已经有百年历史，有品也有牌。但是，在1991年，当曼秀雷敦刚进入中国时，由于没有知名度，更谈不上美誉度，中国消费者并不了解这个品牌，因此前5年是其在中国经营的痛苦期，惨淡经营，无所建树。事实证明，不拥有客的品牌，等于一无所有。

1996年成为转折点，曼秀雷敦找出问题的症结所在，开始了绝地反击。一方面，它投入更多的广告资源，大力推广品牌，同时采用"药房+百货店+便利店"组合渠道模式，建立了庞大的销售网点覆盖更多消费者，从而让知名度得到大幅提升。另一方面，在产品上采取品类聚焦、重点突破策略，将润唇系列由当初5个品种一下发展到30多个品种，成了名符其实的润唇专家，在产品功能、品质和使用体验上获得广泛好评，由此大大提升了美誉度。于是，此时的曼秀雷敦有品、有牌、有顾客，销售业绩自然节节高涨。在此基础上，曼秀雷敦开始了全品类的扩张，薄荷膏和摩擦膏、润唇膏、洁面乳、防晒露、乐敦系列眼药水全面上市，遍地开花，成为中国大陆著名的药妆品牌之一。

以上三个案例说明，SIC三个要素是一个系统工程，缺一不可。

⦿ 品和牌的权重不同

虽然品、牌、客三个要素缺一不可，但是品和牌并不是等量齐观的。换句话说，就是具体在不同的行业、不同的企业发展阶段，感性价值和理性价值的比重并不一样，两者的重要性不一样、作用力不一样。

让我们设想一下：如果有一天，微软公司将商标名称改成"巨硬"，我们是否就拒绝使用Windows操作系统了呢？如果有一天，谷歌改名为"狗哥"，我们是否拒绝去使用Google搜索呢？显然，这些的答案都是否定的。

我们发现，对于B2B（工业品）品牌以及某些功能强大的、近乎垄断的B2C（消费品）品牌，人们看重的是品，是功能和理性价值，牌倒是成了次要的。对于Windows操作系统、波音和空客飞机、淘宝网、谷歌和百度搜索、英特尔CPU以及中石油等国有垄断企业，我们都可以不必在乎其牌子，而是在乎其品的不可替代性。这方面人们表现出来的理性选择，近乎冷酷。即便某个品牌历史上有不光彩的名声，牌有负面评价，但是只要其现在的品足够强大且有益，大家都会选择性忘记其坏的牌子，而去为现实的利益而买单。

例如瑞士银行，长期以来被指控为纳粹转移财富，成为纳粹的第三方金库。同时，还被犹太人指控隐瞒二战犹太人的"死亡账户"，独吞巨额财富。我们知道，瑞士早在1934年就制定了西方第一部银行法——《银行保密法》。根据该法，任何储户都可选择自己认为妥当安全的方式在瑞士的银行开户存

图1-17 犹太人对UBS（瑞士最大的银行）的抗议标语："UBS You Owe US"（UBS，你欠我们的）

来源：blowe.org.uk

款。储户被允许使用化名、代号或数字来代替真名实姓。不但开户存款时可以委托代理人办理，而且取款或转账时银行也完全按照与客户事先约定的章程办理，财产的真正拥有者可以做到永不露面。这样做的好处是保证了账户的绝对安全，但同时却存在着一个很明显的不可靠因素，即假如存款人突然去世，生前既没有交给银行遗嘱，临终时也没有机会把取钱的密码告诉家里人，那他的这笔存款就将永远呆在瑞士银行里取不出来。二战时期，已经走投无路的犹太人顾不上考虑，纷纷将大笔财产亲自或通过中间人存进了瑞士银行。后来这些犹太人大多在德国的集中营里惨遭杀害，他们在瑞士银行里的账号和密码随着他们一道化为灰烬，他们户头上的钱也变成了无人认领的一笔笔"死账"。此后的几十年里，瑞士银行一直以《银行保密法》为挡箭牌，不主动采取任何措施向犹太人幸存者及其继承人归还财产，并引起犹太人组织的长期官司。

按理说，这些历史上的不光彩事件，应该让瑞士银行砸了牌子。然而，瑞士银行是当之无愧的"世界上最安全的银行"，因此丝毫不影响它的业务

图1-18 越战中喷洒橙剂

开展。出于现实的需要,世界各地的权贵阶层仍旧热衷于将钱存入瑞士银行,无论黑道还是白道,都以瑞士银行作为财富安全的堡垒。

类似的案例还有孟山都,这个著名的美国老牌企业,被美国《商业周刊》评选为2008年十大最具影响力企业,2009年在美国《财富》杂志评选的"顶住衰退:全球100家增长最快的公司"中排名第41位。它占据了全球90%的转基因种子市场,中国每年有80%的大豆依赖进口,但在所有进口的大豆中,90%以上都是采用孟山都的技术种植出的转基因大豆。然而,这样一家农业生物技术巨头,却被自然社会(Natural Society)国际组织评为2011年全球最恶劣公司;郎咸平则称孟山都为毁灭中国农作物的阴谋集团;美国作家F.威廉·恩道尔(F.William Engdahl)在他的新作《毁灭的种子:基因操纵的幕后动机》一书中说:"用一种全新的角度去理解的话,我更倾向于把转基因工程的推进比作新一轮的鸦片战争。"可以说,孟山都现在已是声名狼藉。然而,如果你了解一下孟山都那臭名昭著的历史,你会觉得现在对孟山都的抨击不过是小菜一碟。想起了一个手机段子:"你骂我,是因为你不了解我;如果你了解我,你就会打我。"孟山都就是这样的。那么,让我们去看看孟山都的历史真面目吧。

成立于1901年的孟山都,一开始并不是农业公司,它最初是以生产人造甜味剂(糖精)起家,在第一次世界大战前,进入医药领域生产阿司匹林药品,后来靠销售石油化工品和生物武器暴发,业务包含破坏环境的农药、原子弹铀提炼等恐怖的产品,成为全球最著名的环境污染大鳄。

越战时期美军使用的生化武器"橙剂",也叫落叶剂,就是当时孟山都的主要产品。因其容器的标志条纹为橙色,故名"橙剂"(Agent Orange)。越战期间,越共军队藏身于深山密林之中,开展游击战、地雷战、麻雀战等令美军头痛的战术，让战争久拖不决。遭受了一连串损失之后，美军一怒之下拿出了杀手锏——橙剂，美军用低空慢速飞行的飞机将橙剂喷洒于被判断为越共武装人员藏身之地的森林、丛林和其他植被上，使树木等植物落叶，从而让深山密林变成了光秃秃的山坡，让越共军队完全暴露于美军的火力之下。

然而，"橙剂"中含有剧毒物质"二恶英"。"二恶英"号称世纪之毒，其毒性是砒霜的900倍，可能诱发癌症、心血管疾病、肝脏疾病、生殖系统紊乱和发育障碍等一系列疾病，国际癌症研究中心已将其列为人类一级致癌物。越战期间美国喷洒在越南的7600万升橙剂中含有336公斤二恶英，直到今天，这些剧毒物质仍存在越南当地的土壤、空气和水源中，影响着一代又一代越南人的健康，引发各种疾病和导致大量畸形儿诞生。同样，这些剧毒物质也存在于美国越战老兵的身体里，美国越战老兵所患的病中，已有9种疾病被证实与"橙剂"有直接关系。为此，孟山都和陶氏化学等生产厂商被迫向受害的美国越战老兵赔偿1.8亿美元。

此外，多氯联苯（PCB）亦是孟山都公司的重要产品。今天，从北极熊到南极企鹅的身体里，从美国到台湾人民的血液、器官和肌肉中都发现了多氯联苯。生产多氯联苯的一家工厂设在亚拉巴马州安尼斯顿（Anniston）镇，该镇的居民血液中多氯联苯含量千倍百倍超标，2002年孟山都公司被判罚款7亿美元赔偿安尼斯顿镇的居民。而多氯联苯剧毒污染的真相被孟山都公司刻意掩盖了40年。

100多年来，执着为了人类的污染事业而奋斗的企业，除了孟山都之外，恐怕也找不出第二个了。对孟山都这样的声名狼藉、人神共怒的品牌，照理该倒闭了吧？然而，如今的它却凭借领先的转基因技术，摇身变成了一家高科技农业公司，其每年的科研投入高达10多亿美元，在生物技术方面，拥有600多项专利，在同行中遥遥领先。孟山都将转基因投入商业种植后大获成功，据美国农业部2011年6月30日发布的数据，美国种植的90%左右的玉米、90%的棉花、94%左右的大豆，都是转基因品种。无论是美国大规模农场还是个体农民，已经越来越多地使用孟山都的转基因种子。孟山都对同一种作物，都不断推出新品种，过去几十年里大豆年均增产1%，而现在至少达到7%。孟山都还用卫星、自动化机械改变南美农业，不到十年间让玉米增产6.1%，棉花增产13.4%。

各国政府和农民都越来越依赖于孟山都，因为它确实可以带来农业的大量增产，并且它不可替代。而对于它那臭名昭著的历史以及现实中"经济海盗"的绰号，大家都进行了选择性遗忘。事实证明，品的强大，现实的利益，让人们可以忽略牌的负面因素，哪怕它带着罪恶和阴谋的帽子。

可见，我们要用广义品牌定义——SIC模型来分析问题，以品、牌、客三要素来理解品牌，并认识到在不同行业中，品和牌的权重是不一样的。如果用狭义品牌定义来分析问题，把眼光只放在牌的方面，则会导致逻辑的崩塌。那些信奉狭义品牌观的人士，如果将品牌仅仅理解为一个商标、一个符号的话，那么"孟山都"这个符号就是强盗的代名词，那么你又如何来理解人们不顾恶名而信赖孟山都的行为呢？为什么我们不能容忍三鹿，却能容忍比三鹿带来更大灾难的孟山都？

接下来，我们要讨论另外一种情况：牌的权重大于品。

对于普通零售消费品牌，牌的重要性就大于品。假设，有一天七匹狼改名为"八匹狗"，海飞丝改名为"尘飞扬"，奔驰改名为"龟爬"，水星家纺改名为"火星家纺"……后果会怎样？显然，消费者认知就陷入混乱之中，"八匹狗"是什么东西？"尘飞扬"又是什么东西？那么必然是一场灾难，改名的品牌会在一夜之间失去大量顾客。道理很简单，这类消费品牌，品没有强大到不可替代的程度，如果不买七匹狼的服装，还可以买利郎的。因此，牌的权重就被放大了，整个品牌需要牌来支撑。如果将品牌名改变了，对于品牌来说无异于伤筋动骨、九死一生。

由此可以看出，品和牌的重要性根据不同行业、不同产品而有明显的不同。一般来说，越是时尚类和快消类产品（例如服装、化妆品、食品、饮料等），牌的重要性越大，品的重要性次之。如图1-19所示，在"能源、化工、卡车、计算机、小轿车、牛仔裤"这个排序中，品的重要性逐渐降低，牌的重要性逐渐升高。也就是说，理性价值的重要性逐渐降低，感性价值的重要性逐渐升高。例如，你如果作为发电厂的采购经理，去山西煤矿采购煤炭，那么感性价值是无所谓的，你唯一关注的是煤炭的质量和价格，也就是说你侧重关注理性价值，极少关注感性价值；但是，当你作为一名消费者，去购买牛仔裤时，思维方式就完全不一样了。此时你关注牌子、款式、风格、调性、颜色、细节、模特展示的感觉等感性价值，而理性价值是次要的，因为牛仔裤的材质和工艺都差不多，甚至价格也不是很重要，你愿意为大牌产品支付更高的价格。这就给我们启示：企业要明白自己品牌的特性，明白该往什么方向努力。

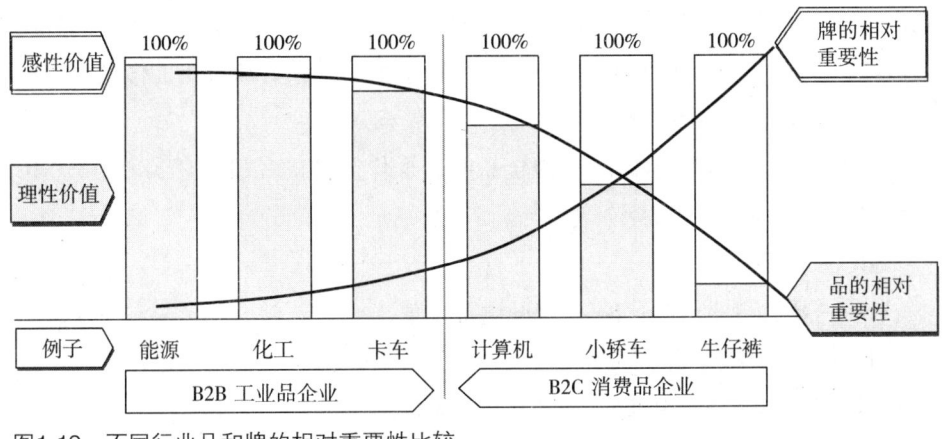

图1-19 不同行业品和牌的相对重要性比较

注：原图来自罗兰·贝格，本书引用时略作修订。

⦿ SIC品牌评估法

长期以来，如何对品牌价值进行评估，始终没有统一的标准和方法。目前最主流的方法有两类，第一类是西方品牌与营销界所推崇的，即从顾客角度来评价，了解品牌在顾客心智中处于何种位置，包括知名度、认知度、美誉度、忠诚度、联想度等指标；第二类是资产评估公司、财务公司、金融机构等所推崇的，即从财务数据的角度来评价，包括成本、溢价、盈利情况、未来盈利预期等指标。由对财务数据的运用模型不同，不同机构评估的结果也不尽相同。

下面是业界比较常见的几种品牌价值评估算法。

①Interbrand方法：品牌价值＝品牌未来收益×品牌强度乘数（或除以贴现率）。这里的"品牌未来收益"，采用的是未来5年品牌累计收益，贴现率是根据品牌强度测评而主观估计出来的。（参见第九章04节）

②Financial World方法：品牌价值＝品牌净利润×调整乘数。这里的调整乘数，也是根据专家对品牌强度的评估，提出的主观数据。

③Sinobrand方法：品牌价值＝品牌优势值×品牌强度乘数。这里的品牌优势值和品牌强度乘数，都是基于专家评估的主观评价。

品牌界、管理界、财务界和投资界人士经过数十年的孜孜探索，始终不能得到一个完全客观的品牌价值评估方法。从逻辑上也可以证明，由于品牌的无形性、抽象性和非理性等特征，任何品牌价值的评估方法都不能做到完全客观，都不可能摆脱主观评价。

本书根据SIC模型，提出一种全新的、操作简便的品牌评估方法——SIC品牌评估法，基本公式为：

SIC品牌评估值＝S×I

S——品的测评均值；I——牌的测评均值。

下面进行举例说明：

第一步，进行品的测评，如图1-20的方阵图所示。

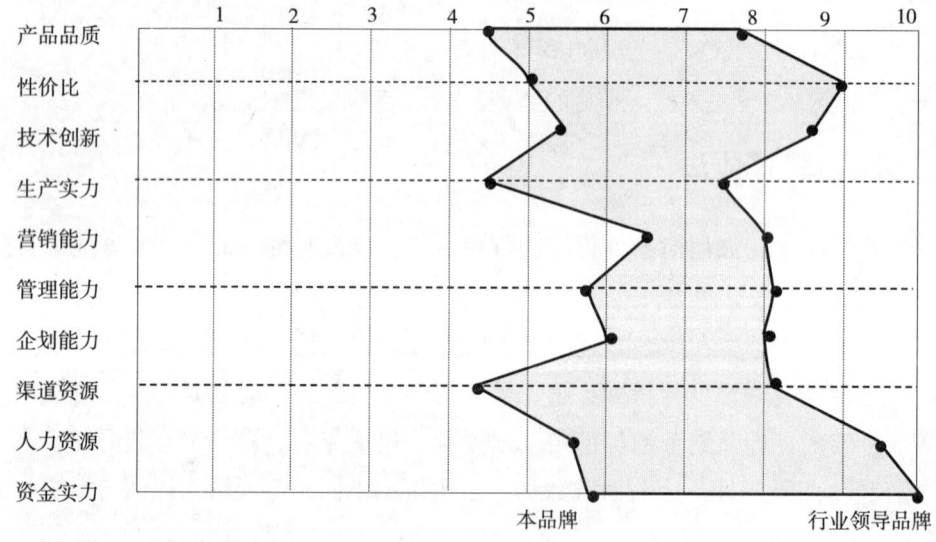

图1-20　品的测评方阵图

首先，我们将重点需要关注的指标罗列出来，例如产品品质、性价比、技术创新、生产实力、营销能力、管理能力、企划能力、渠道资源、人力资源、资金实力等等，还可以列出更多，原则上是选重点指标，不重要的则忽略。

其次，拿行业的领导品牌做标杆，先对领导品牌的各项指标按照10分制进行评分，根据横向刻度，将分值描点标注在图1-20上，再用线段将各个描点连接起来，就得到一条折线。

再次，以领导品牌各项评分为基准，估测本品牌各项指标跟领导品牌的差距，再对本品牌各项指标进行评分。同样将评分的描点标注在图表上，并用线段将各点连接起来，得到另外一条折线。

最后，两条折线和图表的上下边框，构成了图中的阴影部分，这个阴影部分就是本品牌跟领导品牌的差距。这个图的优点是非常直观，如果前面的TY公司老板在行动前看到这个分析图表，就能清楚自己跟第一阵营、第二阵营和第三阵营的代表品牌之差距，也就不会武断地将自己定位于第一阵营了。

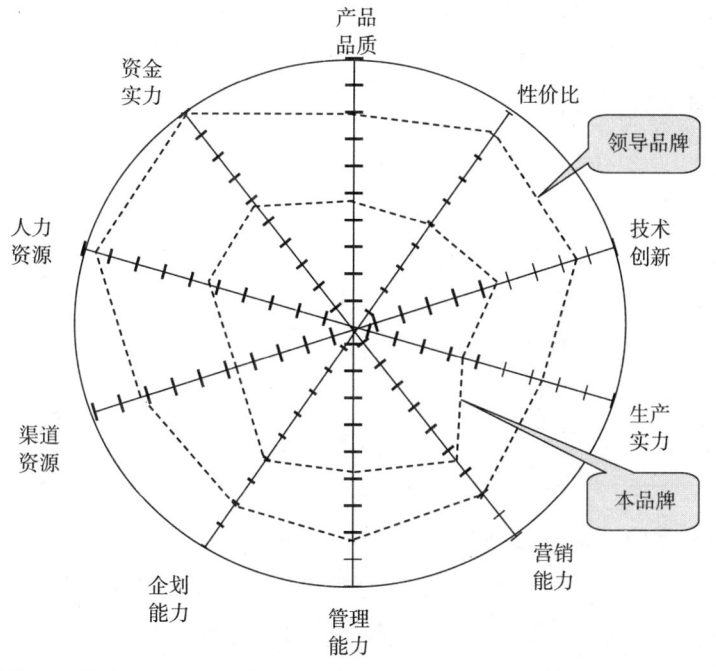

图1-21　品的评分雷达图

对于品测评方法，我们也可以用雷达图来表示，如图1-21所示的雷达图，就是由图1-20的方阵图转换而来的。同样是10个维度，同样要对10个维度进行评分，唯一区别是雷达图将10个维度沿着圆周排列。将品牌各项分值描点用线段连起来，就变成了雷达状（或蛛网状）的图形，这个雷达图形面积越大、越饱满，则说明该品牌的品越强大。雷达图同样可以非常直观地看出本品牌跟领导品牌的差距，便于本品牌的决策层采取相应措施，提升品的实力。

第二步，进行牌的测评。同样的道理，我们也可以采用方阵图或雷达图对牌进行评分。牌的评分项目包括商标、形象、终端、广告、代言、公关、新闻、格调、个性等维度，不要求面面俱到，选择符合本行业的关键指标即可。牌的测评可以采用行业专家测评，也可以通过顾客调查进行评价，其中顾客调查评分操作上要复杂一些。在最终呈现的方阵图或雷达图上，我们同样可以看到本品牌跟领导品牌、竞争品牌的差距，便于我们查找原因，弥补短板，发扬优势。做到第二步，对于指导品牌提升和改进来说，其实已经足够了。如果要想制作本行业主流品牌的评估排行榜，那么请继续看第三步。

第三步，利用SIC品牌评估公式，取品的各项评分算术平均值，乘以牌的各项评分算术平均值，即可算出品牌的综合评分，再根据综合评分，制作行业主流品牌评估排行榜。如表1-1所示。

表1-1　　　　某快消品行业SIC品牌评估排行榜

SIC品牌评估排行榜				
名次	品牌名	品（S）	牌（I）	综合（S×I）
1	领导品牌	8.4	7.8	65.5
2	品牌2	6	7	42
3	品牌3	10	3	30
4	本品牌	5.6	5.2	29.1
……				

值得注意的是，SIC品牌评估法制作的排行榜都是以本行业领导品牌作为标杆和参照的，所以，只有同行业的品牌进行排名才有意义，不同行业的品牌不适合放在一起排名。这是SIC品牌评估法的局限性。

那么，SIC品牌评估法，S和I为何相乘而不是相加呢？理由如下。

第一，S和I的本质关系，符合乘法原理。因为品的每一个特征，都会在牌的每一个维度上体现出来，例如九阳沸腾锅，品的价值特征就是"沸腾"，于是这个特征同时在广告、公关、代言、终端、文案、个性等各个方面表现出来，这其中存在一对多的映射关系，存在乘数放大效应，因此符合乘法原理。实际上，在当今主流的品牌价值评估方法中，基本上都是运用乘法来处理各个因素之间的综合关系。例如前面提到的Interbrand方法、Financial World方法、Sinobrand方法等。此外，SIC评估法的结果是百分制，符合人们认知习惯。

第二，乘法有缩小效应，S和I只要一个存在明显短板，最终的结果就会显著缩小，这是符合品牌实际情况的。例如表1-1中，品牌2和品牌3的S+I的结果都等于13分，这么看二者旗鼓相当。而实际上，品牌3的S和I发展很不平衡，S属于强项，但是I明显属于短板，也就说品牌3的外在形象体系表现很弱势，对于快消品行业，这是很糟糕的，导致顾客的知名度和美誉度都不高，于是在市场竞争中明显落后于品牌2。所以，相加不能反映真实情况。如果采用相乘，就可以分出高下了——品牌2：$S \times I = 6 \times 7 = 42$分；品牌3：$S \times I = 10 \times 3 = 30$分，立分高下，并切合实际情况。

缩小效应的极端情况，就是S和I之间任何一个因素等于零，则整个品牌的评分等于零。例如三鹿奶粉，在三聚氰胺事件中，大面积的婴儿中毒悲剧发生，说明其内在支撑体系的品质管控、内部管理、经营理念等都出了严重问题，因此$S=0$，于是$S \times I = 0$，即整个品牌价值都被颠覆为零。这个结果也是符合实际情况的。

第三，乘法有放大效应，在表1-1中，领导品牌的S和I分别都是本品牌的1.5倍，那么乘积的结果就将差距拉大了，$65.5/29.1=2.25$，即领导品牌综合评分为本品牌的2.25倍！这跟现实中的情况也是相符的，强者愈强，弱者愈弱，这就是"马太效应"。例如，前面的TY品牌案例，第一阵营和第二阵营占据了中高端商超渠道，那么第三阵营和第四阵营就基本没有机会了。看上去，也许第二阵营的品牌比起第三阵营的品牌，不过是"渠道"一项得分高一点，但这一点优势，却是颠覆性的。可谓"一招鲜鲜吃遍天"，"一步输步步输"，这才是品牌的真实游戏规则。

下面我们再举一些例子，来说明SIC品牌评估法的现实意义，如表1-2所示。

表1-2　　　　　　　　　SIC品牌评估法应用举例

	品的评分（S）	牌的评分（I）	综合评分（S×I）
爱马仕	10	10	100
三鹿	0	10	0
秦池	0	10	0
柯达	1	10	10
山木（培训）	8	4	32
虎标	7	6	42

例如秦池酒，当年秦池竞得央视广告标王的宝座，在全国各大市场高歌猛进的时候，顾客并不知道其品存在问题，此时秦池品牌影响力如日中天，所以品和牌评分是10分，总分100。但纸是包不住火的，秦池的品并不能支撑整个品牌价值，具体说是其内在的产能不能满足市场需求，于是出现了大规模的外采酒精勾兑行为。在媒体曝光之后，消费者突然发现大家热捧的不过是一个空心化的品牌——有牌而没品！于是品的评分一夜之间变为零，即S=0，S×I=0，品牌评分为零，意味着整个品牌价值也瞬间崩溃为零。

由于企业内在的经营失败，即品的失败而导致一个优秀品牌失败的案例不在少数，尽管这个品牌曾经无比辉煌，尽管它倒下的时候激起无数人扼腕叹息。2012年伊始，突然传来美国百年老字号品牌柯达申请破产的消息。过去的130年间，柯达作为全球最大的影像产品及相关服务供应商，赢得全球市场消费者的信赖和支持。在胶卷时代，柯达曾是绝对王者，占据全球2/3的市场份额，最鼎盛时期在全球拥有超过14.5万名员工。柯达胶卷让无数平凡的人留下了自己人生中的很多珍贵照片，将很多美好的回忆定格成永恒。因此，柯达从事的是一个很具诗意的事业，并让摄影成为一种全新的现代艺术形式。然而，面对数码科技大潮的冲击，柯达就像诗人一样自我而散漫，没有像商人一样作出敏捷反应。一方面，柯达严重低估了数码摄影发展的速度；另一方面，柯达由于担心其胶卷销量受到影响，也一直未敢大力发展数字业务。正是这样的决策失误，使其逐渐被数字化潮流淘汰，胶片时代的王者如今已走到英雄末路，自1997年起再也没有年度盈利。直到2003年末，柯达才提出"全力进军数码领域"的战略。2004年，柯达推出6款姗姗来迟的数码相机，但利润率仅1%。柯达所有的数码相机均为代工生产，因此自身并无技术研发能力，不掌握核心科技。尽管付出很多努力，但都为时已晚，大厦将倾，无力回天。2011年，柯达曾警告称，除非以发行新债券或出售专利的方式筹到5亿美元，否则很难熬过2012年。果然，2012年1月19日，美国柯达公司已经正式提出破产保护申请。

柯达正是这样一个例子：牌很优秀，但是品无以为继，最终导致整个企业和品牌都走向失败。所以，柯达评分是：S=1，I=10，S×I=10分。与其辉煌时代的100分相比，已经属于潦倒的贵族了。

当然，也有反过来的情况：企业品没有问题，但是牌出了问题，导致整个品牌价值评分降低。典型案例就是山木培训，本来是一家非常出名的培训机构，跟培训行业的竞争对手相比，品和牌评分都在8分以上，但是由于山木培训的总裁宋山木卷入强奸女员工的丑闻，导致企业品牌声誉受到严重的损害，因此牌的评分只能打4分，导致品牌综合评分只有32分。从这里也可以看出，将企业品牌和个人品牌捆绑在一起，是有很大风险的。如果宋山木的公司不叫"山木培训"，那么他个人出事也不会过多牵连到公司品牌。

对于大部分老字号品牌来说，品和牌都或多或少存在问题。建国初期，全国约有"中华老字号"品牌16000家。但自1990年以来，这一群体已锐减至1600多家。前面提到过，超过150年历史的仅有5家。有调查显示，这残留下的10%的老字号，"七成经营十分困难，两成经营勉强维持，只有一成蓬勃发展"。

例如虎标清凉油，创立至今已近百年历史，目前它还在中国大陆、香港及东南亚等地销售。一方面，该品牌的形象显然已经老化，"老土"的包装，传统的剂型，刺鼻的气味，不佳的使用体验（腻滑、粘手等），很难赢得年轻一代消费者的青睐，只剩下老一辈人因怀旧还喜欢用这个产品。另一方面，由于100年来医药科技已经大幅进步，因此替代产品越来越多，例如蚊不叮、皮炎平等；城乡生活条件也有很大的改善，需要用到清凉油的时候比较少。这样，虎标的品也存在问题，在产品、功效、剂型、使用体验等方面都没有进步，不进则退。因此，表1-2中，虎标品牌的综合评价得分就不会很高。而同仁堂、王老吉等老字号品牌及时适应市场经济的发展，不但内在的支撑体系得到强化提升，而且外在的品牌形象也与时俱进，进行了创新和发展，因此品和牌的得分都很高，品牌很成功。

总而言之，根据SIC品牌评估法，我们可以总结出如下三条规律。

第一，根据乘法原理，虽然不同行业品和牌的权重不同，但是绝对不能缺失某个要素，一个要素为零，则整个品牌价值为零。

第二，根据缩小效应，跟同行品牌相比，不能出现明显的短板，否则就会由于木桶原理，在竞争中处于明显劣势。

第三，根据放大效应，品牌要力争上游，各要素都比对手超出一点，那么结果就会高出一大截，获得显著竞争优势。

04 从三级片到文艺片
——品牌战略路径

⦿ 品牌的进化：从三级片到文艺片

纵观中国当代市场经济发展历程，其实也是一部品牌进化史。从早期的纯粹价格战、渠道战、广告战、人海战主导模式，发展到现在的品牌定位、品牌形象、品牌价值和品牌体验主导模式，品牌的进化经历了从"三级片"到"文艺片"转变的过程。

在三级片阶段，品牌都是赤裸裸地吆喝，赤裸裸地竞争，赤裸裸的促销，赤裸裸地价格战，不顾形象和体面；而在文艺片阶段，品牌都摇身变成贵族、绅士和淑女，类似"暴发户出书、野孩子认父"的故事每天都在上演。文艺化的品牌，言必称法国、意大利、英国、美国……千方百计给自己找到一个高贵而神秘的身份；要花大价钱请大牌明星代言，拍摄富有艺术品味的广告大片；即便价格战也要披上一层冠冕堂皇的外衣，策划一系列有创意的主题和形式，掩盖顾客对折扣的直接联想，避免降低品牌的档次……

近年来网络兴起了很多电商品牌新贵，貌似很时髦、很先进的样子，其实究其根底，无非是短时间内把传统品牌的进化历程重演了一遍而已。从三级片到文艺片，电商品牌并没有脱离这个俗套。下面以电商品牌为例，来看品牌的进化历程。

（1）定位的进化

易趣、淘宝网的诞生，迎来了电子商务草根创业的热潮，大约在2009年之前，网店基本上都是以卖货、走量为主的，那时淘宝商城尚未开放，网店都是以个人集市店（C店）的形式存在，低价倾销、积累信誉，甚至疯狂刷钻，是大家追求的目标。此时，尚未有品牌定位的概念，很多店铺甚至连商标都没有，什么好卖就卖什么，能拿到什么货源就卖什么。由于基础薄弱，货源不稳定，供应链跟不上发展，这种产品卖完了，就换一种产品继续卖，因此一些店铺在不断更换定位，或者说没有明确定位。

然而，随着天猫商城的诞生，对进驻商家有了品牌上的明确要求，如果不拥有自己的商标和品牌，就无法开设旗舰店。随后，2009年之后，就迎来了线下传统品牌入驻淘宝商城的热潮。在竞争压力下，原有的线上品牌有的被淘汰，剩下的都被迫进化。第一要务就是定位的进化，从没有明确定位，到有了鲜明定位；从泛泛笼统定位，到特色细分定位。最近几年，一批具有差异化特色定位的品牌脱颖而出，在各自品类中占据无可撼动的江湖地位。例如阿芙精油，就牢牢占据精油这个细分品类的第一位；韩都衣舍，成为韩风快时尚女装领导品牌；御泥坊，以矿物面膜为特色定位，占据面膜类第一位；麦包包，成为网上箱包类第一品牌；芳草集，互联网崛起的芳疗化妆品知名品牌；绿盒子，网络童装领导品牌……

淘宝商城采取了逐渐洗牌的方式，不断提高门槛，将一批又一批没有鲜明定位的品牌、没有实力的小品牌逐渐淘汰出局。可以预见，未来能够在淘宝商城乃至全网生存的品牌，要么是已经实力强大的品牌，要么是具有某种差异化定位的品牌。品牌定位的进化，是大势所趋。

（2）价格的进化

经常在网上购物的顾客就会体会到：网上产品不是越来越便宜，而是越来越贵了。事实上，淘宝网高层一直致力于摆脱低价集市的形象，因此才有了天猫商城的独立。统计表明，从2008年至今，淘宝网的价格指数TCPI都是呈现上升趋势，虽然波动性比较强，但大的趋势上跟国家CPI同步上涨，这只是问题的一个方面。另一方面，如果撇开那些中小卖家，去研究每个行业的知名度高、有影响力的品牌，就会发现它们的价格上升才是最明显的，价格年均增幅在20%～30%都是正常的。

同时，淘宝也在扶持和规范原创品牌，很多成名的淘品牌逐渐跟原来一起搞价格战的阶级兄弟划清界线，不屑于与之为伍。在提升品牌形象和价值的基础上，价格自然也逐渐占据中高端位置。有意思的是，它们不但没有失去顾客，相反还赢得了更多顾客，年度业绩表明，会员数量和销售额都在急剧上升。这是因为，网购市场以前吸引的都是购买力较弱的人群；如今随着网购的普及，越来越多的线下优质顾客也纷纷涌到线上，谁能争夺这部分中高端客源，谁就能在竞争中胜出。而这都必须依靠品牌的力量，早日进化的品牌，早日吃到最好的市场蛋糕。

图1-22 汽车品牌上天猫商城,已经不是什么新鲜的事儿了,这意味着,天猫商城的品牌化道路已经被广大品牌商所认可

当然,提价是有风险的。关键点不在提价本身,而在于品牌价值是否得到相应提升,价格必须跟品牌价值相符,而这一点是短期内难以完成的。

另外一种情况值得注意,如果品牌的低端形象已经深入人心,或者说已经变成了一个著名的廉价品牌,那么以后再提升档次也很难了。就像很多明星曾经演过三级片,没多少人知道也就算了;如果演三级片出名了,那么后来即便成为一个国际大腕,还是会有一些无聊人士以此为把柄进行攻击。

价格进化的另一种表现是价格坚挺,不轻易打折。价格的坚挺,是衡量品牌价值的重要指标。天猫商城4周年庆,官方要求的促销力度是满300减60,相当于8折;而往年都是5折。以前聚划算、1元秒杀之类的促销,都可以计入该产品销售记录;而现在,这些都不计入,也就是说,淘宝不再鼓励这种低价倾销的方式。对于知名品牌而言，现在也不愿意轻易搞大力度的明折明扣，因为这样都会降低品牌档次和信誉；现在的促销手段非常多样化，策划和创意也非常新颖，目的都是以更多巧妙的促销方式替代直接打折。

（3）格调的进化

互联网由于其虚拟性，购买过程无法实地体验，因此，品牌格调和视觉形象就显得尤为重要。良好的格调和视觉体验，就成为顾客认知品牌和产品的最主要途径。电商草根时代的朴素表现力，如今都被专业摄影、专业设计和专业模特甚至是明星所替代。品牌格调的进化，已经成为品牌进化的最显著标志。看一个品牌处于什么阶段，看其团队是否专业，只需看其格调和视觉形象即可知端倪。

例如淘宝知名女装品牌"妖精的口袋"，逐渐沉淀出了独特的欧美复古精灵格调，似乎在演绎一个华丽的神话故事。一是整个店铺装修包括首页和宝贝详情页，都将复古精灵气质表现得淋漓尽致；二是产品设计全部围绕精灵风格进行，无论上装、下装、裙装等品类，始终能展现统一的风格与调性；三是模特选用具有精灵气质女孩，并在模特发型和化妆上进行了风格强化，看上去不是一个人，而是一只妖；四是广告形象、公关策划和活动设计，都能紧密围绕"妖精"的主题而展开，例如"妖精城"、"妖精国"等等，体现统一格调。最后，"我是妖精，你是谁"这样的隔空对话，将品牌个性充分表达出来。所有这些因素综合起来，就让整个品牌的格调非常鲜明，给顾客留下深刻印象，也让本品牌跟其他品牌区别开来，有效提升了品牌的情感和文化价值，受到很多年轻而又标新立异的女孩子的追捧。

只有成功沉淀出独特的风格和调性的品牌，才能算作成熟的品牌。例如韩都衣舍将韩风做到了极致，GXG男装将绅士风格做到了极致，因此他们都在各自的细分领域中成为佼佼者，各自赢得了一个庞大的忠实顾客群。

（4）公关的进化

关于品牌公关与营销活动的策划，坊间曾经流传着不少笑话："今日掌柜老婆怀孕了，全场5折起大酬宾"、"今日掌柜生日，全场5折起大酬宾"、"热烈庆祝掌柜喜得贵子，全场4.5折抢购7天"……显然，这些笑话都属于草根时代的公关促销；到了文艺片阶段，公关策划就要文艺和高雅得多，通常由专业的团队来运作，主题策划有创意，视觉设计有冲击，文案描述有灵感，活动推广有力度，充分利用互联网时代的病毒式传播特征，将活动影响力做得更持续和深远。

品牌公关活动是跟公众互动的环节，可以提升品牌的亲和力，促进销售。一般来说，品牌活动可以分为两大类：一是品牌营销活动，以促进销售为目标；二是品牌公关活动，以提升品牌知名度、美誉度和亲和力为目标。很多情况下，二者会结合起来进行。线上品牌常见的公关方式又包括提案式品牌公关和互动式品牌公关等。

先说提案式品牌公关，例如阿芙精油的《芳香之旅》就不是赤裸裸宣传和叫卖，而是以探索著名芳香原产地为线索，将法国的普罗旺斯、保加利亚的玫瑰谷、澳洲、罗马等地区串起来，图文并茂展示对应的产品和渊源故事，让顾客觉得阿芙精油是传奇的、源自异国的、地道的、专业的、珍贵的。这些都有效提升了品牌的神秘感、亲和力和价值感，自然也提升了销售。

图1-23　妖精的口袋，产品设计和模特选择，都能充分体现复古精灵风

来源：妖精的口袋旗舰店

再说说互动式品牌公关，例如淘宝童装第一品牌绿盒子曾经举办了"我的公主范儿"选拔大赛，引起数十万的妈妈们的关注，并吸引了2000多名女孩报名参赛。经过参赛选手上传照片、开通公主"蜜"室、撰写微博、公布竞选宣言、公众投票等环节的层层筛选，产生120名公主候选人，再经过激烈的角逐，最终诞生7名小公主，夺得"七公主"头衔，她们除了得到奖励之外，还成为绿盒子的签约小模特。类似这样的公关互动活动，对品牌知名度、美誉度和影响力的提升都有很好的帮助。

很多品牌已不局限于淘宝平台，还广泛与新浪、网易、搜狐等大型门户的女性、时尚、旅游、微博等频道及社区合作，联合开展各类公关互动活动，只要策划和组织得力，人气都很可观。例如康尔馨与新浪和网易女性论坛联合举行的关于"幸福女人"主题征文活动，获得100多万人次的点击访问和参与互动。

总而言之，电商草根创业的时代已经一去不返，电商品牌的洪荒时代也已经结束，品牌的发展和进化都是大势所趋，不可犹豫，更不可阻挡。品牌战略方向，跟品牌进化方向是一致的，并促进品牌加速进化。

◉ 品牌成长三条路径

品牌进化是一个大的方向，实际上它有三条不同的路径，下面进一步阐述。

20世纪90年代初，福建一批男装企业在江湖上崭露头角，这其中包括七匹狼、劲霸、才子、利郎、九牧王、柒牌、虎都等等。在起步阶段，企业实力有限，也不太熟悉品牌运作，幸亏闽派男装老一代企业家都读过毛选，深谙"工农武装割据"、"星星之火可以燎原"之类的革命理论，于是决定走农村包围城市的道路，开始主要在内地二三四线市场发展，以价格优势和加盟连锁模式，实现了快速扩张，门店数量、企业规模和市场占有率越来越高，逐渐积累了功底和实力。到了21世纪初，埋头扩张的闽派男装猛然发现，一二线城市高端市场都已经被国际大牌和国内一线品牌占领，人家一个个派头十足，趾高气扬，名利双收。看着自己还在辛辛苦苦靠薄利多销赚钱，闽派品牌顿时黯然伤神。他们发现，此时品牌的发展面临瓶颈，无法改变低档品牌的形象，而这个形象已经在消费者心中扎根。

此时，全球性的"休闲化浪潮"席卷而来，柒牌、七匹狼、劲霸等一大批知名品牌率先抓住这一契机，启动了闽派男装的品牌化进程。一夜之间，"明星+广告"的模式被闽派男装集体采用，借助央视广告的强势出击，让全民刮目相看，中央五套也被人们诟病为"晋江频道"，因为异军突起的闽派男装大多是晋江籍的。在这种品牌大跃进中，七匹狼、利郎、柒牌、劲霸、九牧王等品牌终于实现了很大提升，从二三线城市品牌，摇身变成全国知名的男装休闲品牌。

从闽派男装的崛起的过程，我们可以看出其品牌成长的路径，如图1-24所示，属于图中的路径1。即品牌刚刚起步的时候，处于"黑洞"区域，此时既无规模，又无档次。接着，聪明的闽派男装通过农村包围城市的途径迅速扩张，做大规模，最终达到"平凡的巨人"区域。此时的特点是规模很大，但是档次不高。如果此时裹足不前，则只能是一个平庸的品牌。闽派男装当然不甘心，于是他们通过重新定位、品质提升、管理提升、明星代言、央视广告等举措，对品牌进行了重新包装，逐渐提升档次，最终靠近或者到达了"桂冠"区域，品牌获得强大的生命力。

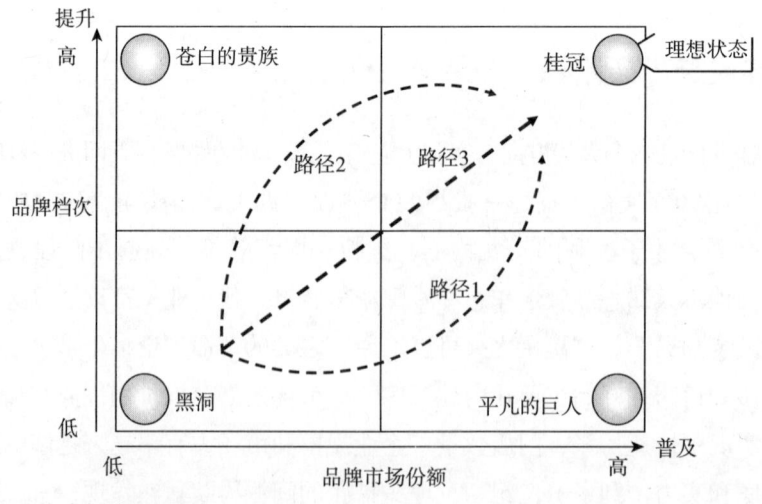

图1-24　品牌成长路径模型

因此，对于新建品牌来说，生存才是第一位的，应该借鉴闽派男装的成长路线，先不要急着定位太高，不要动辄号称做"高档品牌"、"奢侈品牌"，毕竟档次的提升非一日之功，缺乏必要的沉淀什么都不是。先生存下来,将规模做大,为企业积累丰富的资金、深厚的实力,等到时机成熟,再做品牌档次和价值的提升。

值得指出的是,路径1只是风险相对较小,但是并不等于没有风险。它可能为品牌未来的发展埋下隐患,需要对品牌有充分理解的人来操盘,拿捏好分寸,在销售额和价格定位之间、促销与公关之间、品牌产出和投入之间中找到合理的平衡点。如果一开始将品牌做得太低端,用低端价格、低端的形象、低端品质、低端的渠道来追求销售额最大化的话,尤其当这种低端的形象深入人心之后,变成一个知名的低端品牌之后,就很难改变了。大多数人的心智模式就是这样,容易形成思维定式,先入为主,很难去颠覆曾经形成的印象。某些国产品牌后来的确爆发了,在电视上拼命砸广告,请一线明星代言,但是国人还是不领情,因为此前低端形象已经被众人广泛知晓。

闽派男装到目前为止,也只能算营销上的成功,离品牌的成功还有一定的差距。虽然他们经过多年沉淀厚积薄发,通过明星代言、央视广告做形象提升,像七匹狼等还花重金聘请咨询公司来帮助提升供应链系统,重造内部流程和制度,让整个企业管理水平都有了较大提升。但是,它们的品牌化道路还显得非常急功近利,难以摆脱暴发户的形象。这里也不仅仅是公众的思维固化问题,站在专业的角度来看,闽派男装对品牌内在的核心价值、品牌的原创设计能力、对潮流的引导能力、在国内时装界的江湖地位、在国际时尚界的地位等等这些关键因素还无法触及与改进。它们对买手制的娴熟运用,大量抄袭国际流行时装,品牌越来越失去创新能力。同时,杂七杂八的拼凑的一盘货,让终端变成了一个大杂烩,不能沉淀属于品牌自身的风格、调性和文化。这些因素都在给品牌提升拖后腿。

我们再来看看途径2,也有品牌先做"苍白的贵族",有档次而没有规模,然后熬到做大做强的那一天,最终变成"桂冠"。但是,这条道路的风险很大。塑造一个"贵族"品牌,投入非常大,而产出又很少,甚至是亏损的,如此一来,很多品牌等不到做"桂冠"的那一天就夭折了。

对于那些实力雄厚、已经具有多年品牌运作经验的企业,在品牌族群结构中如果还缺一个高端品牌的话,则可以走路径2。例如梦洁家纺,本身已经是知名的中高端家纺品牌,市场份额高,品牌影响力大。为了满足高端人士的需求,近年推出高端品牌"MINE寐",充分利用梦洁现有的中高端渠道资源和销售网络，以梦洁的知名度作为背书，在终端形象、产品风格、价格档位、材质和面料、传播与推广等方面跟梦洁形成显著差异，做足高端尊贵价值感，迅速在市场中站稳了脚，并且在稳步扩张。

还有一种情况是，有强大的个人品牌做背书，也可以走图中的路径2，例如范思哲（Versace），作为一个领导时尚潮流的著名奢侈品牌，其成立的时间并不长，1978年成立于意大利，这属于很年轻的了，前面提到的那些奢侈大牌，动辄150岁以上。这么年轻的品牌，为何可以一开始就定位于奢侈品呢？因为其创始人詹尼·范思哲（Gianni Versace）的个人才气，他属于一流的设计师。以他名字注册的范思哲品牌，本质上属于设计师品牌，个人品牌和企业品牌合二为一。范思哲品牌标志是希腊神话中的蛇妖美杜莎（Medusa），代表着致命的吸引力。范思哲的设计风格非常鲜明，独特的美感，极强的艺术先锋性，强调快乐与性感，领口常开到腰部以下，集取了古典贵族风格的豪华、奢丽，又能充分考虑穿着舒适及恰当的显示体型。他善于采用高贵豪华的面料，借助斜裁方式，制作高档服饰。如今，范思哲的名字代表着一种品位、一种时尚潮流，一个自称为"时装之王"的人，的确成为引领世界时尚潮流的领袖。所有这些因素，就让范思哲品牌选择了路径2，直接成为"苍白的贵族"，并具有问鼎"桂冠"的潜质。经过30多年的发展，范思哲也的确抵达了桂冠区。

我们再来看看路径3。理想的成长路径，当然是图中的路径3，从黑洞区直接奔向既有档次又有规模的桂冠区。然而，直接能走路径3的企业并不多，有些企业做品牌总有点急功近利，恨不得一夜之间打造一个高档的、市场份额大的品牌，其实这是不现实的。只有类似苹果这样的一流大牌，品、牌、客都非常强大，那么它旗下新推的品牌才适合走路径3。例如iPad和iPhone4S，都在苹果的强大背书之下，直接摘取"桂冠"。

总而言之，无论路径1、路径2还是路径3，都需要脚踏实地，根据实际情况量力而行。

◉ 品牌成长三个阶段

品牌是对未来盈利能力的保障，对于投资者、股东来说，唯有品牌可以带来安全感，唯有品牌可以让企业未来生存和发展变得可以预期。1987年，波士顿咨询集团的Thomas S.Wurster公布了一份针对1925~1985年的领导品牌的研究报告，结果表明，在22类日常消费品中，有19类产品1925年的领导品牌和1985年的领导品牌相同，其他3类中，1925年的领导品牌在1985年仍旧占据重要地位，如表1-3所示。也就是说，60年过去了，期间发生了第二次世界大战，发生过经济危机，当初的顾客已经老去，当初的市场格局也发生了翻天覆地的变化，但是领导品牌仍旧是领导品牌。这雄辩地说明，品牌是对未来盈利能力和市场地位的保障。未来一切都不确定，一切都不靠谱，唯有品牌可以预期。

表1-3　　波士顿咨询集团针对1925~1985年领导品牌的研究结果

产品	1925年的领导品牌	1985年的地位
咸肉	斯威福特	领导者
电池	永备	领导者
饼干	纳贝斯克	领导者
早餐谷类食品	家乐氏	领导者
照相机	柯达	领导者
水果罐头	地扪	领导者
口香糖	箭牌	领导者
巧克力	好时	第二名
面粉	金牌	领导者
薄荷糖	救生圈	领导者
油漆	宣威	领导者
烟丝	阿尔伯特王子	领导者
剃刀	吉利	领导者
缝纫机	胜家	领导者
衬衫	曼哈顿	领导者
起酥油	科瑞	第五名
肥皂	象牙	领导者
软饮料	可口可乐	领导者
汤	金宝汤	领导者
茶叶	立顿	领导者
轮胎	固特异	领导者
牙膏	高露洁	第二名

来源：《管理品牌资产》。

正因为品牌可以活很久,所以品牌的塑造也不能急功近利。品牌的成长有其自身规律,品牌文化和品牌价值都需要时间来沉淀,广告大跃进、明星放卫星等方式都不可持久。要让顾客认可你还算是一个品牌,而不是产品上的一个花花绿绿的商标,在线上可能需要3年以上的时间;在线下可能需要5年以上的时间。如果要让顾客认可你是一个知名品牌、有价值的品牌,那么需要更长的时间来沉淀,或许需要20年,或许需要30年,或许需要50年。前面谈到的大牌崛起,大多数著名品牌都是时间的玫瑰,历史长河中的珍珠。所以,要以打造百年品牌的高度和远见去建设品牌。

一般说来,品牌的成长要经历3个阶段,如图1-25所示。

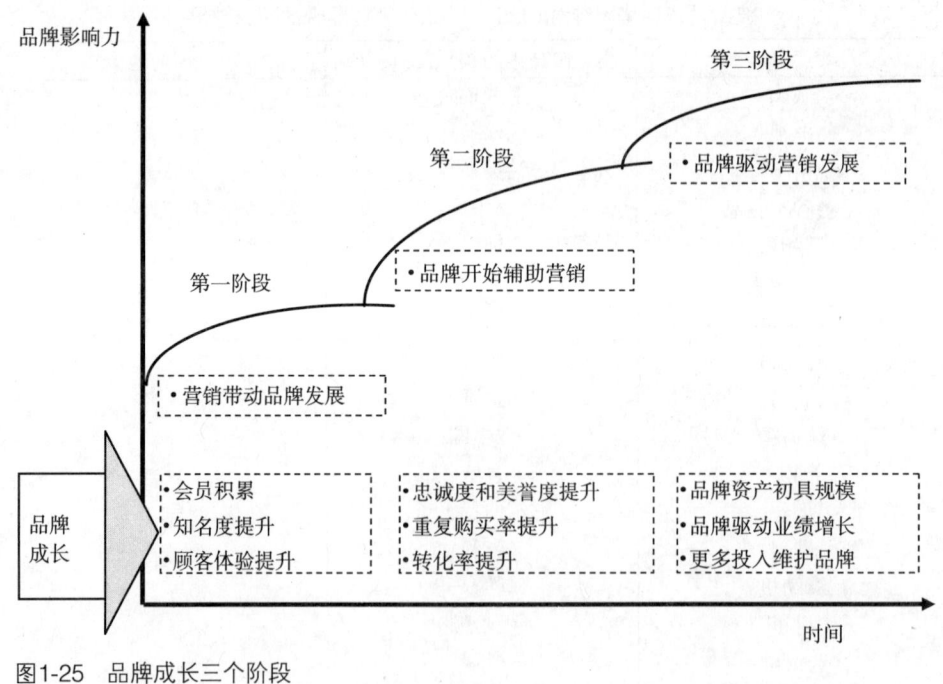

图1-25　品牌成长三个阶段

第一阶段,营销带动品牌发展。这个阶段,品牌基本是纯投入,产出少或无产出。也就是说,此时品牌对销售几乎没有帮助,全靠营销和推广手段而获得收益。我们应该看到,营销除了带来收益之外,还为品牌带来更大的知名度,更多的会员,更多的品牌体验机会,让越来越多的人知道品牌、体验品牌、认可品牌。所以,这个阶段是营销带动品牌发展。这个阶段可能是

3~5年，也可能是8~10年，或者更长，关键取决于前期投入的大小、投入的方法以及营销上是否成功。不论如何，这个阶段考验企业法人的意志力和耐力。

第二阶段，品牌开始辅助营销。此时，虽然还需要销售来源源不断为品牌输血，为品牌投入更多的广告，贡献更多的会员和消费体验机会，但是这时品牌的知名度和美誉度都达到一定的高度，拥有了一批忠诚的顾客，重复购买率高，购买转化率高。显然，会员出于对品牌的认可，将对销售和利润做出重要贡献。由于老客户的推广成本几乎为零，所以带来的边际利润很高。甚至20%的会员，可以贡献80%的利润。直到这个阶段，企业法人才松了一口气：辛苦培育的孩子没白养，终于懂得回报父母了。但是，切莫着急，此时的孩子尚未成熟，涉世未深，还需要企业的继续扶持和培育，万万不可为了追求目前的盈利，而减少对品牌建设的投入。

第三阶段，品牌驱动营销发展。这个阶段，品牌已经成熟和壮大，品牌出现在哪里，销售就出现在哪里。只要有该品牌一亮出大旗，渠道问题、招商问题、业绩问题都迎刃而解。例如强生、宝马、欧莱雅、耐克、可口可乐、麦当劳……这些品牌在任何地方只要一亮相，立马都会涌来一大群粉丝，此时的渠道、销售、毛利、业绩等等，都不再是问题。因为品牌的力量已经足够大，可以号召五种力量，可以驱动全公司业绩的不断提升。但是，品牌建设不属于一劳永逸的工作，公司应该继续拿出一部分利润出来，进行品牌传播和价值维护，追求更高的目标。一旦不再维护，品牌资产也会逐渐贬值的。

此时，最容易犯的错误就是透支品牌资产，盲目进行品牌延伸与扩张。貌似理由充足：在已有的品牌下推出一个新业务要比重起炉灶创建一个新品牌容易得多。因此，很多企业经不住诱惑，利用成熟的品牌去赚更多的现实利益。然而，这是非常短视的。成就一个品牌不容易，毁掉一个品牌却很简单。由于品牌过度延伸到不相关的领域，导致顾客的心智认知产生混乱，从而对该品牌的专业性产生怀疑，最终损害和稀释品牌整体价值，并导致新旧业务都可能失败。参见第四章。

05 | 特劳特定位的局限
——6C定位模型

⦿ 非洲部落狩猎的教训

有学者对非洲部落狩猎行动的决策与结果进行了研究，结果发现了令人惊奇的现象：那些由经验丰富的狩猎顾问指导的大部落往往收获不佳，而那些依靠巫师扔骨头问卦瞎指挥的部落，却收获颇丰。

大部落实力雄厚，本身就拥有很多人才，同时又可以聘请经验丰富的狩猎顾问，这些顾问都是老猎手出身，对于周边的猎场情况了如指掌。然而，问题就来了：假如南面水草丰美，食草动物多，那么所有的狩猎顾问都会将部落指向南方，结果这里变成了竞争激烈的红海，野兽很快就被猎光了。行动快的部落还能抢占先机，收获尚可；行动慢的部落就只能获得一些残羹冷炙，什么野兔野鸡啊，都不够大家填饱肚子的。

而另外一些部落由于规模较小，自身人才不多，又请不起顾问，于是只好求助于巫师。巫师神秘兮兮地捣鼓半天，然后扔几个骨头，算是打卦了，根据骨头的指向，决定狩猎的场所。结果，根据概率分布，这些随机瞎指挥却往往避开了众多大部落竞争的猎场，虽然所到的猎场猎物不是最多的，但是因为没有竞争，这些部落都收获不错，生存得很好。

显然，大部落狩猎决策失败的原因，是由于盲目崇拜经验主义和教条主义，导致大家都思维僵化，产生从众心理与趋同效应，最终将大家都引到同一个战场上肉搏。在品牌和企业界，也会出现这种现象。当"蓝海战略"、"细节主义"、"广告攻心"、"非对称竞争"等理论流行时，所有企业都具备了相同的思维模式和相同的行为模式，那么大家都会犯下非洲大部落相同的错误。例如，任何一个行业，凡是可能存在蓝海的地方，都会出现扎堆的竞争者，将这个原本的蓝海变成了红海。再如心智定位和广告攻心理论，当每个企业都以之为法宝时，最终在任何一个有利的概念上都有成堆的竞争者，大家都在比拼谁的广告砸得多，谁的嗓门大，都妄图去抢占这个位置。这个时候，蓝海不再蓝了，细节不再灵了，攻心不再奏效了，大家打着差异化的旗号，实际上都在相同的地方肉搏。

所以，在品牌和企业实践中，我们需要的不是一种权威理论，不是一件大杀器，不是一个理念，不是一个概念，而是一种系统解决思维，一种系统解决方案，我们需要对具体问题进行系统分析，然后才能做出正确决策。

⊙ 特劳特定位的局限

1969年，两个美国年轻人在《行业营销管理》杂志上发表了一篇《定位：同质化市场突围之道》，这就是"定位"一词的发源，但在当时并没有引起多大的关注；1972年，他俩又为《广告时代》撰写了题为"定位时代"的系列文章，开始引起人们广泛注意；1981年，他俩推出《定位》一书，在美国企业界引起巨大轰动，从此也带来了全世界营销理念翻天覆地的变化。这两个人就是世界营销大师艾·里斯和杰克·特劳特。1991年，定位理念由台湾转至大陆，最早的一本书叫《广告攻心战略——品牌定位》。很快，中国品牌和营销界为之轰动，对特劳特惊为天人，他的定位理论也奉为放之四海而皆准的公理。1993年，两位大师又推出《22条商规》，将定位理论的精要总结为22条简单、明晰的定律。但无论如何，其本质和核心还是定位理论。

显然，在广告攻心领域，定位理论具有不可撼动的地位。因为在广告传播过程中，顾客的接触广告的时间最多也就是短短几秒到几十秒，如此短的时间，必须表达一个非常精要的概念，才能让顾客记住。如果用了30秒钟，还没有将广告诉求表述清楚，则意味着广告的失败和金钱的浪费。

特劳特在中国的当家弟子邓德隆先生，对定位的定义是这样描述的：定位，就是让品牌在消费者的心智中占据最有利的位置，使品牌成为某个类别或某个特性的代表品牌。因此，定位的本质，就是一个独特的概念，采用攻心战，强调对消费者心智的占领，认为心智就是一个个格子，品牌必须占领一个格子。定位强调的是精、准、狠，只是从最有利、特征最明显的一个维度，去攻占消费者心中的一个格子。

然而，我们不禁要问一个问题：要让顾客认可和接受品牌，建立美誉度和忠诚度,仅仅看看广告、记住定位概念就行了吗?假设一个美国的减肥产品品牌,定位非常独特鲜明,天天在中国投广告,只表达一句独特的定位诉求:"南美土著秘方减肥专家",而产品、终端并不登陆中国,如此隔着太平洋喊话一个月,中国消费者会不会就认可和接受了该品牌?显然不会。相反地,大家会满脸疑惑:土著秘方?减肥专家?产品啥模样?真的假的啊?效果怎么样?有无副作用?价格贵不贵?哪里可买到?谁代言的?店铺什么样子……要回答顾客这些疑问,显然仅仅靠"广告攻心战"和"心智定位"是不行的。广告攻心的突出作用就是快速建立知名度,品牌资产理论的创立者David A.Aaker(戴维·阿克)博士,在《管理品牌资产》一书中对品牌知名度的局限性做了充分论述:"知名度虽为品牌的关键资产,但其本身却不能创造销量。对于新产品而言,情况更是如此。"他拿英菲尼迪为例,当年日产公司推出独具创意的广告,开展广告攻心战,让英菲尼迪的知名度高达90%,但是开始阶段销量就是不行。另一个例子是,联合利华公司的力士美容香皂,在美国广告停播15年,但是仍旧每年创造2500万美元的销售业绩。然后,戴维通过对老品牌的研究对比,发现老品牌的优势不仅仅基于顾客对品牌的认知水平,而且更重要的是,这种品牌认知水平是"基于数以千计的接触次数"!随着顾客接触、体验和使用的次数增加,品牌资产不断积累,那么品牌销售业绩才能有起色。反过来看,"当品牌真正建立后,顾客经过多次接触和多次使用,会对品牌形成高度认可,这时即使取消广告宣传,品牌认可度也会在相当长的时间内保持较高水平。"例如20世纪80年代,有人对搅拌机进行了知名度研究,结果通用电气排名第二,而事实上,通用电气牌搅拌机已经停产了20年。

由此,戴维在知名度的基础上,提出了另一项品牌资产"感知质量",这跟我们通常说的"顾客体验"类似,顾客只有通过接触、体验、使用等环节,感知到品牌的质量还不错,那么才能对品牌产生信赖感和偏好,并由此产生购买行为;反过来,如果感知质量下降,还可以颠覆原来的知名度和忠诚度,让品牌业绩一落千丈,这方面戴维举了施利茨酿酒公司由盛转衰的案例。

综上所述,心智定位和广告攻心可以建立知名度,提升品牌资产,但是这还不够。我们必须构建一个品牌价值系统,让顾客能够体验和感受品牌价值的存在，提升感知质量、美誉度和忠诚度，那么品牌才能走向成功。如果像上述非洲部落狩猎的故事一样，所有品牌企业的思维模式，都走向心智定位和广告攻心，那么将是非常可怕的。大家的金钱和精力都会投入到玄之又玄的概念打造和轰轰烈烈的广告大战之中，而品牌背后的价值体系建设，则被忽略了，到头来，必定是品牌空心化，价值虚无化，品牌昙花一现。

君不见，在信息高度透明化的今天，顾客已经越来越独立，越来越相信自己的判断，你说产品好，你说功能强，你说范冰冰都用它，对不起，我不相信你所说的，我只相信我自己的体验和感受。我看到了，我触摸了，我试用了，我买回家了，我一直感觉都很好，同事都说好，朋友都说好，网友都说好，那么，OK，我才相信你当初没有说谎，我才承认这个品牌还不错。否则，你编个概念、广告攻心、心智定位、喊破嗓子也没用。2012年，新加坡益普索市场资讯有限公司对包括中国大陆、台湾、香港在内的亚太、中东和非洲25个国家和地区的共计11376位受访者进行了调查，结果表明，消费者越来越依赖互联网和社交媒体来分享直接消费体验、获得间接消费体验。以餐饮消费为例，在外出用餐之前，53%的中国大陆受访者表示，会通过点评网站查询餐厅的评论，并根据大家的评论进行判断和选择。在外出用餐之后，56%的大陆受访者表示，他们会在网上对餐厅做出评价，跟大家分享用餐体验和感受，并贴出用餐照片为证，这又反过来影响其他消费者的判断和选择。

因此，在打破了信息不对称的当今社会，消费者不再轻易听信概念忽悠。赢得顾客的有效手段，光靠广告攻心和心智定位是不够的，还需要系统化的品牌体验。说白了，没有系统的力量，你无法搞定一个客户。

由此，如图1-26所示，本书提出了6C定位模型，它跟特劳特定位是互补的关系。特劳特定位采用心智定位、广告攻心，建

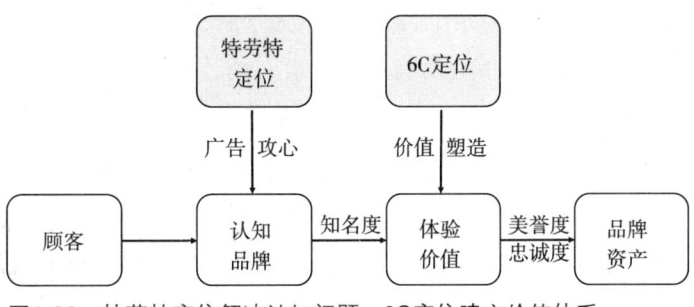

图1-26 特劳特定位解决认知问题，6C定位建立价值体系

立品牌知名度。而6C定位则指导构建一套完整的品牌价值体系，顾客通过对品牌价值的体验，经过多次接触、感知、使用等等，最终建立感知质量、美誉度和忠诚度，并产生购买和重复购买行为。这一切，最终构成品牌资产。

体验包含两种，一是直接体验，即顾客亲自经历了从广告，到终端，到购买，到使用整个过程，这个过程每个环节的体验如果都是美好体验，如果顾客真切感受到品牌价值的存在，如果这样的过程重复一次或多次，那么就可以建立美誉度和忠诚度。二是间接体验，即你本人没有亲身体验过，但是别人体验过，然后人家将这个体验过程通过口头、文字、图片、视频等形式告诉你，你如果被打动了，相信了这个体验，判断这个品牌的价值客观存在，那么你也会接受该品牌，并产生了亲身去体验该品牌的欲望。无论直接体验还是间接体验，都是从知名度向美誉度和忠诚度跨越的必经之路。（参阅《第二章 品牌价值与顾客体验》）

总而言之，特劳特定位，通过广告攻心，用一个精炼概念占领顾客心智，解决顾客知名度和认知度的问题，这是了不起的贡献。但这只是一个点，而不是一个系统。它往往将一个行业的无数企业引向某些焦点概念的争夺上，而忽略了品牌背后的价值体系建设。6C定位，则是一个实操系统，构建品牌价值体系，让顾客能够获得美好体验，用系统的力量熏陶顾客、侵入肌肤、按摩心灵，从而建立美誉度和忠诚度。这就是二者的根本区别。二者并不矛盾，是互补的关系。

下面请看6C定位模型的具体内容。

◉ 6C定位模型

6C定位模型如图1-27所示。为了解决品牌价值塑造和顾客体验问题，笔者通过穷尽法，综合所有相关因素，经过高度提炼和反复实践改进，最终创造性提出了品牌6C定位模型，主张品牌从顾客定位、品类定位、格调定位、溢价定位、个性定位和核心定位6个维度，全方位解决品牌定位问题，从而贯通了品牌定位、品牌价值和顾客体验之间一脉相承的联系，让品牌定位不再是空泛的、抽象的概念，而是一个直奔品牌建设终极目标的可操作性方法。

品牌战略定位6C模型具体表述如下：

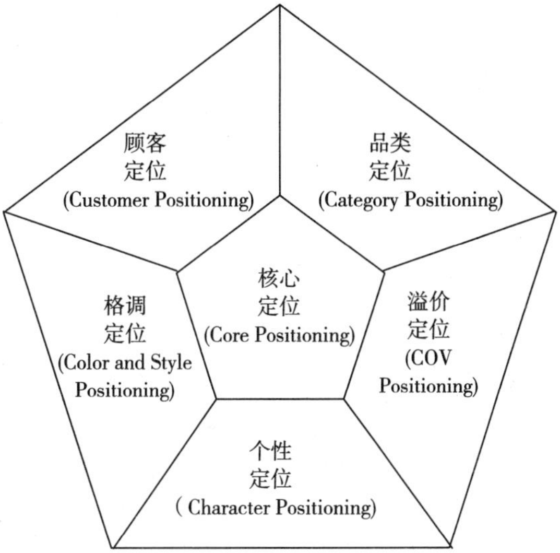

①顾客定位（Customer Positioning），简称"定客"，即回答"我为谁"的问题，确定品牌的目标客户是谁、为谁服务。

②品类定位（Category Positioning），简称"定类"，即回答"我是谁"的问题，确定品牌所属品类，明确品牌的身份归属和经营业务范畴。

③格调定位（Color and Style Positioning），简称"定调"，即回答"我像谁"的问题，格调包含风格（Style）与调性（Color）两个方面，在形象和气质上为品牌画像，形成具象化、可视化印象。

图1-27　品牌6C定位模型

④溢价定位（COV Positioning），简称"定价"，即回答品牌"身价几许"的问题。COV就是"溢价"（Cash Over Valuation）的英文缩写。凡是成熟的品牌、有价值的品牌，必定有溢价。溢价，也叫附加值，是市场对品牌企业的奖赏，也是品牌所追求的终极目标之一。我们将通过科学合理的价格定位，来体现溢价。

⑤个性定位（Character Positioning），简称"定性"，即回答品牌"性格怎样"的问题，通过拟人化方式确定品牌的人格特征，以便跟顾客之间建立人格化交际关系。心理研究表明，顾客会像对待朋友一样，去对待他喜欢的个性品牌。

⑥核心定位（Core Positioning），简称"定核"，即回答品牌"灵魂为何"的问题，通过归纳法、演绎法等多种可选方法，确定品牌的核心战略定位，统领全局。

以上6个维度的定位，构成品牌战略定位的完整体系，6个维度紧密关联，相辅相成，不可分割。虽然在不同的行业，品牌6个维度重要性不同，权重不同，但都不可或缺。如果缺少一个维度，都会影响品牌价值全局。6C定位模型是"1+5"的结构,即1个核心"总定位"+5个维度"分定位"。它们的角色分工是不一样的。

1个核心定位——一个精要概念,用于品牌传播和公关,起到旗帜和统领作用,用最精简的概念诉求去占领消费者心智。品牌核心定位、核心价值诉求以及品牌广告语都是一脉相承的,表述形式可能不一样,但是内涵是一致的。

5个维度定位——组成一个价值系统,围绕核心定位而展开、演绎,分别从顾客、品类、价格、格调和个性5个方面,指导品牌价值体系和顾客体验体系的全面构建,从而让品牌价值超越一个抽象的概念,变成可以感知和体验的实体。

本书从第三章开始,将逐一论述6C定位的内容。

⦿ 重启思维——第四次变革

纵观历史,品牌营销核心理念经历了三次变革:开始,在产品时代,由罗瑟·瑞夫斯的USP(独特的销售主张)理论主宰,例如1950年代的M&M's巧克力,是第一个包有糖衣的巧克力糖,于是它以"只溶于口,不溶于手"为独特卖点,迅速成为领导品牌。到了1960年代,随着科技进步和竞争加剧,模仿与同质化让产品逐渐失去了独特性,USP越来越不管用,于是进入品牌形象时代,由大卫·奥格威的品牌形象论统领,例如万宝路香烟,通过重塑品牌形象,成为世界头号香烟品牌。1970年代之后,品牌形象策略也逐渐失效,当所有品牌都在塑造形象百花争艳之时,就会出现"乱花渐欲迷人眼"的结果。或者说,就像一群人在那里大吼比赛看谁的嗓门大,结果谁也无法脱颖而出,因为都被自己制造的噪音淹没了。这个时候,艾·里斯和杰克·特劳特的定位理论应运而生,主张化繁为简,符合消费者心智处理信息的模式,用精要的定位概念赢得顾客,从此进入定位时代,也叫心智时代。其实,定位理论跟USP有相同之处,只不过USP是针对产品提炼独特卖点;特劳特定位时针对品牌提炼独特概念。随着模仿的泛滥,以及差异化机会越来越稀少,实际上定位理论和USP一样,都越来越不管用了。在高度自由竞争的行业,要想找到一个既独特稀缺、又拥有较大顾客群体的新概念,比登天还难,凡是你能想到的任何词汇与概念,行业中无数聪明人早就想到并实践过了。

在特劳特定位理论流传之后的1988年,美国BBDO广告公司曾经做过一项广泛的调查，结果显示，在13类消费品中，全世界的消费者都觉得不同品牌之间的差异微乎其微。例如76%的顾客认为所有的信用卡品牌都大同小异；52%的顾客甚至认为香烟品牌大同小异。可见，大多数成功的品牌并不在乎什么定位理论，它们没有在顾客心中占领一个独一无二的格子，但不影响它们成功。

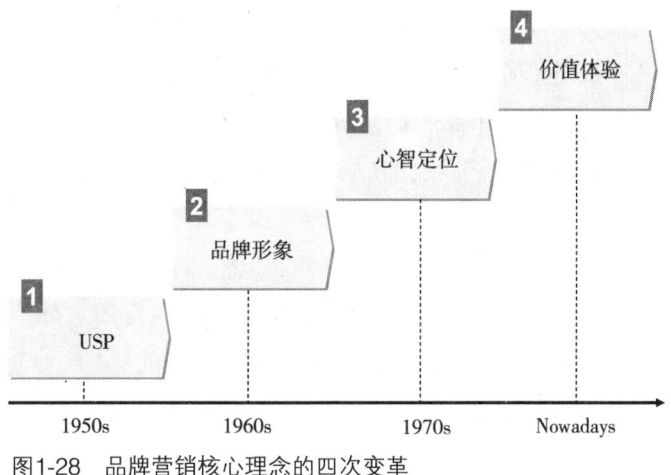

图1-28　品牌营销核心理念的四次变革

笔者认为，当我们在特劳特定位方面找不到独特性时，就不要在这方面继续纠缠和彷徨，在特劳特出生之前，很多伟大的品牌就诞生了；难道没有成功运用特劳特定位方法，品牌和企业就从此关闭不成？无论如何我们都不要忘记还有更加重要的工作要做，那就是构建品牌价值系统，让系统的差异化去赢得顾客体验的与众不同，而不是局限于定位概念的差异化。只有通过方方面面的切身感受和体验，品牌才能触及灵魂深处。纵观今天各个成功品牌，无不是孜孜追求系统化的品牌价值和顾客体验的结果。因此，笔者认为，我们现在已经开始了第四次变革——全面走进"价值体验"新时代！这是赢得顾客的终极力量，意义重大。如图1-28所示。

举个例子：如果你在大街上随便逮住一个顾客问他：耐克和阿迪达斯的心智定位有什么区别？绝大部分人都答不上来。事实上，笔者拿这个问题测试过很多品牌界的专业人士，大家都一脸愕然。可见，这两个品牌每年砸下那么多广告费，广告攻心这么多年，也没有真正在顾客心中占据一个独特的格子。

但是，并不等于二者没有差异，顾客只要走进二者的终端店铺，就能感知它们的差异：产品的差异、款式的差异、风格的差异、功能的差异、陈列的差异、价格的差异、广告形象的差异、代言人的差异……明白这些差异，只能靠体验，而不是依靠一个抽象的定位概念。同时，只有在深入体验品牌价值的基础上,才可能产生购买和重复购买,才能产生美誉度和忠诚度。

6C定位的终极任务,就是指导品牌价值体系塑造,满足顾客体验需求。它不但指导单个品牌创建价值,而且可以通过6个维度的差异化设计,为集团品牌族群赢得整体上的成功。为了便于理解,我们下面用6C定位模型来分析一个品牌族群案例。

全球经济危机并没有阻碍欧洲著名时装集团BESTSELLER的扩张,截至目前,它在全球已经拥有近10000家店铺。该集团总部位于丹麦,旗下拥有一个庞大的服饰品牌族群,其中登陆中国市场的有4个:ONLY、VERO MODA、JACK&JONES(杰克·琼斯)、SELECTED(思莱德)。思莱德是最后一个进驻中国的,从2010年底,沪上第一家思莱德店开张之日,笔者就发现BESTSELLER旗下品牌族群定位都符合统一的规律:ONLY与VERO MODA是一对孪生姊妹,前者定位于生活休闲女装,后者定位于职业休闲女装;杰克·琼斯和思莱德是一对孪生兄弟,前者定位于生活休闲男装,后者定位于商务休闲男装。也就是说,作为品牌族群成员,它们彼此遵循相同的定位逻辑,采取差异化互补原则。但是,这种核心定位的差异,只有专业人士能概括和总结出来。

表1-4　　　　　　　ONLY和VERO之6C定位差异对比

品牌	ONLY	VEROMODA
核心定位	生活休闲女装	职业休闲女装
顾客定位	20~35岁都市女性	25~35岁职业女性
品类定位	时尚休闲女装,分为三大系列:街头酷女;都市潮流和奢华系列。	职业休闲女装为主,分为两大系列:都市系列和经典系列
格调定位	以欧美风格为主,调性偏暗色,体现轻松随性,产品、终端和形象广告多为灰色基调	以欧美风格为主,调性偏向明快、绚丽,体现大方、干练的职业女性风采
价格定位	大众价位,让品牌亲切近人	大众价位,比ONLY稍高
个性定位	崇尚自我,轻松随性	职场达人,成熟自信

在一次品牌调研活动中,笔者的研究团队随机询问了100多位光顾杰克·琼斯与思莱德店铺的顾客,没有一人能够将它们的心智定位说清楚,但对于二者终端体验的差异,大多数人还是能够从款式、风格、价格等维度说出个一二三来。同样的结论也适用于ONLY与VERO MODA。也就是说,这四个品牌没有

对顾客开展攻心战，甚至没有在媒体上投过广告，没有用定位去占领顾客心智，按照特劳特定位理论，它们不应该是成功的品牌。但是恰恰相反，它们很成功。因为它们塑造了品牌价值体系，用系统化的美好体验，赢得了消费者。顾客正是通过对终端和产品的亲身体验，知道了其品牌定位差异和价值所在。

我们如果稍微留意一下电视广告，就会发现几乎所有的女装品牌，都不会上电视打广告，显然，女装品牌没有打算以广告形式让核心定位占领顾客心智。它们依靠的就是纯粹的终端体验——因为女人是感性的动物，她们喜欢逛街，喜欢试穿，喜欢体验。有人为了买一件衣服，将一条街所有喜欢的衣服全都试穿一遍，因为她在体验中获得无比愉悦的享受。在女装店当导购员，那是需要耐心的。所以，有没有用定位占领顾客心智，不是必要的；但是体验却是必要的。

下面我们继续深入分析一下ONLY和VERO MODA，运用6C定位模型，将二者价值体验的差异进行对比，如表1-4所示。ONLY和VERO MODA在中国市场各有1000家左右的门店，占据一二线城市的核心商圈，二者总是成对出现，面积大小相当、风格、产品、价位等均相近，如果不经过仔细体验，就难以发觉二者品牌定位的差异。显然，顾客不是被心智定位打败的，而是被价值体验打动的。

06 图解品牌构建方法
——PSA三部曲

如何来构建和塑造一个品牌呢？这是所有品牌界人士关注的问题，品牌本身是一个复杂的系统工作，但是只要我们抽丝剥茧、厘清关系，问题还是不难掌握的。广义品牌几乎包含了企业的所有资源和能力，牵涉到了战略、营销、组织、人力资源等多个专业领域，内容非常庞杂。而狭义的品牌的范畴则相对较小，包含的内容也容易掌握，我们大部分时候都在进行狭义的品牌建设。本书归纳提炼出狭义品牌建设的PSA框架，如图1-29所示。

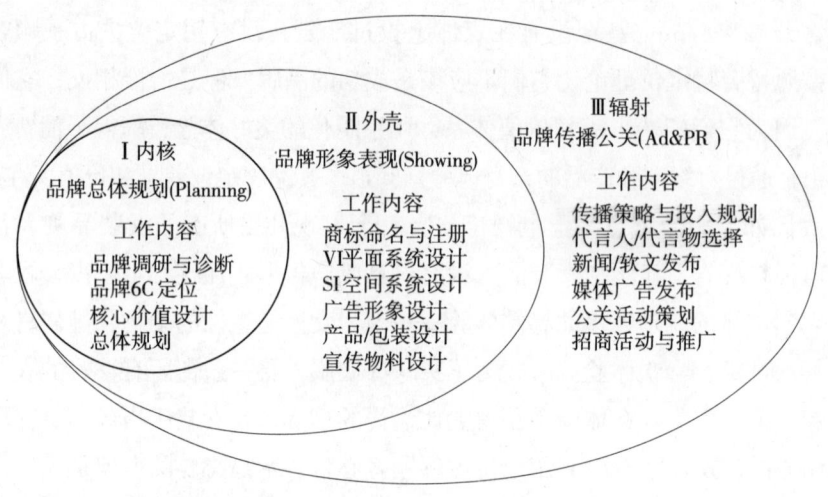

图1-29　狭义品牌构建PSA三部曲

从图中可以看出，如果把品牌看做一个鸡蛋的话，它有内核（品牌总体规划，Planning）和外壳（品牌形象表现，Showing），并向外部源源不断辐射能量（品牌传播与公关，Advertising&PR），综合起来，取关键词英文首字母，简称"PSA模型"。

PSA各部分的组成内容详述如下：

①内核——品牌总体规划（Planning），主要包括品牌战略6C定位、核心价值设计、品牌愿景和成长路径等。工作步骤是先进行品牌调研与诊断，然后进行品牌总体规划。这是品牌建设最重要的内容，蕴含品牌DNA，乃品牌的生命之源。内核规划好了，定位清晰了，核心价值明确了，后面的工作才有方向。需要注意的是，品牌总体规划的内容，既包括品，也包括牌，实际上属于广义品牌的整体规划。

②外壳——品牌形象表现（Showing）。根据品牌内核中的DNA，我们就可以去设计品牌形象，主要工作包括商标命名和注册、平面VI视觉系统设计、空间SI视觉系统设计、广告形象设计、产品风格设计、包装设计、宣传物料设计等等。品牌外壳让品牌从无形变成有形，从抽象的概念变成看得到、摸得着的实体。品牌可视化、可体验是品牌建设的必要手段。

③辐射——通过传播与公关（AD&PR），将品牌理念、品牌形象、品牌价值、品牌能量和影响力传播给消费者，让品牌被"五种力量"接受，目标是

提升品牌知名度和美誉度。公关传播的主要内容包括新闻/软文发布、媒体广告投放、公关活动策划、招商推广和活动等等。

总之，PSA模型三部曲是针对狭义品牌建设的实用模型，勾勒全局蓝图，厘清了品牌建设的脉络和基本任务，对于品牌团队有条不紊、全面周密开展品牌建设工作具有指导价值。

07 品牌的混沌与秩序
—— 品牌族群战略

品牌族群往往出现在大型品牌集团中，我们既要为单个品牌做好谋划，也要为一群品牌做好谋划，让品牌族群从混沌变得有序。由于品牌族群牵一发而动全身，所以必须站在企业战略的高度来理解和操作品牌族群。

◉ 品牌层级与分类

根据品牌性质、角色分工和承载的内容范围，可以把品牌分为三大类别和层级，如图1-30所示。

（1）业务品牌

业务品牌主要包含产品品牌、品类品牌、服务品牌和终端品牌四种，下面分别说明。

①产品品牌，即统领某个产品或一群产品的品牌，我们平时接触的大多数品牌属于产品品牌。例如汽车领域的奔驰、宝

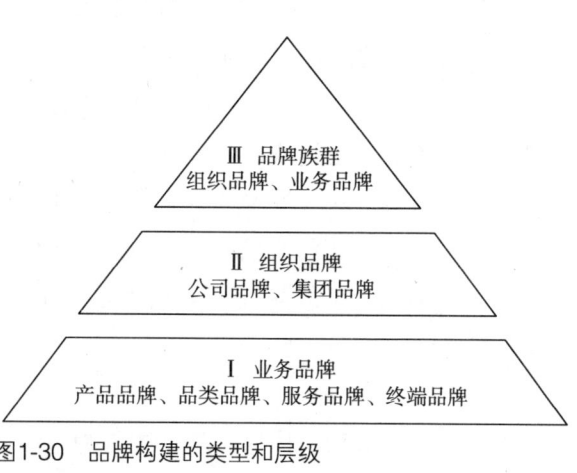

图1-30　品牌构建的类型和层级

马、奥迪、凯美瑞、雨燕等,彩电领域的长虹、康佳、TCL、SONY等等。

②服务品牌,即标识服务业务的品牌,对于航空、邮政、电信、交通、零售、餐饮、美容等服务性行业来说,其提供的产品就是服务,因此,服务品牌,本质上还是属于产品品牌。此外,生产制造型企业,提供有形产品的同时,也会提供无形的服务,也可以产生服务品牌,例如家电行业的售后维修服务等。

③品类品牌,开创一个特定品类的品牌,例如可口可乐(代表可乐品类)、农夫山泉(代表天然水品类)、红星(代表二锅头品类)、解百纳(代表红酒的一个品类)、Walkman(SONY开创的随身听品类,已退出历史舞台)等。品类品牌通常和产品品牌重合,只有专业的品牌界人士才去区分,在日常生活中,我们统称为产品品牌也没错。

④终端品牌,针对线下实体终端或网上商店的品牌,例如各类连锁超市、便利店、药店、药妆店、网上商城、网上专营店等等。终端品牌可以分为两种模式,一是旗舰店和专卖店,特点是一个终端只卖一种品牌的产品,此时终端品牌和产品品牌重合,例如七匹狼、利郎、雅戈尔、李宁、耐克等各类服装品牌专卖店。二是专营店,一个终端内涵盖多个品牌和多个品类,来自各个不同的品牌供应商。此时终端品牌只指代终端本身的,而不用于产品上。例如家乐福、苏果、老百姓大药房等等。当然,专营店很多时候也不是纯粹只卖别家的品牌,很容易打破它跟专卖店之间的边界,变成二者的混合体。例如屈臣氏、海王星辰等,一方面主要卖供应商的品牌;另一方面也做OEM,在部分产品上标识自己的品牌,这种形式叫做"自有品牌"。自有品牌的特点是贴牌生产,成本低,价格跟本行业大牌相比有很大竞争优势,同时也有很大的毛利空间,对于企业和消费者来说是一种双赢的局面,成为连锁企业利润的重要支撑。当然,这种混合体也有弊端,那就是自有品牌会损害上游品牌供应商的利益,遭到其强烈抵制,如果失去行业主流大牌的支持,专营店也会失去竞争力。所以,必须保持自有品牌的适当比例,小心翼翼搞好平衡,维持双赢的局面。

(2)组织品牌

所有社会组织和团体的品牌,统称为组织品牌。组织又包括非营利性的公共组织(官方和非官方)和营利性的工商组织。工商组织品牌主要包括企业品牌和集团品牌。

①企业品牌，即标志和代表企业的品牌，企业品牌和产品品牌二者可以重合，例如联想、戴尔、惠普、华为、南方航空、波音、空客、蒙牛、伊利、罗莱、富安娜等，既是企业品牌，又是旗下产品的品牌；二者也可以分离，例如宝洁、联合利华、哈药六厂等，都不用企业名称作为产品商标。

②集团品牌，即标识企业集团的品牌，集团旗下往往有多个企业品牌和业务品牌族群，例如复星集团、上药集团、中粮集团、海尔集团等等。

（3）品牌族群

如果若干业务品牌处于同一个公司旗下，或若干业务品牌与组织品牌处于同一个集团旗下，则构成了品牌族群。这里牵涉到另外一个概念是"品牌结构"，即品牌族群内部的构架，这又包含多种模式：平行品牌、主副品牌、母子品牌、背书品牌、联合品牌等。

在一个庞大的集团中，众多品牌类型和层级看似复杂，其实只要——分解，就会发现每个层级的品牌都遵循品牌建设的基本原则。即前面的品牌构建PSA模型，可以适用于各个层级的各个品牌。无论一个公司包含了多少品牌，只要我们掌握了品牌构建的基本框架和方法，所有问题都可以用类似的方法解决。

唯一需要注意的是，由于各个层级的品牌担负的角色不同，因此在资源投入力度、传播和公关手段上会有所区别。业务品牌是企业跟消费者沟通的桥梁和纽带，跟消费者密切相关，因此需要做好品牌视觉表现、品牌传播和品牌体验，花费大力气去塑造品牌价值，并让消费者体验和感知品牌价值，这样才能赢得顾客青睐与购买。而对于公司品牌和集团品牌，很多时候并不需要所有公众和消费者都了解与认知。钱钟书先生曾对想认识他的读者说："假如你吃了一个鸡蛋觉得不错，又何必要认识那个下蛋的母鸡呢？"对消费者来说，喜欢一个品牌，真的没必要知道这个品牌出自哪个企业。很多人不知道肯德基背后的公司叫百胜餐饮集团，也不知道百胜同时也是必胜客和小肥羊的母公司；很多人不知道马克华菲是七匹狼旗下的；很多人不知道国内快消零售连锁业排行第二的华联超市的母公司，就是排行第一的联华超市，而联华超市的母公司是国内零售龙头企业百联集团……

◉ 品牌族群结构

从不同的角度、以不同的标准来分析品牌结构，便会有多种不同的表述，品牌界对此也并不完全统一。但是万变不离其宗，其本质都是大同小异。我们只要坚持统一标准和统一视角，就能认清其中的关系。

平行品牌——处于同一族群中的若干品牌，彼此之间相互独立，各自平行发展。例如宝洁旗下有300个业务品牌，这300个品牌绝大部分都是彼此相互分离，各自独立，属于平行品牌关系，历史上还出现过内部相互竞争的情况。而宝洁跟这300个品牌之间又是母子品牌和背书品牌的关系。这种情况在快消、日化、时尚领域非常常见。

主副品牌——主品牌和副品牌之间的关系是价值驱动关系，即副品牌的价值由主品牌带动、驱动。企业通常要区分不同的产品系列，又不愿动辄增加几个新品牌，而是希望新业务延续主品牌的知名度和美誉度，那么此时可采用主副品牌的模式。例如汉庭旗下的三个副品牌：汉庭快捷、汉庭全季、汉庭客栈，再如海尔神童、松下画王、康佳彩霸、三九胃泰等等。副品牌的好处是延续了主品牌的影响力，规避了重新打造一个品牌的成本和风险。同时，副品牌也可以不用去注册商标，由于《商标法》中明文规定："商标不得采用商品质量、主要原料、功能及其他特点如轮船为商标名称"，这样导致很多含义美好的词语、行业术语或品类名词无法注册，但将这些词语作为副品牌出现则没有问题。但副品牌也容易产生弊端，例如很容掉进品牌过度延伸的陷阱。

母子品牌——母品牌和子品牌之间是资产隶属关系，由产权和管理构架而决定。一般公司品牌或集团品牌与旗下品牌之间的关系，就是母子品牌。例如欧莱雅既是公司品牌、集团品牌，也是产品品牌，它跟旗下的赫莲娜、兰蔻、碧欧泉、卡尼尔、羽西、小护士、美体小铺等就是资产隶属关系，因此属于母子品牌的类型。再如，美的冰箱旗下就有荣事达、小天鹅、华凌3个子品牌，因此美的跟这三个子品牌之间是母子品牌关系。再如，乐敦收购曼秀雷敦之后，乐敦和曼秀雷敦品牌彼此独立发展，看上去毫不相干，其实二者之间是母子品牌的关系。在母子品牌的关系构架中，还可以继续细分，例如母子品牌兼主副关系，母子品牌兼背书关系，母子品牌兼平行关系（母品牌和子品牌各自独立发展）。

背书品牌——也叫担保品牌，母品牌对旗下子品牌可以形成背书关系，例如罗莱对旗下的子品牌LOVO有背书关系，联合利华和宝洁对旗下子品牌也做背书。但是有的母品牌仅仅代表资产隶属关系，对旗下品牌不做背书，例如欧莱雅，旗下收购了很多品牌，但是消费者未必知道这些品牌已经隶属于欧莱雅。再如七匹狼对旗下的子品牌马克华菲不做背书，因为马克华菲自诩为"国际时尚服装"的身份，定位档次高于七匹狼，如果拿七匹狼来背书，就降低了品牌价值。再如大众汽车，对旗下12大知名汽车品牌，有的能做背书，有的则不能，如果用大众对兰博基尼和保时捷做背书，则会降低它们的品牌价值，因为大众品牌本身给人的印象是"中低档的、大众平价"的汽车。一般的规律是，如果母品牌知名度、美誉度和档次高于子品牌，则可以对子品牌做背书，为子品牌起到担保、驱动和提升作用；如果母品牌不够强势，或者母品牌跟子品牌定位相背离，则不会为子品牌做背书，以免给子品牌带来负面影响。

联合品牌——两个品牌强强联手，共同出现在产品包装和广告中，通过价值叠加效应，增强品牌价值感和影响力。例如索尼和爱立信联合成立了"索爱"手机品牌。本书第九章的《集团品牌联合》中有更加详细的论述。

下面用雀巢品牌构架的案例，来说明一个企业中同时存在以上几种品牌结构的情况，如图1-31所示。

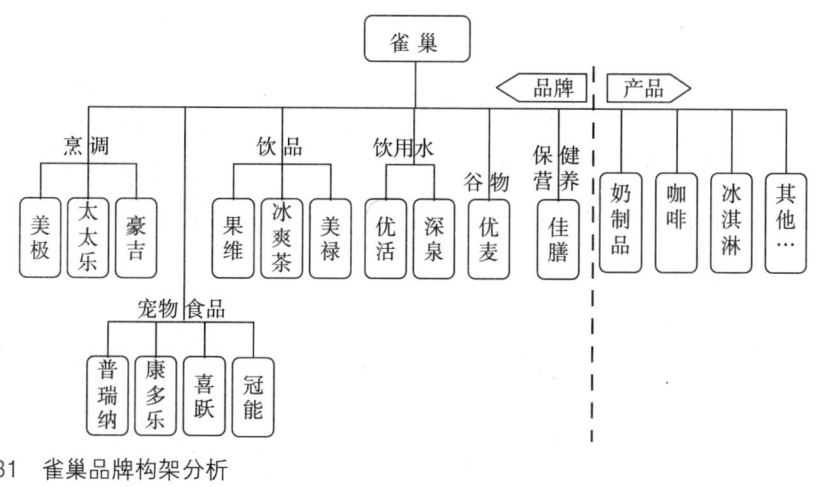

图1-31 雀巢品牌构架分析

①母子品牌：雀巢与旗下烹调产品品牌美极、豪吉、太太乐，与宠物食品品牌普瑞纳、康多乐、喜跃、冠能等，都属于母子品牌模式，因为雀巢与它们之间存在资产隶属关系。

②背书品牌：雀巢与美极二者既是母子品牌，又同时存在背书关系。但是雀巢不对太太乐和豪吉背书，因为这两个品牌分别是雀巢与太太乐、雀巢与豪吉合资建厂贴牌的，彼此之间只有资产隶属关系，没有价值驱动关系，事实上在太太乐鸡精、豪吉鸡精包装上，并无任何雀巢的标志。此外，雀巢跟旗下宠物食品品牌之间也不做背书，毕竟雀巢主体定位是生产人类食品，如果对宠物食品做背书，会让消费者产生厌恶感，从而损害品牌形象，造成负面影响。

③主副品牌：雀巢跟旗下饮品品牌果维、美禄、冰爽（茶），跟饮用水品牌优活、深泉，跟谷物食品品牌优麦等，彼此之间属于主副品牌的关系。因为在包装和传播上，这些副品牌的前面都冠以雀巢的名义，诸如雀巢果维、雀巢美禄、雀巢冰爽茶、雀巢优活、雀巢深泉、雀巢优麦等，副品牌的价值主要由主品牌雀巢来驱动。如果去掉雀巢商标，则副品牌知名度和影响力就会大打折扣。因此，它们属于主副品牌关系。

④平行品牌：美极、太太乐、豪吉、普瑞纳、康多乐、喜跃、冠能这些子品牌之间都是彼此独立，平行发展，可以认为它们之间没有任何关系，仅仅是同属雀巢旗下而已。

● 族群定位战略

品牌族群不等于众多品牌的简单相加，族群必须有自己统一管理布局和角色定位，明确品牌结构和分工，让每一个品牌都在族群的大家庭中各司其责，协同发展，这就是品牌族群的定位战略。以品牌族群的核心价值是否统一为标准，包括两个方向：一是同心多元化，二是异心多元化。

（1）同心多元化

如果公司旗下的品牌都处于同一个行业、同一条价值链上，或者处于相关性较强的业务领域，则彼此之间的定位关系就要有讲究了，同心多元化是其中常用的手段。也就是说，整个品牌族群，有一个共同的核心价值与定位，一般由公司或集团母品牌担纲，然后每个子业务品牌定位围绕这个核心价值而展开，根据差异化原则，每个子品牌占领一个细分市场，彼此形成定位互补关系，由此形成对市场的全方位占领，不留间隙，不给对手可乘之机。例如大众、宝洁、联合利华、曼秀雷敦等等，都是用一个核心价值，去统领整个族群。

前面提到曼秀雷敦在中国市场从无名品牌到著名品牌的发展历程，下面我们再来看看曼秀雷敦的同心多元化战略：曼秀雷敦公司创立之初，其创办人爱拔·亚历山大·希尔先生与药剂师友人合资生产药物，经4年研究，成功创制具镇痛、止痒、伤风感冒及蚊虫咬伤疗效的"曼秀雷敦薄荷膏"，获医药公司和顾客的大力推崇，迅即成为美国家喻户晓的必备良药。通俗地说，曼秀雷敦就是美国版的清凉油，跟中华药业的龙虎清凉油没有本质区别。经过100多年的发展，曼秀雷敦始终执着于呵护皮肤健康，形成了"爱与关怀"的核心价值，价值主张表述为"曼秀雷敦，处处关怀"。在这个核心价值统领下，曼秀雷敦从OTC外用药领域延伸到个人护理用品领域，并在两个领域持续扩张和发展，全面开展多元化战略，形成了庞大的产品族群和品牌族群。但是，无论如何扩张，其多元化战略都是围绕核心价值而展开的，无论软膏、吸入剂、眼药水、退热贴，还是润唇、清爽、润肤、防晒、面膜、洗护等产品，都未曾突破核心价值的范畴，这就是典型的同心多元化战略。如图1-32所示。

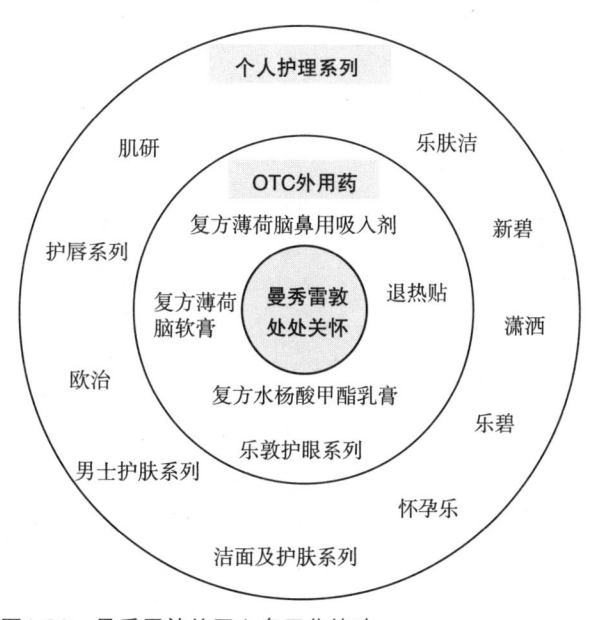

图1-32 曼秀雷敦的同心多元化战略

（2）异心多元化

异心多元化战略，适合那些主要依靠财务手段而进行管控的大型复杂业务集团，例如复星集团，旗下包含了医药、地产、钢铁、零售、矿业、金融投资等多个业务板块，每个业务板块又有多家公司，每个公司又有一个或多个品牌。在这样的复杂体系中，公司整体品牌战略应该是尊重彼此的独立性，在各自的领域谋求发展，而不是要拉郎配扯到一起来。这个时候，集团品牌管控非常重要，须同时处理好集团品牌跟旗下众多公司品牌和业务品牌的关系。如果难以找到共同的核心,那么可以在每个业务板块建立一个独立核心,然后围绕这个核心建立品牌族群。由于存在多个不同的核心,因此就叫做"异心多元化"。如图1-33所示。

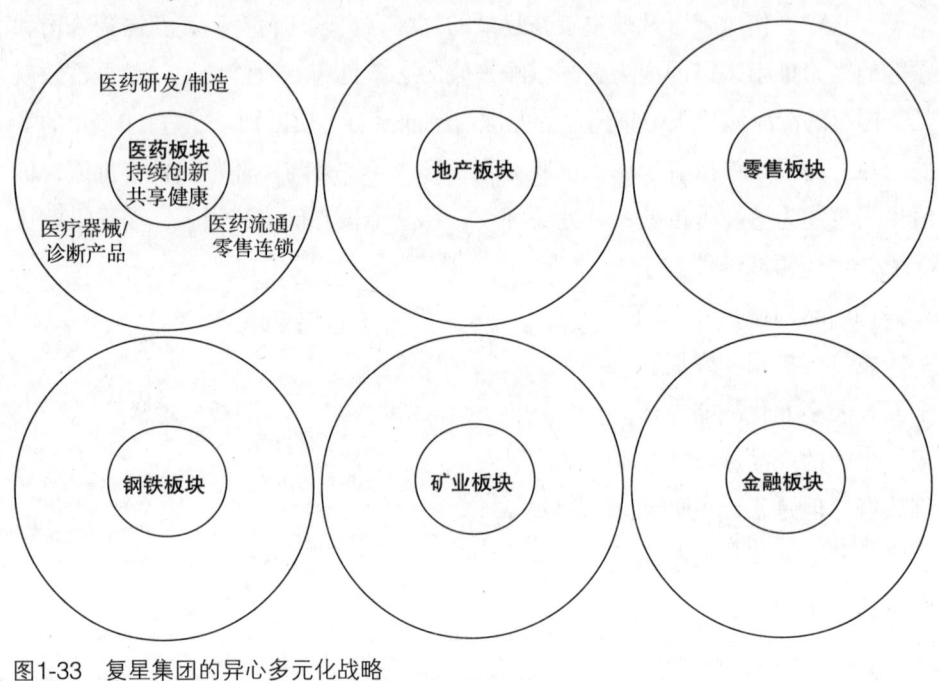

图1-33　复星集团的异心多元化战略

在异心多元化的族群定位模式中,集团品牌不能随便给旗下不相关的业务品牌做背书,更不适合直接去担纲统领不相关的业务品牌,否则会给集团品牌自身带来认知混乱和潜在风险。例如复星将旗下的"复星大药房"统统改名为"复美大药房"。因为医药连锁店只是复星集团下面的一个小小的业务板块,甚至连一个指头和九个指头的关系都算不上,只是九牛一毛。用一头牛的名誉,去为一根毛做担保,未免得不偿失。消费者每一个抱怨和投诉,媒体的每一次负面曝光,都要将这笔账算到复星集团品牌的头上,显然风险与收益不成比例。

值得注意的是,站在品牌族群定位的角度,我们只关心各个业务品牌的核心价值是否相统一,而不在乎这些业务是如何组合在一起的,因此不必刻意区分水平多元化、垂直多元化、横向一体化、纵向一体化等概念。

08 占卜问卦不如调查
——品牌调研与诊断

1918年,上海百年老店——永安百货建造前夕,创始人郭氏家族正在为了选址而纠结。

到底选择南面还是北面呢?据说,风水大师利用罗盘定位,解读山川河流之脉向,根据堪舆学与星象学之综合推演,最终得出的结论是"北面好";也有麻衣相士询问掌门人之生辰八字,根据易经八卦推测流年运程与方位的关系,最终得出的结论是"南面佳"。大师们的意见不统一怎么办?郭氏家族的人很多都受过现代教育,决定不采信这些大师的话,而是打算来做一次市场调查。

那时候没有专业的市场调查公司,因此也没有那么复杂的调查计划、问卷设计、数据分析。他们的方法很简单:在今天南京路南边放一箩筐,北边也放一箩筐,然后雇两个人往箩筐边上一站,每看到一个路人经过,就往筐里扔一颗黄豆,最后来统计黄豆数量,哪个筐里的多就知道哪边人流量大。最终发现南面客流量大,于是就选址在南面。事实证明,永安百货选址是非常正确的,这个百年老店现在还矗立在上海南京东路上。这,就是中国历史上第一次正儿八经的市场调研活动。

鉴于品牌调研的重要意义,因此品牌建设的第一步就是品牌调研和诊断,这个考验的是品牌团队的基本功。如果品牌调研做得不到位,将直接影响品牌定位的准确性。因此,一定要重视品牌调研,万万不可敷衍了事。笔者在项目操作中,都会坚持亲自操作调研过程,对于有些重大项目的调研,也会邀请第三方调研机构负责操作实施,我方和客户方派人全程现场监督,这样可以保证调研的客观公正性。一般来说,调查方法主要包括企业内部访谈、外部市场走访、顾客定量调查、顾客定性调查、行业专家访谈等等。

(1)内部访谈

内部访谈一般是由外部咨询机构来操作,面向企业中高层管理人员,有时也包括相关一线员工,事先要根据访谈对象的不同岗位、不同职位而针对性地拟定访谈提纲，提出不同的问题，采用一对一的方式，深入沟通，深入提问，并做好访谈笔记和录音，以备回去后整理。调查员应该注意语气、氛围和提问方式，消除对方紧张、顾虑或抵触情绪，让谈话在轻松坦诚氛围中顺利完成。

（2）定量调查

定量调查主要是采用问卷调查方式，在街头、终端或特定场所随机拦截目标受访者，让其答写调查问卷。也可以采用电话调查、网上调查等方式。网上调查跟线下调研相比，要节省很多人力物力财力。为了验证调研的准确性，也可以线上和线下同时进行。

首先，要设计合理的调查问卷，调查问卷的设计水平直接影响调查的结果，一般大多是封闭式问卷，但也可以保留个别开放式问题。为了保证问卷质量，在问卷中要设计甄别题、地雷题等，对于不符合要求的调查对象，要终止访问；对于触犯地雷题做了前后不一致回答的答卷，应该剔除。同时，管控要前移，培训好调查员，要求调查员拿着问卷，采用一问一答的方式进行，而不是将问卷交给顾客自己去填写。

其次，采用抽样调查的方法。抽样调查一般包含如下几个步骤：①界定目标人群总体，例如某品牌的目标人群总体为一二线城市18~35岁的女性。②选择抽样框，例如，该品牌选定上海的杨浦区和徐汇区、南京的秦淮区和鼓楼区、广州的天河区与白云区、长沙的芙蓉区和天心区等为抽样框。③确定抽样方法，抽样方法包括非概率抽样、概率抽样两大类，其中概率抽样比较常用，具体方法又包括简单抽样、等距抽样、分层抽样、整群抽样、多段抽样、PPS抽样、入户抽样，等等。假设我们采用分层抽样方法，将目标人群分为婚前和婚后两个层次去调查。④确定样本大小，对于大规模的市场调查活动，我们可以根据如下公式确定样本大小：

$$n=(k \cdot \delta/e)^2$$

其中e是抽样误差，我们通常设定为2%~3%；δ是总体标准差，如果无法预知δ，就采用安全的数值，令$\delta=0.5$；k是可信度系数，例如可信度为99%，那么k=2.58；如果可信度为95%，那么k=1.96；如果可信度为68%，那么k=1.00。

这样，将上述数值代入，得到可信度为95%、误差为2%~3%的样本n应该在1000~2400之间。如果要尽可能精确一点，我们就选2000好了。也就是说，无论抽样框中的人群有多少，选择2000都足够了。假设杨浦区中的目标人群有200万，我们也只需抽样调查2000人即可。掌握了这一点，对于我们实际工作非常有用。此外，在正式开展调查之前，我们还要评估样本正误，判断样本是否真正具有代表性。

第三，开展调查。如果是交给专业调查公司去操作，我方只需派人去监督调研过程即可；如果我方自己去操作，那么还要制定详细的操作细则，对所有的调查员进行培训，然后分赴各个目标市场展开调查。此外，出于成本的考虑，对于外地市场调查，通常也可以从当地的大学中找一批学生来协助，可以事先通过网络、电话跟对方谈好合作方式和报酬，然后我方只需派一两名专业人员去现场培训指导、监督实施即可。

第四，做数据分析，形成调查报告。在调查完成之后，要将答卷的数据统一录入计算机，通过专业的分析软件进行分析，并得出结论，形成定量调研分析报告。

（3）定性调查

严谨的定性调查也是非常复杂的，但我们的市场调查不属于重大的科研项目，应该尽可能简化程序和方法，确保实用有效即可。我们通常采用邀请座谈的方式，将目标客户人群根据共性分组，例如妈妈组、未婚女士组、男士组等等，没有统一标准，要根据实际情况来分类。每个组选择8名以上具有代表性的顾客，预先设定座谈主题和问题，然后对逐个问题开展讨论，让大家都充分发言，深入了解每个消费者的消费心理、消费偏好、消费行为、消费能力、对品牌的感性和理性认知、对品牌发展的意见等等。定性调查的好处是可以深入了解受访对象，得到普通问卷调查所难以触及的信息。

（4）市场走访

品牌顾问与调查人员通过走访目标市场，深入了解市场现状、竞争对手现状、营业网点分布、终端业态情况、营业人员状态等等。访问过程中除了调查人员所见所闻之外，还要重点访谈市场一线员工、经销商、渠道商，从他们身上往往有意外收获，可以获得市场最准确、最新的信息。

（5）行业专家访谈

每个行业，都有其资深的专家，他们或是资深职业经理人，或者是资深代理商，或者是行业媒体人士，或者是行业顾问专家。在涉及到企业和品牌发展战略这种大是大非问题上,多多听取行业专家的意见,往往可以收到事半功倍的效果。同时,他们的观点往往都带有真知灼见,作用不可替代。

(6)品牌调研主要内容

如表1-5所示,列出了品牌项目调研的大致框架内容,以供参考。在实际工作中,应该根据具体情况决定调研清单的增减。例如,大家对行业发展情况都很清楚,都能形成共识,那么行业调研这块就可以省略。同时,这里列出的只是第一级目录,在实际操作中,还可以根据实际需要列出第二级目录或第三级目录。

表1-5　　品牌调研框架内容,可根据实际情况增减

调查项目	调研内容	工作方法	时间
1. 宏观环境与行业调研	1.1 宏观环境分析 1.2 行业历史与现状分析 1.3 市场规模与成长空间分析 1.4 行业未来发展趋势分析	行业专家访谈、市场走访考察、行业资料分析研究	N个工作日(N根据实际情况而定)
2. 企业因素调查	2.1 企业盈利与财务与财务状况 2.2 企业商业模式分析 2.3 企业价值链分析 2.4 企业资源与能力评估与调查 2.5 企业战略与法人意志澄清 2.6 市场营销体系调查 2.7 品牌历史与现状调查 2.8 组织与人力资源状况调查	内部访谈、企业数据分析	N个工作日
3. 消费者调研	3.1 消费者定量问卷调查 3.2 消费者定性深度调查	目标市场随机拦截调查;顾客分组座谈	N个工作日
4. 竞争对手调研	4.1 目标市场竞争格局调研 4.2 竞争品牌核心定位和价值调查 4.3 竞争品牌顾客定位、品类定位、格调定位、溢价定位、个性定位和核心定位调查 4.4 竞争品牌传播公关情况调查 4.5 标杆品牌深度调查分析	市场考察、知情人士访谈、对手资料收集分析	N个工作日

此外,尤其需要强调的是,千万不要迷信调研,千万不要迷信数据。我们要明白几种情况下的调研结果可信度——

①对新产品、新概念、新品牌上市的论证调研,可信度很低,只能作参

考，不能作依据。如果新产品都能通过调研而判断是否可行的话，那么世界上就不存在失败的商业行动了，那么也不存在市场风险了。

②对市场份额很低的品牌进行随机拦截调研，可信度很低，因为市场占有率低，所以大部分消费对该品牌没有认知度和体验感，无法准确说出对品牌的意见。就像往长江里撒了一勺子盐，然后去检测盐分的浓度，这样做没有意义。

③品牌调研最适合调查已存在的品牌的现状，也就是说，调研最适合用来检验过去和现在，但不是用来预测未来。不是说未来不可预测，而是说调研结果只供参考，而不能做唯一依据。事实上，预测成功的概率因人而异，对于悟性好、经验丰富、对行业和市场精熟的人而言，预测成功率相对会高一些。

（7）调研分析工具

项目调研过程中，需要用到一些工具和模型，进行辅助分析。图1-34列出了可能用到的分析工具和模型，我们要根据实际情况选用，不需要全部用上，如果能用简单的语言论述清楚，那么不用也可以。这些都是战略和品牌管理咨询的常用工具和模型，不要生搬硬套，不要被工具所束缚。

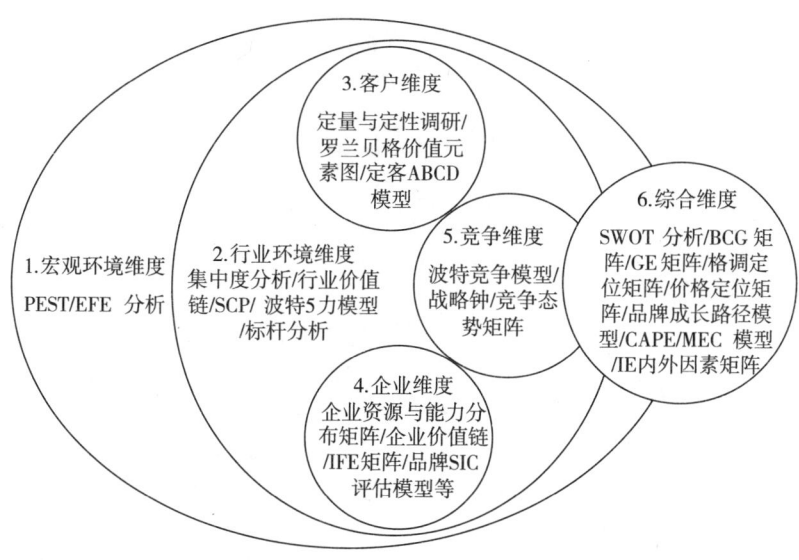

图1-34　品牌调研分析工具模型

①宏观环境维度：主要工具有PEST（政治和政策、经济、社会文化、技术四维度分析）和EFE（外部因素评价矩阵）等。

②行业环境维度：主要工具有行业集中度分析、行业价值链分析、波特五力模型、标杆分析等。

③客户维度：主要工具有顾客定量和定性调研、罗兰·贝格价值元素分布图、定客ABCD模型（本书第三章）等。

④企业维度：主要工具有企业资源和能力分析矩阵、企业价值链分析、IFE（内部因素评价矩阵）、SIC品牌评估等。

⑤竞争维度：主要工具有波特竞争战略模型、战略钟、竞争态势分析等。

⑥综合维度：主要工具有SWOT分析、BCG/GE矩阵、IE内外因素评价矩阵、格调定位矩阵、价格定位矩阵、品牌成长路径模型、CAPE和MEC模型等（本书后面都有论述）。

（8）品牌诊断

品牌诊断是在品牌调研完成之后，要对现有品牌的历史和现状进行诊断，通过品牌诊断，可以指导下一步的工作，让大家明白品牌如何改善与提升。必要时撰写一份《品牌诊断报告》，一般情况下没必要弄得太复杂。表1-6是品牌诊断清单，包含35个维度，可以根据实际情况进行增减。

表1-6　　　　　　　　　　品牌诊断清单

序号	大项	细项
1	战略定位诊断	核心定位是否正确
2		顾客定位是否准确
3		品类定位是否合理
4		格调定位是否明确
5		价格定位是否合理
6		个性定位是否鲜明
7		品牌愿景和使命是否明确
8		品牌成长路径是否清晰
9	核心价值诊断	核心价值是否清晰
10		感性价值（情感和文化）是否鲜明
11		理性价值（功能和价格）是否鲜明
12	形象表现诊断	商标命名与注册是否完成
13		品牌VI平面视觉体系是否完备 是否跟品牌核心定位和格调相符

续表

序号	大项	细项
14	形象表现诊断	品牌SI空间视觉体系是否完备 是否跟品牌核心定位和格调相符
15		品牌广告形象设计水平如何 是否符合品牌格调
16		产品外观风格设计是否与品牌格调定位相符
17		产品包装设计是否与品牌格调相符
18		活动宣传物料设计是否与主题相符
19	传播与公关诊断	传播投入力度
20		传播策略诊断
21		代言人/代言物选择
22		新闻/软文发布情况
23		媒体广告发布情况
24		公关活动策划与实施情况
25		招商活动与推广情况
26		顾客体验情况
27		传播与公关效果评估
28	品牌地位诊断	知名度、美誉度、忠诚度、品牌联想
29		销售额/终端数量/市场占有率排名
30		品牌战略/营销策略/企划能力/效果
31		终端客流量/捕捉率/转化率/客单价
32		目标市场级别/渠道级别/渠道覆盖率
33		研发/生产实力/产品竞争力
34		主力价格带与竞品对比情况
35		组织构架/管理效率/团队实力

第二章

品牌价值与顾客体验
Brand Value and Customer Experience

产自温州小作坊的打火机售价1元,而ZIPPO打火机却可以卖1000元以上。同样是打火机,打火点烟的功能几乎没有差别,但价格为何相差1000倍?答案很简单:因为品牌价值不一样,带给顾客的体验不一样,结果顾客愿意支付的价格不一样。

---

01 品牌信仰的根基
——CAPE价值理论

在当代商业文化中,品牌是一种信仰,而信仰的根基,就是品牌价值。每年的全球品牌价值排行榜一出炉,都会引起业界一片热议。显然,品牌价值对于企业和行业发展、投资界动向以及股市阴晴等都具有重要影响。然而,品牌价值究竟是个什么东东?其实很多人说不清楚。

我们先来看一个实例:温州的打火机卖1元,ZIPPO打火机卖1000元以上——同样是打火机,打火点烟的功能几乎没有差别,但是价格为何相差这么大呢?这里就是涉及到品牌的价值问题。

品牌本身的价值,决定了消费者愿意支付什么样的价格。说白了,就是品牌价值决定品牌的售价。温州小作坊的打火机的价格跟ZIPPO打火机的价格相差1000倍,原因只有一个:二者品牌的价值体系相差巨大。如图2-1所示,从功能设计、价格定位、情感俘获和文化共鸣四个层面来看,ZIPPO打火机都比温州打火机高出很多层级。

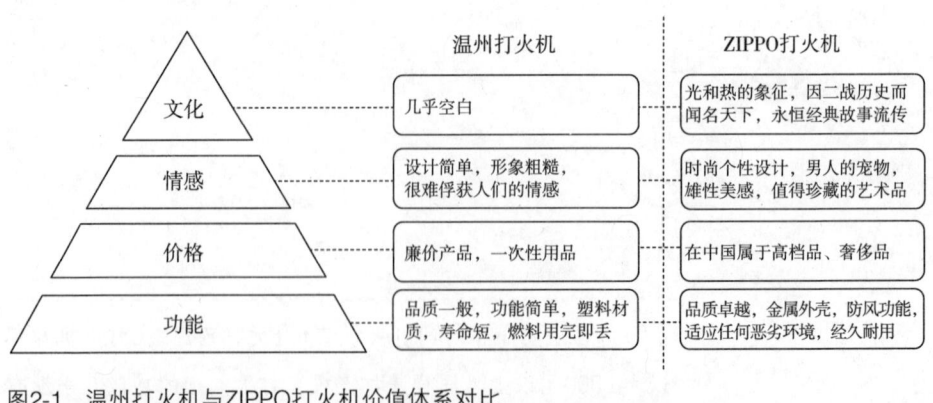

图2-1 温州打火机与ZIPPO打火机价值体系对比

从上述案例可以看出,品牌的价值体系关乎商品售价和溢价,所以但凡品牌商家,无不为品牌价值增值而殚精竭虑。那么品牌价值体系究竟如何构成呢?前面品牌SIC定义中,已经阐明品牌包含理性价值和感性价值两大方面。从图2-2可以看出,品牌价值可以进一步细分,包含四个层面:文化

（Culture）、情感（Affection）、价格（Price）、功用（Effect）。综合起来，取第一个字母，简称品牌价值CAPE模型。其中功用（功能、效用）和价格属于理性价值，就是我们通常所说的"性价比"；情感和文化属于感性价值，这是品牌上层建筑。

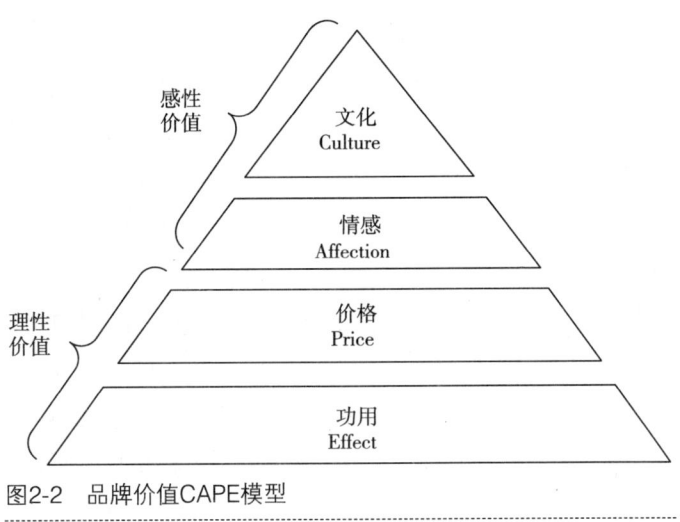

图2-2　品牌价值CAPE模型

功用——品牌呈现出来的功能、用途、品质和使用体验等。这是基于行业属性、品类属性和产品功能上的价值。例如，哥伦比亚户外冲锋衣的功能价值就是防水透气、防风保暖，满足户外运动的需求；加多宝的功能价值就是预防上火；奔驰的功能价值就是提供卓越的车辆性能；惠普4515X打印机的功能价值就是提供高速高清打印服务……功能价值在SIC模型中属于"品"的范畴，这是品牌存在的理由和基础。试想，一个没有功用价值的品牌，你买它做什么呢？

价格——品牌呈现出来的售价以及隐含的溢价和性价比。一方面，消费者习惯于从售价上区分品牌的档次和定位，因为价格是品牌整体价值的反映，价值决定价格，价格必须跟品牌整体价值相符合。另一方面，品牌价值决定品牌的溢价，品牌价值越高，则溢价越高。当顾客愿意为一个高档品牌支付更高价格的时候，实际上是在为品牌溢价买单。关于价格和溢价，本书在后面的第六章《溢价定位》将详细论述。

情感——品牌呈现出来的引起人们情感共鸣与偏好的能力。例如，跟户外服装不同，流行时装的遮体和保暖的功能已经不重要了，重要的是其时尚设计体现出来的情感价值。我们经常在大冬天看到很多爱美的女孩子穿着超短裙，在寒风中上演"美丽冻人"，这纯粹是因为她们将品牌情感价值无限拔高、将功能价值完全忽略的结果。一个成功的品牌，总是能够俘获人们的情感,获得情感共鸣和偏爱。越是快速时尚的品牌,情感价值就越重要。

文化——文化价值属于最高层级,品牌经过沉淀之后会形成品牌故事、历史渊源、价值主张、品牌个性、文化理念、精神倡导等等,这些就是文化价值。例如同仁堂"同修仁德,济世养生"的品牌理念,维珍集团的"风趣而不拘小节"的价值观,飞利浦"精于心、简于形"的品牌主张,阿迪达斯的挑战精神、索尼的"先驱精神",李维斯的牛仔文化、3M的创新文化、迪斯尼的欢乐文化等等,都属于品牌文化价值。知名品牌的文化不但对公众和行业产生深远影响,而且对企业本身业绩的提升有显著促进作用。新加坡的品牌学者保罗·藤甫诺在《高级品牌管理》一书中提到,他花费4年时间对20多个国家的200多家企业进行研究,发现品牌文化和企业价值观强大的公司,业绩远胜于其他缺乏强大文化的公司,前者的收益年均增长率是后者的4倍。

总而言之,在CAPE模型中,品牌价值的四个层面,概括成理性价值和感性价值两大方面,彼此之间可以权重不同,但都是必不可缺少的。第一章03节关于品和牌的权重、理性价值和感性价值的关系已经有详细论述,这里不再赘述。

02 释放品牌的荷尔蒙
——顾客体验MEC模型

美国软件测试与研发机构Smart Bear的研究表明,如果一个网页花费3秒钟还没有打开,那么57%的顾客就会因体验不爽而流失;亚马逊网页加载时间每延长1秒,那么1年就会减少16亿美元的营收。为什么我们要重视顾客体验?因为顾客体验就是金钱!

● MEC模型

前面提过,我们现在已经进入价值体验新时代。良好的体验,可以释放品牌的荷尔蒙,吸引顾客、赢得顾客。而我们所做的一切努力,归根结底是要塑造品牌价值，沉淀品牌资产，让企业实现可持续发展。那么品牌价值塑造和价值体验是什么关系呢？

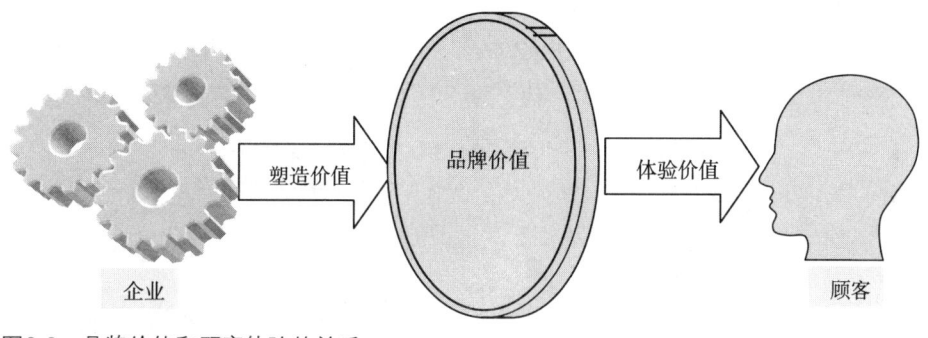

图2-3　品牌价值和顾客体验的关系

第一，如图2-3我们应该换位思考，从企业和顾客两个方面来看问题。站在企业角度，就是要塑造品牌价值；站在顾客角度，就是要体验和感知品牌价值。因此，品牌价值塑造和顾客体验，本质上就是一回事，属于同一枚硬币的两个面，它们共同构成一枚"价值硬币"。

第二，根据前面品牌定义SIC模型，品、牌、客三要素必须同时存在，并且顾客是品牌价值的最终评定者，所以我们可以采用反推法，从顾客体验的思维与行为模式出发，寻求品牌价值塑造的途径和方法。

图2-4是顾客对品牌价值的体验模型，也可以称之为品牌体验模型、价值体验模型、顾客体验模型。我们可以看到，根据顾客的消费行为过程，可以把顾客体验分成媒体与公关体验（Media&PR Experience）、终端体验（End of the Market Experience）、消费体验（Consumption Experience）三大模块。为了便于记忆和传播，取关键词的首字母，简称顾客体验MEC模型。

道理如前面所述，CAPE模型和MEC模型共同构成品牌"价值硬币"的两个面，角度不同，本质相通。CAPE模型是站在品牌自身的角度，对品牌价值系统进行高度概括；MEC模型是站在顾客角度，追踪顾客体验和消费行为而得出的应用模型。

MEC模型三大模块，实际上对应顾客行为的三个阶段。

第一阶段，媒体感受和公关体验。顾客看到媒体广告或参与了公关活动，从而获得了品牌相关信息，如果媒体广告和公关体验效果还不错，顾客会被触动，留下较为鲜明的印象，进而转化为购买行动。媒体感受和公关体

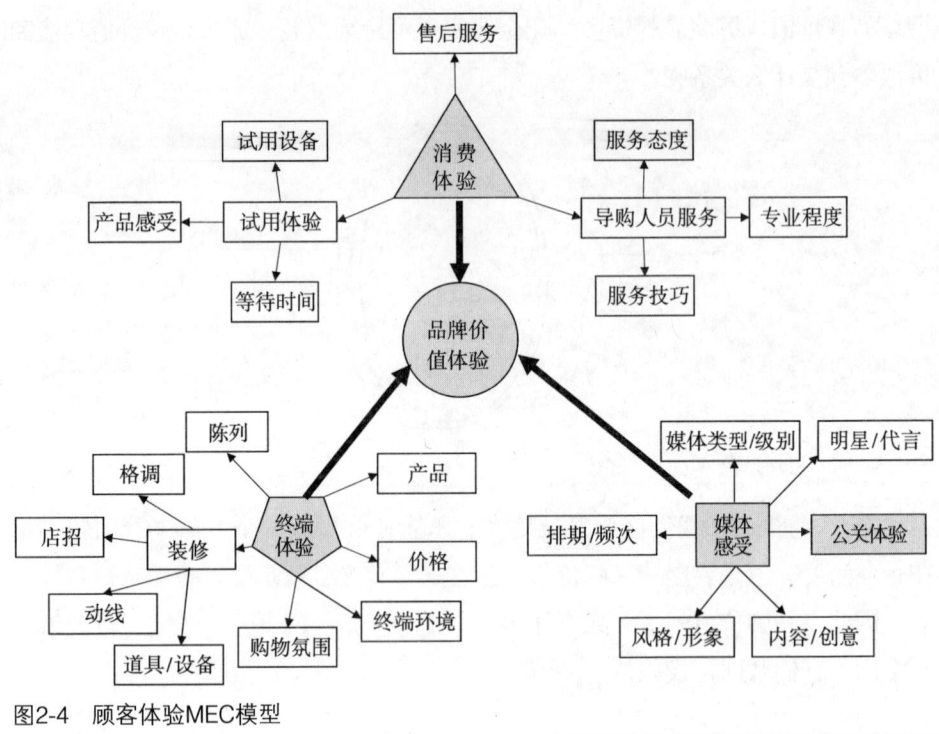

图2-4 顾客体验MEC模型

验不是顾客获得品牌信息的唯一途径，顾客还可能通过终端体验等途径实现对品牌的认知。但是，对于大众快消品牌而言，广告和公关都是必要的营销手段。国际小母牛慈善扶贫机构的CEO皮埃尔·法拉利在任职可口可乐期间曾说过，广告就像火车的引擎，如果火车失去引擎，虽然会滑行一段时间，但终究会慢下来。尤其是对于开设网上商城和店铺而言，就相当于在深山老林开店，不像街边店那样具有一定的自然客流。只有品牌影响力做大了，忠实会员多了，自然流量才能多起来。因此，网上商城都需要引流，即通过各类推广手段，吸引流量。此时，媒体体验和公关体验就格外重要，这是品牌的生命线。也许，顾客的媒体感受只是持续几十秒到几分钟而已，但其中却发生了一系列的体验、决策和行为。麻省理工大学的计算机科学教授Ramesh Sitaraman分析了670万独立访客的2300万次视频播放数据，得出的结论是：人们平均会等待一个视频网页加载完成的总时间是4秒。而对于短视频，如果5秒内没有下载完并播放，那么20%的观众会离开；如果10秒还没有下载完并播放，那么50%的观众会离开。可见，媒体感受其实是一个非常复杂的过程，且不说媒体的内容是否有吸引力，光前期的媒体打开速度体验，就极大程度影响了最终的推广效果。

第二阶段，终端体验。将顾客引入品牌的终端店铺（包括线上和线下的商城与店铺）之后，如果终端的形象、格调、氛围、陈列、POP、产品、价格、动线、道具、促销等综合因素能够继续打动顾客，让顾客身临其境地感知到了品牌价值，那么随后就可能产生消费行为。民间流传一句俗语："生意不好整柜台"，就是这个道理。如果一个终端留不住顾客，那么就要反思店铺的装修问题、陈列问题、产品问题、促销问题、价格问题等等。只有提升了终端体验，才能吸引顾客进店，提高捕捉率，降低跳失率，增加访问深度和停留时间，最终提升转化率和客单价。

第三阶段，消费体验。当顾客产生了消费欲望时，就会采取试用行动，比如，服装可以试穿，化妆品可以试用，香水可以嗅闻，食品饮品可以品尝等等。此时，等待的时间、试用的设备、产品感受等因素，都会对购买决策产生重要影响。例如试衣间要排队很久，那么就可能让顾客放弃购买。除了试用之外，还有导购、客服人员的服务水平也非常重要。无论线上还是线下店铺，培养一个金牌导购员不容易，而金牌导购员跟普通导购员的业绩，可能相差几倍甚至几十倍。事实上，我们不能指望每个员工都变成金牌导购，只能通过一套终端服务标准与流程，来确保整体服务水平居于上流。所有消费体验因素加起来，如果都能让顾客满意的话，那么生意就做成了，而品牌也可能多了一个忠实顾客。此外，就是售后服务的问题，所有品牌企业都会设立专门的售后投诉处理热线，甚至成立专门的部门处理售后问题。

⦿ 6维感官体验

MEC模型是一个综合性的系统，既包含了顾客感性和感官上的体验，也包含了理性和思维上的体验。当顾客进入终端，感性体验其实是第一位的，也就是说，直接的感官上的冲击力，会给顾客留下深刻的印象，并容易形成"晕轮效应"，左右顾客的理性思维，最终得出一个被感官刺激所主导的结论。美国营销界流传着"7秒定律"，即顾客会7秒内决定是否有购买商品的意愿。短短7秒钟能做什么？唯一能做的就是对品牌和终端形象惊鸿一瞥，留下第一印象。这个第一印象，必然是感性体验，是纯粹感官获取的信息在头脑中的反映，因为来不及思考。

假如你跟朋友逛了半天街，又累又饿，前面是一家羊肉火锅店，古香古色、油光锃亮的木质店招在几杆旌旗的映衬下颇有草原风情，一阵阵羊肉香味扑鼻而来，店内座无虚席，满堂食客一个个开怀大吃。明档内，一位鼻阔口宽、身强体壮貌似蒙古壮汉的大厨正在切割一只熟肥羊，外面还有一群伸长脖子的顾客，眼珠随着大厨娴熟的刀法而转动，他们在排队买熟羊肉打包带走……此时，感官体验就会主导你的思维，通过感性认识在几秒钟内直接做出判断：场面和人气如此火爆，证明这家的东西肯定物美价廉！于是，你只想着赶快吃上羊肉，至于这个羊是不是正宗草原羔羊，是不是吃激素长大的，火锅底料是否含有增味剂、防腐剂、罂粟壳、地沟油、苏丹红，店家有没有以次充好、短斤缺两……这些问题顿时不再是你所关注的焦点。而这样的终端体验效果，也是所有品牌商梦寐以求的。

正因为直接的感官体验决定了第一印象，左右了购买决策，因此我们有必要将感官体验单独拿出来论述，如图2-5是6维感官体验模型，它属于MEC体验的感性部分。

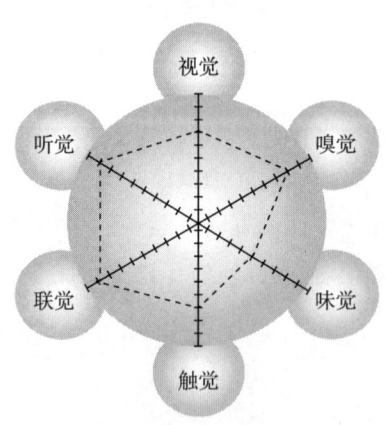

图2-5　6维感官体验模型

6维感官体验包括视觉、听觉、嗅觉、味觉、触觉和联觉。前五种感觉都好理解，每个人都天生具有这五种感官能力，那么什么是联觉呢？各种感觉之间产生相互作用的心理现象，即对一种感官的刺激作用触发另一种感觉的现象，在心理学上被称为"联觉"现象。例如，我们将颜色分为冷色调和暖色调，实际上这本身跟温度无关，而是联觉在起作用。因为红、橙、黄色会使人感到温暖，所以这些颜色被称作暖色；因为蓝、青、绿色会使人感到寒冷，所以这些颜色被称作冷色。再如"空气中弥漫着甜甜的味道"这类文学描述，实际上空气只会引起嗅觉反应，不会直接引起味觉，这也是联觉在起作用。联觉还会作用于情绪，例如刘禹锡的诗句："自古逢秋悲寂寥"，代表了中国文人历来的悲秋情绪。秋天黄叶飞舞，万物凋零，很容易让人产生一些负面联想，例如人生困境、悲惨遭遇、岁月沧桑等等，进而就产生了悲秋情绪。节假日的卖场促销，都是张灯结彩、载歌载舞，极力营造热烈欢快气氛，目的就是通过联觉，调动人们的积极情绪，这样才能有心情购买更多的产品。

联觉引出的一个很重要的概念就是"品牌联想"，品牌的情感体验、美誉度和偏好，很大程度上是因为品牌联想而产生的。例如玉兰油带来的联想是温和的、润滑的、细腻的；海飞丝带来的联想是激情的、年轻的、去屑的；假日酒店带来的联想是快乐的、休闲的、舒适的，等等。品牌各个维度都可以给顾客带来联想，只有积极正面的联想，以及跟定位相符的联想，对品牌价值提升才有利。

在6维感觉体验模型中，还有刻度线，可以对各维度的感官体验进行量化评分，采用10分制，圆心处是0分，圆周处是10分，将分数标在刻度线上，然后将各个分数对应的点连起来，组成一个封闭的图形，这就是雷达图。雷达图越丰满，就说明6维评分越高，只要有一个维度评分较低，就会出现面积塌陷。雷达图可以用于跟竞争品牌对比，寻找差距所在。

下面举例说明：如图2-6所示的6维感官体验雷达图，左边是饮料A品牌，右边是饮料B品牌，我们可以非常直观地看到，A品牌比B品牌所围成的封闭图形面积更大、更丰满，因此A品牌比B品牌感官体验更加鲜明，更能打动顾客。如果进一步分析，按照听觉、视觉、嗅觉、味觉、触觉和联觉的顺序，A品牌的评分分别为9、7、8、5、6、9分，平均分7.3分；而B品牌为5、7、4、4、5、5分，平均只有5分。显然，B品牌除了视觉之外，各个维度都跟A品牌有较大差距，需要针对性加强。

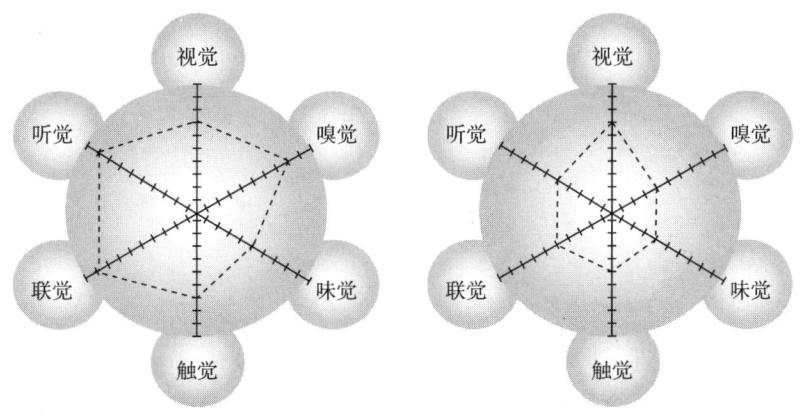

图2-6　饮料A品牌（左）与B品牌（右）的6维感官体验对比

需要注意的是，不是每个品牌都有6个维度的感官体验的，例如买一双皮鞋，并无听觉体验，但是在终端、在广告片中，是可以营造听觉体验的。再如嗅觉体验，对于纯净水而言，是无色无味的，嗅觉体验可以转为"无异味"体验。但是，还有一些感官体验可能是难以营造出来的，那么不要求面面俱到，更不要牵强附会，如果本品牌只有3个维度，那么就从3个维度去分析和强化好了。

总之，品牌价值塑造是一个系统工程，顾客体验也是一个复杂过程，它遵循短板效应（木桶原理），只要有一个环节的体验不好，那么顾客都会把账算在品牌头上，导致对品牌价值的整体评价不高，甚至是负面评价。例如买一台电脑，没几天就坏了，那么无论广告、终端和服务多么好，都会给顾客留下一个心理阴影。此时，还有补救的机会，如果售后服务到位，立即给顾客更换一台，那么该顾客还是会认可该品牌的。如果售后服务不好，引起投诉事件，那么该品牌就永远失去了这个顾客，并且该顾客还会将不好的体验告诉身边每一个人。如果是网店，将获得差评。事情严重的话，顾客还会将投诉发给媒体、发到网上，造成更大的负面影响。所以，围绕顾客体验去塑造品牌价值，必须用系统的方法，系统解决问题，而不是头痛医头、脚痛医脚。产品可以一招鲜吃遍天，而品牌却只能靠系统发力，消除短板，发挥长处，这是我们的基本思路和原则。

下面从03节起，将分别论述顾客体验MEC模型包含的内容。

03 从洗脑到自我救赎
——媒体感受

◉ 骗子的伎俩

"你的手机号码被《中国好声音》栏目组抽取为场外幸运二等奖，奖金8万元，并赠送苹果MacBook Pro笔记本一台，详情请登录活动官网……"这是笔者曾经收到的一条诈骗短信。我们每个人，不管上过当的还是从不上当的，对这种短信都不陌生。这类简单而拙劣的骗术，已经被媒体曝光千百次了，为何还有人会上当？这得从媒体感受说起。

有学者对中外各类诈骗短信和邮件进行过研究，发现了两大特点：一是几十年来，骗术伎俩从来没有进步过；二是同一个诈骗邮件内容，可以流传很久，流行很多个国家，反正总有上钩者。历史上最著名的诈骗邮件，就是“尼日利亚王子”，这个邮件的大意是尼日利亚的几位高官需要将上千万美元的巨资秘密转移到国外，需要使用你的账户和名义，如果答应跟高官合作，事成之后可以获得这笔资金10%的报酬。看到你上钩之后，对方会以事情进展不顺利为由，希望你帮忙垫付一点手续费，在支付了几次费用之后，对方就销声匿迹了。

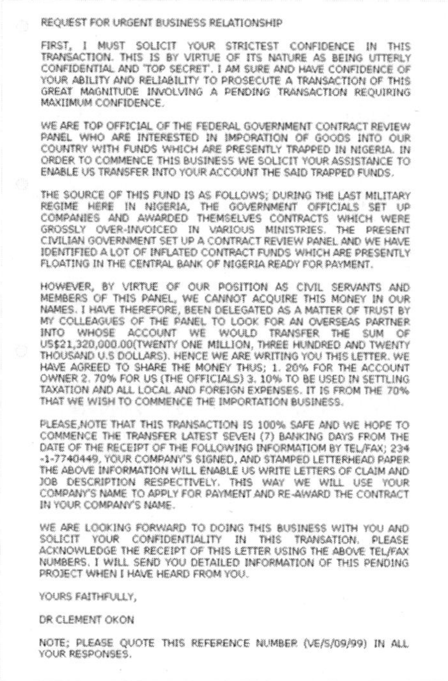
REQUEST FOR URGENT BUSINESS RELATIONSHIP

FIRST, I MUST SOLICIT YOUR STRICTEST CONFIDENCE IN THIS TRANSACTION. THIS IS BY VIRTUE OF ITS NATURE AS BEING UTTERLY CONFIDENTIAL AND 'TOP SECRET'. I AM SURE AND HAVE CONFIDENCE OF YOUR ABILITY AND RELIABILITY TO PROSECUTE A TRANSACTION OF THIS GREAT MAGNITUDE INVOLVING A PENDING TRANSACTION REQUIRING MAXIIMUM CONFIDENCE.

WE ARE TOP OFFICIAL OF THE FEDERAL GOVERNMENT CONTRACT REVIEW PANEL WHO ARE INTERESTED IN IMPORATION OF GOODS INTO OUR COUNTRY WITH FUNDS WHICH ARE PRESENTLY TRAPPED IN NIGERIA. IN ORDER TO COMMENCE THIS BUSINESS WE SOLICIT YOUR ASSISTANCE TO ENABLE US TRANSFER INTO YOUR ACCOUNT THE SAID TRAPPED FUNDS.

THE SOURCE OF THIS FUND IS AS FOLLOWS; DURING THE LAST MILITARY REGIME HERE IN NIGERIA, THE GOVERNMENT OFFICIALS SET UP COMPANIES AND AWARDED THEMSELVES CONTRACTS WHICH WERE GROSSLY OVER-INVOICED IN VARIOUS MINISTRIES. THE PRESENT CIVILIAN GOVERNMENT SET UP A CONTRACT REVIEW PANEL AND WE HAVE IDENTIFIED A LOT OF INFLATED CONTRACT FUNDS WHICH ARE PRESENTLY FLOATING IN THE CENTRAL BANK OF NIGERIA READY FOR PAYMENT.

HOWEVER, BY VIRTUE OF OUR POSITION AS CIVIL SERVANTS AND MEMBERS OF THIS PANEL, WE CANNOT ACQUIRE THIS MONEY IN OUR NAMES. I HAVE THEREFORE, BEEN DELEGATED AS A MATTER OF TRUST BY MY COLLEAGUES OF THE PANEL TO LOOK FOR AN OVERSEAS PARTNER INTO WHOSE ACCOUNT WE WOULD TRANSFER THE SUM OF US$21,320,000.00(TWENTY ONE MILLION, THREE HUNDRED AND TWENTY THOUSAND U.S DOLLARS). HENCE WE ARE WRITING YOU THIS LETTER. WE HAVE AGREED TO SHARE THE MONEY THUS; 1. 20% FOR THE ACCOUNT OWNER 2. 70% FOR US (THE OFFICIALS) 3. 10% TO BE USED IN SETTLING TAXATION AND ALL LOCAL AND FOREIGN EXPENSES. IT IS FROM THE 70% THAT WE WISH TO COMMENCE THE IMPORTATION BUSINESS.

PLEASE,NOTE THAT THIS TRANSACTION IS 100% SAFE AND WE HOPE TO COMMENCE THE TRANSFER LATEST SEVEN (7) BANKING DAYS FROM THE DATE OF THE RECEIPT OF THE FOLLOWING INFORMATIOM BY TEL/FAX; 234-1-7740449, YOUR COMPANY'S SIGNED, AND STAMPED LETTERHEAD PAPER THE ABOVE INFORMATION WILL ENABLE US WRITE LETTERS OF CLAIM AND JOB DESCRIPTION RESPECTIVELY. THIS WAY WE WILL USE YOUR COMPANY'S NAME TO APPLY FOR PAYMENT AND RE-AWARD THE CONTRACT IN YOUR COMPANY'S NAME.

WE ARE LOOKING FORWARD TO DOING THIS BUSINESS WITH YOU AND SOLICIT YOUR CONFIDENTIALITY IN THIS TRANSATION. PLEASE ACKNOWLEDGE THE RECEIPT OF THIS LETTER USING THE ABOVE TEL/FAX NUMBERS. I WILL SEND YOU DETAILED INFORMATION OF THIS PENDING PROJECT WHEN I HAVE HEARD FROM YOU.

YOURS FAITHFULLY,

DR CLEMENT OKON

NOTE; PLEASE QUOTE THIS REFERENCE NUMBER (VE/5/09/99) IN ALL YOUR RESPONSES.

图2-7 “尼日利亚王子”邮件

来源：骗子

搞笑的是，这个拙劣的邮件流行了几十年，竟然长盛不衰，总有一些傻瓜会上当。在一些美国人的口中，“尼日利亚王子”就是骗子的代名词。1991年，“躺着也中枪”的尼日利亚政府终于坐不住了，站出来辟谣，说从来没有高官转移巨资这回事。然而，这丝毫不管用，这个骗人的小伎俩继续流行……

我们来分析一下，骗子行骗的过程，实际是一次短信或邮件的传播过程，并且，这样的传播不是精准传播，而是属于广撒网式的大众传播。由于短信和电子邮件传播成本都是非常低的，所以大众传播对于骗子来说，只是举手之劳。然而，传播之后，就必须面对一个严重问题：假设发送10万条短信，结果招来1万人咨询，而最终只有10个人成功被骗，那么骗子就要亏死了。道理很简单，因为应付1万人的咨询，得雇佣100名客服人员，这是一笔巨大的人工开支，而最终发现只有10个傻瓜上钩，当然要亏大了。为了避免这种情况，媒体感受，或曰广告体验、传播体验、推广体验等此时就发挥了巨大作用。骗子故意将媒体感受和推广体验弄得很拙劣，很糟糕，短信和电子邮件都是没有公信力的媒体，发送号码也不是什么类似"10086"这样权威号码，只是一个普通手机号，再加上内容和骗术多年来没有丝毫进步，这就让绝大部分聪明人第一时间就能识破其用心，一笑了之。也就是说，通过故意降低媒体感受和传播体验，骗子将大量的非目标人群在第一时间内排除了。这个非目标人群，纯粹是浪费骗子公司大量人力物力财力而不产生效益的人群，所以最先排除他们是明智之举。接下来，在茫茫人海中，总有极少数涉世未深、容易相信别人、容易上当的人存在。这个拙劣的媒体感受，如果还不能将这些人拒之门外的话，那么他们才是骗子公司的目标客户。接下来，只需花费极少的人工成本，重点对这少数人继续"服务"，那么最终的上当转化率就很可观了。

说到这里，我们就应该明白了开头那个问题：为何骗子的伎俩总是那么弱智？为何弱智的伎俩总是有人上当？说到底，都是源于骗子对媒体感受和传播体验的娴熟掌握。

◉ 传统广告时代

国内三大上市乳业巨头伊利、蒙牛、光明公布的2011年年报显示，三大乳企广告投入全年合计达到69.16亿元。蒙牛公司全年的广告和宣传支出占到了总收入比例的7.6%，金额为28.4亿元，较上一年的23.6亿元增长了20%。虽然伊利的广告促销费较2010年下降了1.7亿，但也达到了36.52亿元。无怪乎人们惊呼：难怪国产牛奶品牌问题多多，原来钱都用于投广告去了。

其实，一旦广告跟销售额与品牌影响力挂钩，那么投广告就会上瘾，换句话说，会患上广告依赖症，一天不投，业绩就会受到影响，年报上就不好看，无法对投资人和股民交代。反过来，站在消费者角度，很多时候也是受广告驱动的，虽然顾客购买的原因不仅仅是因为广告，还需要价值体验，但是广告毕竟起到了推波助澜的作用。我们通常根据媒体广告来认识一个新品牌，或者加深对老品牌的印象。对于媒体广告的感受，直接决定了我们对品牌的第一印象。我们会根据媒体档次、媒体类型、投放频道、广告风格、明星代言等因素，来判断广告背后的品牌实力和品牌特征。

①媒体档次：媒体档次跟品牌档次成正比，这就是众多知名品牌争夺央

视标王的原因。标王的性价比不是最高，但是影响力最高，对投资机构、供应商、经销商、渠道商、消费者、股民、媒体、银行、企业全体员工等都具有广泛号召力，符合前面提到的品牌使命要求，有助于号召和统领五种力量。因此，夺得标王的品牌能够额外获得更多的关注，整合更多的资源。虽然孔府宴酒、秦池酒、爱多VCD等老一辈标王纷纷倒下，但这丝毫不影响众多企业争夺标王的热情。只不过，如今品牌企业越来越理性，量力而行，昙花一现的情况越来越少。例如宝洁多次蝉联标王，这是实至名归的，人家的确有这个实力。

根据这个道理，公众通过媒体感受而形成了判断品牌实力的标准：如果在央视和卫视黄金时档播出广告，我们一般判断为大品牌；如果在地方报纸上不起眼的地方刊登单色广告，人们一般认为是区域性小品牌。在机场路牌、航机杂志上投放的形象广告，一般认为是高端品牌；在小网站上发个很黄很暴力的文字链，或跑到107国道两旁的老乡家的墙壁上刷一个猪头广告（猪饲料），这样的广告难以让人联想到高档品或奢侈品……显然，品牌应该根据自身的实力、定位和目标客户群而选择合适的媒体档次，让顾客体验跟品牌价值的预期目标相符。

②明星代言：明星影响力和品牌地位成正比，一线明星代言的广告未必是一线大牌，但是三线明星代言的广告，基本都是三线品牌。无明星代言的品牌，可能连三线品牌都算不上。反过来，明星在选择代言的时候，也会选择品牌，价格不是唯一因素。即便面对数倍的高价，范冰冰也未必愿意去代言一个不知名的小品牌；反过来，即便开价很低，某个超女亚军也愿意去代言一个著名品牌，因为这会提高其身价。就顾客体验而言，顾客容易爱屋及乌，倾向于选择自己喜欢的明星所代言的品牌。例如陈道明、范冰冰、林志玲、成龙等大牌明星的广告，往往得到大量粉丝的追捧，其公关效应远远大于广告本身。再如美特斯邦威的品牌崛起，跟选择合适的明星有关，虽然它的产品设计开发能力不是长项，在国际时装界没有江湖地位，但是通过周杰伦等青春偶像明星代言，赢得了广大年轻消费者的青睐。当然，也并非所有品牌都需要明星代言，更多中小品牌需要量力而行，一味把钱砸在广告和明星上，注重"牌"的光环而忽略"品"的建设，最终会导致品牌空心化，不可长久。此外，对于那些非消费类的B2B品牌，明星代言则不是必要的。例如当IBM不再涉足个人消费品领域之后，找过哪个明星代言呢？对于这个引领科技潮流的"蓝色巨人"，找

明星代言反而有狗尾续貂之嫌。

③媒体类型：自从分众传媒提出"生活媒体圈"之后，某天一觉醒来，发现我们都被媒体包围。新兴的媒体似乎无孔不入，就连高级一点的洗手间，都安装了液晶电视，反复播放着各类广告。互联网、楼宇电视、车身、地铁、手机等新媒体广告，大受新兴网络品牌、时尚类品牌的青睐，其目标群体基本都是都市时尚职业人群，大家对于这些媒体喜闻乐见。如果是农用机械、种子化肥等广告，显然不宜选择这些新媒体，还是去投传统媒体比较靠谱。现在有一种有趣的现象：传统品牌纷纷上网开店，唯恐行动慢了被人们视为老土；而互联网品牌却纷纷向线下投广告，唯恐嗓门小了被人轻视。在一二线城市，线下媒体的很多黄金位置，都被互联网新贵占据，诸如梦芭莎、玛萨玛索、凡客、58同城、赶集网、途牛、钻石小鸟以及各类团购网站等等，轮番上演广告大戏，真有"你方唱罢我登场"的味道。

④广告格调：品牌格调决定广告格调；广告格调体现品牌格调。无论阳春白雪，还是下里巴人；无论阳刚之气，还是阴柔之美；无论经典传统，还是先锋时尚；无论科技领先，还是以人为本；无论功能卓越，还是情感至上……任何品牌的广告都应该有一个鲜明的风格和调性，给顾客留下鲜明的印象。例如中国移动请葛优代言的系列广告，就用葛氏特有的风趣通俗的群众性语言，体现一种平易近人的风格，目的是最广泛赢得普通老百姓的喜欢。格力请成龙代言，成龙带头大哥的形象和"掌握核心科技"的诉求相匹配，给观众留下了科技领先、值得信赖的印象。

⑤内容创意：内容创意很重要，看国外的经典广告，在创意上都比较含蓄而巧妙。但是国内人们由于欣赏水平参差不齐，喜欢更直白一些的，如果太含蓄了，太有创意了，反而没人看得懂，影响传播效果。倒是那些无技术含量、无艺术含量的广告，却很成功。例如恒源祥的12生肖广告，以"恒源祥，羊羊羊"、"恒源祥，牛牛牛"、"恒源祥，猪猪猪"……的简单粗暴方式，将12生肖全部搬出来吆喝了一遍。该广告引起广告界和品牌界的广泛争议，尽管饱受公众诟病，但其销售却很成功。有人评价说"失败的广告，成功的营销"，这种情况令人深思。

因此，中国的广告界、品牌界、营销界都是很纠结的。如果要考虑专业性，那么品牌广告不能简单粗暴；如果要考虑顾客至上，那么广告就不能免俗。于是，中国的广告现象就让人费解：那些恶心你的广告往往都是忽悠你去送礼；那些夸大其辞吓唬你的广告往往都是排毒美容减肥的；洗衣粉的广告必定是泡沫满天飞；老年产品的广告必定腰酸背疼腿抽筋；男科医院的广告必定是尿频尿急尿不净……如此一来，时间长了，消费者终于也受不了了。都市精英阶层的审美水平和品位普遍在提高，一些恶俗广告的主要消费人群早就转移到了农村和小城镇。

在互联网诞生之前，媒体广告传播都是单向的、灌输式的。互联网出现后，人们为了表达对媒体广告的感受，在网上发起了"年度十大恶俗广告排行榜"投票，可喜可贺的是，脑白金广告连续10年蝉联冠军，黄金搭档连续多年蝉联亚军。面对某些媒体广告的野蛮轰炸，我们惹不起难道还躲不起？美国商人约翰·沃纳梅克说了一句名言："我知道我的广告费有一半被浪费了，但我不知道是哪一半。"这句话被称为广告界的"哥德巴赫猜想"。后来，有人给出了答案——数据显示，每天晚上的电视广告时间，全美自来水使用量都达到峰值。唯一的合理解释便是：每到电视节目插播广告，观众都会抓紧时间去上厕所。因此，那些高昂的广告费都被马桶无情地冲走了。

因此，广告内容和创意值得所有品牌商重视，这里涉及广告内容创作的问题，一个既通俗易懂又构思巧妙让人折服的广告内容是多么难得！很多品牌商都愿意为大牌明星、黄金时档、高端媒体和华丽道具买单，但是没有谁愿意为一个好的广告脚本多花几个钱。类似的情况是国产电影，为何国产电影总是比不上好莱坞大片呢？为何张艺谋们屡次冲击奥斯卡而最后都失败呢？关键问题就在于：张艺谋们宁愿花费几个亿去打造一组组华丽的镜头，也不愿意多花几两银子去买个好剧本。在中国写电影剧本是没有出路的，有些剧本售价只有区区几千元，甚至免费。好剧本是电影成功的基础，将几个亿的投资建立在一个廉价的粗制滥造的剧本基础上，这是最愚蠢的投资，像《英雄》、《无极》、《让子弹飞》等影片，都是莫名其妙，匪夷所思。剧本不行，内容和剧情不行，那么光把画面搞得很漂亮有什么用呢？毕竟，观众花钱去影院，是为了看引人入胜的电影，而不是看图片展览。

所以，为了提升顾客对广告内容的体验，还是应该注重广告脚本创意，在这方面多做投入，效果会事半功倍。

◉ 新媒体时代

根据美国互联网产业研究报告，互联网商业化走过20年历程之后，全球已经有20多亿互联网用户，占全球人口的三人之一。同时，新媒体的价值越来越高，在美国，新媒体的市值已经是传统媒体的3倍，像苹果、亚马逊、FACEBOOK、谷歌等都在人们生活中占据重要地位。

同时，新媒体不仅仅改变了个人生活方式，而且将影响力深入到国际政治中。2012年，在新一轮的以色列对哈马斯的军事行动中，以色列国防部率先在社交网站Twitter上开通了官方微博，网上直播打击哈马斯的战况。哈马斯也不甘落后，也开通了官方微博，于是双方展开了"骂战"，就将地面战争延伸到了网上，被网友戏称为"史上最强约架"。以色列国防部的官方推特账号@IDFSpokesperson在炸毁哈马斯下属卡桑旅头目艾哈迈德·贾巴里（Ahmed Al-Jabari）住所之后，将战果发给了哈马斯的账号@AlqassamBrigade。以色列国防部说，未来几天让你们无立足之地！哈马斯回应说，我们绝不放过你们的领袖和军人！以色列国防部回复说，有种你们露头试试看！如此匪夷所思的骂战，自然引起很多人的围观，也算现代战争史的奇观。

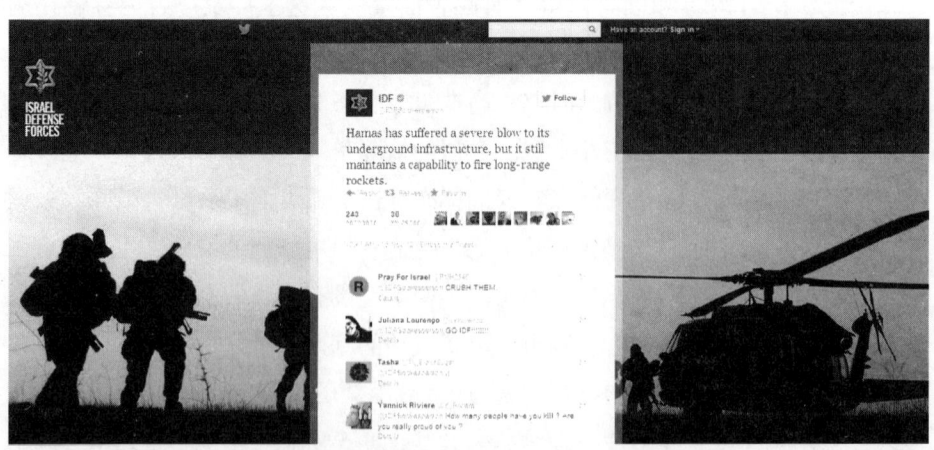

图2-8 以色列国防部官方微博，这条微博的内容是："哈马斯的地下基础设施已经遭到沉重打击，但是仍旧保存了发射远程火箭的能力"

来源：@IDFSpokesperson

显然，对新媒体的熟练掌握，既是品牌企业的一项基本功，也是所有社会组织的必备技能。凡是不能与时俱进的组织，都要吃大亏的，例如一名塔利班成员在一次给媒体发消息时，由于"业务不熟练"，没有使用"密件抄送"功能，导致近500名秘密收件人的地址和身份泄露，这下把美军乐坏了。

我们再回到新媒体的顾客体验上。长期以来，人们早就对那种单向灌输的、洗脑式的传统广告产生了厌烦。随着互联网时代的到来，人们惊奇地发现，广告传播也是可以互动参与的。Email、微博、博客、手机短信、微信、QQ和MSN等聊天工具、论坛、社区、新闻评论、消费点评、购物评价等媒介，顿时让大家有了"我的地盘我做主"的感觉。从而，在媒体体验上，从被洗脑走向了自我救赎。

在互联网上，对于任何一个消费品牌而言，品牌商不再是该品牌信息的唯一发布源头，消费者的声音可能超过品牌商本身。同时，消费者的意见会影响更多消费者的行为，尤其是那些意见领袖的出现，甚至可以决定品牌的兴衰成败。在大众点评网上，在淘宝、京东等购物平台上，消费者评价就像圣旨一样，动辄让品牌商心惊肉跳。一个负面的评价，可以减少成百上千笔生意；同样的，一个发自内心的好评，也可能带来数以千计的交易。品牌商不能再像以前那样搞鸵鸟战术，假装不知道消费者的抱怨。此时，品牌公关、意见领袖、病毒式传播、事件营销等手段都被搬上时代的舞台，品牌传播遇到了前所未有的挑战和机遇。纵观品牌传播方式的发展历程，我们可以概括为三个阶段，如图2-9所示。

①单向传播：在传统媒体唱独角戏的时代，传播都是单向的。传播者主动传播，受众被动接收，内容由传播者提供，媒介主要是电视、广播、报刊、楼宇电视、户外、车身等等，以传统媒体为主。公众在被动接收之后，本次传播活动即结束。例如脑白金、蒙牛、恒源祥等电视广告，都是这种情况。

②多向传播：在手机、互联网等新媒体出现之后，传播就出现了多向性，当公众收到感兴趣的邮件、短信，或者看到好文章、视频、图片等，都会发给朋友、同事等分享。这样，受众有了选择权，同时，受众也变成了传播者。于是，传播不再是单向的，而是变成了多向的；信息源不是一个单点，而是变成了多点。本次传播活动不会立即结束，而是成为下次传播活动的开始。这种模式也叫病毒式传播，典型的案例就是陈冠希的"艳照门"事件。

	Ⅰ 单向传播	Ⅱ 多向传播	Ⅲ 创作互动
传播者（品牌商）	发起传播	发起传播	既是传播者，又是受众
受众（消费者）	被动接收	选择性接收，同时再次传播	既是传播者，又是受众
内容	由传播者创作	由传播者创作	无论品牌商还是公众，都可以创作传播内容
媒介	电视/广播/报刊杂志/户外/楼宇电视等传统媒体	EMAIL/微博/微信/博客/手机短信/QQ/MSN/论坛/SNS	EMAIL/微博/微信/博客/手机短信/QQ/MSN/论坛/SNS
案例	央视脑白金/七匹狼广告	"艳照门"事件/各类手机段子/微博转发等	"凡客体"/新闻跟帖/消费分享/论坛交流/投诉维权/微博发表与评论等

图2-9 传播发展三阶段

③创作互动：至今为止，传播的最高境界，就是超越了单向和多向的概念，公众不再是单纯的受众，也不是单纯的中转者，而是可以反客为主，自己创作传播的内容，成为一个传播活动发起者，例如原创图文和视频、消费分享、消费评价、投诉维权等等；传播内容也不再是几句话、一条消息，互联网提升了全民的创作水平，以前作文不及格的同学，现在居然也能写出几千字的旅游攻略了；以前不懂摄影的同学，现在居然也能发出几十张精美的照片；玩视频不算稀奇，真正的牛人已经自编自导自演搞电影创作了……同时，以前湮没于茫茫人海和历史时空的每次交易和消费活动，如今都可以被鲜活的记录与还原，成为媒体传播的重要组成部分。购物之前，先去网上搜索一些消费评价，成为一种新的习惯。高高在上的高空媒体，此时变得苍白无力。在央视砸一个亿的广告，其杀伤力可能比不上消费者洋洋洒洒千把字、图文并茂的一次投诉与抱怨。金字塔已经夷平，层出不穷的危机公关事件如"三聚氰胺"等，让高端媒体的公信力受到前所未有的挑战，公众不免要质问：那些危害公众健康和安全的产品，不就是你们央视鼓吹出来的么？让我们如何再相信你？于是，互联网、新媒体这些让公众可以创作互动表

达意见的平台,就成为顾客最信任的平台,也成为品牌最好的传播舞台。这样,也给众多中小品牌成长的机会。那些执着做品牌信誉、品牌价值和顾客体验的商家,将成为最后的赢家。

同时,对于品牌商发起的传播活动,公众也参与了传播内容的二次创作、多次创作。人们热衷于对传播者的第一手内容按照自己的意愿进行了编辑和篡改,将自己的观点和情感融入了传播内容之中,从而借助热点传播而影响他人。典型的案例是"凡客体"的全民创作热潮、"贾君鹏"事件的全民创作狂欢等。

在第②阶段,最初的传播者无法控制传播的过程和结果,但至少可以控制传播的内容。如果让一个好的内容,比如一段视频广告变成了病毒式传播,那么品牌无疑会一夜之间获得很大的知名度。然而,到了第③阶段,最初的传播者既不能控制传播的过程和结果,也不能控制传播的内容,甚至不能控制和预测下一场传播会如何发生,发生在什么媒体、什么人群之间。等到突然爆发了,危机公关都不知道从哪里着手。

万变不离其宗,品牌商应该正本清源,将主要精力放在提升品牌价值和顾客体验上,那么你的光辉形象和光辉事迹自然会有好事者广泛传播;如果你存在丝毫的侥幸心理,将顾客当做傻子,广告一套,背后另一套,置品牌信誉和品牌价值于不顾,那么迟早有一天会恶浪滔天。例如"皮革奶"、"毒蜜饯"、"毒胶囊"突然被曝光,这都让品牌商措手不及,重则让一个品牌消亡,轻则影响了一个品牌的美好前途,例如来伊份,在上市的前夕发生了毒蜜饯事件,于是葬送了其IPO前程。

⦿ 案例:"凡客体"、"贾君鹏"和"元芳体"

2010年7月份,凡客诚品推出韩寒和王珞丹代言的新广告,韩寒版广告语为"爱网络,爱自由,爱晚起,爱夜间大排档,爱赛车,也爱29块的T-SHIRT,我不是什么旗手,不是谁的代言,我是韩寒,我只代表我自己"。让凡客诚品所没有意料到的是,这种被称为"凡客体"的文本,以"爱××,爱××,爱××,爱××,爱××,也爱××元的××,我不是××,不是××,我是××"的奇特句式,引来无数网友填词造句,一场热情高涨、人人参与创作的网络狂欢运动由此拉开序幕。到8月中旬，已超过2000个版本，每个版本的主角都是一个名人，陈冠希、赵本山、宋山木、唐骏、芙蓉姐姐等无一幸免。

"凡客体"可以作为一个标志性事件，开创了顾客媒体体验的新时代。以往的病毒式传播，只是公众参与传播，只是将受众变成传播者，但是对传播的内容没有改变。"凡客体"的独特之处是，受众也参与了传播内容的创作，人人都是受众，人人都是传播者，人人又是传播内容的创作者。这种传播的体验之深刻、影响之深远，超越以前的任何媒体广告。凡客提出"平民时尚"的价值主张，诠释为：普通人真实表达自我的生活态度。正是这个内涵，让自我独白式的凡客体广告获得广大公众的价值共鸣。凡客创始人陈年在自己的新浪微博中总结说："只有用户体验造就的品牌认同才是最好的品牌实践。"

如果说"凡客体"还跟品牌商官方的组织力量有关的话，那么"贾君鹏事件"则完全属于民间自发的一场网络互动创作狂欢。2009年7月16日，"百度贴吧"中的"魔兽世界吧"发表了一个标题为"贾君鹏你妈妈喊你回家吃饭"的零字帖，短短半天时间，被40000多名网友浏览，引来近20000条回复。到2011年年底，这个神贴突破100万条回复，点击量达到了5000万之巨！可惜现在原帖已经被删除了。同时，贾君鹏早就走出了"魔兽世界吧"，有上亿网民参与到这场行为艺术之中。通过恶作剧的方式，网友为贾君鹏创作了16300张图片和8000多个视频，同时，自称贾君鹏家族成员（七大姑八大姨等）的人数超过万人。网友们围绕"贾君鹏你妈妈喊你回家吃饭"主题，设计了各种场景，例如机场、码头、车站、晚会等不同场所的巨幅广告标语；动用了各路名角，例如奥巴马、李宇春、央视播音员、外国友人、华侨等等，从他们的口中说出这句话；还翻译成了10多种语言，例如英语、日语、韩语、法语、德语、阿拉伯语、希伯来语等等。

继"贾君鹏"之后，"元芳体"又成为网络流行语。电视剧《神探狄仁杰》中，狄仁杰办案时，每次都会随口问副手李元芳："元芳，此事你怎么看？"这似乎成为狄大人的口头禅，有网友截图总结出四部剧中，这个口头禅一脉相承。而李元芳的回答也固定化："大人，我觉得此事有蹊跷"，"此事背后一定有一个天大的秘密。"2012年10月，"元芳体"最开始被用于网易

图2-10 网友恶搞贾君鹏的众多作品之一

新闻的跟帖评论中。笔者可能是最早在网易看到"元芳体"的人之一,因为笔者每天必看网易新闻及评论,当时虽觉得这个问法有点古怪,但并没有太在意。然而,经过一周左右的发酵,"元芳体"走出了网易,受到微博和各大社区网友的跟风模仿,万事皆问元芳,使得"元芳"一天被询问250万余次。元芳体变成了网络热点话语,也被大量的都市一族用于日常口语中。

从凡客体到贾君鹏再到元芳体,品牌商应该得到启发,彻底改变思路,不再仅限于扮演传播发起者的角色,而应该做好产品和服务,建立良好的顾客体验,从而让顾客自己成为传播者和意见领袖,并通过适当的手段,对意见领袖进行引导和激励,让少数人去影响大多数人,从而让口碑效应像滚雪球一样良性扩张,这样的品牌传播才有可持续性和前瞻性。

总而言之,如今的品牌传播,应该坚持两条战线,一条就是有实力的品牌商对媒体广告阵地的占领,掌握话语权;另一条就是做好品牌公关,让消费者去影响消费者,从消费者口中获得的体验和分享,才是最佳的媒体感受。

04 攻克心扉的特洛伊木马
——公关体验

人们常说"公关第一,广告第二",品牌公关就是指品牌企业为了获得公众理解和支持,号召和统领五种力量,构建良好的公共生存环境,通过传播沟通、活动互动、形象塑造、关系协调等手段而影响公众的一门科学与艺术。

广告和公关的区别就在于,前者直白表达品牌诉求;后者是间接的,先通过公关活动建立跟顾客的亲密关系,然后再将品牌诉求潜移默化传递给观众。公关就相当于特洛伊木马,让人们参与互动、获得共鸣的同时,不知不觉之间受到品牌的感染。比起纯粹的广告而言,公关可以轻易瓦解人们的抵触情绪和心理防线,潜移默化直达情感深处。所以,公关体验往往比广告体验效果更好。

经典的公关形式包括公益活动、体育赞助、事件营销、选拔比赛等等,例如加多宝赞助冠名全国电视选拔活动"中国好声音,正宗好凉茶",当你要品尝"中国好声音"这颗糖果的时候,就不得不把加多宝品牌一起吞进肚子里,因为加多宝已经植入"中国好声音"的特洛伊木马之中。再如蒙牛赞助2005年"超级女声"节目,当时湖南卫视的"超级女声"红遍全国,吸引了15万选手报名,超过2000万观众每周忠实地跟踪收看该节目。当时正在快速发展的蒙牛看到了其中的巨大商机,投入2800万元购买了"超级女声"的冠名权,此外还投入8000万元制作"超级女声"相关主题的灯箱广告、公交车体广告、媒体广告、产品包装广告等,总投入超过1亿人民币。而蒙牛的投资回报也非常丰厚,蒙牛巧妙将品牌植入"超级女声"的特洛伊木马之中,当公众疯狂传播"超级女声"的时候,也不知不觉将蒙牛的品牌铭记在心中,并接受了蒙牛和酸酸乳。公关的成功,让蒙牛当年的销售额实现了突破百亿的腾飞,为日后问鼎行业桂冠打下了坚实基础。

新媒体时代,品牌公关变得更加丰富多彩。新媒体的本质,就是互动媒体,先天就具有公关属性。以前线下传统企业做营销或公关活动,需要高空媒体投入和线下销售网点参与,光把宣传物料、活动奖品、促销产品等发送给全国网点就是一项不小的工程。如今在线上做公关活动,就相对容易多了。只要大家稍微留意一下,各大门户网站、各大社区、各类论坛、微博和博客等等,每天都有很多品牌公关活动上线。征文的、晒照片的、写评论的、加关注的、做测试的、做调查的、做问答的、有奖转发的……活动形式不一而足，动辄可以获得几十万的曝光量和上万的参与量，大家非常喜欢这种互动式体验，乐此不疲。对于大品牌来说，公关活动不限于单一媒体的小打小闹的活动，大型活动可能涉及到电视、报刊、网络、线下门店、微博和短信等新媒体的立体式互动，公众可以选择自己喜欢的互动方式，从而可以覆盖更多的人群。

新媒体时代的公关活动无处不在：一方面，公关跟广告往往结合起来，难舍难分，例如赞助NBA、世界杯等，既是一个品牌形象公关活动，也是一系列的广告传播投入。另一方面，公关往往跟营销活动有机结合起来，举个最简单的例子——

苹果iPad和iPhone4S问世之前，苹果公司官方都故意对新机形态守口如瓶，营造神秘感，吊足公众胃口，然后通过所谓"知情人士"在论坛、博客、微博上发布一些样机的图片，让众多粉丝争相转载，先睹为快。而官方对这些民间传说不置可否，这又导致公众开始质疑图片的真实性，于是引发进一步的窥探、搜寻、分享、传播热潮。直到差不多全天下都知道了此事，大家都翘首以待的时候，苹果的产品才"犹抱琵琶半遮面"，羞羞答答，矜持出场。首批产品一定要控制数量的，将"饥饿营销"做到极致。头天晚上，苹果店外面肯定会出现上千名自虐型"果粉"，他们拿出春运买火车票的那种架势，忍受严寒酷暑、蚊虫叮咬之苦，自带帐篷通宵排队。当天下午肯定是要断货的，买不到机子的粉丝肯定是要情绪"激动"的，大批神秘黑衣人保安肯定是要维持秩序的，黄牛党肯定是要猖獗活动的，他们会把事先准备好的所谓从香港走私来的水货拿到苹果店门口兜售……这样一来，就把公众对苹果产品的狂热拥趸之气氛不断推向高潮，获得品牌和营销双丰收。殊不知，所有这一切，都是苹果品牌公关部门一手策划出来的。不用说，那些通宵排队所谓果粉，大都是"雇佣军"。

为了提升新媒体时代的公关体验，我们要注意几点——

第一，品牌企业必须与时俱进，熟悉各类新媒体的特征和运作规律，了解不同媒体对应的人群特征。喜欢玩微博的人群，喜欢上天涯的人群，喜欢聊QQ的人群，喜欢网易新闻的人，喜欢财经频道的人群，喜欢淘宝的人群，喜欢SNS社区的人群，喜欢母婴网站的人群，喜欢团购网站的人群，喜欢大众点评网的人群……他们一定程度上有交叉，但也有显著的区别，品牌商必须了解这种区别，甄选目标人群，有的放矢。

图2-11　苹果的公关营销，黑压压的粉丝在苹果店外排队（苹果上海浦东店）

第二，必须采用新媒体的语言和形式跟大家沟通，这种语言不同于传统媒体发出的声音，不是板起脸孔说话，不是冠冕堂皇说话，而是像同一个社区、同一个坛子、同一个频道里面混的老友那样说话。你必须知道玩微博的人喜欢什么口味，玩社区的人有什么兴趣，母婴论坛的妈妈们最关心什么，驴友组织有什么动态，吃货们又在打哪里的主意……总之要投其所好，才能引起关注和共鸣。

第三，要有耐心，不要急功近利。以前投放电视、广播、报刊、户外等传统媒体广告的时候，并没有人指望直接从这些媒体上卖出东西。也就是说，传播渠道和销售渠道是分离的。只有在互联网上，传播渠道和销售渠道合二为一，人们才有了这种既做公关传播，又同时带来销售的预期。然而，至少目前来看，这种预期不能太高。众所周知，淘宝站、京东、1号店等购物平台内部的流量都是很精准有效的，但是，这些平台之外的流量，大多数只有公关传播价值。也就是说，大多数人可以陪你玩游戏、玩互动，但是如果想直接将产品卖给他们，则很难。这也是淘宝之外的B2C独立商城几乎都不能盈利的根本原因，大量的投资机构拿巨额的资金砸向这个黑洞，投资界的冤大头们并不知道这里面的商业逻辑和游戏规则——淘宝站外的流量几乎没有营销价值，因为推广投入产出比ROI太低，意味着每投一分钱都是亏的。要将前期投入赚回来也不是没有可能，关键看能否让新客户转化为重复购买的忠诚顾客。如果新客户不能有效转化为老客户，那么最终这种烧钱模式都会崩溃的。

所以，在淘宝站外，我们进行品牌公关投入其实应有另外一种思路，要把品牌公关推广和销售推广区别开来对待。品牌公关投入资金不求多，而求巧妙。不求直接获得多少收益，但是必须为品牌积累知名度和美誉度，积累品牌资产，间接促进顾客购买。即便顾客现在没有购买，那么如果品牌公关是成功的，那么未来这些潜在顾客还有很大的机会成为实际顾客的。说白了，直接的公关，会带来间接的购买；过去的品牌投入，保证了今天的盈利；今天的品牌投入，保障了未来盈利。

综合来看，互联网时代的品牌公关活动还有很大的低成本优势，千人成本比起一般的传统媒体广告都要低得多，且互动深度远大于普通硬广，公关体验也优于以往。这让那些推广经费不足、不敢涉足传统硬广的中小品牌，也有了一显身手、开展公关的机会。建立专业的团队，用足够的耐心，花费不多的成本，以顾客体验为中心，娴熟地运用新媒体进行公关与传播，对于中小品牌具有现实意义。

05 | 顾客拦截的艺术
——终端体验

如果说媒体感受悬在空中的话，那么终端体验就是落在地上。终端的意义怎么强调都不过分：外观上看，终端就是像一块广告牌，是品牌传播的重要阵地；从功能上看，终端是拦截顾客、促成销售的主要阵地；从品牌的角度看，终端是顾客亲密接触品牌的场所，是顾客对品牌价值感知的主要信息来源。店招、LOGO和品牌名称、装修风格、陈列方式、动线设计、购物环境、产品款式、价格体系等等,都是顾客可以看到、听到、触到、体验到的。对于一个经验丰富的顾客而言,只要往终端走一圈,其品牌定位、品牌风格、品牌价值高低等等信息都会一目了然。顾客拦截是否成功,完全取决于终端体验的效果。

◉ 终端环境

在进入终端之前,顾客先体验到的是店铺周边的环境。如果是位于一个高端商场的店中店,或者位于核心商圈的街边店,那么购物环境自然没得说。但是,假如是位于三四线城市的非主流商圈的街边店,就涉及周边购物环境的问题,需要考虑多个因素。

一是环境是否干净、整洁。脏乱差的环境会让顾客匆匆屏息而过,不愿停留,而这种情况在三四线城市非常普遍。你也许会说,有些小街道的确脏乱差,但是依旧人气很足,比如那个"王胖子火锅"店,门前污水横流、气味难闻,但是黑压压排队的人跟飞舞的苍蝇一样多。这是因为这里的店家产品有特色,物美价廉,因此能够迎合一部分中低端人群的需求。但是,这样的环境不适合做品牌连锁,因为终究是无法获得对品牌的美好体验。

二是顾客驻留问题,要考察该地段是否能让顾客停留下来。有些街道貌似繁华,车水马龙,但是属于交通要道,行人和车辆都不会停留,那么这样的地方开店就有问题。有些饭店周围没有停车场,那么一部分顾客也不会停留。还有一些店铺跟街道之间有一条绿化隔离带,顾客不愿意绕路,因此也不会进店……这些因素在选址时就要充分考虑到。

三是终端辐射人群类型,是否适合品牌的顾客定位。例如药店、理发店、便利店、母婴店等可以开在社区;但是万国表、纪梵希等奢侈品牌就不能藏于社区之内了。换一个角度看,如果终端辐射了多类人群,还要对人群进行细分,提供相应的服务和产品。有一段时间,三亚旅游区饭店宰客事件接二连三遭到曝光,但是这些饭店并不会宰本地人。显然,饭店是对顾客进行分类处理的。游客远道而来,属于一锤子买卖,因此他们就不理会顾客体验,存心宰你一刀;本地顾客要做长远生意,这次体验不好下次就不会再来,所以他们不会宰本地人。我们做品牌不能学三亚饭店宰客,但是对顾客分类处理的思想值得借鉴。尤其是那些社区店铺，新客户很少，主要依靠回头客做生意，因此顾客体验方面要格外用心，只有童叟无欺，跟附近居民打成一片，建立信任和情感，生意才能做长久。

四是周边的业态，是否跟本店类似。比如我们经常说的"美食一条街"、"服装一条街"等等，都是同类业态扎堆的妙处，能够发挥协同效应，共同将一个地段炒热，吸引越来越多的客流。同类业态的意思，并不限于同行业。比如服装、食品、烟酒、便利店等，都属于快消零售大类，可以看成同类业态。去过鼓浪屿旅游的人就会深有体会，这个岛上的100余家特色休闲店铺，例如张三疯（奶茶店）、赵小姐的店（馅饼）、潘小莲（芒果奶昔店）、火柴天堂（火柴主题工艺品店）、怕怕（爆米花奶茶店）、哆来咪木头人（茶饮与木头玩偶）、花与爱丽丝（纪念品和DIY）……它们共同结成了一个业态联盟，出版了多种版本的《鼓浪屿旅游攻略》小册子，每本售价10~15元，在每个店内都有售。册子里面的内容，除了鼓浪屿手绘地图和景点指南之外，就是每个特色小店的介绍，一个店一页纸，上面有店铺名称和照片，剩下大片空白用来盖纪念章；而每个小店门口，都有一个小桌子，桌上有本店的徽章和印泥。在这里可以看到一个独特的风景：游客人手一本小册子，每到一个店门口，就先排队盖章，然后才去逛店。效果是戏剧性的：一方面，游客都以极大的热情参与到寻访特色店铺的游戏中，并通过盖章纪念而获得成就感，大家共同的目标，就是将所有的店铺徽章盖满，这样大大丰富了人们在岛上的休闲时光；另一方面，这场小游戏将上岛的顾客，均匀地引流到岛上的每个角落和每个店铺，让大家共享客源带来的收益。此外，通过顾客在旅游网站上的游记和攻略分享帖子，又将这些特色店铺的影响力辐射到了全国，让很多人慕名而来，尽兴而去，他们再将这种影响力告诉更多的人，由此形成良性循环。这就是大量相同业态带来的聚集效应。

违背了同类业态原则，将给店铺经营带来很大风险。比如，将一个化妆品店开在几家五金店、建材店中间，生意肯定不会好到哪儿去。尤其是一到晚上，五金店早早打烊了，导致这个街段一片漆黑，那么化妆品店只靠自己一个店面灯火通明，也是难以吸引远处的行人前来逛店的。

说到底，终端环境体验，是由选址决定的。选址是一门学问，值得我们不断探索和研究。

⦿ 店招与外观

店招，俗称门头、门面，就是一个终端店铺或卖场的脸面，直接显示该店的格调与档次，人们对终端的体验，就从门面开始。当人们尚在百米之外，就能看到麦当劳金色拱门标志和快乐的小丑，欢乐快餐的形象就这样深入人心。而沃尔玛蓝底白字的醒目巨型店招，似乎在告诉人们："来吧，这里是商品的海洋。"我们经常提到"终端拦截"，终端凭什么能拦截客流呢？首先要在店招和门面上下功夫。如果第一印象不好，那么顾客不会有兴趣走进去体验的。

同时，要吸引顾客进店，整个店面外观还讲究通透性，关起门来做生意的时代，已经一去不复返了。在这个商品极大丰富、广告信息爆炸的时代，顾客没有兴趣去探究一个门面森严的店铺。顾客希望透过玻璃门、玻璃墙、橱窗，就可以对店内的陈设一览无余，在此基础上，如果店内的陈列、道具、模特和视觉运用还有一些亮点的话，他（她）也许会信步走进去逛一逛。调查表明，通透性的好坏，直接影响终端拦截的效果。屈臣氏较早将通透性作为店铺设计和装修的基本规范，全国所有连锁门店全部都遵守这个规范。如今，这一点几乎成为所有快消零售类品牌的通用原则。

除此以外，终端拦截还跟店铺周边传播措施、店外的促销海报以及导购员的热情邀请等因素有关。一个完整的终端拦截计划，应该符合阶进式原则，让顾客从远到近，在每个环节都获得美好体验，才能最终走进店铺，如图2-12所示。

⦿ 店面格调

鲜明的店面格调与氛围，可以给顾客留下深刻印象。走进Basic House的店铺，我们可以感受到浓郁的韩式格调；走进佰草集的终端，可以感受到自然清新格调；走进蕉叶餐厅，泰国风情迎面扑来；走进苹果店，科技感、时尚感和创意感会让人流连忘返……这一切，都是店面格调在发挥作用，店面格调取决于品牌格调定位，并通过品牌SI设计来实现。参见本书第四章。

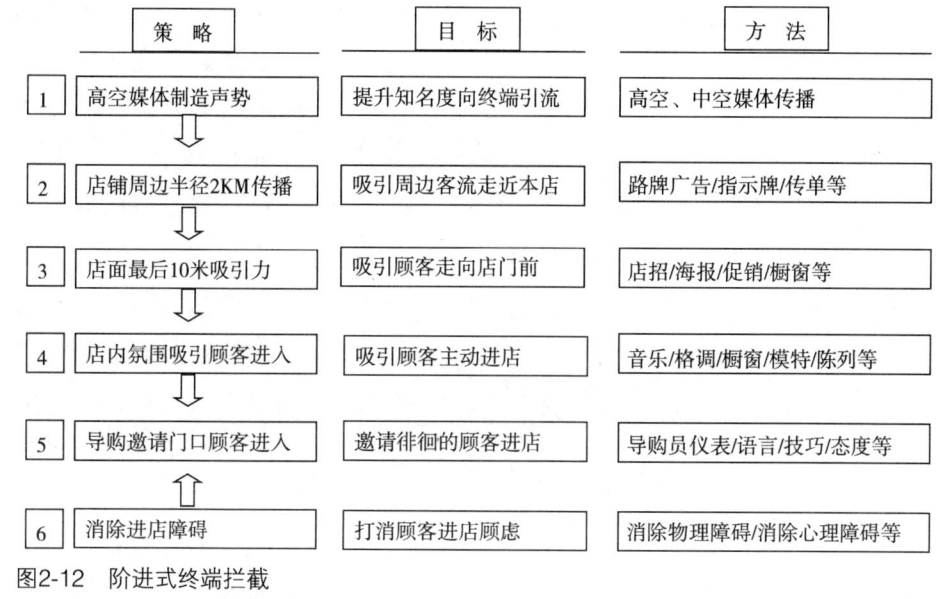

图2-12　阶进式终端拦截

⦿ 店面布局与磁石理论

在卖场中最能吸引顾客注意力的地方，我们把它叫做磁石点。磁石理论，就是专门研究卖场中的动线和磁石点，通过配置合适的商品陈列以促进销售的一种方法论。磁石理论能够引导顾客逛完整个卖场，提高顾客冲动性购买比重，提升整体购买率和营业额。简言之，我们根据磁石理论，来确定店面整体布局，如图2-13所示。

第一磁石区：主力商品区

分布在主通道的两侧，消费者习惯必经之路，多放置日常用品、快消产品，总体上以消费量大、消费频次高的商品为主，这里形成卖场的主力商品区。

第二磁石区：表现商品区

一般在店的最里面，因此第二磁石区商品负有诱导消费者走到卖场最里面的任务。在此应配置的商品有：最新的商品，具有季节感的商品，明亮、华丽的商品，形象产品，概念产品等。同时，这个区域灯光、色彩、道具、陈列等都应该醒目，吸引眼球。所有这些因素综合起来，让顾客有向卖场里面行走的欲望。

第三磁石区：端架商品区

通常在货架之末端陈列，面对出口，既吸引外面的顾客进来，也要吸引

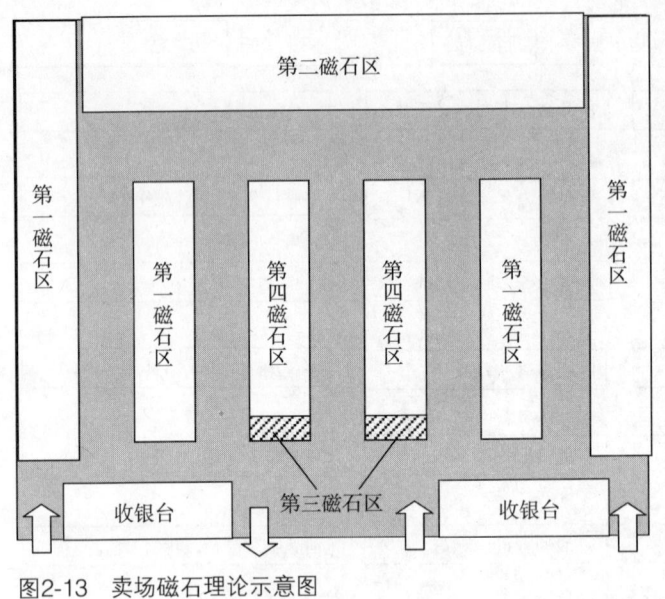

店内朝外走的顾客的眼睛之余光,使之在最后多停留,尽可能挽留顾客、促进销售。这里一般放置特价品、促销品、季节性商品、购买频次高的快消品。这里也可以作为临时促销的区域,经常变化商品和促销主题。

第四磁石区:大卖区

图2-13 卖场磁石理论示意图

第四磁石区指卖场副通道的两侧,一般位于卖场之中央,相对主通道而言,这里客流量和客流速度相对较小,使消费者有较长时间在货架边停留,这里适合陈列的商品包括:热门商品、特意大量陈列商品、广告宣传商品等。顾客在这里有时间进行理性思考和对比,品牌要从竞品中脱颖而出,就要增加表现力,留给顾客更多的辅助信息。

第五磁石区:卖场堆头

第五磁石区位于收银区域前面的中间卖场(非固定性卖场,图中没有标出),可根据各种节日组织大型展销、特卖,以堆头为主。

磁石理论适用于所有不同类型的终端和卖场,如果是品牌旗舰店,那么根据磁石理论进行布局可以凸显品牌价值,增强顾客体验,同时直接提升品牌的销售业绩;如果是大型商超,那么入驻的品牌都要抢占最有利的位置,这个时候,比拼的是品牌实力和渠道资源。

⦿ 动线设计

顾客逛店移动的路线,就是动线。动线设计对顾客整体体验会产生重要影响,但也最容易被忽视。所有专业的室内设计机构,都会重视动线。一方面动线设计必须符合顾客的行为习惯；另一方面，动线的不同路段的商品曝光率和销售占比不同，因此必须沿着动线进行陈列，科学布置那些区隔动线的货架、道具、物件等，将促销品、主销品、形象产品等合理分布于不同的区域。实际上，磁石理论的依据就是动线理论，动线决定了磁石点的位置。

顾客流动是有规律的，大量的调查和生活常识证明，人们在逛店时习惯于逆时针方向流动。根据这个基本规律，一般的小店只有一条动线，但是稍大型一点的店铺就会有多条动线，图2-14是生鲜超市的动线和不同位置曝光率示意图，逆时针方向绕四周最长的一条动线，叫做"大周动线"，大周动线汇聚了最大的客流，沿着大周动线陈列的商品，得到最多的曝光率。大周动线在每个货架通道的交叉路口，会出现分流，分流路线形成的环形动线，叫做"小周动线"，小周动线的客流量和曝光率都比大周动线小很多。由于小周动线的分流作用，所以大周动线后端的客流和曝光率也会逐渐减少，图中从92%逐渐降低到45%。但是，小周动线的客流也可能在大周动线的末端重新汇聚，例如靠近收银台和出口处，大周动线的客流也会回升，图中上升到52%。显然，入驻商场的所有品牌商，都会争夺大周动线两侧的黄金排面，同时争夺小周动线的最大曝光率位置，即磁石点。

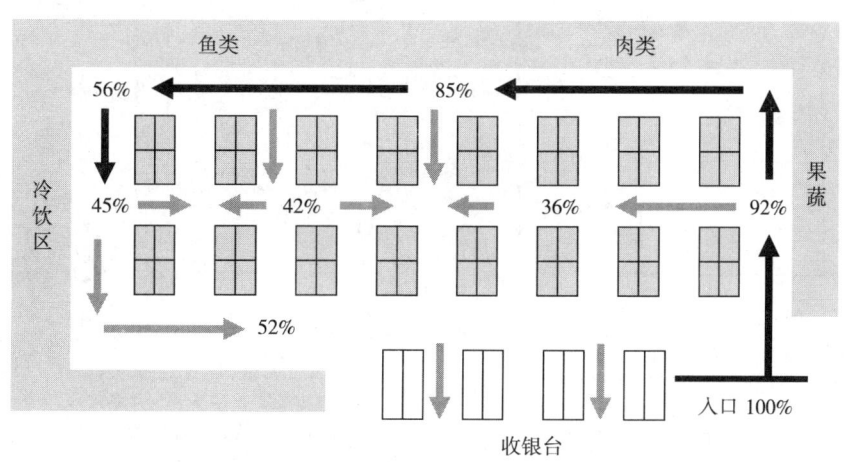

图2-14　生鲜超市的动线和不同位置曝光率示意图

数据来源：康师傅陈列手册

正因为沿着动线各点的曝光率不同，因此，各点的销售占比也会不同，曝光率和销售占比成正比。如图2-15所示，这是一个服装品牌店铺的动线研究，平面图和销售情况分布都源于对实际店铺的数据统计。我们可以清楚地看到，动线①是大周动线，是沿着卖场四周前进的主动线，沿线陈列的产品，贡献了54%的销售额，这条线两侧就是第一和第二磁石区。动线②和动线③都是小周动线，分别只贡献了18%和28%的销售额。这两条线穿过了第三、第四、第五磁石区。从这里可以佐证上述磁石理论的正确性，不同区域的销售额不一样，因此所陈列的商品也应该不同，以便促进全店销售额的最大化。

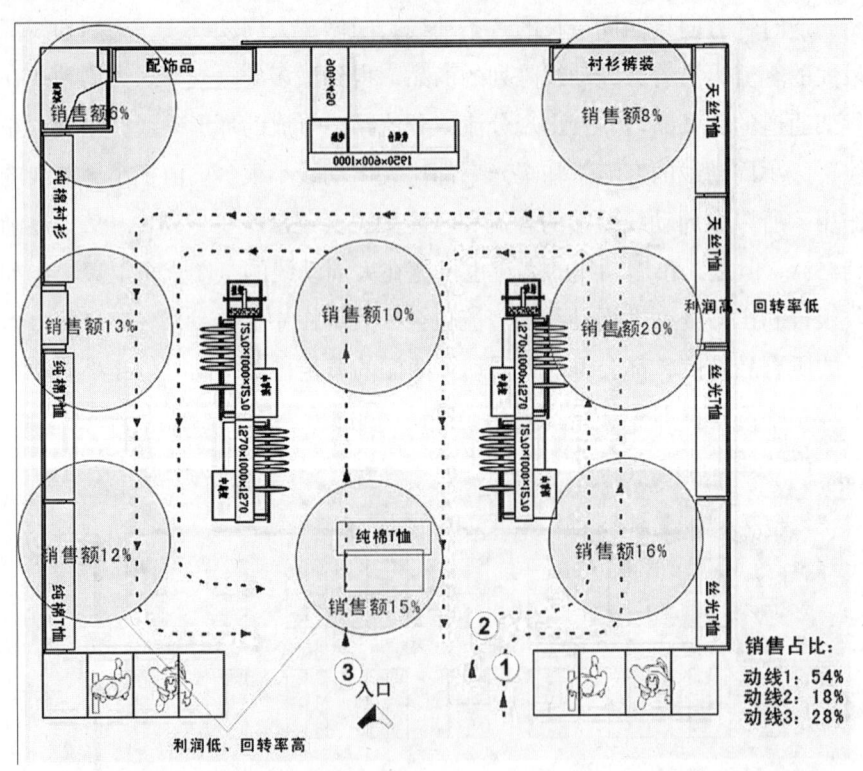

图2-15 某服装品牌店铺动线与销售占比研究

以上都是单店或单个卖场的动线设计，如果是一座大型购物商城、多层大型超市，例如上海的正大广场、龙之梦购物广场等，那么动线设计就更加复杂了。不仅仅包括平面楼层的动线布局，还包括整个大楼立体空间的动线设置。在垂直立体空间上，顾客动线比较固化，一类是垂直电梯的形式，动线呈现"E"型特征，即"垂直升降+平面移动"；二类是自动扶梯、台阶、斜面的形式，顾客一般是"Z"型螺旋迂回上升，然后选择自己所需要到达的楼层。最富于变化的是平面楼层的动线，因此下面我们重点来探讨平面动线。常用的平面动线形态有棋盘格、辐射形、树形、单一回环曲线等等。

①棋盘格：传统的商超大多采用棋盘格状的动线分布，可以理解为方形大周动线和很多方形小周动线的叠加，如图2-16所示。棋盘格的优点是处处联通，不留死角，让顾客趋向于均匀分布于每个区域，避免局部拥堵和局部无人问津。缺点也是显而易见的，那些体力充沛、时间充足、兴趣十足的顾客，可以逛遍每一个角落；但对于那些体力和时间不足、不太熟悉本商场、又想快速找到某类商品的顾客而言，这种往复的路线会带来挫折感，方向感差的甚至会视为畏途。因此顾客体验显然不佳。大众化的商超采用棋盘格是没问题的，但对于高档商场而言，这种情况要尽量避免。

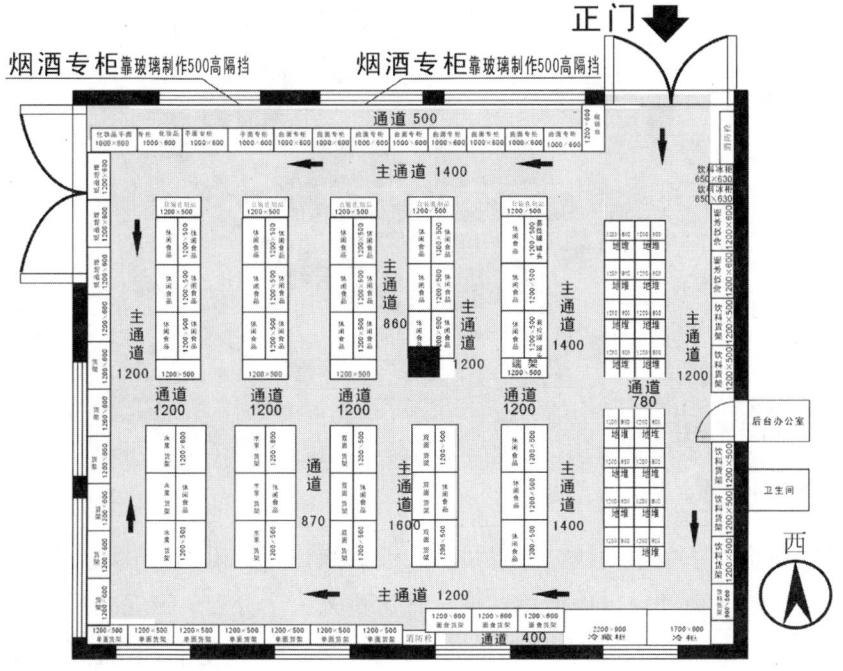

图2-16　超市棋盘格动线布局

来源：裕佰川超市

②辐射形：一般圆形建筑，多采用辐射形动线布局，以中心广场或者中庭为核心，通道向四面放射状布置，如果是规模较大的场所，广场外围再设置

环线。例如圆形公园、大型体育场馆、环形演艺大厅、环形火车站等建筑内的顾客动线，大都是辐射形的，四周都有出入口，顾客可以快速从最近的圆周口进出。如图2-17所示。而方形的商业广场做成辐射形的相对较少，因为每次更换路线都要重新回到中枢上，结果就造成大量的重复路线，让顾客体验大打折扣，一般人只有耐心逛完两条路线。

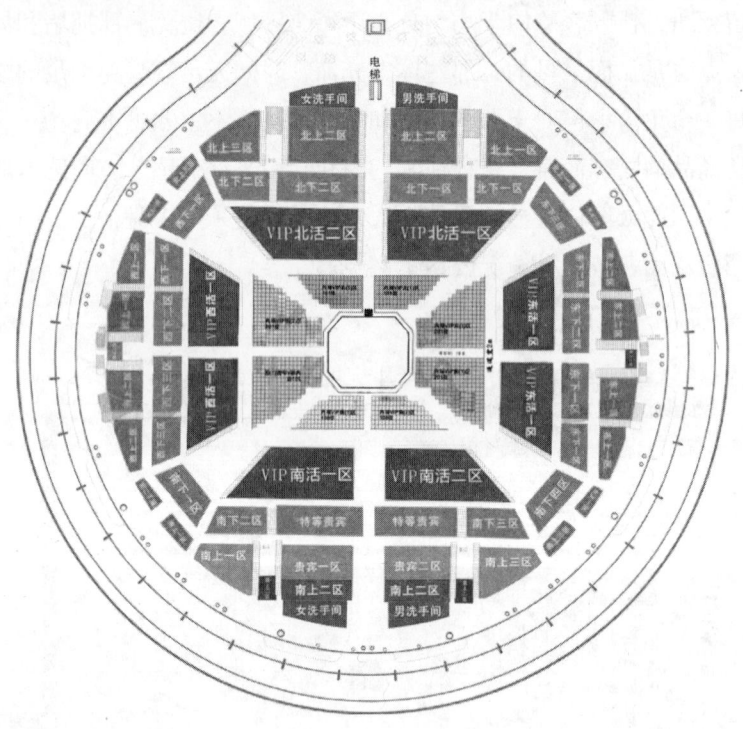

图2-17　辐射形动线布局

来源：明珠体育馆

③树形：一条主动线，可以是直线或曲线，充当树干，沿途再设有若干个分支。分支内动线可以做成环形，顾客进入一个分支，逛完之后重新回到主动线上。这种情况也很常见，例如步行街，街道就是主干，沿途的店铺就是分支，顾客逛完分支，再回到主干上来。再如大型会展中心，也往往采用树形布局，用一条主干道，将众多分馆串起来，如图2-18所示。树形动线的好处就是，顾客可以选择自己喜欢的分支，用最少的时间、最短的路线，达到目标。由于提升了效率，减少了重复路线，所以能提升顾客体验效果。

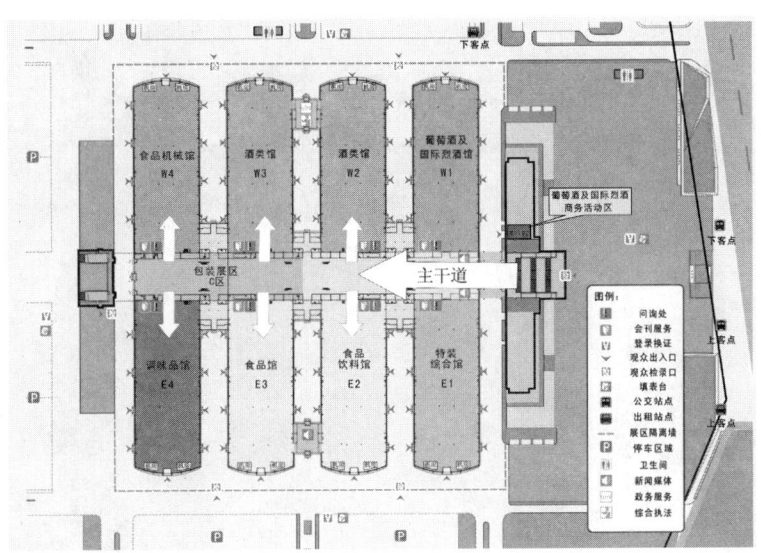

图2-18　树形动线布局示意图

来源：沈阳国际展览中心

④单一回环曲线：针对前面棋盘格和辐射形动线的缺点进行改进，即得到单一回环曲线。这种动线最大的优点就是去掉重复路线，让顾客只需通过一条曲线，即可逛完全部项目。中途都设置引导和辅助标志，因为只有一条道路，因此通道尽可能宽敞，各类有亮点的陈列或商品基本上均匀分布，以便让顾客停留的时间相对均匀，防止在局部拥堵。因此，单一回环曲线的顾客体验效果最佳。

单一回环曲线有多种表现，例如高档商场一般都是采用店中店的形式，围绕中庭，设计成"回"形或圆形的走廊，沿途排列各个店铺；一些高档商场为了增加通透感，凸显豪华气派，甚至牺牲中庭，将其变成上下通透的巨大空间，然后所有的商店都环绕中庭排列，变成"口"字形或圆形动线，如图2-19所示。这样顾客无需往复奔波，可以不走重复的路线，一次性把一层楼的商铺逛完。优点是大大提升了顾客体验；缺点是，如果牺牲了中庭则浪费了大量的空间。采用单一回环动线、同时对空间利用很充分的，要数宜家家居（参见图2-22），后面有详述。

图2-19 环绕中庭的单一回环动线

来源：世博会阿拉伯馆

⑤营销性动线：什么叫营销性动线呢？就是为了实现营销的目标，而人为制造的动线。例如，进深很大的狭长形卖场，为了吸引顾客往里面走，就需要在里面制造一些动静，包括促销活动、POP指引、音乐和视觉效果，这个跟前面的第二磁石区类似。对于一座商城大厦而言，每个楼层的顾客分布是不均衡的，越往上走，顾客会越少。怎么办呢？为了把楼层高的商铺租出去，商城招商部的绝招就是将顶层规划为餐饮、影院、游戏厅等人气型业态。这类业态具有凝聚人气的能力，将人们引到顶层，大家消费结束之后，会从顶层开始往下逛，这样每个楼层都能分享客流了。这个将人们拉向顶楼的动线，就是营销性动线。

⦿ 陈列与堆头

货卖堆头，陈列越多，卖得越多，这是亘古不变的真理。每当商超卖场节假日促销时，我们就会看到各类货物琳琅满目、堆积如山。因为消费者会被终端陈列气氛所感染，认为货多必定要便宜一点卖，此时购买最合算。

那么，是否不管三七二十一，将货物堆成一座山，就能卖得好呢？其实不然。陈列和堆头是有讲究的，一般品牌商都有专门的陈列师，专门研究如何陈列得更美观，更有表现力，更能吸引顾客的眼球，更符合顾客的购物体验。

（1）陈列高度

实验表明，人眼最佳视力区（视角）为1.5度，清晰区为15度。当顾客自然站立时，目光平视线为最佳体验，同时平视线上下15度范围内都属于清晰区。如果以女性为例，最新数据表明，中国女性平均身高160cm左右，眼睛平视高度大约是150cm，其中城市年轻一代平均身高要高于上一代，北方平均高于南方，那么根据三角函数，$\tan(15/2)=0.13$，假设人跟货架的距离为80cm，那么最佳视角范围就是$0.13 \times 80 \approx 10$cm，也就是说，在150cm处上下各10cm的范围内，即140～160cm之间为黄金陈列高度，其中150cm为最佳购买线，在这个范围内，人们不需要抬头或低头，以最舒服的姿势平视即可看到眼前的产品。如图2-20所示。

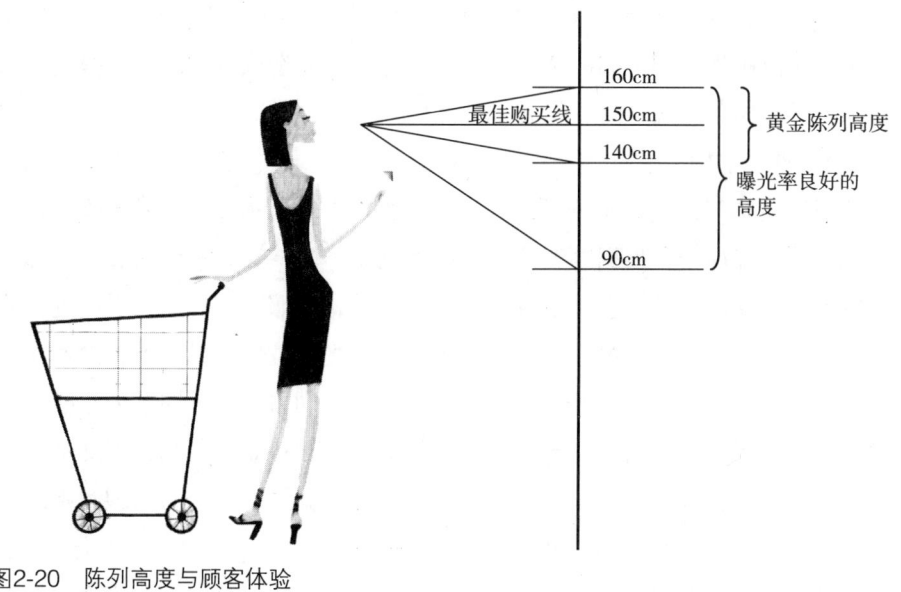

图2-20　陈列高度与顾客体验

同时，我们进一步探讨，事实上，没有人会像僵尸那样脑袋不动、直视前方，人们逛商店时都会上下左右转动脑袋，人眼注意力能集中的最大视力区可达35度，考虑人跟货架的距离大约在0.8米，再考虑人群的一般身高，以及人们在平视基础上更倾向于俯视的习惯，根据三角函数进行计算，那么综合各个因素可以得出一个曝光率良好的陈列高度为90～160cm之间。此外，南方要将上限适当降低，北方要将下限适当升高。这个范围内，都算比较好的陈列位置，能得到较好的曝光率。太高或太低，都不符合人们的购物体验，无论曝光率还是销售额都会下降很多。

如果是品牌商自行搭建落地堆头，同样要考虑上述最佳陈列高度，只要商场允许，尽可能将堆头的顶部堆高一点，达到160cm以上为佳。越低越容易被忽略，越高则越显著，越有气场。同时，对于90cm以下的区域，没必要用产品进行搭积，可以使用平台支撑，四周用POP海报包围，烘托氛围，吸引注意力。

此外，对于药店和药妆店来说，为了保证整个卖场的通透性，避免货架遮挡全场视线，所以总高度要进行控制，一般不超过150cm。屈臣氏为了满足中国大陆女性的购物方便并保证卖场的通透性，将货架的高度从1.65米降低到1.40米，同时，鉴于调查显示中国女性逛超市停留时间比起欧美日韩女性更长，所以屈臣氏将货架之间的宽度加大，避免人多而造成拥挤。这些举措都大大提升了顾客体验的满意度，提升了忠诚度。

（2）陈列结构

这里以康师傅的货架陈列顺序来说明，如图2-21所示。为了避免陈列杂乱无章、扰乱顾客视线，根据顾客认知习惯和浏览体验，对货架横向和纵向陈列顺序做了规范要求。横向上，沿着动线从左到右，按照不同的产品系列进行陈列。其中主推的系列放在最左端，即最先获得曝光的位置。纵向上，沿着视线从上到下，按照口味不同的顺序进行陈列。其中相同口味的不同系列产品，都出现在同一层货架上。由于相同口味的产品，外观颜色基本相同，因此从横向上看，显得非常整齐、壮观，有视觉冲击力，同时让顾客很容易发现其中的规律性，便于找到自己喜欢的产品。

总体说来，商超的陈列顺序都是按照T型结构来的，横向表示广度，按照品牌或产品类别、系列陈列；纵向表示深度和细分，将各个品牌或产品系列下面的具体产品进行陈列。

沿着视线从上到下：按口味顺序排列 ↓	沿着动线从左到右：按产品系列顺序排列 →							
	珍品系列	大袋系列	面霸系列	面霸系列	劲拉面系列	好滋味系列	超福系列	三福系列
	红烧牛肉	红烧牛肉	葱香牛肉	红烧牛肉	红烧牛肉	酱香牛肉	浓香牛肉	红烧牛肉
	鲜汤虾仁	鲜虾鱼板	翡翠鲜虾	酸辣海鲜	海鲜珍锅	三鲜伊面	海贝鲜虾	三鲜伊面
	香辣牛肉	香辣牛肉	香辣牛肉	西红柿	劲辣牛肉	香辣牛肉	香辣牛肉	香辣牛肉
	香菇炖鸡	香菇炖鸡	上汤排骨	葱香嫩鸡	好滋味红排	葱香排骨	排骨炖鸡	排骨炖鸡

图2-21 康师傅货架陈列结构

T型结构是最符合人们认知习惯的结构，如果大家留心一下，在很多领域都可以灵活运用。例如服装店的分类陈列就是T型结构的运用：横向空间上，按商品的大类划分，可以分为西服区、衬衫区、裙装区、裤装区等。然后在纵向空间上，在每一大类中，再按商品的风格、款式、价格、面料等不同分类方法，进行二次划分和排列组合。例如男士裤装区又可以分为休闲裤、牛仔裤、西裤等，牛仔裤根据版型和颜色不同，又有多个款式，等等。走进优衣库、H&M、海澜之家等终端，就能清楚看到上述规律。这样的陈列规律，是符合顾客体验的，便于顾客按照类别进行查找，提升了选购效率。

（3）陈列形态

货架陈列的形态比较固定，整体划一，在立面上按照合理的顺序和数量摆满即可。但是堆头陈列则是自由的，比较艺术化，造型多变，形式多样，丰富多彩。按照几何外形，可以分为立方形、圆柱形、金字塔形、圆锥形、螺旋形、阶梯形等多种。如果使用其他辅助道具，还可以摆放出特定的形状，例如端午节的粽子促销，可以采用龙舟造型道具进行陈列；鸡蛋和其他农产品的陈列，可以采用稻草屋的造型，等等。

一般来说，最具有艺术性和挑战性的陈列形态，属于服装类产品的陈列，需要考虑模特、道具、类别、款式、尺码、色彩、系列、主题等等。我们重点要把握以下要素。

对比——有时候，为了营造视觉冲击力，需要强调对比陈列，例如明暗对比，将颜色明快的商品旁边放一个颜色较暗的商品，使之形成鲜明的对比；再如色调对比，可以将暖色调和冷色调的产品组合。对比陈列有强烈的震撼力，能加深顾客的印象。

调和——相同或相近风格、色系和款式的产品，放在一起陈列，这样显示产品的系列化和主题化，整体视觉上非常和谐，避免了凌乱感和突兀感。这种陈列形态有助于凸显品牌风格或产品风格，让顾客看到品牌具有的统一灵魂，感觉到品牌背后的开发设计力量，顾客觉得这个品牌不是东拼西凑的二道贩子，而是具有值得信赖的创新能力。

个性——服装产品跟其他商品陈列相比，最大的特点是个性化，一般讲究非对称性、不重复性。尤其在跟模特的搭配造型上，具有立式、坐式、半躺式、运动式、组合式等等多种个性化表现。

节奏——以长短、明暗、渐变、色调、辅助灯光效果，将商品做间隔排列，展示一种变化和动态效果，便是陈列的节奏感。这样可以打破单一和沉闷，避免顾客的视觉疲劳，让顾客有耐心在终端停留更长的时间，以便增加转化率。

（4）专题陈列

又称主题陈列，即结合某一营销主题，或设计风格主题、或季节性主题等，集中陈列展示时令适销的关联性商品。例如，夏季来临，很多服装店开始以"夏日清凉"为主题进行陈列，将夏季产品的各种风格及其搭配组合起来，呈现给消费者。再如某服装店一段时间主推波西米亚风格主题，则将波西米亚长裙集中起来，配合POP海报和促销手段，将这个主题做足影响力。显然，主题陈列对顾客具有很强的引导作用，对产品主题化体验很充分。

再如，以顾客需求为中心，为顾客某种需求提出一整套解决方案，那么这种主题陈列也叫"提案式陈列"，例如日本药妆连锁的第一品牌松本清，非常擅长于提案式陈列。比如，针对秋冬皮肤干燥，设立"秋冬季的皮肤干燥对策"主题专区，目标顾客群是比较注重肌肤保养的年轻和中年女性。货架分6层，各层相应有POP宣传，向顾客传达解决方案。

第一层：美白化妆品和胶原质内服食品，倡导内外兼修。

第二层：尿素保湿面霜及化妆水。

第三层：强化止痒功能的保湿面霜及化妆水。

第四层：含维生素的保湿面霜及化妆水，有助于改善肌肤弹性和质地。

第五层：洗浴类产品，强调预防遗传性过敏、肌肤干燥、去角质等功能。

第六层：具有美白美容功能的保健饮品和胶原质口服液。

在这种提案式陈列的诱导下，原本只打算购买其中一种产品的顾客，或者不知道该如何解决问题的顾客，会选择购买多种产品，甚至是一整套，以便保证效果。这样，不但促进了销售，而且顾客体验非常好，让顾客觉得松本清非常专业，无形中树立品牌的专业形象，提升了品牌价值。

（5）陈列要领

①陈列越显著，产品被购买的机会越多，据统计，陈列显著会提升50%~300%的销售。商品陈列面要大、明显、集中，争取排面和货架占比≥市场占比。产品陈列面标签朝前，正面朝前。②陈列点越多，销售机会越多。在同一个商超，应争取多堆陈列、多点陈列。③取货原则：先进先出，注意生产日期，尤其是促销包装优先上架，保质期越近尾声越先出货。④促销手段、POP广告跟陈列相配合，变静销力为动销力。

⦿ 终端服务设施

终端服务设施看似不起眼，却是顾客体验不可缺少的。对于小型店铺而言，客人来了起码得有水喝，冬夏有空调，服装店必须得有试衣间、试衣镜，鞋店必须得有凳子坐，有关食品和饮料品尝的店铺，都要配一次性用具，等等。对于大型商超来说，更要考虑顾客的综合性需求，饿了有餐饮店，娱乐有游戏厅和电影院，内急有洗手间，渴了有咖啡店和奶茶吧，甚至买了衣服还有截裤腿、钉扣子等系列服务。

为了加强顾客体验，很多连锁品牌还提供额外的服务，例如在麦当劳餐厅、携程网的机场体验店，可以看到小型的室内儿童乐园，小朋友可以免费去玩耍。在老百姓、海王星辰等连锁药房，会配置一些药剂师为顾客提供咨询服务。在一些社区药店、家用医疗器械店，会为老年顾客免费提供量血压、体温等服务。在万科、苏宁的售楼处，一般都会为看样板房的顾客提供专车接送。以前的银行和医院连个座位都没有，大家进去就黑压压排长队；现在服务水平提升了，增加很多座位，有排队叫号系统，因此顾客也就变得心平气和了，减少了很多矛盾和纠纷。所有这些变化，都是进入品牌时代的产物，凡是执着提升顾客体验的品牌，都是有价值的品牌。

⦿ 终端产品体验

顾客逛店不仅仅是凑热闹的,归根结底还是要进行产品体验。我们可以运用6维感官体验模型来分析产品体验。

①产品视觉体验:产品外观设计、包装设计的重要性不言而喻,所以品牌企业有必要找一家专业的设计机构,围绕品牌定位和顾客定位进行设计,虽然优秀一点的设计机构费用不菲,但是绝对会物有所值。值得注意的是,外观设计是可以获得专利保护的,对产品的形状、图案、色彩或者其结合所做出的富有美感并适于工业上应用的新设计,都可以申请专利。由于外观视觉是品牌识别要素之一,所以大多数产品的外观和包装设计完成之后,会使用很长一段时间,如果频繁更换外观设计,会让顾客感到困惑,甚至会认为新外观是山寨版,不是正品。

当年,加多宝公司将红罐王老吉推向成功营销的顶峰之后,"红罐"就成为顾客对王老吉品牌最重要的形象识记点,其他任何外观的王老吉都会被视为山寨而不受待见。后来,广药集团在夺回王老吉商标之后,又发动了"红罐之争",意图夺占红罐包装。可见,产品外观视觉,既是品牌的载体之一,也是营销的重要工具。商标是品牌的第一识记点,而产品外观则可以称为第二识记点。

与红罐王老吉异曲同工的是,三精葡萄糖酸钙采用蓝瓶装,广告语强调:"蓝瓶的钙,好喝的钙";还有滇红皮康王的广告:"请认准小红瓶装";再如洋河蓝色经典白酒,分为海之蓝、天之蓝和梦之蓝三大系列,等等,都给顾客留下了非常深刻的印象。这种方式,就叫"色彩营销"。色彩营销不仅仅针对产品,还可以应用到整个品牌上,例如浪莎品牌广告语为"中国有个浪莎红"。色彩营销的升级版,就是视觉营销,不仅仅包括色彩的运用,还包含了整体视觉系统的表现。这些都是紧密围绕顾客体验而展开的,视觉系统就是品牌的外壳,向顾客传递品牌的内在品质、核心定位和价值。

②产品嗅觉和味觉体验:嗅觉和味觉是一对孪生姊妹,很多时候会相互作用,共同产生一个体验印象。因此,我们可以将其放在一起阐述。有人感冒鼻塞或者患了鼻炎,然后吃饭就不香了,食欲会下降,显然是嗅觉影响了味

觉。我们所说的"吃得真香",实际上是嗅觉和味觉共同作用的结果,一旦少了其中一种感觉,则整体体验效果就不行了。据此,白酒就开发了的浓香型、酱香型和醇香型等不同类型。

对于香水、化妆品而言,嗅觉体验是第一位的,电影《香水》讲述了一个嗅觉天才兼杀手故事,虽然其中含有恐怖的、令人不愉快的内容,但是杀手对嗅觉体验的变态追求之精神,很符合国际香水大牌对产品研发的执着精神。而对于饮料、食品、香烟、酒类、餐饮等行业,产品开发的主要任务,就是气味和口感进行整体设计。为了实现更高层次的顾客体验,同时也要重视其他感官体验,一并综合考虑。例如大厨的作品端出来,必须是色、香、味、形俱全,联觉和意境丰富,令客人围观赞叹,不忍下筷子。能达到这境界,那么这个作品就很成功了。

值得指出的是,对于那些不能吃喝的产品,自然就没有味觉可言了,但是嗅觉仍旧重要,除了纯净水没有嗅觉体验之外,其他几乎所有产品都会有自身的气味。第一,应该尽可能保证产品无不良的气味,例如有些顾客对橡胶的气味过敏,因此橡胶产品应该尽可能降低这种气味。再如,有人不喜欢鸭骚味,因此在羽绒服、羽绒被上,就要尽可能降低这种味道。第二,应该尽可能让产品散发出清新怡人的气味。例如小朋友们使用的橡皮擦,本来应该是难闻的橡胶味,但经过改良之后就散发出糖果的味道,这样的体验就很好。

嗅觉和味觉即便不能表现在产品,那么也可以表达在终端。走进医院闻到刺鼻的药水味是不可避免的,但是银行营业厅如果弥漫着刺鼻的消毒水味道则不可取。珠宝店、服装店内适当运用一点清淡的香水味道是可以的,最起码也要保证空气新鲜,去除异味。至于味觉,我们经常在机场柜台、银行柜台、钻饰连锁店、餐馆收银台等看到一些免费糖果、口香糖,让顾客在等候的过程中自主取吃,可以起到安慰情绪的作用。这个其实就是味觉体验的设计和营造,也就是说,味觉和嗅觉都是可以额外营造的,这样可以加深顾客对品牌的印象。

③产品触觉体验:众所周知,巾被、针织内衣等产品对柔软度、亲肤性的追求是永恒的主题之一,买衣服和床品的时候,人们总是要抓一抓,摸一摸,试试手感,大致确定柔软性、亲肤性和抗皱性等指标。为了实现"柔

软",对纱线要求之一就是采用尽量小的捻度,但是,普通纱线过小的捻度会造成纺纱的困难和织造的断头增多,所以柔软总是有限度的。而新型的无捻纱技术的问世之后,就为巾被、针织等行业提供了实现柔软感触的另一种全新的解决方案,无捻技术使毛圈呈无捻蓬松状态处在织物中,从而表现出超强的柔软度和吸水性,已经广泛用于家纺家居类产品,例如睡衣、床毯、巾被、毛巾、浴巾、浴帽、高档制服、婴儿套装、枕套等。这是产品触觉体验提升的一个典型案例。

触觉体验在日常生活中用得非常多,服装鞋帽必须要试穿试戴,以便确定舒适度和贴合度;在买水果的时候,人们总是喜欢用手感来确定产品是否成熟,因为水蜜桃、猕猴桃、芒果、柿子等水果成熟后都会变软;在买化妆品时候,导购员会拿出一些试用品,当场让顾客涂抹到手上,看看皮肤体验感如何……所有的这一切,都说明触觉体验也是对品牌价值的一种评判,做产品开发,不可能不考虑触觉。

④产品听觉体验:如果是买音像制品、音像设备,听觉自然是最重要的,这点无需强调,这是利用听觉的积极一面;另外,我们还要千方百计消除听觉的负面影响,主要是消除噪音。汽车行驶过程中的安静效果,是评判汽车性能的重要指标之一,例如君越汽车在广告中主打"静音"牌,自诩为"全球最安静的汽车之一"。而所有的家电产品,例如洗衣机、冰箱和空调等,如果买回家后,使用起来轰轰隆隆的,那么顾客自然会投诉,怀疑产品不合格。尤其是空调,大部分产品都在频率或工作状态切换的时候,发出很大噪音,睡眠质量不高的人,往往会被空调的噪音惊醒。那些能将这种噪音降低的产品,则会受到青睐。就连民航客机都会在降噪上下功夫,全球曾发生多起喷气式飞机飞过养鸡场上空而导致大量鸡只死亡的案例,毫无疑问,飞机对机场附近居民的噪音干扰也是非常严重的,历史上噪音问题也引起了很多起居民投诉、纠纷的事件。客观地说,如今欧美现代客机都是装配了涡轮风扇发动机,这比起喷气式战斗机、螺旋桨飞机的噪音要小很多。空客公司的最新一代飞机也是史上最大的民航客机A380,采用了新一代发动机和先进的机翼,能显著地降低了噪音和废气排放,不但符合现在的噪声控制标准,同时也比之前世界上的最大客机还要安静,达到了诸如在伦敦一些机场起飞的QC2等地方政策的严格要求。总之,感官体验朝着人性化符合人类身心健康的方向发展,是不可阻挡的

历史潮流。

⑤产品联觉体验：宝马车前端的两个大鼻孔，让人看一眼就联想起马脸。佰草集、相宜本草的清新自然风格以及草绿色和花草纹设计，让人一看就想起了草本植物，而它们的品牌诉求正是"草本精华"。飞利浦的电动剃须刀，金属色独特流线型设计，多个浮动刀头，容易让人联想到科技感和时尚感。这些都是产品联觉体验的例子。实际上，任何一个产品外观设计，都会倾注设计师的心血，凝聚品牌定位和品牌风格，都会给顾客某种心理暗示，产生相关性的联觉。只要是正面的、符合品牌定位的联觉，都是成功的。如果产生负面联想，或者联觉跟品牌所要表达的定位相反，例如本来是奢华定位，结果顾客联想到暴发户；本来是复古定位，结果顾客联想到老土；本来是先锋定位，结果顾客联想到哗众取宠；本来是温馨定位，结果顾客联想到煽情……这些情况都是产品联觉的失败。产品联觉和品牌联觉都可以通过顾客调查进行检核和改进。

⑥产品功能体验：除了上述6维感官体验之外，还有产品功能体验，同时试用或购买之后使用，可以体验到产品功能的优劣。功能设计一方面要充分发挥本企业的技术优势、生产实力和工艺水平，让本产品的性能在同行中胜出；另一方面，也要以人为本，从人们使用便捷性出发，让人们获得美好的使用体验。例如，以前人们使用台式电脑居多，尤其是在办公室，现在仍旧以台式机为主。然而，一般品牌的台式机那方方正正的机箱设计，就让每次搬动机箱成为一种痛苦的体验，必须猫着腰用双手去桌子下面托住机箱底，才能将机箱搬动。然而，苹果电脑就不是这样的，它只需略加改进，在机箱上装一个提手，于是搬动机箱就变得非常便捷。

⦿ 终端体验的典范：宜家家居

重视顾客终端购物体验的经典案例，就是瑞典宜家家居。自从宜家来到中国，就彻底颠覆了中国顾客对家居终端的认知。长期以来，凡是有品牌知名度的家纺、家居门店，都是把终端装修得富丽堂皇，刻意包装的产品，莫名其妙的道具，令人眼花缭乱的灯光，完全脱离了人们的家居真实环境，谁也不可能把自己的家真的布置成那样。尤其让人不爽的是，大凡高档床品、家具,都是摸不得、碰不得的,更不用说让消费者去体验一下。笔者见过一些所谓的品牌家纺终端,到处挂满了"勿用手摸"、"勿坐"、"勿躺下"等提示牌。这样的终端,谁还有兴趣去逛?而宜家家居的终端就完全不是这样的。

第一,宜家的产品体验非常棒。宜家产品一向以设计创意而著称,一切都是为了满足人性化需求,为了让人们更加便利、更加舒适地生活,同时也让生活充满乐趣。以此为出发点,宜家的设计师对所有传统的家居用品都进行了大胆创新,在这里你会看到各式各样的奇特形状的家居用品,乍一看也许还看不出其中的玄妙,但是体验一下,你就会被其精巧性和实用性所折服。一个简约的摇椅可能让你坐下就不想起来,一个精致的餐具可能让你爱不释手,一个漂亮的吊灯可能让你感觉一阵惊艳……宜家的产品,就是如此的与众不同。它不追求豪华,但是追求创意、巧妙和实用。

第二,宜家的终端陈列非常符合人们家居的真实需求,每一个样板房,都完全模仿真实的房间布局,简约、自然、舒适、充分利用空间,没有任何多余的、花哨的陈设,一切都以家居便利、舒适和愉悦为中心。宜家的卧室、客厅、厨房、儿童房都是那样亲切完美,每一个细节都是那么真实自然,对空间的合理利用让人惊奇。对于大都市的年轻人来说,首次置业多是小户型,宜家总是在设身处地帮助顾客解决空间狭小的问题,宜家家具对空间的利用率让人惊喜,若非亲眼所见,你很难想象一个10来平米的卧室,可以装下那么多东西,不会觉得拥挤和局促,反而觉得温馨和舒适。

第三,宜家的终端动线非常合理,宜家采用的是典型的单一回环曲线,如图2-22所示。单一回环曲线的形状是不统一的,可以根据实际需要自由设计成各种各样的形状,不同的宜家终端,动线形态都不一样。但是,功能都一样,只要顾客按照这个动线指引前进,既不会重复任何一个地方,也不会漏掉任何一个地方。由于人流都是朝同一个方向移动,通道足够宽敞,两边的陈列磁石点分布均匀,也避免了高峰期的拥堵,让一切都显得井然有序。同时,宜家的迂回式动线布局还将空间充分利用起来,有效避免了浪费。

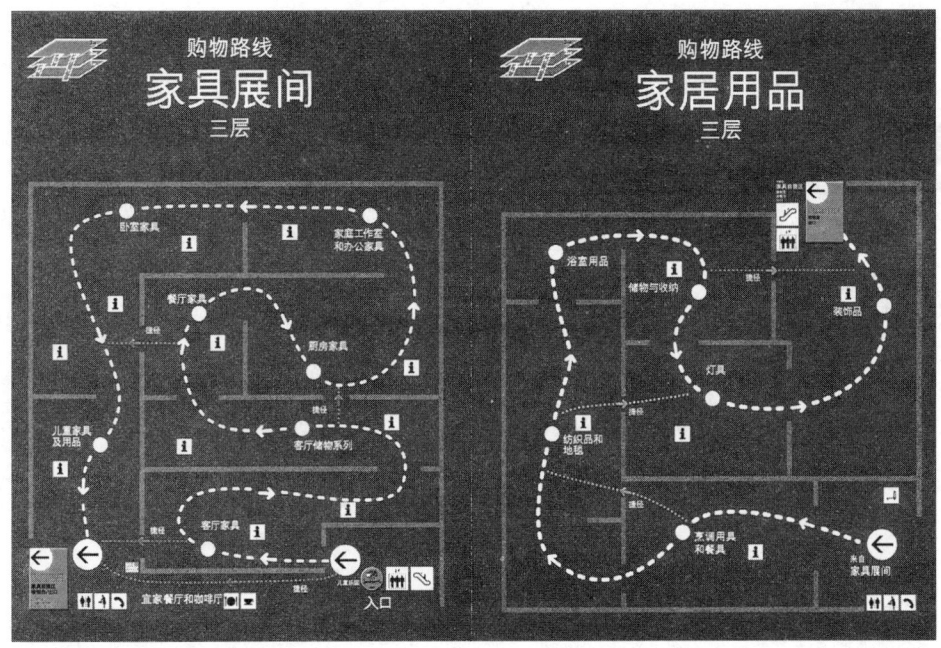

图2-22　宜家的动线布局

来源：宜家购物指南折页

第四，宜家让顾客体验到人性化的服务。这里有餐饮等配套设施，提供一站式服务，你不用饿着肚子逛店。顾客逛店的过程中，有各种温馨提示和说明，有尺子、笔和纸提供，顾客可以去试用体验各种产品，绝对不会有碰不得、摸不得的警告。你可以坐在沙发上、可以躺在床上、可以捣鼓那些稀奇古怪的玩意儿，总之，只要你乐意，你可以自由去体验各种产品。宜家最不可超越的地方，就是它甚至能包容国人的种种不文明行为，这种好脾气，是其他任何商家学不来的。有些人将宜家当成了周末旅馆，一家老小肆无忌惮地霸占沙发和床铺。有记者周末蹲点上海宜家徐汇店调查的结论是："从襁褓中的婴儿到白发老人，前来宜家睡觉的顾客还真不少。"江苏一位网友"薇薇诺诺1006"在微博里上传了一组照片，惊呼："0到80岁，都睡得那么沉醉！即便没有人睡的床，被子也是一片蹂躏过的凌乱。"该微博立即引来35000多次转发，大家纷纷留言表示："我们那儿的宜家也这样！"宜家员工说："我们习惯了，一到双休日，每张床上都躺着人，有些还要'拼床'呢。"笔者在宜家看到的情景也是如此，有人呼朋引伴来宜家开Party，样板房的床单上留满大大小小的脚印，霸占沙发的人肆无忌惮脱下鞋子，把穿着臭袜子的双脚搁在茶几上，一些精美的装饰品被损坏，井然有序的布置被弄得乱七八糟……其实，宜家也非常清楚，这些不文明的顾客，都不是宜家的目标客户，他们大多是来蹭免费空调、免费咖啡和免费睡觉的，基本上不会购买。但是，宜家恪守承诺，维护品牌信誉，既然你进了宜家的大门，那么来者皆是客，不管买不买，都应该获得美好的体验。相比之下，这些不文明的顾客就应该反思了，你的行为，影响了他人的逛店体验和购物心情，并且很丢人。

总之，我们学习宜家，不仅仅模仿其方法，而且要学习其重视顾客体验、以人为本的品牌价值理念。

06 超越金钱的心灵陶醉
——消费体验

消费体验包含售前体验和售后体验两部分，售前体验是指顾客在试用、咨询、议价、支付、提货过程中的体验；售后体验是指交易结束之后，在售后服务、产品使用、问题解决等环节中的体验。提升消费体验的目标，就是让顾客愉快消费，快乐花钱。

● 售前体验

所有品牌都会很重视售前体验，因为售前体验直接决定顾客的购买决策，到了消费这个环节，顾客购买的意向已经很明确，此时的终端导购人员、营销人员、客户经理等等，都是非常殷勤和热情的。影响售前体验的主要因素是试用体验和服务体验。

实体店铺的产品体验是在店内售前完成的，因此还有"试用"一说；而网上店铺的产品体验是售后才能完成的，直接进入使用阶段。网店虽然可以7天无理由退货，但毕竟这一来一回颇费周折，且损失了邮费。为了解决这个先天不足，一些网上品牌开创了"鼠标+水泥"的模式，例如钻石小鸟、麦考林、红孩子等等，纷纷在线下开设体验店，让顾客线上下单，线下体验，可谓用心良苦。

跟商品零售行业不同，对于服务性行业而言，例如餐饮、理发、美容、影院、银行、医院、酒吧等，产品试用和使用体验合二为一，顾客消费体验一次性在终端完成，因此基本不存在售后体验。除了对产品本身的感受之外，顾客还对排队等候时间、服务员的响应时间、消费体验的环境和氛围、消费时使用的设备和设施等非常在乎。上海等大城市的知名餐饮连锁品牌，每到用餐高峰，就会出现人满为患的现象。此时，在门口排队等候就是顾客不得不接受的痛苦体验。当然，也有很多不愿意等候的顾客选择了离开。为了尽可能多地留住顾客，品牌商就提供了很多座位，并有免费的茶水、水果、棋牌等，同时还有大屏幕的彩电播放，让顾客各取所需，宽心打发时间。

对于品牌商而言，这方面总是矛盾的：等候时，希望顾客留下来；用餐时，希望顾客不要过多停留，因为外面还有顾客在排队。星巴克中国的营运人员总是抱怨说，中国顾客停留时间太长，由于座位数量有限，因此影响了座位翻牌率，直接降低了公司收入。星巴克的定位更像咖啡店中的"快餐店"，座位小，顾客多，闹哄哄的像个菜市场，在这里消费真的谈不上什么美好体验。唯一的解释就是，星巴克品牌名气很大，选址很好，都是在核心商圈或办公圈，这些地方地皮很贵，休闲的场所较少。如果要体验那种真正可以坐下来慢慢享用的咖啡厅，就要选择上岛咖啡这样的商务休闲咖啡厅，占地面积大，座位多，最重要的是独立卡座，座位空间大，采用软质沙发，坐下来很舒适，没人在门口排队，顾客没有紧迫感，心情放松而愉快。如果有商务事宜洽谈，还可以选择安静的包房；如果仅仅是想休闲一刻，选择临街的落地窗前的座位也不错。总之，各取所需，上岛咖啡营造的消费环境总是为顾客体验着想。

像星巴克、肯德基、麦当劳这样的快速消费定位品牌，其实对于终端使用体验一开始就有时间上的设计的。座位密集，间距很小，没有独立空间，周边很吵，不适合闲聊；座椅都很小、硬质的，坐的时间长了也不舒服；桌子很小，甚至可能跟对方碰头碰鼻子……所有的这一切，实在是刻意制造不舒服的体验，缩短顾客停留时间。这些品牌刚开始进入中国市场时，由于人们的新奇感，而出现过多的停留。现在其实这种新奇感消失了，能够忍受的人越来越少。当然，它们都是以产品取胜的，国内品牌不要随便模仿。如果产品不行，又要千方百计"赶走"顾客，那么这个店也就开不下去了。

对于零售品牌，当产品体验和试用满意之后，下面进入了咨询、议价和交易阶段。此时，主要考验导购员的服务态度、服务技巧和专业程度。对于微笑服务、礼仪形象、话术技巧、专业知识等方方面面，正规的企业都会制定一套标准和流程，并对一线导购员进行专门培训。导购员的语言、神情、动作、仪表，都是代表公司的品牌形象，直接影响销售业绩。

服务态度是最基础的要求，而服务技巧和专业程度都是可以通过培训而提升的。企业最希望对服务实施标准化，有专业的连锁经营咨询机构可以协助编撰标准化运营手册和服务手册。其实服务又是最难标准化的，因为服务的提供者和接受者都是人，人是具有主观能动性的，不像机器可以通过程序设定而整齐划一。弄一本麦当劳的服务流程和操作手册并不难，但是中国又有哪个餐饮连锁能够做成第二个麦当劳呢？因此，提升服务质量就不仅仅是培训的问题，也不仅仅是规章、制度、流程和绩效考核的问题，尤其是采用简单粗暴的奖惩方式行不通。笔者在从事这类咨询项目时，会反复强调手册的局限性，企业管理层千万不要以为拿着手册照本宣科就可以做好终端运营和服务了。美国管理学家弗朗西斯（C. Francis）说过："你可以买到一个人的时间，你可以雇一个人到固定的工作岗位，你可以买到按时或按日计算的技术操作，但你买不到热情，买不到创造性，买不到全身心的投入，你不得不设法去争取这些。"

所以，我们除了搞绩效管理之外，更应该建设与之配套的企业文化、价值理念和合理的薪酬激励体系，培养员工对组织的归属感，鼓舞员工发自内心地为公司品牌建设服务。而这些，才是真正有挑战性的地方。

◉ 售后体验

售后体验，事关品牌信誉，决定了顾客忠诚度，它不会直接增加销售额，但是会影响品牌形象和品牌价值，影响后面的重复购买率。毕竟，品牌商希望可持续发展，而不是一锤子买卖。正因为这个道理，我们一般都会选择知名品牌，越知名的品牌，售后体验越好，越是让人放心。

（1）售后服务

售后服务包括常规服务事项和投诉的处理。例如家电的送货上门、空调的上门安装、眼镜的免费清洗、保修期内的免费上门维修、售后的电话跟踪访问等等，都是常规的售后服务。另一种情况是顾客的投诉处理，如果对于产品不满意、服务不满意，或者对于费用、数量、质量等产生纠纷，顾客可以拨打投诉热线解决，企业都有人专门处理。

常规服务可以看出品牌的服务功底，增加品牌价值。例如，海尔对于上门维修服务，制定一套规范的流程，包含21个步骤：①接到上门服务任务；②对用户信息进行分析；③联系用户；④准备好各种服务工具；⑤服务工程师出发；⑥服务工程师在路上；⑦服务工程师进门前的准备工作；⑧敲门；⑨进门；⑩穿鞋套，放置工具箱；⑪耐心听取用户意见；⑫故障诊断；⑬升级费用的处理；⑭软件收费；⑮超保收费；⑯其他；⑰征询用户意见；⑱赠送小礼品及服务名片；⑲向用户道歉；⑳回访；㉑信息反馈。

这21个步骤中，还有更详细的规定，例如第4条，准备好各种服务工具，就要求服务工程师应准备好维修工具、备件（或周转机）、道具，保修记录单、收据、收费标准、留言条、上岗证等，其中垫布属于必备物品，以免弄脏用户的东西。为了防止物品带错或漏带，服务工程师在出发前都要将自己的工具包对照标准自检一遍。

再如第7条，服务工程师进门前的准备工作，要求服务工程师应首先检查自己的仪容仪表，以保证海尔工作服正规整洁、仪容仪表清洁、精神饱满、眼神正直热情、面带微笑。只有符合这些服务规范方可敲门。为预防服务工程师着装为非海尔工作服或衣服脏、不干净，服务工程师头发长且蓬乱，胡子过长等，海尔严格要求服务工程师在平时就要注意自己的修养，每天上班前要对自己的仪容仪表进行检查。

此外，就连敲门这样的细微动作，海尔都有讲究，严格要求服务工程师按照规定办事。海尔规定的敲门标准动作为连续轻敲2次，每次连续轻敲3下，有门铃的要先按门铃。海尔要求服务工程师平时多加练习，养成习惯。另外，敲门前稍微稳定一下自己的情绪，防止连续敲不停或敲的力量过大。如果用户听不见，或有其他事情无法脱身，或用户家无人，服务工程师应每隔30秒钟重复1次；5分钟后再不开门则电话联系；电话联系不上，同用户邻居确认，确认用户不在家后，给用户门上或显要位置贴留言条，等用户回来后主动电话联系用户，同时通知话务中心。有时用户会在楼下等待，因此服务工程师应到楼下周围查看，有无用户在此等候……总之，这样的服务标准可谓细致入微，让服务过程可以量化。海尔是国内较早将售后服务规范化的，也引来很多企业竞相模仿。但是，大多数企业只学到了其"形"，而没有学到"神"。归根结底，还是前面所提到的，不仅仅是标准化流程和制度的问题，还有文化、理念、价值观的差异。

（2）售后使用

对于零售品牌而言，顾客将产品买回家去了，产品的使用体验才真正开始，这需要时间来验证。售前试用只是初步体验，实际上很多问题都是在正式使用中才发现的。例如，智能型的电压力锅是否真的那么"智能"好使？需要炖一次猪蹄才知道。再如某个牌子的数码相机，是否真的像广告说的那样功能强大？这需要在室内、户外、夜间、阴雨等各种条件下的使用之后才知道。如果售后使用体验跟描述的不相符，则顾客对品牌的评价就不会高，甚至是负面评价。为了避免负面评价，一般新品上市之前，都会进行大量的人群测试，收集大家的使用体验反馈信息，然后进行产品的改进和调整，保证产品在上市时各方面性能都已经成熟。

此外，要避免宣传广告中过分夸大其辞，尤其不得有虚假信息，否则让消费者的心理预期和实际使用体验之间落差巨大，给品牌带来极大的负面影响。

总而言之，品牌价值塑造，离不开顾客消费体验的提升，售前体验和售后体验都非常重要，万万不可虎头蛇尾。品牌企业在实际操作中，要做大量细致的工作，就像海尔的服务规范那样，点点滴滴的积累，都是在扩大忠实会员数量，都是在为品牌价值加分。

◉ **案例：航空消费体验**

很多窗口岗位，都要求形象好、气质佳、年轻漂亮，各行各业甚至以空姐为标杆，把心思花在表面上，其实这些都是误入歧途。我们可以来研究一下航空服务的例子。

航空运输业的产品，就是运输服务。所以，航空消费体验，就是服务体验。民航服务链很长，在时间上和空间上跨度都非常大，要保证服务链上每个环节的顾客体验都很棒，那是非常不容易的事情。航空顾客体验至少包含9个环节：①网上购票或线下门店购票；②抵达机场办理登机和行李托运手续（或自助值机）；③机场排队过安检；④抵达候机大厅等候；⑤登机口检票登机；⑥乘机，接受空中服务；⑦中途转机（如果需要的话）；⑧下飞机，坐摆渡车或走廊桥；⑨抵达到达大厅、离开机场。

提升顾客乘机消费体验，起码包含两条服务体验链条，一条是明线，包括从销售服务到地面服务再到空中服务的所有跟旅客打交道的环节；另一条是暗线，包括航班安全保障、运力保障、信息保障、后勤保障、VIP保障、专机保障等。旅客体验到的是明线中的服务，但是背后的暗线其实更重要。举个例子：假设机型太杂，故障太多，机务维修跟不上，那么就会导致一些飞机因故障而延误，一个航班延误还会影响到后续航班顺延，最终影响的是多个航班的正点率。

其实，上述这些都是可控因素，只要风调雨顺，航班正点，服务按照流程和规范进行，那么顾客的乘机体验都是不错的。然而，航空服务面临的挑战要比我们想象中的大得多，航空业是靠天吃饭的行业，天气对航班正常率影响很大。大部分的旅客不满和纠纷，都是由航班不正常引起的。极端的情况是2008年的华南雪灾，正值春运返家高峰，广州白云机场和深圳宝安机场都连续关闭一周以上，累计上万个航班被迫取消，部分返家心切的旅客滞留白云机场等待，人数一度达到数万，情绪焦虑的顾客跟工作人员不断发生冲突，局面混乱不堪，不得不派数千武警进场维持秩序。深圳宝安机场的情况也差不多，南航一开始就为不能成行的旅客安排宾馆住宿，当时谁也无法预料机场要关闭多久，因此不惜成本将顾客安排到宾馆集中管理，一旦有云破天开的空隙，赶紧组织运送几个航班出去。结果，连续很多天天气都不能好转，积压的旅客越来越多，让深圳各大宾馆和酒店爆满，最后一批无法安排住宿的旅客，就在机场不断制造麻烦……这个时候谈顾客体验，是非常奢侈的。

除了天气之外，还有一个因素对航班影响更大、更频繁，那就是"流量管制"，几乎每天都有大量的航班受此影响，而航空公司往往在这个方面有苦难言。什么是"流量管制"呢？我国的空域管理制度规定，民航飞机只能沿着宽度为20公里的固定的航路飞行，并且不能左右并排飞，也不能前后靠近飞，两架飞机的起飞间隔一般需要几分钟，实际上会拉开几十公里的前后距离。因此，在同一个高度层，航路容量非常有限，只能靠设立多个高度层来容纳更多的航班。即便如此，总体航路容量和大型机场的空域容量还是非常有限的，导致广州、深圳、北京、上海这样的大城市之间主干线航路非常拥挤，每天的高峰期不得不进行流量管制，让几百个航班排队起飞，于是航班延误就非常严重。如果还碰到空军演习，那么整个空域都会暂时关闭，大面积的延误就不可避免。但是，由于要遵守保密纪律，机场服务人员不会向顾客解释具体原因，只会笼统说是"流量管制"，每当这个时候，顾客情绪非常激动，明明风和日丽，凭什么延误航班？大家想不通。于是，很容易跟机场服务员工或航空公司的服务人员发生冲突。

在这个背景下，我们再来看航空消费体验，这是一场对航空公司服务人员综合素质的挑战与考验，也考验公司的服务管理水平和激励机制，这不是简单的"年轻漂亮"就可以胜任的。南航旗下有15家分公司和5家控股子公司，服务水平不尽相同，但是整体而言，南航的空中服务在国内航空公司中是做得比较好的，如果你留意一下就会发现，南航飞机上并不全部都是年轻漂亮的空姐，在一个乘务组中，甚至还有飞行了20年以上的阿姨级空姐。像深圳航空、海南航空等都对空姐年龄有限定，超过一定年限，例如超过35岁，就要退役，只有少数人可以做管理层或转岗而留下

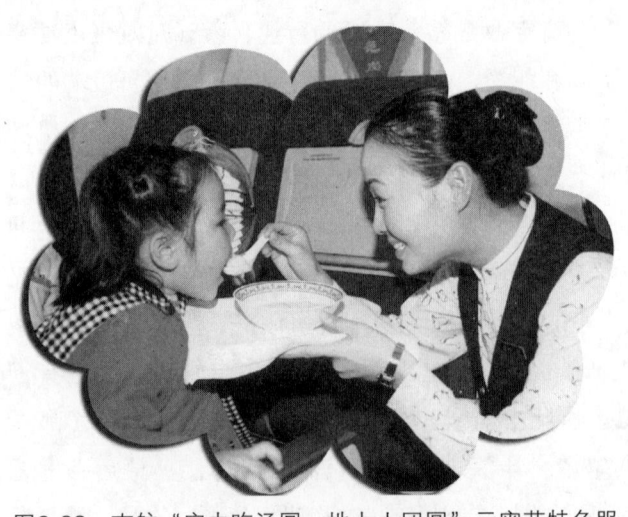

图2-23　南航"空中吃汤圆，地上人团圆"元宵节特色服务，图为空姐杨丽君正在喂小旅客吃汤圆（摄影：湛广）

来。但是，南航没有这个限定，只要你身体素质合格，只要你愿意飞，那么你飞行多少年都无所谓，这其实也是跟国际接轨的，欧美航空公司飞机上很多都是大妈、老太太级的服务员。南航这样的制度其实反映了很多信息，包括空中服务团队的年龄结构、新空姐的成长环境、员工的福利待遇、员工的归属感和忠诚度、团队文化和团队精神等等。这些信息汇总起来，可以体现出两个方面的优势。

第一，有利于应对民航复杂环境下的服务需求。因为航班延误等原因，有些旅客带着一肚子气上飞机，其中个别旅客会将气撒在空姐身上，故意"找茬"出难题。当然，还有的情况是旅客登机之后，再出现流量管制，久久停在原地或跑道上，这样也会让个别脾气大的旅客找空姐宣泄不满。如果"闹事"的旅客较多，而年轻的空姐经验少，那就很难控制场面。也发生过情绪激动的旅客故意破坏机上设施，导致航班进一步延误的案例。但是年长的乘务长出马就不一样了，乘务长或主任乘务长大都是工作多年、经验丰富的服务专家，她们比起年轻空姐更加细致、更加有耐心，心态更加平和，仪态更加优雅，态度更加具有亲和力。她非常理解顾客的心情，知道如何去安抚顾客的情绪，尤其是多年的旅客服务经验，让她看人非常准确，一眼就知道这是什么类型的人，需要用针对性的服务方式和言语。总之，她像变魔术一样，很快将带头的旅客安抚下来，避免事态的扩大化，重新赢得旅客理解和尊重，这样也最大程度减少了对公司品牌形象的负面影响。所以，看上去南航的乘务组年龄参差不齐，并非全部以年轻漂亮取胜，而实际上，这种合理的年龄结构，让服务团队的整体实力大增，提升了顾客的空中乘机体验。

笔者在南航工作多年，亲自采访过很多乘务长和乘务员，并跟飞过大量的航班进行服务质量体验，发现南航空姐的归宿感很强，乘务组的新老搭配对于新乘务员的成长有利，尤其是对于服务问题的处理显示出独特优势。显然，服务的好坏，不仅仅是一个形象上的问题，更重要的是服务团队合理结构以及团队成员综合素养的提升，这就需要好的制度和文化做后盾，让员工有归属感和忠诚度，真正站在企业和品牌的角度着想。南航的空姐是有工作动力的，她们有职业发展空间，可以升迁为乘务长、青年文明号组长、主任乘务长、中队长/支部书记、客舱部副经理、经理/总支书记等等，尤其是不用在"人老珠

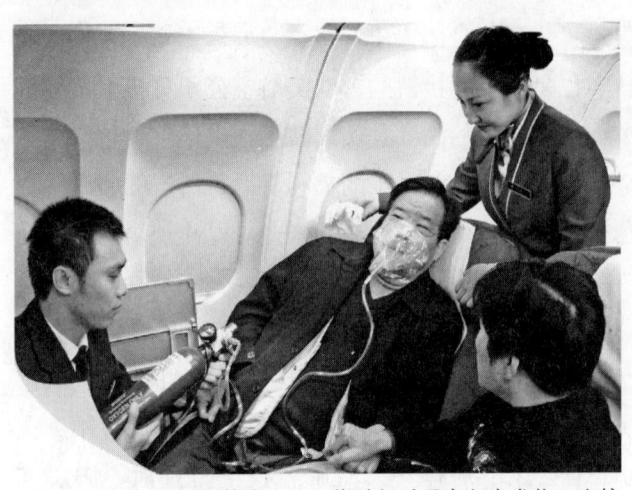

图2-24 南航CZ3216航班上，一位肺气肿乘客急病发作，南航乘务员启动机上急救程序，让患者转危为安（摄影：耿显燕）

黄"的年龄被迫退役。如果企业只注重青春美貌，做表面文章，那么员工完全没有归属感，你就不能指望她们能做好服务。

第二，有利于提升特色化服务水平。服务可以分为两类，一部分是标准化服务，另一部分是特色化服务。作为老牌航空公司，南航的规章制度、空姐选拔和培养流程、空中服务标准和规范等都是非常完善的，这方面自然不必说。对于优秀的团队而言，不仅仅是将标准执行到位，更重要的是主动发挥创新精神和主观能动性，提升特色化服务水平，这样才能差异于竞争对手，凸显品牌价值。这方面，南航深圳公司走在前列。

南航深圳公司客舱部推出了5个服务品牌及6个特色服务组：木棉组（包括一组和二组）、清馨组、温馨组、真心组和爱心组，每个组包括数十名骨干乘务员和乘务长，只有最优秀的乘务员才有资格加入其中一个组。这些组的成员，将空中服务看成自己所热爱的事业，发自内心地愿意提升服务水平，以旅客满意为荣。在她们看来，公司的空中服务标准手册，旨在满足顾客需求；在此基础上，她们还要创造性地开发特色化、人性化服务项目，以超出顾客期望。如图2-23、图2-25所示这类特色服务，都不是南航服务手册中规定和要求的，都属于乘务员自发提供的创意性和特色化服务，没有人要求他们做什么，也没有人告诉他们怎么做，一切全凭自觉。特色服务的经费可以向公司申请，有时候她们甚至自掏腰包给顾客发奖品和纪念品。每个月，这6个服务组都会完成多个特色服务项目，并收到大量的顾客表扬留言、短信和邮件，这些数据都由客舱部统计汇总，每月开展评比活动。由此，6个组形成了你追我赶、不甘人后的良好局面。

图2-25　南航木棉乘务组帮助一对新人实现了举行一场"空中浪漫婚礼"的愿望（摄影：深圳特区报记者　王洪涛）

显然，南航深圳公司空姐这种工作动力的形成，不依靠外部苛刻的制度和鞭策措施，主要靠归属感、忠诚度和团队文化，来激发员工内在的动力。这种激励文化一旦形成，就会持续发挥作用。所有年轻的新空姐加入到这个团队之后，她们都会被这个文化和氛围所熏陶，以加入6个品牌服务组为荣。同时，6个组的成员，平时也由电脑排班系统自动排班，可能跟其他任何空姐搭配在一个航班上，这样，她们就通过言传身教，起到传帮带的作用。同时，对于新空姐，还有明确的师徒制度，要跟着师傅实习一年，才能"单飞"。

特色化服务的本质内涵就是人性化，南航空姐在服务中，每天都会碰到各类需要帮助的旅客，由此几乎每天都会诞生一些好人好事的，成为品牌新闻宣传的素材。例如，一对新人最大的心愿就是举行一场浪漫的空中婚礼，没想到空姐真的帮他们实现了；一位乘客空中突发心脏病，空姐通知机长找最近的机场备降，并启动机上急救程序，凭借熟练掌握的急救知识，为旅客的成功救治赢得宝贵时间；每年寒暑假，南航都会开展"无人陪伴儿童"（邮寄儿童）服务，让工作忙碌的家长省心省时省钱；空姐火眼金睛多次识别空中小偷，避免了顾客财产损失；空姐捡到旅客遗忘在客舱的巨款，并费尽周折归还旅客，等等。

从南航案例可以看出，好的服务体验不仅仅要有完善的标准和制度，更要有一套激励体系，让员工发自内心、心甘情愿地去努力工作。这个激励，一方面包含物质方面，那就是让员工有合理的薪酬待遇，有发展的希望，有上升的空间，而不是被理解为"吃青春饭"；另一方面也包括精神和文化层面，那就是要打造一种能够鼓舞人心的团队文化，激发员工内在动力，培养职业精神和对企业的忠诚。

图2-26　北京飞深圳航班上，无陪老人张大爷腿脚不灵便，南航从地面到空中接力服务，无微不至的照顾让老人家赞不绝口（摄影：深圳特区报记者　王洪涛）

总之，企业不是雇佣员工的两只手，而是应该雇佣整个人。随着竞争的加剧、文明的进步，现在各行各业都在强调服务和形象，即便是那些国有企事业单位、垄断性行业，窗口服务都比以前有较大提升。但是，标准化的服务会带来品牌同质化，所以，发挥员工的主观能动性和创新精神，围绕人性化服务进行创新，提供更加特色的服务，让顾客对品牌的印象更加深刻，这才是现在和未来的大势所趋。

07 顾客流失漏斗揭秘
——电商品牌体验

电子商务由于购物过程的虚拟性，其实是最缺乏体验感的，只能看图片，不能接触实物，无法亲身尝试，所以电商总是比起传统行业更强调"顾客体验"。

凡是做电商的人，无不把"顾客体验"挂在嘴边，似乎谁不提顾客体验，都不好意思说自己是做电商的。那么，电商品牌的顾客体验，到底是何方神器？

◉ 顾客体验与跳失率

下面以淘宝顾客体验与跳失率为例，来说明电商品牌体验和成交转化率的关系。图2-27为淘宝顾客体验与跳失率分析漏斗图。网店跟实体店不同的是，顾客来得快，也去得快，停留时间短，转化率低。在漏斗图中，我们可以看到顾客从进店到消费的全过程。

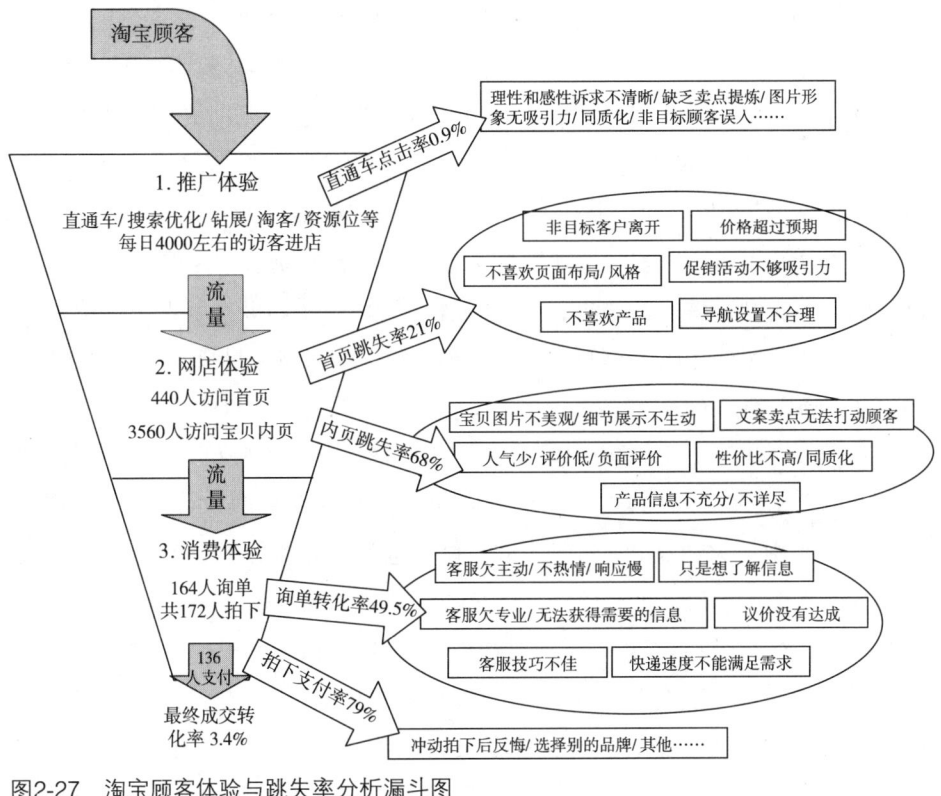

图2-27　淘宝顾客体验与跳失率分析漏斗图

首先，如何吸引顾客进店？这就要求强化推广体验。顾客流量是电商品牌的生命线，流量从何而来？一部分是免费流量，包括关键词搜索、类目搜索、免费平台活动、店铺收藏、回头客等；另外一部分是收费流量，也就是推广带来的流量。推广包括直通车、焦点图、钻石展位、淘宝客、各类有偿的平台活动等。现在我们以某电商品牌为例，其直通车的平均点击率是0.9%，也就是说，1000次在顾客面前的展示机会，才带来9次点击访问。即便获得流量如此不容易，该品牌的表现还不错，每天的免费和收费流量总数达到了4000人左右。

事实证明，推广体验的好坏，决定了点击率和访客数量。我们对同一天投放的不同品牌的钻展和焦点图进行对比，发现点击率差异很大，最低如某电子产品品牌的淘宝首页焦点图广告，点击率才0.06%，某面膜品牌的淘宝首页焦点图点击率才0.24%；而O.SA女装的在天猫商城首屏第二轮播图的广告，点击率高达5.21%，S·DEER女装在同样的位置，点击率高达6.59%。将点击率高和点击率低的广告图放在一起对比，就会发现前者的感性诉求、理性诉求、图片吸引力、文案表现力等指标均优于后者，也就是说，前者顾客体验明显优于后者。

接下来，就是如何让顾客乐意逛店浏览的问题，此时必须提升网店体验。话说这4000顾客浩浩荡荡杀奔到了该品牌的旗舰店，大约有11%的顾客（即440人）访问了首页，跳失率为21%；还有89%的顾客（即3560人）访问了宝贝详情页（内页）和宝贝列表页（分类页面）等位置，宝贝页面的跳失率为68%。网店浏览体验的效果，决定顾客跳失率高低。该网店曾经花费3个月时间来系统改版网店各个页面，提升浏览体验，结果将宝贝页面跳失率从原来的81%，降低到了68%。

再接下来，就进入消费阶段，良好的消费体验成为临门一脚的利器。大约有4.1%的顾客（即164人）购买意向比较强，就向客服人员进行了询单。询单的顾客中，大约有49.5%实现了转化，也就是81人最终下单，另外50.5%（84人）在询单后流失了。此外，还有一部分老顾客和自信的新顾客选择了直接下单。最终，有172人拍下了想要购买的宝贝。这172人中，有21%的人因为种种原因没有当天支付，有可能是冲动购买而后又反悔；有可能是看到隔壁店的产品更加物美价廉；还有可能是支付宝没钱了，要等充值再来购买，等等。总之，最终大约有79%的顾客（136人）在当天支付成交，即成交转化率为3.4%。也就是说，平均每100个访客中，只有3.4人成交。

回想当初4000大军马嘶牛鸣杀奔过来，最终居然只逮住了136人，真让客服欲哭无泪。不过，这还算不错的转化率了，还有更低的。此外，该店铺的客单价为400元左右，日营业额超过5.4万元，在类目中也能排进50位了。这个案例，代表淘宝一个普通品牌、普通店铺的真实状况。

总而言之，推广体验——网店体验——消费体验三个环节决定了最终的销售额。难怪电商业界将"顾客体验"当做图腾来膜拜！

⦿ 电商品牌体验MEC模型

根据上面的漏斗图，我们可以发现，电商品牌体验仍旧符合MEC模型，仍旧包含三个模块——推广体验（媒体感受）、网店体验（终端体验）和消费体验。如图2-28所示。

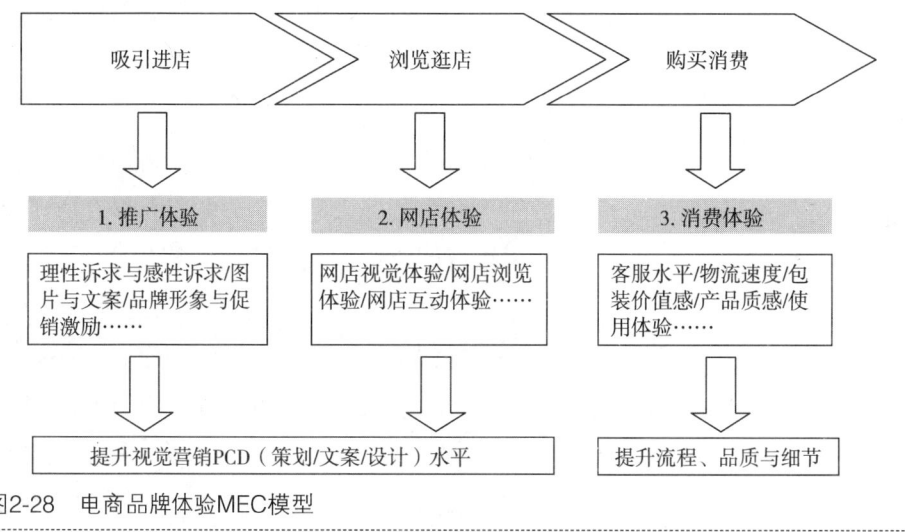

图2-28　电商品牌体验MEC模型

（1）推广体验

无论以何种形式在顾客面前曝光，都是非常宝贵的机会。直通车、钻展、焦点图等都是要花钱的，即便是自然搜索出现在靠前的位置，那也非常不容易。这个时候，考验品牌团队背后的真功夫。感性诉求是否清晰，理性诉求是否合理；图片是否有视觉冲击力，文案卖点是否能打动人心；通过品牌形象取胜，还是利用促销吸引；是否根据目标顾客制定独特营销策略；是否根据不同季节推出不同的产品策略……这些因素都是推广体验必须重视的问题。在关键方面的投入，可以获得显著回报。例如请专业模特和专业摄影公司拍摄产品图片和广告图片，聘用专业的平面设计团队和专业文案策划团队，就可以让推

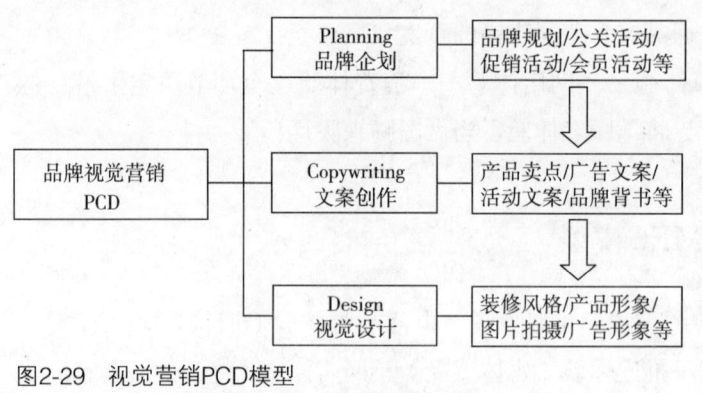

图2-29 视觉营销PCD模型

广体验明显改善，点击率明显提升。

由于电子商务的推广渠道和营销渠道合二为一，所以提升推广体验、提升视觉体验，就等价于提升营销收益。所以，我们也通常将推广体验和网店体验的举措统称"视觉营销"。完整的视觉营销体系包含三大部分：品牌企划（Planning）、文案创意（Copywriting）、视觉设计（Design），合起来，就简称视觉营销PCD模型，如图2-29所示。也可以称之为PCD流程，也就是说，在实际操作中，品牌策划人员、文案人员和设计人员应该经常坐在一起沟通探讨，先确定好活动方案思路，再确定文案创意表现，然后才是设计与上线。整个流程走下来，才能保证最终的作品质量。

（2）网店体验

上面漏斗图中，该品牌旗舰店首页跳失率为21%，产品页面跳失率为68%。因此，提升网店体验是一个经常性的工作，永远没有满足的时候。影响网店体验的因素有很多，如图2-30所示，我们将其分为网店视觉体验、网店浏览体验和网店互动体验三个模块。网店视觉体验，包括装修格调、产品图片视觉、广告形象视觉等；网店浏览体验，包括网店功能与技术支持、网店布局与导航、网店文案表现等；网店互动体验包括客服表现、促销活动、公关活动和会员活动等。当我们将这些网店体验因素分

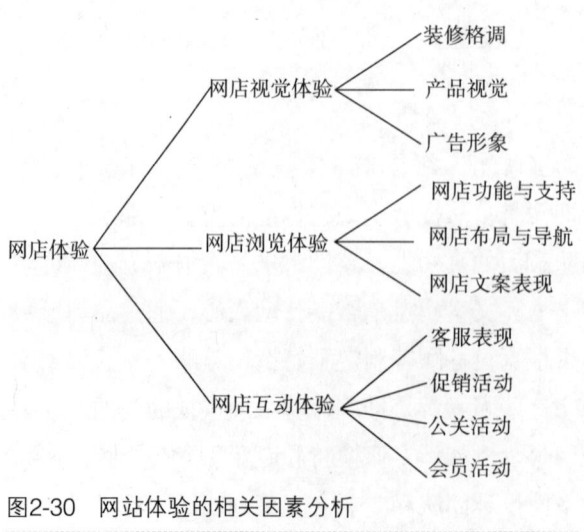

图2-30 网站体验的相关因素分析

析清楚了，就明白该朝哪个方向努力了。网店体验的提升是一个系统工程，不过万变不离其宗，网店体验仍旧属于视觉营销PCD的任务范畴，品牌企划、文案创意和视觉设计，三个部分缺一不可。我们只要保证让专业的人来做专业的事，那么提升网店体验并非难事。

在PCD三个模块中，品牌企划是最关键的，决定了品牌定位、品牌格调、网店风格规划、功能规划、框架规划、内容规划等等，为后面文案创意和视觉设计提供了指导和方向，保证了网店体验的统一性、有序性和整体性。

网店体验的提升，会在多项数据上反映出来，除了跳失率、访问深度、转化率等指标，还有一个容易被忽略的指标：询单率，即询单顾客除以总访客数。在转化率上升的前提下，如果询单率下降，则证明网店体验越来越好。因为这意味着，顾客的疑问都在店铺浏览中自动解决了，不需要询问客服了，结果询单率就降低了，这正是体现一个网店的基本功夫。上述案例中，该品牌的询单率从一年前的4.6%降低到现在的4.1%，这跟店铺体验提升正好是同步发生的。

（3）消费体验

消费体验也包含很多因素，例如客服水平、下单和支付便捷程度（淘宝和京东等已经标准化了，如果某品牌要创建独立商城则需要在这方面建立自己的系统）、物流体验、收货体验、使用体验、售后服务体验、投诉体验等等。

首先，提升客服体验。我们来看看客服水平和顾客体验的关系，如图2-31所示，以合理的激励机制、完善的制度流程为前提，在此基础上，我们主要可以通过公司文化培训、服务技能培训和业务知识培训，提升客服人员的综合水平。站在顾客体验的角度，主要看三项内容，一是服务态度，这个需要通过鼓舞人心的公司文化、职业精神和积极向上的价值观进行引导，也需要激励制度和奖惩制度来保障。二是服务技能，优秀的客服人员可以让顾客满意而归，心情愉悦；也可以让生气的顾客消除误会，获得理解；还可以让购买意志不坚定的顾客痛快成交等等，这方面需要通过服务技能培训来提升。三是专业程度，绝对不能出现一问三不知的情况，客服人员必须是产品专家、业务专家，要对顾客的所有问题对答如流，客服越专业，顾客越信赖，越愿意下单购买，这方面需要通过业务知识培训来提高。最终的结果，通过提升顾客消费体验，提升转化率和回头率。

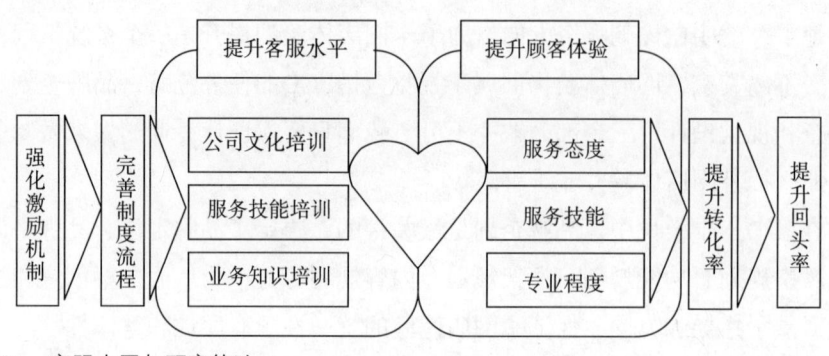

图2-31　客服水平与顾客体验

其次，提升物流体验。要完善IT系统、仓储管理和发货流程，严格控制错件、漏发的概率；加强进仓质检和发货复查环节，杜绝残次品进仓和出仓；提升效率和反应速度，避免延迟发货；选择优秀物流合作伙伴，减少延误和损坏率；跟产品部门配合监控库存，杜绝缺货的情况，等等。

最后，提升收货与使用体验。当顾客拍下自己喜欢的产品，经历一段等待时间之后，就对产品抱有很高的期望，往往是怀着兴奋的心情去签收包裹。如果收货和使用体验不佳，就会让顾客兴奋的心情受到打击，可能会失去这个客户，严重的情况会引起纠纷和差评。收货和使用体验包括如下因素：①外包装简约、大方、干净、无损坏、有质感，有品牌LOGO和企业名称；②内包装精致，卫生，防水，防尘；③吊牌、发货清单、说明书、产品手册、退换货卡等一应俱全；④产品外观有质感，干净、精致、摆放整齐、触感良好，无异味，无缺陷、无明显污点和瑕疵；⑤产品品质良好，使用过程不会出现断裂、破损、失灵、失效等问题；⑥服装鞋帽家纺等产品洗涤之后不会出现掉毛、褪色、严重缩水等问题……

综上所述，电商品牌顾客体验跟传统品牌一样符合MCE模型，都是一个复杂的系统工程。只要我们对顾客体验系统进行梳理，分门别类，逐步改进，弥补短板，系统发力，那么我们将收获到顾客体验提升带来的硕果。

第三章

顾客定位
Customer Positioning

有故事说，一个很牛的推销员成功将梳子卖给了和尚！其实，那是为了给销售人员打鸡血针而杜撰出来的。如果谭木匠木梳连锁店将目标顾客设定为"和尚与尼姑"，那就非常荒诞了。找准顾客定位，是品牌建设的第一步。

01 神爱世人我独爱你
——目标顾客定位

任何一个品牌,从诞生之日起,首先必须回答的问题是:我为谁而生?换句话说,就是我为谁服务,我的目标消费者是谁。如果不能清晰地回答这个问题,品牌就失去了目标和存在根基。目标顾客定位简称"定客"。

⦿ 定客原理:顾客都是品牌专家

笔者在为一家服装品牌做定位项目时,董事长程先生看到我们团队忙前忙后,随口问了一个问题:"我们把顾客定位弄得那么清楚,顾客会知道我们是这么定位的吗?"这个问题其实问得非常专业,回答好这个问题,就揭示了顾客定位的意义所在。

首先,站在顾客角度,千万别低估消费者的智商与情商,他们事实上都是品牌专家,对所有知名品牌的定位都心知肚明,会根据每个品牌的顾客定位而对号入座(图3-1)。16岁的中学生会光顾美特斯邦威、森马或以纯的专卖店;25岁的青年会光顾ZARA或杰克·琼斯;45岁的男士会光顾七匹狼或劲霸,你永远不用担心他们会进错了店门。品牌的忠实粉丝对其定位、格调、产

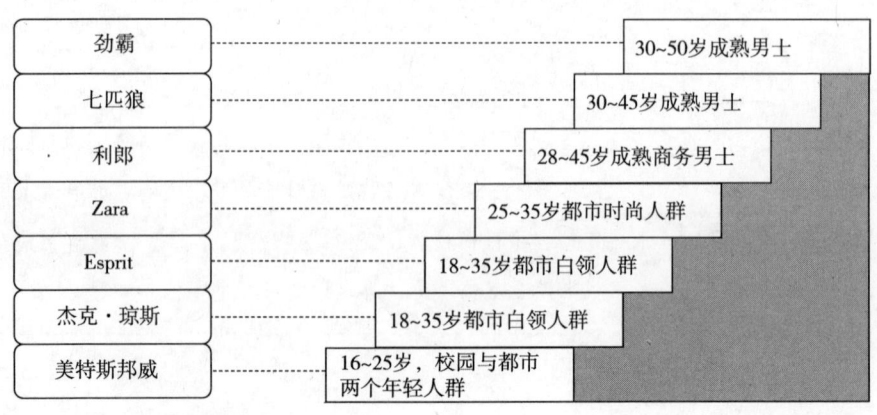

图3-1 知名服饰品牌顾客年龄定位的差异

品、价格的了解,并不会亚于品牌经理。这是因为,一方面,这些成功品牌都有非常明确的顾客定位,容易跟其他品牌区分开来;另一方面,根据MEC模型,消费者通过媒体感受、终端体验和消费体验的过程,能够感知到品牌的顾客定位。越是忠实粉丝,对品牌定位的认知越是充分和深刻。

其次,站在企业角度,让顾客明白本品牌的定位,是品牌建设的基本目标。顾客定位决定和影响了品牌构建工作的全局,目标顾客的特征,对品牌格调、品牌个性、主力价位、产品规划、明星代言、终端形象、媒体选择、公关方式等一系列因素产生重大影响,可谓牵一发而动全身。由此可见顾客定位的决定性意义,如图3-2所示。只有做好了这一系列工作,各个维度都体现目标客户的需求和特征,那么才能让顾客明白品牌的定位,并在消费中对号入座。

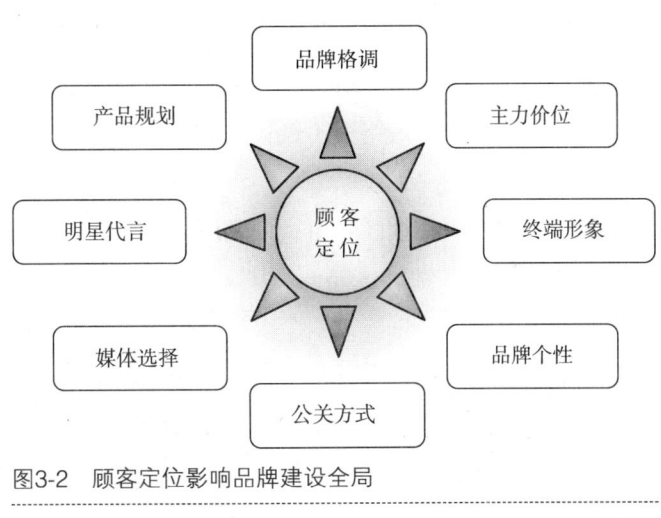

图3-2 顾客定位影响品牌建设全局

显然,顾客定位归根结底,是要将顾客看成品牌专家,像对待行家里手那样,像对待彼此熟悉的老朋友那样,亲切、真诚而专业地提供服务和价值。顾客定位本身不难,难的是对目标顾客群体的研究和了解,只有非常充分彻底地了解顾客的各项特征,才能针对性地提供产品和服务。所以,本章所论述的重点内容就是顾客研究的思路与模型,只有了解顾客,才能赢得顾客。

⊙ 定客原则:区隔和聚焦

顾客定位不能空泛,不能追求大而全。再高明的渔夫,也从不指望一网打尽所有的鱼;成功的品牌,不会追求天下人人都购买。按照市场细分原则,一个品牌只能区隔出一个目标客户群，并聚焦于此。神爱世人，我独爱你，这是品牌必须遵守的专注原则。这个世界上几乎不存在老少通吃、男女共享、贫富皆宜的超级品牌。即便某些大众快消品如瓶装纯净水，看起来谁都可以买，但它也有一个主力消费人群，主力人群的定位和边界是清晰的，例如可以从区域划分上去区隔，即以都市人群为主。白领们喝农夫山泉，但是真正的农夫并不喝农夫山泉。

定客聚焦程度大小，决定了其营销策略、渠道策略和推广公关策略的制定。如果是卖给小众人群的产品，就应该设法进行聚焦传播，而不需要让天下人人皆知，也不应该覆盖所有类型的大众渠道和销售网络。否则就会造成资源的严重分散和浪费，最终得不偿失。例如某种高尔夫用品，选择航机杂志做广告是合适的，而跑到央视投广告就是浪费；在高尔夫会所、专业体育用品专卖店出售是合适的，而在社区超市、便利店出售是错误的。因此，在目标人群选择上必须做出取舍，精确区隔，清晰定位，有得必有失。可以像BESTSELLER那样通过多品牌战略去覆盖多个人群，但是不能通过单一品牌覆盖所有人群。同时，中国人口众多，没有小市场。任何一个细分市场，其实都是大市场。因此不用担心定位太聚焦而导致市场狭小的问题。

道理大家都懂，但是在实际操作中，定客聚焦原则还是让很多人纠结，总觉得定位范围应该更宽一点，因为我们发现，实际光顾和购买的顾客群体往往会大于定客所设定的范围。一个显而易见的现象是，许多人会追求与自己年龄相反的东西，以补偿自己年龄在某个阶段的遗憾。通俗点说就是"年少的喜欢装深沉，年老的喜欢装清纯"，年轻人在社交场合为了避免人家认为他"嘴上无毛办事不牢"，有时候会在特定的场合穿上成熟人士的服装。同样的道理，很多都市女性超过40岁之后，由于心态年轻，保养得当，仍旧看上去像30来岁，并喜欢消费针对30岁定位的品牌。这难道是品牌定位错误？当然不是，恰恰证明该品牌定位的正确性。因为它被40岁以上女人所看重的，正是其30岁的定位。例如，40多岁的伊能静经常穿着少女装亮相，如果该少女装品牌自作多情将定位延伸到40岁，那么伊能静反而不会穿了。

实际上，我们只需抓住70%左右的顾客所在的区间即可。其他顾客，不论他的实际年龄和心理年龄是多少，根本无需考虑，如果他们认同这个定位，自然会凝聚在你的周围；如果不认同，也不可强求。

⦿ 定客基础：顾客调研分析

顾客调研和特征分析既是定客的基础，也是进一步修正顾客定位的依据。如果有历史数据作为参考，我们可以通过顾客研究，直接确定目标顾客定位。也可以在综合分析的基础上，先假设一个合理的顾客定位，然后各项工作围绕这个假设定位而展开，在品牌和产品上市运行一段时间后，再通过对实际顾客的调查和研究，来验证原来假设定位的正确性，以便最终确立或修正定位。

不论如何，顾客研究和分析都是非常重要的工作。对顾客特征的研究，要从多个维度入手，进行立体式分析，才对实际工作有指导意义。下面以康尔馨酒店风格家纺为例，来说明顾客特征分析的维度和方法。

康尔馨成立19年来，线下做B2B，为全球2800多家四、五星级酒店提供布草（客房纺织品），最近几年，康尔馨才进军电子商务市场，线上做B2C，目标顾客定位假设为：28岁以上的城市中产及以上阶层人群。顾客描述为：他们大多属于公商务人士，以一二线城市和经济发达地区为主，差旅中经常入住高星级酒店，对酒店床品的品质、舒适度和尊贵感有直接的体验，他们追求生活品质和品味，关爱家庭，热爱生活，等等。下面是顾客调研和特征分析，我们来验证一下当初的定位假设是否跟实际情况相符。

（1）年龄分析

根据康尔馨酒店风格家纺旗舰店后台的数据，实际顾客年龄分布情况如图3-3所示。我们可以看到，25～49岁的顾客，加起来占了将近90%，这就是康尔馨的主力消费人群，跟品牌定位假设基本吻合。在这个案例中，实际顾客人群范围大于目标人群，体现定客聚焦原则。同时，考虑到康尔馨的产品保留了酒店的经典白色，没有时尚度上的敏感性，面向特定偏好的人群，为避免过于小众，所以年龄定位上放得比较宽，没有强调上限，主要从收入阶层和消费品位方面去区隔顾客。当然，也可以将原来假设的定位修正为28～49岁。

而在其他一些时尚类行业，年龄要进一步细分，因为不同年龄阶段的人，思维方式、消费观念、购买力、消费习惯、兴趣偏好等都有很大的差异，所以年龄跨度不能太大，三五年就是一个台阶。

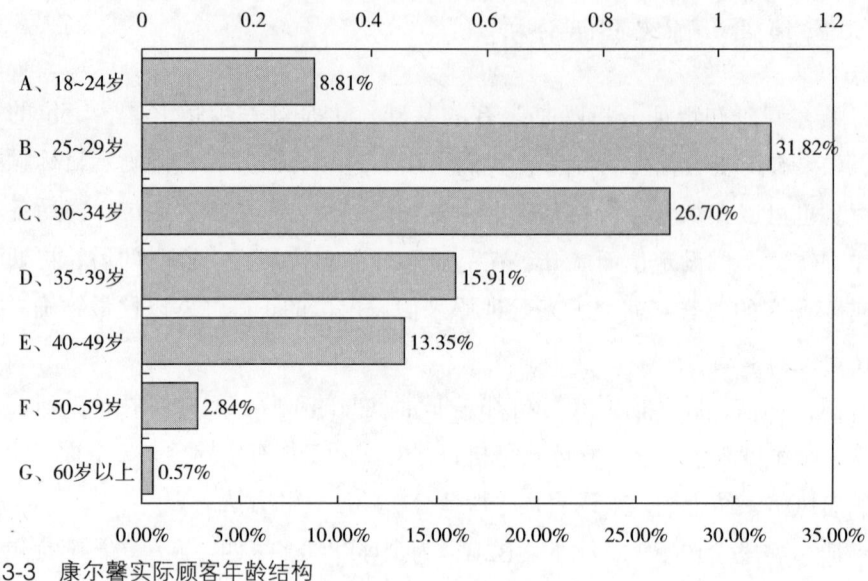

图3-3 康尔馨实际顾客年龄结构

来源：康尔馨后台数据

（2）性别分析

康尔馨的顾客中，女性占了58%左右，男性占据42%左右（图3-4）。这里，我们将家纺行业的领导品牌罗莱的数据拿来做参照，可见康尔馨的男性顾客比例比罗莱高了10%。这是因为，康尔馨主打"五星级酒店"的概念，采用简约大气的酒店经典风格，更能吸引偏于理性思维的男性顾客。而罗莱家纺花色非常丰富，感性价值更足，尤其对女性具有更强吸引力。事实上，罗莱的顾客性别比例在整个行业具有代表性。这反过来，也佐证了康尔馨酒店风格家纺的差异化定位，导致顾客性别比例跟同行相比也出现明显差异。

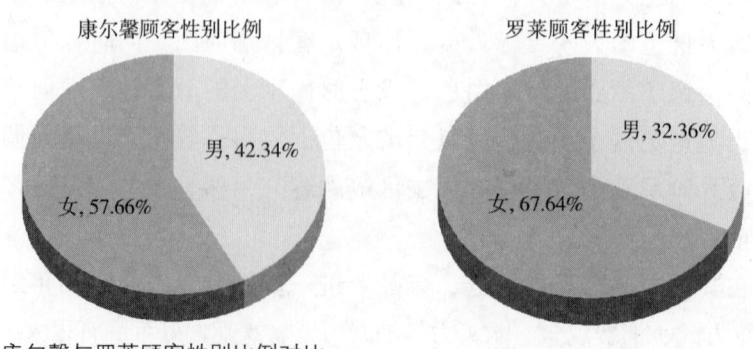

图3-4 康尔馨与罗莱顾客性别比例对比

来源：天猫后台数据

性别比例是显性维度，需要注意的是，即便是男士用品，实际购买者或决策者也很可能是女性；凡家庭需求用品，也基本上是女性做购买决策；男性的银行卡、网购账户的背后实际操控者，也很可能是女性。据中国互联网信息中心（CNNIC）发布的调查数据表明，在已婚网民中，有65.4%的女性表示掌握了另一半的网上支付账号和密码。这个世界巧妙之处就是，男人专注于如何赚钱，女人研究如何花钱，一个创造价值，一个消费价值，由此实现了供需平衡，经济良性运转，于是天下太平。当然，不是说女人不创造价值，评判男人和女人谁赚钱更多没有任何意义，我们只需明白一点：女人在消费拉动方面的贡献无可替代。如何博得女人的欢心，是很多品牌都在认真思考的问题，营销界有"得女人者得天下"之说，就是这个道理。

（3）地域分析

康尔馨和罗莱都是定位于追求生活品质和品味的中高端人群，所以顾客都主要来源于一二线城市以及经济发达的三线城市。但是差异也很明显，康尔馨顾客成交金额分布占比前10位的城市，加起来占了35.55%的份额，罗莱顾客成交金额分布占比前10位城市，加起来只占25.11%的份额，差距超过10%。这说明，康尔馨的顾客比起罗莱更加集中于经济发达地区的中高人群，实际情况跟顾客定位相符。罗莱作为家纺第一品牌，通过数千家门店，将品牌影响力辐射全国，所以顾客来源更分散。

地域维度对顾客定位的影响也是显性的，大城市和小城市、东部和西部、国内和国外等地域差异也导致市场需求、消费观念的差异。随着城市化进程和全球化浪潮的发展，地域差异会越来越小，但是我们仍旧不能掉以轻心。很多成功的三线城市品牌试图攻占大城市，却发现这块骨头很难啃；一些国内成功的品牌进军海外，也很容易折戟沉沙；而国外大牌贸然进军国内市场，败绩也是平常事。所以，顾客定位中也应该考虑区域维度，并将地域维度的特征落实在营销策略、推广策略和招商策略中。

（4）阶层分析

顾客阶层跟其他很多维度都有相关性，这里主要从经济角度考察顾客阶层，可以从两个方面来分析：一是收入层级，二是消费层级。一般情况下，收入层级和消费层级是相吻合的。但是也不能绝对化，相同收入阶层的顾客，很可能因为消费价值观的不同，而最终分布于不同的消费阶层。例如某个富二代开法拉利,而他老子富一代还保留了艰苦奋斗的作风,只开着一辆老旧的宝来。显然,他们父子的收入阶层是一致的,但至少在汽车消费上,不属于同一个阶层。

如图3-5所示,是光顾康尔馨的顾客收入层级分布图,整体看来,属于中偏高的层级。

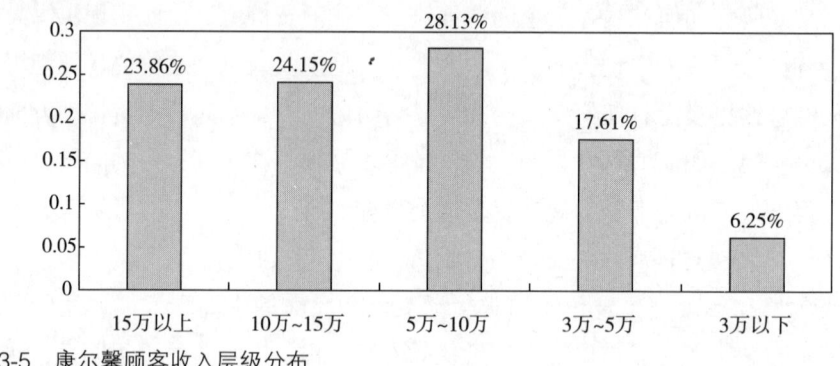

图3-5 康尔馨顾客收入层级分布

来源:顾客问卷调查

我们再来看看消费阶层,康尔馨顾客的消费阶层如图3-6所示,同样拿罗莱作为参照,二者"中"、"偏高"和"高"的人群加起来各自占95%左右,证明两者的阶层定位相近,都属于中高端定位。

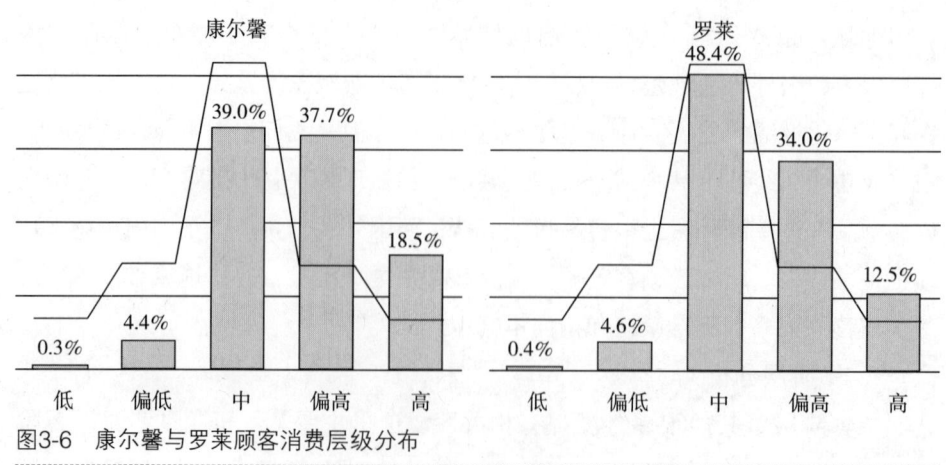

图3-6 康尔馨与罗莱顾客消费层级分布

来源:天猫后台数据

顾客阶层分析也是品牌定位的基本分析指标,处于不同社会阶层的人,收入、需求、购买力、价值观、生活品位、兴趣偏好等都不相同。阶层定位，决定品牌的档次。品牌应该考虑如何去满足目标阶层的需求，迎合其购买力和价值观。

值得注意的是，品牌定位尽可能不要跨越阶层，试图开发一种获得社会精英和底层人们共同喜欢的产品，是不现实的。很可能导致两头不讨好，里外不是人，高端人士嫌它没品位，底层人们嫌它太贵。另一个现象是，实际顾客群体也会跨越品牌阶层和档次定位，高档产品并非就一定是高端人士在购买，大众产品也并非没有富人消费。比如一个收入不高的年轻人花掉半年的积蓄买了一台iPhone4s；或比尔盖茨为了重温当年创业的激情岁月，跑到当年去过的一个乡村小酒吧喝了一杯，这些情况都不能说明iPhone4s和乡村小酒吧的阶层定位不当。因为顾客定位锁定的是占大多数的主力人群，并不需要考虑特例。

（5）职业分析

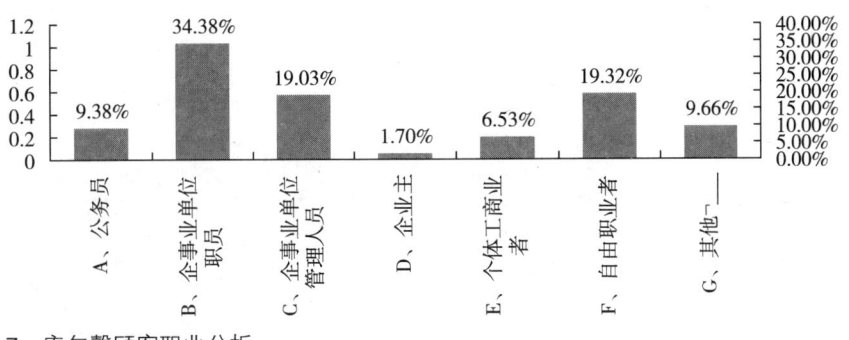

图3-7 康尔馨顾客职业分析

来源：康尔馨顾客问卷调查

从图3-7的调查情况可知，康尔馨的顾客以公商务人士为主，这个维度跟下面的消费行为分析维度也具有很大关系。请继续看下面的行为分析。

（6）行为分析

前面提到，康尔馨一开始就对目标顾客假设为频繁出差、经常入住星级酒店的公商务人士，因为对高星级酒店的美好体验，导致他们更容易接受康尔馨酒店风格家纺。图3-8所示的调查结果表明，8%的顾客"非常频繁"入住酒店；64%的顾客"经常"入住酒店，加起来占了72%的比例，由此验证了当初顾客定位假设。问卷后面还设计了一个追问："您购买酒店床品的原因是什么？"结果70%的顾客选择了"因为体验过星级酒店床品，觉得品质好，所以购买"。这个问题的答案，进一步佐证了上面的假设。

顾客消费行为和习惯，对于营销策略和推广策略的制定有重要参考作用，可以决定品牌销售渠道的选择、服务方式的设计、推广媒介的选择等。

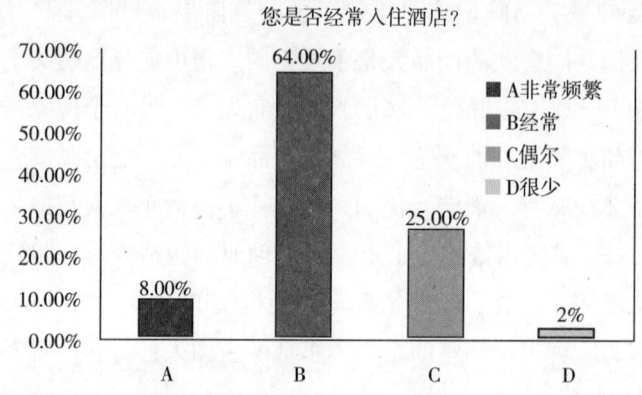

图3-8　　康尔馨顾客入住酒店频次调查

来源：顾客问卷调查

（7）通联分析

表3-1　　　　　　　顾客邮箱类型跟人均消费金额的关系

顾客邮箱后缀	邮箱后缀说明	人均消费金额（元）
hotmail.co.uk	hotmail英国邮箱	1668.972
netvigator.com	香港电信盈科邮箱	1568.333
hz.cn	杭州政府	1282.384
hp.com	惠普	918.333
zj.com	浙江都市	894.778
cmbchina.com	招商银行	881.033
bankcomm.com	交通银行	863.088
vip.sina.com	新浪VIP	852.503
vip.sohu.com	搜狐VIP	785.802
163.net	163收费邮箱	706.192
mail.hz.zj.cn	早期申请拨号时用	660.963
vip.163.com	163VIP	660.275
hotmail.co.jp	hotmail日本邮箱	639.537
spdb.com.cn	上海浦东银行	630.000
online.sh.cn	上海热线	616.047
189.cn	中国电信	615.023
yahoo.com.tw	Yahoo台湾	602.248

通联分析，就是对顾客留下的通信和联系方式进行分析，寻找有用的信息。在对康尔馨会员数据进行分析时，我们还发现了很多有趣的现象，比如将顾客留下的手机号码、邮箱、地址等信息跟顾客的人均消费金额对比，发现彼此之间有密切的关系。如表3-1所示，顾客邮箱类型跟人均消费金额的关系是：来头越大，层次越高，那么人均消费金额也越高。国外邮箱、政府邮箱、大企业邮箱、收费VIP邮箱等，都代表顾客的职业、身份和购买力，所以这其中也存在合理的逻辑关系。

表3-2　　　　　　顾客手机号后3位跟人均客单价的关系

顾客手机号码后3位数字	人均客单价（元）
111	723.212
866	663.676
333	633.873
666	629.582
888	621.072
999	535.090
777	505.025
588	497.244
555	492.039
188	459.113
688	438.655
222	414.227
388	392.564
199	350.278
484	236.782
444	213.248

再来看看手机号码，如表3-2所示，顾客手机号码后3位数跟人均客单价也有密切的关系。很多人都有数字迷信，因此对于一些所谓的"吉利"号码，有人愿意花钱购买，或者托各种关系弄到手。最终呈现有趣的现象：手机尾号的数字越"吉利"，意味着手机号码的主人能量越大，于是人均客单价越高。这对于做定向推广、精准营销等有指导意义。

此外，我们还分析过顾客的收货地址，凡是留有政府单位地址、高档写字楼地址、高档小区地址的顾客，客单价也明显偏高。

（8）偏好分析

凡是有特色的产品、有个性的品牌，都会对应一群具有相应偏好的忠实顾客。那些缺乏个性和特色的产品，是不能让顾客产生偏好的。当然，过于差异化，也会让目标人群缩小，喜欢它的人爱得死去活来，不喜欢它的人不会问津，这样"爱憎分明"局面，对于品牌做大市场份额不利，除非刚好满足了一个很大群体的偏好。康尔馨的产品特色非常鲜明，那就是以白色经典酒店产品为主，以淡雅风格的度假酒店和主题酒店产品为辅。从在康尔馨实际购买顾客的调查中，可以看到对酒店风格产品的偏好。如图3-9所示。

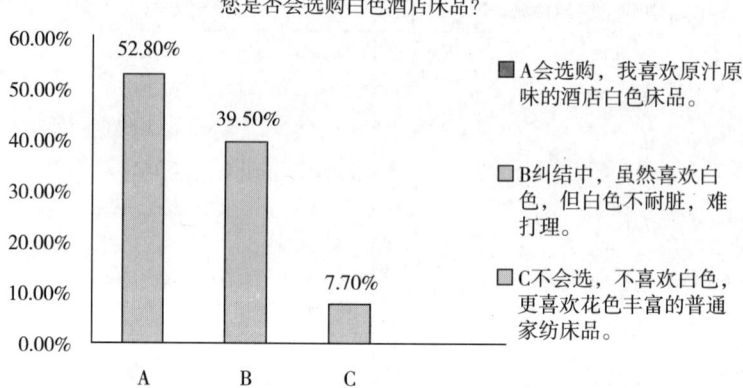

图3-9 针对"您是否会购买白色酒店床品"问题的回答，可以看出光顾康尔馨的顾客大多对白色酒店产品具有偏好

来源：顾客问卷调查

顾客偏好也是品牌定位时必须好好权衡的要素，要在差异化和目标人群大小之间找到平衡点。同时，顾客偏好涉及到方方面面，例如产品风格偏好、功能偏好、材质偏好、手感触觉偏好、使用体验偏好、服务方式偏好等等，所以应该作为一个专题来调研。

下面还有其他更多维度的分析，这里就不一一举例说明了。

（9）教育程度

受教育程度影响消费观念、品位追求和兴趣偏好。如果将受教育程度和收入、购买力、消费层级、消费观等维度做交叉分析，就会发现受教育程度跟很多指标呈现正相关性。

（10）家庭状况

婚姻和家庭生活，会带来很多新的需求。既包含家庭成员的个体需求，也包含全家共同需求。尤其是当婴儿出生之后，家庭各类需求会急剧膨胀。这也就是为什么孕婴童市场虽属细分市场，但是市场规模却非常庞大。

（11）消费观念

消费价值观，这也是很重要的维度，消费价值观甚至会突破收入和购买力的限制。例如当人们都在追赶某种潮流时，即便超出其购买力，也会有人去购买。

以上众多维度的数据，不仅仅要做平行分析，而且还有必要做交叉分析，最终的结论，应该是交叉分析、综合考虑而得出来的。

02 | 勾画目标人群的风骨
——定客ABCD模型

在本章中，我们的重点任务是分析和研究目标顾客特征，最终要用于两个方面：一是设定顾客定位或者验证顾客定位；二是将顾客定位落到实处，以顾客为中心，设计品牌价值和顾客体验。

上一节提到顾客定位需要考虑11个维度或者更多，再加上数据交叉分析，问题就会变得纷繁复杂，如果不分清主次，不抓住核心要素，那么很容易迷失方向。根据"奥姆剃刀"原理，如无必要，勿增实体。前期的数据收集和整理，当然是越详细越好，但是后期的数据分析，却需要综合与概括，抓住核心和本质，才能得出科学的结论。我们发现，最核心、最基础的因素有4个：需求力（Demand Power）、购买力（Buying Power）、消费价值观（Consumption Values）和行为习惯（Action&Habit）。需求力是购买的基础和原动力，购买力是购买的条件，价值观是购买的决策和驱动因素，行为习惯是购买的促成要素。这四个要素，组成了顾客消费逻辑过程。为了便于记忆，取关键词英文首字母，简称定客"ABCD模型"。如图3-10所示。我们根据这四个关键要素进行综合权衡，就不难确定顾客定位。

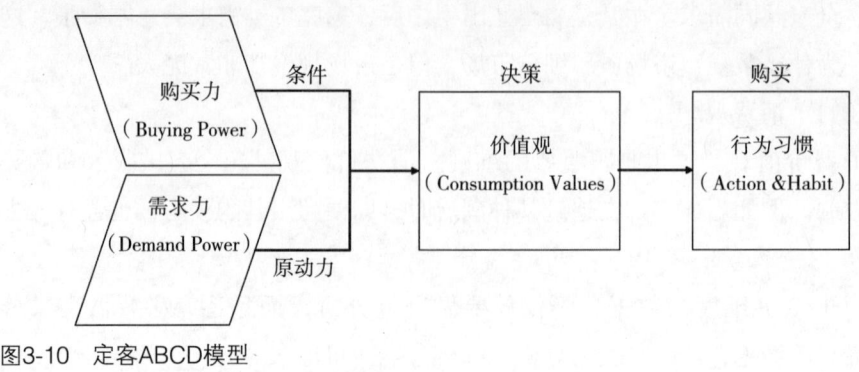

图3-10　定客ABCD模型

下面进行举例说明。

香港万宁药妆连锁之所以成功，首先是顾客定位准确而清晰，从芸芸众生中截取28~35岁这个年龄段的都市成熟女性作为目标客户。为什么这样定位呢？下面进行ABCD分析。

①需求力：都市女性普遍具有高频率的时尚化生活需求，包括化妆品、药妆、个人护理用品、家庭日用品、休闲零食、保健药品、玩具礼品等方方面面。万宁可以满足她们的一站式购物的需求。

②购买力：28~35岁成熟女性拥有较高的收入和购买力，这个年龄大多已经结婚嫁人，很多女人掌管了家庭财政大权，对于日化类产品而言，购买力不是问题。

③价值观：这个群体既追求时尚前卫，又追求品质和品位。一方面，她们心智趋于成熟，懂得女人要对自己好一点，生活品质和品位上绝不含糊；另一方面，面对青春易逝、容颜易老的现实，她们在健康、美态方面的投资也不惜血本。这就表示她们可以接受更高价位、更高档次的产品。

④行为习惯：这个群体喜欢出入大型高级购物场所，喜欢在商超、药妆连锁店消费，喜欢一站式购物。相对于喜好多变的少女时代，她们现阶段更加理性和成熟，一旦被品牌价值所打动，容易产生较高的黏度和忠诚度。这也决定了万宁的终端选址和终端商业模式。

综上所述，通过ABCD模型分析，我们可以发现万宁的顾客定位比屈臣氏的目标群体更成熟、消费层级更高。

总之，当我们面对纷繁复杂的数据和资料时，我们可以运用ABCD模型化繁为简，通过对四个要素的定量或定性描述，就可以将目标人群区隔出来。

03 | 唤醒沉睡的宝藏
—— 重构需求力

品牌定位跟销售战术还是有差别的，品牌目标顾客的设定，必须符合客观事实，以需求为基础。

顾客的需求包括刚性需求、弹性需求和潜在需求等。满足显性需求、引导潜在需求是品牌的基本功，而重新构建与创造新的需求，则是更高的境界。

⊙ 刚性需求

刚性需求，简单地说，就是人们日常生活所必要的消费需要，受价格变化影响小。我们的衣食住行等都是刚性需求，比如房价无论多高，总有人购买；米价无论高低，都要吃饭；药品价格无论如何，生病了总要吃药；公交涨价了，过路费涨价了，人们也不能不出行；还有水、电、煤气等等，这些消费都不会随着价格变化而大幅度变化，也就是说，其弹性系数的绝对值小于1。近年来CPI狂飙，"豆你玩"、"蒜你狠"、"糖高宗"等等层出不穷，即便明知这是奸商囤积居奇的炒作行为，人们还得咬牙去买，因为这是刚需，对价格不敏感。

⊙ 弹性需求

实际上，真正的刚性需求、绝对需求是很少的，除了政府企事业单位提供的垄断型产品和服务之外，我们其他日常消费品都有很大的可替代性，因此价格弹性都很大，需求会随着价格的变化而变化，弹性系数绝对值大于1。如果雀巢纯净水涨价了，我们可以去喝娃哈哈；如果国航机票涨价了，我们可以去乘坐南航的飞机；如果高露洁涨价了，我们可以买佳洁士；如果长虹涨价了，我们可以买康佳……

事实上，在经济危机或者通货膨胀来临时，人们减少了弹性需求的消费。对于一些可有可无的开支，人们开始变得谨慎。尤其是高档产品、奢侈品的消费减少明显，而很多中低档产品的销售却可能会有增无减，对价格的敏感，导致人们的消费由高端向中低档转移，这就是口红效应。一些高端化妆品为了保持市场销售额，又不能降低自身价格，就采取开发中端子品牌的策略，通过中端品牌去做市场份额，例如雅诗兰黛。

因此，我们必须认识到，在当今生产力发达、商品极大富余的时代，几乎所有消费品牌面对的顾客需求都是弹性需求。正因为需求的弹性存在，消费者可买可不买的情况下，品牌建设才成为必要。比如上海的地铁无需做什么品牌，即便运力不足、天天爆满，上班族一边骂骂咧咧，一边还得去挤地铁。不论消费者满意度高低，地铁的收入不会有丝毫减少。但是，我们广大消费品品牌就没有这么幸运，必须战战兢兢、如履薄冰，时刻维护品牌形象、满意度和美誉度，品牌才有市场。在消费者用脚投票、用银子投票的时代，那些真正打造知名品牌的企业，也得到了丰厚的回报，让消费者的弹性需求变得越来越刚性。例如海飞丝、飘柔等品牌，即便经济不景气，习惯了使用海飞丝、飘柔的顾客，还是会坚持购买，不会轻易找个便宜山寨产品替代。这就是品牌忠诚度。

● 引领潜在需求

我们看到的刚性需求和弹性需求，都属于显性需求。而人们客观需要又尚未被满足的需求，就叫做潜在需求。因而，引领和满足潜在需求，就成为开辟新蓝海的主要途径。引领潜在需求，首先要学会洞察潜在需求，这其中也是有规律可循的，那就是以人为本，真正站在消费者的角度，设身处地为消费者着想。从功能性需求、便捷性需求、舒适度需求、情感需求、时尚需求、审美需求、品质需求、品位需求等等角度出发，紧扣"人性化"这个线索，顺着价值链和产业链，我们可以寻找和洞察尚未满足的需求。下面来看一个案例。

1979年，深圳特区刚刚成立之时，迎来了首批入驻的外资企业，其中就包括中国大陆第一家外资家纺企业——雅芳婷。40年前，香港雅芳婷创始人许章荣先生凭借5万元开始创业，雅芳婷后来成为香港及华南地区家纺领导品牌，主要源于创始人执着的创新精神。他通过对欧洲市场的考察和学习，对比当时香港和大陆家纺行业的现状，觉得中国家纺行业还有很多潜在需求没有满足，需要一场健康睡眠的启蒙。那时候，尤其在大陆市场，由于社会整体物质的匮乏，床品企业还停留在粗糙生产阶段，产量和效率均无法满足社会需求，因此人们根本无暇顾及到工艺的创新性、面料的舒适度、生产的环保性、使用的便捷性、设计的人性化、审美的时尚化，更没有睡眠健康和睡眠科技等概念。当时还没有人会看到未来消费者的需求会升级换代，也看不到未来消费者需求的方向，而许章荣却看到了。他认为诸如健康睡眠、绿色睡眠、品质睡眠、科学睡眠的需求是客存在的，这些潜在需求现在没有觉醒，不等于未来不会觉醒。

在雅芳婷创立之初，许章荣以人性化理念为根本出发点，深入研究香港居民的生活环境特征，发明了第一条"多用被"。集床罩、被套及冷气被于一身的多用被推出后，因非常适合当时香港的热带家庭生活环境而风靡一时，随即成为香港裕华百货备受追捧的明星产品。多用被为雅芳婷带来了数倍的销量，亦为雅芳婷打响了名声。

初尝创新发明的甜蜜果实之后，许章荣先生的床品发明热情一发不可收拾。他更加潜心钻研床上用品的科技与创新，从顾客使用的便捷性、体验的舒适度入手，力求解决现有床品的缺陷，引导人们追求更高层次的品质睡眠生活。此后，雅芳婷成为香港和大陆床品科技创新的急先锋，先后发明了"睡之锦囊"、"连心扣"、"智能枕"、"鸳鸯被"等10大创新产品，不但给消费者带来了健康睡眠生活新启蒙，而且为同行企业带来全新理念。

雅芳婷的创新设计，极大地便利了人们的生活。举个例子：日常生活中的换被套，就是一种痛苦的体验，一般的设计就是将被套缝成一个大口袋，四周都有系带；被芯上则相应有扣圈，要将被套翻过来，将系带一一对应系在扣圈上，然后再将被套翻过去，再使劲抖动被套，让被芯均匀填满被套。笨手笨脚的人，恐怕半个小时也搞不定。但是，雅芳婷以人为本的设计，却彻底改变了这个繁琐的过程。雅芳婷别出心裁，在被套不开口的一端的两个角上，分别装一个小拉链，装被芯的时候，只需拉开拉链，把手伸进去，抓住被芯的一个角，将被芯拉过来即可，熟练的10秒钟就完成了。同时，雅芳婷的连心扣设计，也不用去翻开被套系带子了，连心扣是贯穿被芯和被套的按扣，只需对好眼，按一下即可，这样进一步加快了入被芯的速度。雅芳婷每年都要举行全国"入被芯大赛"，一般顾客都只需几十秒，就可以完成十多分钟才能完成的事情。

雅芳婷认识到，绿色和环保也是家居生活的最基本需求，早在20年前，雅芳婷就确定以环保为利润增长点，于1993年投资近2亿元引进当时全球最先进的环保印染设备，设立雅芳婷专用印染厂，实现了从布料处理、车缝、包装、销售一条龙的整合，让品质完全处于可控状态。该厂以天然染料为原料，专门生产环保布，并对布匹特别进行防螨杀菌处理，将同行难以控制的化学印染布残留对人体有害物质的问题完全解决，此技术在当时国内床上用品行业中尚无第二家企业能做到。1997年，雅芳婷获得瑞士纺织检定中心认证，并获该中心颁发的"国际环保专用证书"。

雅芳婷最突出的贡献在于发明了智能枕和枕头扫描仪。睡觉本是寻常事，然而许章荣先生早就发现了其中不寻常的潜在需求，大部分企业对枕头的理解，无外乎是软硬适当、睡得舒服一点，于是有很多床品、寝具企业都在生产枕头，大家都在材质、面料、花纹、外形等方面下工夫。而许章荣发现，由于每个人的身体曲线、尺寸的差异，正常批量生产的标准化枕头都无法很好满足消费者健康睡眠的需求。有个经常出差的职业经理人，竟然每次都自带枕头，因为酒店的标准化枕头让他无法舒服入睡。而更多的人因为枕头不合适，得了颈椎病，痛苦不堪。所以，一个符合人体工学的健康枕头，是消费者客观存在的、尚未被满足的潜在需求。

于是，由雅芳婷集团和香港生产力促进局投入巨资，历经9年研究，终于发明了全球首台"枕头扫描仪"和"智能枕"系统。在雅芳婷家纺的旗舰店，消费者可以通过枕头扫描仪得知自己的身体曲线数据，然后根据人体工程学原理，由电脑自动制定枕头的厚度、曲线、尺寸方案。定制的枕头无论仰睡、侧睡都能满足良好的舒适度，尤为重要的是，保证了颈椎有科学的受力支撑，避免了颈椎病的发生。许章荣先生凭借"智能枕"系统与从事太空研究的发明家平起平坐,获得"瑞士日内瓦国际发明展览会金奖"。

30多年过去了,执着于引导顾客潜在需求的雅芳婷,早已是香港和广东地区的第一家纺品牌。如今,我们在市面上看到的各类设计精美的床品争奇斗艳,各种符合人体工学和健康需求的功能性产品层出不穷,各种绿色环保概念的面料和材质风靡一时,殊不知,这些产品或理念最开始大都源于雅芳婷。正是雅芳婷的领先精神,将平淡无奇的家纺行业带入了执着追求现代睡眠品质的新时代,各个大陆企业纷纷模仿,因而无数消费者由此受益。当较低层次的潜在需求被满足之后,就会有更加高级的潜在需求被引燃,于是,中国家纺企业为了追赶消费者不断升级的需求而不懈努力。

● 重构新的需求

显性需求和潜在需求都是客观存在的需求,但是还有一些需求是本来不存在的,因为一些成功的商家进行引导,于是重新构建了一种新的需求。显性需求、潜在需求和重构出来的新需求,其中的关系可以从下面的案例中看出来。

王老吉在南方市场属于满足显性需求,因为广东、广西、香港等热带地区,自古以来就有喝凉茶的习惯。当王老吉扩张到了长江流域,此时就是满足顾客潜在需求。因为江南的人们也会喝凉茶,但不是天天喝,只有上火了才喝,但是都有预防上火的潜在需求。当王老吉卖到北方市场时,就是重构和创造了新的需求。因为北方人本来就没有喝凉茶的习惯,北方冬季时间长,喝凉茶实属不必要的需求。从中医的角度看,如果喝凉茶成为习惯,还是有害的,体质虚弱、脾胃虚寒之人,喝凉茶就会拉肚子。但是,神奇之处也就在这里,当王老吉给北方人创造了这个需求之后,北方人居然真的觉得自己有了这个需求。

在休闲、娱乐和时尚领域,很多品牌都在持续不断重构新的需求。在休闲饮料领域,每一种新口味饮品的问世,都是重构了一种新的需求,因为此前世界上并无这些饮料,人们也没有喝它的必要性,比如古人并无可口可乐、七喜、雪碧等饮料可以享用。在娱乐和文化领域,人们总是喜新厌旧的。任何一个经典产品问世,很快会变成历史,最终会无人问津。所以,编剧、导演、作曲家、歌手等等必须不断去重新构建新的需求。

在时尚界,原创大牌主张今年流行什么色彩、款式、概念等等,都是在重构新的需求。当没有刮起这股潮流的时候,人们也活得好好的;等刮起这股潮流的时候,人们会发现身不由己,不得不追赶潮流。这就说明,新的需求已经诞生了。时尚界的领导品牌如果丧失了创新能力,不能制造概念、引导潮流,则会失去江湖地位。

在生活习惯、饮食文化领域,品牌跨地域的扩张往往产生和重构新的需求。例如以前中国人没有吃比萨的需求,也不知道比萨为何物。但是随着必胜客、棒约翰等西式餐饮品牌进驻中国,很多人也就产生了吃比萨的新需求。再如本来上海人是不吃或很少吃辣椒的,但是随着望湘园等湘菜品牌的扩张,一部分上海人也开始吃辣椒了,这也是重构了新的需求。

在互联网、IT领域,创造新需求也是家常便饭。例如,从MSN到QQ,从博客到微博,从网游到社交网站等等,都是以前没有的事物,它们的出现,实际上重新构建了新需求。而顾客的新需求有时并不稳固,很容易喜新厌旧,这就迫使品牌和企业不断创新。

重构新的需求,往往可以在传统产业中寻找机会。例如,电子商务就是对传统零售业的创新和颠覆。我们在2008年之前谈网购和电子商务时,都觉得那只是草根行为,小打小闹,难成气候。两年之后,网购就出现了井喷,数百万家电子商务企业一夜之间冒出来,每天创造一个神话。在天猫双十一大促销的那天,很多品牌创下了单日销售额四千万、五千万甚至过亿的奇迹。2012年双十一,杰克·琼斯成为天猫商城第一个单店单日销售额超过1亿元的品牌,而淘宝和天猫当日整体销售额达到191亿,当天有2.13亿网民访问淘宝和天猫。设在杭州的淘宝总部的网络系统经受住了全球最大、最密集的访问流量考验,这么多人同时访问一个网站,这也创造了全球互联网历史上的新纪录。2012年,淘宝和天猫商城销售额首次突破1万亿!

此外,我们还发现很多新的需求力是被营销技巧激励出来的。比如一些保健品的推销人员,经常能忽悠退休老人花大钱购买一些无用的东西,那是因为他们知道如何去激发老人的需求力。另一种刺激需求力的方式是利用人们的恐惧心理,很多广告采用恐吓方式,吓唬顾客乖乖掏钱。例如那些宣扬排毒、养颜、减肥、通便、抗衰老等功效的产品，往往都采用夸张法、归谬法和恐吓形式，将极端情况、偶尔现象当作必然后果来宣扬，让顾客觉得如果不购买这些产品，就会百毒缠身，后果不堪设想。实际情况正如《商界》杂志一篇文章所揭露的保健品潜规则："吃不死人即可"。当然，做品牌，要树立良好的公众形象，重构需求力应该是构建积极健康的需求，如果妄图通过一些小伎俩，甚至是欺骗性的手段敛财，最终做不长久。

总之，重构需求力，是品牌追求的目标和赢得竞争的利器，品牌必须在创新的道路上不断前进，永不松懈。

04 危机下的消费抑制
——重启购买力

◉ 购买力辨析

需求和购买力总是一对矛盾。谁都想生活得更加美好，谁都想拥有香车宝马、豪宅别墅……但是，不是谁都拥有足够的购买力。

有需求而无购买力的情况很普遍。且不说那些奢侈品，就连平常的消费品，也存在对顾客购买力的选择。因此，寻找有购买力的顾客，就是每个品牌必须完成的任务。中国经济发展不平衡，东南沿海地区购买力旺盛，而广大内地乡村同样有很多需求，但是因为购买力有限，所以不被大多数品牌所重视。大中城市都是品牌扎堆、竞争激烈的地方，很多品牌在这里摆开阵势，安营扎寨，打持久战。譬如康师傅方便面对顾客的收入情况无须太多要求，几乎所有的城乡居民都买得起；但是劳力士就不能不考虑高收入人群的分布情况，这就决定了其渠道和专卖店目前只能布局于一二线城市的核心商圈。

因此，搜寻和争夺具有购买力的人群，就成为品牌竞争的焦点之一。大城市的核心商圈因为聚集了购买力最强的人群，所以成为自古商家必争之地，只有一线大牌才有实力和资格在此树立大旗。其他品牌难道就没有发展的机会了？当然不是。

在这个问题上，我们必须开阔思路，重新认识购买力的本质。其实，购买力是一个相对的概念，很难有绝对的衡量尺度。举个例子：笔者的两位朋友，一个每月花费200元给孩子买玩具；另一个每月花费500元给孩子买玩具。那么，是不是前者购买力低于后者呢？实际上，前者在上海的徐家汇买了一套价值480万的学区房；后者在上海的外环之外买了一套180万的房子。他俩到底谁的购买力强？如何来评判？

再如，对于内地的乡村和小镇，一般人都会觉得他们购买力太低。然而，奶粉企业却发现，两三百元一罐的品牌奶粉在内地乡镇市场却卖得很好。因为在"三聚氰胺"事件之后，人们不敢买不知名的山寨奶粉了。于是，时势造英雄，硬是逼出了购买力。于是，一些国产知名奶粉品牌在一线城市竞争不过进口品牌，就进而转战内地市场，他们照样依靠三四线城市和乡镇市场的购买力，创造了属于自己的天地。

由此可见，笼统地说某个人群、某个阶层或某个地区的人们有没有购买力，其实是很草率的。并不一定要将眼光盯着大都市、大商圈、大商场，在任何地方，都蕴藏着适合某个品牌的购买力人群，存在着品牌生存和发展的土壤。很多时候，这样的土壤是隐秘的、不易发现的，品牌企业应该结合企业内外环境和对目标顾客特征的了解，去作综合判断。

◉ 购买力的转化与重启

在很多人看来，购买力是客观的，收入高的人购买力强，收入低的人购买力弱，就这么简单。其实，站在品牌商的角度来看问题，那可不一定。我们应该认识到购买力并不完全由顾客收入决定，跟品牌商提供的产品和服务也有密切的关系。只要创造一定的条件，"无购买力"和"有购买力"，"低购买力"和"高购买力"，彼此之间是可以转化的，通过转化，我们可以重新启动顾客的购买力。

最著名的案例是福特汽车。福特的理想是让更多的人买得起汽车，享受使用汽车的乐趣；并让更多的人就业，得到不错的工资。福特真的这样做了，从1908年到1916年间将汽车的价格降低了58%。当时福特的订单超过了生产能力，本来可以提高车价的，但福特却反其道而行之，即便遭到一位股东提出诉讼，他仍旧坚持他的理想。福特用普通人都买得起的T型车改变了美国人的生活方式。从福特时代开始，汽车成为现代生活的标志之一，福特公司也获得长足的发展，成为超级汽车王国。

还有美国西南航空的案例，西南航空采用廉价航空的定位，不是赤裸裸降价，而是去掉了不必要的航空附加服务比如空中餐饮等，甚至缩小座位尺寸以便容纳更多顾客，最终的服务只是将旅客安全、快捷送达目的地，从而将节省的成本体现在票价上，赢得很多追求性价比的顾客的青睐。

此外，还有支付方式的革新，也极大增强了购买力。例如按揭贷款的方式，就让很多对房子缺乏购买力的人群，如愿以偿地成为房奴。在汽车、手机、电脑等消费品领域，也都存在分期付款的方式。如此就让很多攒不住钱的月光族成为中高端产品消费一族。

显然，福特汽车就是通过降价的方式，让缺乏购买力的人群，重启购买力。不过，值得注意的是，通过降低品牌的价格来提高购买力的行为需要慎重，随意的降价会导致品牌价值贬损，虽然也可能促进企业的成功。福特汽车作为一个企业，是成功的；但是"福特"作为一个品牌，在全球品牌价值排行榜上，却远远落后于宝马与梅赛德斯—奔驰。因此，在企业当前利益和品牌长远发展两重选择上，需要作出合理抉择。

在以产品为中心的时代，在大机器工业兴盛的早期，人们衡量产品的标准就是性价比，在技术和品质相同的条件下，如何实现规模化生产，大幅度降低价格，就能赢得市场竞争。而进入品牌竞争时代，品牌附加值超越了产品本身的价值，此时随意打价格战就不那么明智了。

◉ 低购买力转化策略

对于高购买力的人群，我们无须去讨论。但在经济危机下，一部分目标顾客的购买力处于休眠状态和抑制状态，一部分目标顾客从高购买力变成了低购买力。如何在不损害原有品牌价值的前提下，重启休眠的购买力，将低购买力转化为购买力，这才是很多品牌应该探索的问题。

第一，在品牌层面，巧妙运用品牌族群策略，对品牌进行合理分工，有的继续做形象与高端,保持品牌价值不流失;有的则做大众市场,为企业带来现金流和利润,从而实现企业整体上能良性运营。

我们以化妆品行业为例来探讨这个问题,中国日化市场的竞争格局被称为"象蚁之争"——欧美品牌是大象,国产品牌是蚂蚁。欧美品牌占据中高端化妆品市场80%以上的份额,占据口腔清洁用品市场67%的份额,占据洗发水一二级市场85%的份额,占据药妆市场90%的市场(图3-11)。如此庞大的市场份额,就意味着需要覆盖购买力不同的人群,事实上,欧美日化品牌都善于进行族群分工,采用不同的品牌和产品,提供从高端到中端到大众化的产品和服务,从而占据城市各个阶层和各个细分市场。经济危机中,也许单个高端品牌销量受到影响;但是从整个集团来看,中低端品牌销售平稳或因消费下移而带来销售增加,所以集团整体业绩不会受到太大的影响,因此它们仍旧牢牢占据市场的主导地位。显然,善于运用多品牌分工策略的企业,各个层级均有品牌占据,就能将市场风险降低到最小。

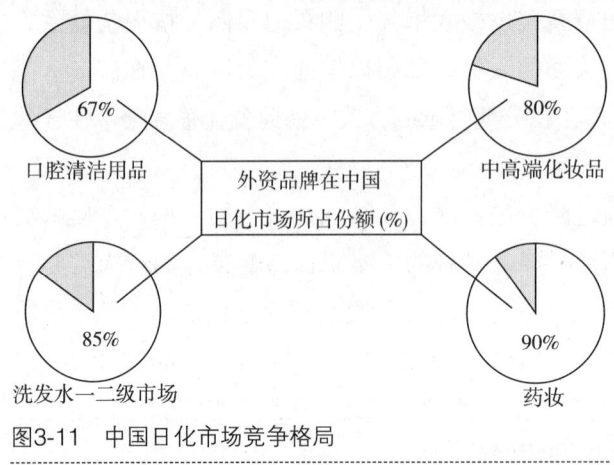

图3-11 中国日化市场竞争格局

第二,在营销层面,充分运用各种营销手段,也可以有效应对购买力下降的情况,建立新的供需平衡。

继续前面的化妆品话题,经济危机对于国产品牌来说挑战和机遇并存,在营销方面它拥有更多手段来适应人们的购买力降低。例如,它可以减少不必要的功能和成分,进一步控制成本,开发大众化的产品,通过促销活动增加销量,给渠道商更多的激励政策,不断地挖掘潜力市场,开拓电子商务新渠道,等等。近年来,珀莱雅、自然堂、丸美、佰草集、相宜本草等国产品牌在经济不景气之中却快速发展,虽然短期内不能改变市场竞争格局,但是国产品牌已经赢得了发展的契机,战略意义不言而喻。

第三,在市场空间上,利用中国区域经济的发展不平衡,从一二线城市向乡村市场进行扩张，将渠道下沉到地县级市和农村的乡镇市场，实际上也是获取了新的购买力人群。

最典型的案例就是"家电下乡"运动，这场由政府主导、企业联动、合作演出的拉动消费大戏，充分证明了中国乡村市场的购买力是一块充满魅力的新蛋糕。以前，城里人吃香喝辣的时候，并没有人想起他们还有一群农民朋友；当经济危机来临，出口受阻，企业生产的产品卖不出去的时候，才想起要农民朋友来帮忙。我国是世界上最大的家电生产国和出口国，彩电、冰箱、洗衣机、手机产量均居世界第一。2008年经济危机之前，这四类产品年出口额将近600亿美元，出口依存度约50%，产能过剩严重。从2007年12月开始，山东、河南、四川3省进行了财政补贴家电下乡产品试点工作，对3省农民购买彩电、冰箱、手机3类产品，比照出口退税率，给予销售价格13%的财政补贴。初尝甜头之后，家电下乡运动扩展到了14个省和直辖市，新加入的11个省市执行到2012年11月底。据测算，连续4年"家电下乡"，实现家电下乡产品销售近4.8亿台，累计拉动消费9200亿元。显然，这9200亿元，就是渠道和市场下沉带来的收益。当然，市场有其自身规律，政府不应该过于干预经济。

渠道下沉，得益不仅仅是家电品牌。再如鞋类品牌，当很多占据中高端渠道的品牌业绩受到影响时，达芙妮却仍旧保持强劲增长势头。因为达芙妮70%的销售额来自中国中小城市的独立门店，而中小城市的消费需求快速增长，长期积累的购买力还没释放完毕。近5年来，达芙妮保持了25%以上的年均增速，而女鞋这个成熟的传统行业，近5年的行业年均增速只有10%。因此，达芙妮远远跑赢了大盘。业内人士预测，到2015年时，中国中小城市百万人均鞋店数量将累计增长60%，增幅是一线城市的两倍，达芙妮仍有充足空间实现进一步增长。可见，利用空间上的差异，在购买力相对较低的中小城镇甚至乡村市场，品牌企业仍旧可以大有作为。

总而言之，高购买力的人群是众多品牌争夺的焦点，但是低购买力的人群也是一个金矿，关键就看采取何种有效措施，在尽可能不损害品牌价值的情况下，让低购买力人群实现转化。

05 | 市场的颠覆性力量
——重塑价值观

◉ **丈母娘推高了房价？**

据说，湖南长沙的洗脚城比京、广、沪三个城市洗脚城之和还要多，于是北京被人们称为首都，长沙被人们称为"脚都"。长沙是一个奇特的地方，这是一个娱乐至上的城市，这里诞生了享乐主义消费观，诞生了湖南卫视，诞生了快乐大本营和超级女声。大陆很多电视台的娱乐节目，都是从湖南卫视拷贝过去再改头换面的。长沙人民高举娱乐大旗，娱乐了自己，也娱乐了他人，引导了全国人民的娱乐精神和娱乐热情。

精明的商家早就发现，在其他内地二三线城市卖不动的高档产品，在长沙都卖得很轻松。进一步研究，发现这里的人们收入和消费严重不成比例，赚得有限，花得无限，消费观念和消费意识超前。可见，价值观可以超越购买力，让本来没有购买力的人成为某高档品牌的忠实粉丝。

然而，不是每个地方的人都像"脚都"人民那样想得开。长期以来，中国人由于社会保障体制的缺位，面对养老、医疗、教育、买房几座大山的压迫，养成了节省、存钱的消费理念和价值观，除非发了一笔横财，否则一般家庭是断断不敢随便花钱的。中国储蓄率超过50%，全球排名第一，居民总存款近20万亿，从存款来看，中国人挺有钱，购买力很强。然而，这些钱都是不能动的，这就是价值观的决定性作用。

中国人对于房子有着超乎寻常的热爱，认为有了房子，才有了依靠，心头才踏实。女孩择夫、丈母娘择婿，第一条件便是房子！在这类观念影响下，房价总是被不断拉高，越高越有人购买，买涨不买跌嘛。古人常以"世代忠良"为傲，今人常以"三代房奴"为恼。地产大鳄冯仑说："未婚女青年拉高了房价！"2012年，一项由民政部中国社会工作协会婚介行业委员会与百合网联合发布的《中国人婚恋状况调查报告》显示，近七成女性选择"男性要有房才能结婚"。由于房子这个绊脚石，中国目前有1.8亿单身男女在围城之外徘徊。而任志强看问题似乎更深刻一点，他对冯仑说："错！确切点说是丈母娘推高了房价！"任志强的说法似乎更有道理，如果没有房子，碰上巧言令色之徒，还是比较容易过女朋友这一关的，但是丈母娘这关却是无论如何糊弄不过去的。当然，房价的高涨其实是一个复杂的社会问题，这里涉及到土地所有制、土地财政和地方GDP、土地流转政策、民间投资出路、通货膨胀等一系列问题，这些超出了本书范围，我们这里主要谈消费价值观。

至少从直观层面上看，房价的高企跟刚需的存在有很大的关系，你可以说炒房的人比刚需多，这是事实。中国的储蓄率世界第一，随着近年通货膨胀的加剧，让所有人都焦虑起来，钱放在银行，意味着财富的不断缩水。同时股市又萎靡不振，也没有其他投资途径，于是，投资房市，就是一种最佳选择。中国房价短期内不会跌，除非房市将居民手中20万亿存款的大部分都吸光了，才可能减缓上涨的速度。同时，这区区20万亿储蓄只是冰山一角，还有其他途径更多的资金汹涌而来，源源不断。为什么有这么多钱？这得问央行。总之，要想等到房价下跌再买房，这过程是漫长的。但是，从根源上思考，刚需却是房子炒作的基础！试想一下，如果不存在刚需，房子只是可有可无的东西，那么炒房也没有市场了，例如地上的泥巴有人去炒作么？大海的水有人去炒作么？天上的云朵有人去炒作么？凡是能够炒作的东西，必定是能满足需求的东西，是有价值的东西。所以，房价问题确实跟刚需有直接关系，而刚需问题，还是有很大一部分可以算到"丈母娘需求"上的。你要不信，可以看看美国的丈母娘有没有这个需求，人家美国青年对于租房子住觉得理所当然，如果要想置业，也是到40岁之后。

如果大家都不把买房当一回事，那么房子就没有炒作的价值，热钱就只能去炒大蒜、芝麻和绿豆。结果，事实上大家都可以轻松得到房子，同时还能拥有高质量的美好生活，不至于沦为悲惨的房奴。如果大家都抛头颅洒热血也要买房子，则大家虽然得到了房子，但是却导致一家三代房奴，生活品质一落千丈，处处小心谨慎，不敢消费。可见消费价值观是多么重要，弄不好就把几代人陷入了囚徒困境，作茧自缚。

前面我们讨论了需求力、购买力，其实这二力跟价值观相比，简直都是浮云。价值观才是最强大的力量，可以让穷人的孩子跟富人的孩子同样享用进口洋奶粉，可以让年轻人将自己下半辈子的收入乖乖交给一个只有70年租期的房子，也可以让曾经的世界首富比尔·盖茨将自己的所有财产裸捐给社会，而不留给自己的子女。总之，价值观可以化腐朽为神奇，也可以化神奇为腐朽，成为摧枯拉朽的决定性因素。众多品牌每天喋喋不休地做广告，说白了都是冲着顾客的消费价值观去的。如果品牌成功引导了顾客的价值观，那么就可以获得很多忠实粉丝。

罗兰·贝格方法

正因为消费价值观决定了消费心理和购买行为，罗兰·贝格作为欧洲最著名的品牌战略咨询公司，在研究消费者价值取向方面可谓不遗余力。它开发的消费者价值元素分布图，是至今最为严谨、科学的顾客特征与价值取向分析工具。罗兰·贝格在进行定性分析的基础上，设计了130个有关个人基本生活态度和价值取向的问题，先后在德国、英国、葡萄牙、波兰、中国和日本的等多个国家，针对超过30000名消费者进行定量调查和针对性研究，从中归纳出19个最核心的消费者价值需求元素。此外，在针对中国消费者研究中，还发现了中国人有一个独特的元素——追求。因此，用在中国市场，就是一共20个核心价值元素。这20个元素组合分布在一个二维矩阵图中（图3-12），形成中国消费者的价值元素分布图框架。

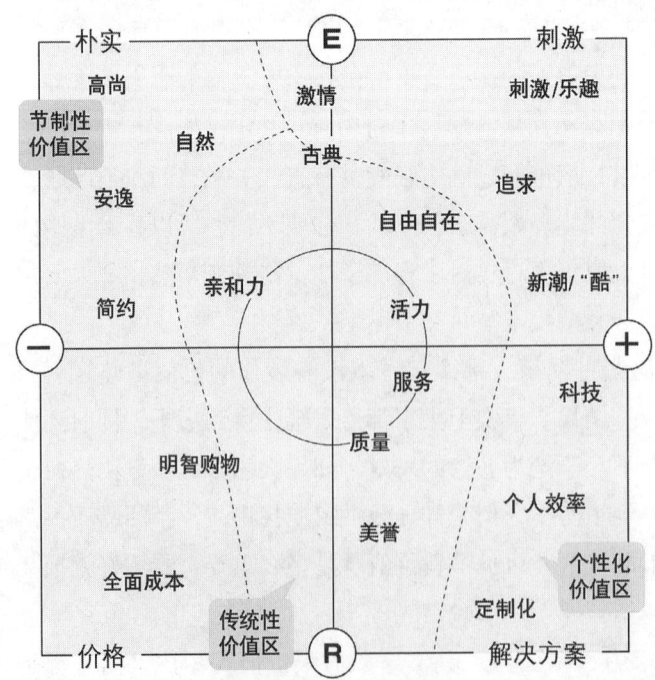

图3-12 中国消费者价值元素分布图框架

来源：哈佛商业评论

图3-12的横坐标表示价值元素对消费

的促进和抑制关系，越往右边"+"的方向，表示对消费促进作用越强；越往左边"-"的方向，表示消费的抑制作用越强。图中纵坐标表示感性和理性的关系，越往"E"（Emotional）表示感性程度越强；越往"R"（Rational）表示理性程度越强。中国消费者的价值取向，可以大致分为节制性价值区、传统性价值区和个性化价值区。落在个性化价值区内的顾客群体，最具消费欲望，对于品牌来说最有价值。

经过对目标顾客的调查和数据分析，看顾客的价值元素主要分布在哪些区域，就可以知道这个群体的价值取向。例如，中国女性14～19岁的群体在价值分布图上出现了显著分化（图3-13），右边是蓝色的着色区域，表示消费者认同的正向需求；左边是红色的着色区域，表示消费者不认同的负向需求。也就是说，14～19岁的女性，其价值取向都落在右边的正向需求上，位于个性化价值区，说明这是一个积极消费的群体。并且其价值取向包括"激情"、"刺激/乐趣"、"追求"、"新潮/酷"、"科技"等等。按照罗兰·贝格对20个价值元素的解释，这个群体的整体特征便是：喜欢标新立异、喜欢新事物、喜欢兴奋和冒险、青春叛逆、个性张扬、喜欢使用和尝试最新科技产品、喜欢互联网等等。

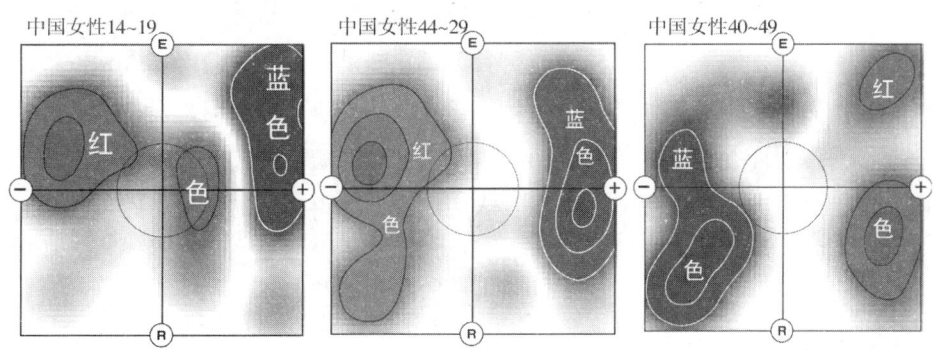

图3-13 中国女性价值元素分布

来源：哈佛商业评论

如果把年龄往后延展，一直到35岁之前，中国女性的基本其价值取向都位于右边的个性化价值区。也就是说，中国女性14～35岁的人群，都有积极的、正向的消费需求，有相近的消费价值观。尤其是18～35岁的都市女性群体，购买力逐渐增强，又有很强的消费欲望，因此很多时装、快消品都将目标锁定于这个群体。

在35岁之后，到40岁之前，中国女性的价值取向就变得模糊。因为这个年龄的女性都建立家庭，有了孩子，家庭的综合化需求变成了其关注的重心，而对自身需求的关注减少，因此价值取向变得模糊。而到40岁之后，价值取向又变得清晰起来，这个时候，跟30岁之前的价值取向刚好相反，主要活跃在节制性价值区和传统性价值区。

罗兰·贝格价值元素分布图，给顾客定位提供了很好的思路和借鉴。上面的3个价值元素分布图，只是从年龄维度来粗略划分人群而得出的共性。而在实际品牌定位操作中，针对不同行业、不同产品会截取不同的细分群体，那么所对应的目标人群价值元素图都不会一样的。

◉ 迎合价值观

笔者曾经为一家经营女装品牌的企业服务，该品牌年龄定位在38～50岁之间，拳头产品是中高档大衣、风衣。在项目一开始，我们就发现这个品牌最大的问题就是经常性地打折促销，甚至自营店和加盟店之间都打价格战，自营店仗着自己的成本优势，将价格打得比加盟店的进货价还低，这种匪夷所思的现象引起了加盟商的强烈反对。更具讽刺意味的是，除了总部所在地武汉之外，销售做得最好的区域是河南，我们研究之后发现，唯独河南没有自营店，全部都是加盟商在经营。明眼人都可以看出：自营店不但没有起到旗舰引导作用，反而成为市场的害虫。没有自营店的河南市场得到了解放，所以业绩比有自营店的区域好。价格战酣畅淋漓的时候，很多消费者在等待和观望，不打折就不购买。于是形成了"打折——购买——不打折——不购买——打折——购买"的恶性循环。

究其原因，第一，源于企业管理层对顾客消费观的误解，他们认为目标顾客是中老年妇女，这个群体都爱占小便宜，比如她们到菜市场为了几毛钱都可以跟小贩砍价半天，因此对于动辄上千元的大衣有必要打折销售，高定价低折扣，这样让她们觉得占了大便宜。第二，源于销售业绩考核方式，公司在业绩考核中，片面注重回款，销售额指标权重远远大于毛利指标的权重，导致13个分公司经理都片面追求销售额和资金回笼率，不断用价格战饮鸩止渴。第三，公司营销体制和管理上存在严重漏洞，作为一个具有20多年历史的企业，已经出现了严重的官僚主义和大企业病，全国13个分子公司就像13路诸侯，诸侯们在各自地盘上经营多年，关系错综复杂，对总部的指令阳奉阴违，部分诸侯和当地大加盟商、经销商串通一气，徇私舞弊。例如，让最畅销的产品调配给加盟商，让滞销的产品调配留给直营店；直营店店长为了处理滞销品，又会拿价格开战。以上三个因素导致价格战愈演愈烈。在内部访谈过程中，管理层也都认识到了价格战的错误，但是谁也改变不了现状。

　　认清了原因，我决定采取三大变革措施。

　　首先，我们从顾客价值观调研入手，来纠正公司的经营理念。从价值元素分布图上看，四五十的女性顾客价值元素主要分布在节制性价值区和传统性价值区。她们的消费观念趋于保守，注重全面成本控制，喜欢安逸、自然、简约，理性和明智购物，不会为了追求潮流而冲动消费。然而，这只是该年龄段的一般情况，近似于平均数据。如果对这个年龄段进一步细分，会发现也存在一个中高端消费人群，她们的价值观出现了分化，购物成本不是她们关注的重点，品质、品位和美誉度才是其优先考虑的因素。在现实生活中我们也可以发现，年少的穿花样，年长的穿品味。看看职场中、社交场所那些中年女性，虽然穿得不如小姑娘那么花哨，但是每件衣服都是品牌货，价值不菲。对于这样一个细分群体，如果经常打折，是否符合她们的价值观？

　　通过对大量目标消费者的走访与调查，我们发现事实并非跟该公司管理层想象的一样：因为该品牌定位中高端，终端装修的格调和档次就对顾客进行了筛选，光顾该品牌门店的顾客，其实都不差钱。对于她们而言，最不能容忍的不是较高的价格，而是吃亏。比如昨天一位阿姨花1600元买了一件大衣，今天却打5折出售，那么她知道后就非常气愤，因为她觉得吃了800元的亏！一位火气比较大的东北阿姨气愤地说，老娘纵横江湖几十年，怎么能吃这么大的亏呢？于是她对品牌的认同度就大打折扣了！同时，随意打折，也让会员优惠政策毫无吸引力，因为新顾客的折扣比会员价还低，这样导致品牌忠诚度几乎没有。我们统计发现，会员消费只占销售额的8%，这对于一个拥有20多年历史的老牌子而言是非常不可思议的。

　　由此，通过对目标顾客消费价值观的调查与分析，用事实和数据说话，从经营理念上纠正了公司管理层的错误认识。

接下来，我们推动绩效考核体系的改革，尤其是改变了绩效考核的权重，不仅仅考核销售额和回款，将毛利率也作为重要指标。再接下来，改革营销与渠道体制，对各地分公司进行削藩，将高耸的金字塔结构变为扁平。同时，加强总部对区域加盟商管控，尤其通过建立ERP系统，让总部对所有终端门店的零售价、折扣率和库存量统一监管起来。所有这些举措，最终生效，扭转了局面，企业逐渐进入良性运营的轨道。

从这个反面案例可以看出，品牌企业一定要重视目标顾客的价值观，千万不能想当然，一定要深入调查，深入分析，然后在营销和品牌策略上必须迎合顾客价值观。

⦿ 重塑价值观

新产品、新概念推向市场，或原有产品升级换代，原有品牌形象和价值提升，都需要教育消费者，重塑新的价值观。然而，对于新业务和新概念的上市，这里蕴藏着巨大风险：中小企业一般都是在夹缝中生存，为了避开激烈的竞争，于是就只能寻找差异化，通过一个好产品、一个好创意起家，正因为是差异化的新概念，就需要花费大力气教育和引导消费者，一种可能是，因为自身太弱小而无法撬动市场大蛋糕，花费几年功夫，耗尽全部精力财力，却没有将消费者引导成功，没有塑造新的价值观，于是企业难以为继；另一种可能是，好不容易将消费者教育好了，然后行业的几个大企业突然出手，凭借强大的研发、资金、渠道和品牌力量，一夜之间就将这个已经重塑新价值观的市场据为己有，可怜中小企业为他人作嫁衣裳，最终却落得没有立足之地。所以，江湖前辈都会谆谆教诲晚辈：千万不要去试图教育消费者，这样会费力不讨好。

其实，中小企业寻找差异化道路是没错的，对于上述风险，我们要区别对待。如果你的创新能够获得天使或VC的青睐，那么自然可以放手尝试。如果你的创意不能打动天使或VC，那么就要三思而行。这时候你可以做有限尝试，但不要将所有赌注、身家性命全部堵上。这些年来笔者看到的一个现象是，拥有创新项目的中小公司，创始人一般都不是做市场和品牌出身的，而是痴迷于技术和产品的专家。因此，他们对市场的理解，总是以自我为中心，而不是以顾客为中心。他们的逻辑就是：我有充足的理由认定这是好产品，消费者也一定觉得这是好产品。但是他不知道，要让每个消费者都达到他那样的认知程度，要给顾客塑造他那样的价值观，那得需要多少的沟通和教育成本？很多创新企业一条路走到黑，悲剧的根源都在这里。其实，还有一条出路，那就是将项目卖给大公司。这个时候，创始人往往心有不甘，觉得将一个明日之星便宜卖掉，无论如何不能接受。反过来想一想，成王败寇，公司失败了，什么都不是。

因此，引领价值观、改变消费观、重塑价值观，需要根据企业和品牌实力而采取合理对策，量力而行。对于成熟企业、知名品牌来说，引领价值观是分内之事、本职工作。即便今天在红海中取胜，那么也要考虑未来的生存之道吧？管理学者王育琨当头棒喝，拷问张瑞敏："再过20年海尔靠什么吃饭？"这个问题，不知道张瑞敏如何回答的，跟华为等创新型企业相比，海尔的表现确实难以用"卓越远见"来形容。

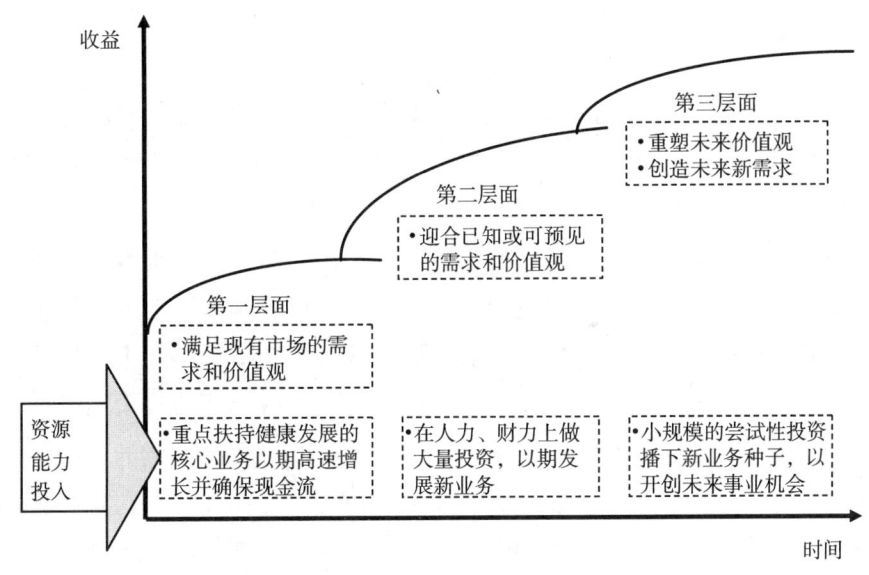

图3-14　面向未来的顾客需求与价值观，企业近、中、远期三层面规划

站在企业战略的角度，面向引领未来需求和价值观，我们一般采用三层面法来描述企业近、中、远期战略规划。第一层面，针对当前与近期业务，主要目标是满足现有市场需求和价值观，在资源和能力投入上，重点扶持健康发展的核心业务，以期高速增长，并确保现金流。第二层面，针对中期业务，

目标是迎合已知或可预见的需求与价值观。在人力物力财力上做大量投入，以期发展新业务。第三层面，针对远期业务，为了解决"未来靠什么吃饭"的问题，需要创造未来新需求，重塑未来价值观。在资源和能力投入上，进行若干小规模的尝试性投资，播下新业务种子，以期开创未来的事业机会。也可以花少量的钱去收购一些创新项目和创新团队，然后利用自身的资源和实力慢慢培养。实际上，科技创新的大公司，普遍都这么做的。

06 中了品牌的毒
——创建顾客黏度

◉ 路径依赖

什么叫路径依赖？先来看一个经典案例。有人经过潜心研究，发现一个惊人的事实：美国航天火箭助推器的直径，是由2000多年前两匹马屁股的宽度决定的。这是怎么回事呢？

美国有一家著名的火箭助推器制造公司，名叫Thiokol，坐落于犹他州。该公司成立于1929年，从生产化学产品起家，在1945年研制出火箭助推器的液体燃料，到1958年，开始生产火箭助推器系统。最初，该公司把火箭助推器设计得很粗大，但是立即就遇到了一个难题：要把笨重的助推器运到佛罗里达州的发射场去，必须依靠火车，而火车要翻山越岭穿山洞。山洞的直径，只比隧道轨道宽一些，而火车轨道宽度是4英尺8.5英寸。也就是说，火箭助推器的直径只能夹于山洞直径和轨道宽度之间，如果宽太多，就会卡在山洞里。这样Thiokol公司的设计队伍不得不重新修改了火箭助推器的外观尺寸，以便它能通过隧道。

那么，铁轨宽度4英尺8.5英寸又是如何来的呢？进一步考证发现，原来，美国铁路的第一批建设者就是那些修建市内有轨电车的人。这群人理所当然地将有轨电车的轨道宽度4英尺8.5英寸沿用到了铁轨上。

那么，有轨电车的轨道宽度又是如何来的呢？原来，在市内有轨电车建设的早期，许多制造公司是从马车生产商转产而来的。显然，有轨电车的宽度来自马车的宽度。

那么，马车的宽度又是从哪里来的呢？美国的马车宽度是从英国来的。英国的国家标准规定，马车的标准轮距是4英尺8.5英寸。

那么，英国的国家标准又是怎么来的呢？答案是来自于欧洲最早的公路宽度。

那么，欧洲最早的公路宽度又是如何来的呢？答案是罗马人建立了欧洲最早的公路系统，以便于通商。同时，更重要的是帮助他们在庞大帝国的内部快速地运送军队，这些公路最初通行的车辆是罗马战车。这样，其他使用这些公路的人，就必须遵守军队规定的宽度，否则他们的车轴就很容易折断。由于罗马帝国统一了度量衡，罗马军队的指挥官把公路的宽度规定为稍大于4英尺8.5英寸。这恰恰是罗马战车的轮距的宽度，因为这个宽度刚好适合两匹马并排拉车。也就是说，4英尺8.5英寸实际上就是两匹马屁股的宽度。

将这些史实串起来，就会发现，2000年前古老的两匹马屁股宽度，居然决定了2000年之后最先进的火箭助推器直径。可见，人们的行为具有继承从前、依赖既往的惯性，并且一旦建立路径依赖，就会不断自我强化，以致于无法轻易走出去。在经济学上，将这个叫做"路径依赖"（Path—Dependence）。第一个使"路径依赖"理论声名远播的是道格拉斯·诺思，由于用"路径依赖"理论成功地阐释了经济制度的演进，道格拉斯·诺思于1993年获得诺贝尔经济学奖。

在顾客行为与消费习惯上，我们可以运用路径依赖原理，培养和引导顾客行为习惯，从而提升顾客黏度和忠诚度。

◉ 创建顾客黏度

有人总是这样登录网易：先在IE地址栏下拉历史记录中点击www.baidu.com，打开百度首页，接着输入关键词"网易"，回车，打开搜索结果页面，然后点击第一个用红色字体标注"网易"二字的网址，终于打开了网易首页啦——如此行为，就是一种路径依赖。纯属多此一举，毫无必要，可以直接键入163网址，或者从地址栏中提取历史记录。但是，一旦习惯形成，就很难轻易改变。

当顾客行为形成路径依赖之后，就变成了消费习惯。当习惯养成之后，便产生了对品牌的消费黏度，黏度实际上就是忠诚度的代名词，就是让顾客中了品牌的毒。

要让顾客产生路径依赖和消费黏度，可以从如下多个角度入手。

（1）商圈黏度

北京的王府井，上海的南京路，南京的夫子庙，深圳的华强北……都是人气旺盛的地方。这说明，这些商圈都具有很高的吸引人气、粘住顾客的力量。一般城市的核心商圈，都是以零售百货、餐饮服务等模式而立足的，因为这些业态具有凝聚人气的能力。同时，不同的商业模式，不同的定位，能够吸引不同层次、不同类别的顾客。例如上海的南京路，是一线品牌云集的地方。在这里开大店的品牌，可能年租金上亿元，不是普通品牌可以玩得起的。因此，这里也成为全国著名的高端消费场所，除了上海本地人，每天还会吸引大量来自各地的旅游团观光购物。而深圳的华强北，却是以电子类产品为定位，成为著名的电子类产品和零配件的集散地。因此，这里吸引的人气不是来游玩观光的，而是针对电子类产品有消费需求的顾客，或者批发商、供应商。当品牌商明白自己的定位和某个商圈的模式定位的时候，就会为自己的选择合适商圈和渠道，这是创建顾客黏度的基本条件。

（2）终端黏度

毫无疑问，沃尔玛、家乐福这些超市的黏度是无可匹敌的。因为其终端模式是一站式购物，在这里可以解决个人或家庭的全部日常生活需求，因此重复购物率高，黏度高。终端模式的黏度，至少可以分为四类。

①综合性一站式零售终端，产品和服务横跨多个领域，满足生活全方位需求。例如大型零售超市就是这种类型；再如淘宝商城、1号店等综合性零售网站也是如此。

②垂直型一站式零售终端，聚焦于一个行业，全面满足顾客某类需求。例如老百姓大药房可以一站式满足顾客对普通药物类需求，再如苏宁易购、国美在线、易迅等提供3C类一站式购物。尽管现在苏宁、国美等在做"去电器化"，向综合商城方向转型，但是其3C类产品的主导地位是不会改变的。

③专业性服务终端，提供某一类专业服务，因为其专业性，也可以产生很高的粘度。例如各类学校、医院、银行、美容院、健身俱乐部、高尔夫球场等等。

④特色服务终端，不一定有很高技术含量，但是服务一定要到位，有特色，产品有吸引力，能够产生良好的消费氛围，因此会让很多顾客经常光顾。这方面以餐饮娱乐类终端居多，例如肯德基、星巴克、海底捞等等。

显然，通过创建有特色有黏性的终端模式，就可以为品牌赢得忠诚度。

（3）连锁经营黏度

为什么很多品牌在线下都热衷于搞连锁经营呢？因为连锁经营网络的建立，对于建立消费黏度、构建竞争门槛具有不可替代的作用。例如，连锁经济型酒店，最能黏住顾客的地方就是其无处不在的网点。一旦成为会员，在任何一个城市都可以享受优惠折扣和标准化的服务，拥有一张会员卡，便可轻松解决住宿问题。在服务水平高的大城市，也许如家、汉庭除了价格便宜之外，并无其他优势，但是，在数量庞大的三四线城市，甚至在很多偏远地区，在星级酒店触角无法企及的地方，经济型酒店就显示了其无可替代的优越性。跟当地那些脏乱差的小宾馆相比，卫生、安全、服务标准化的经济型酒店却成为不二选择。这些因素，让广大会员对经济型酒店依赖度高，忠诚度高。知名企业家季琦先后将携程网、如家和汉庭3家企业送上了美国纳斯达克的舞台，他的成功首先在于商业模式的优越性，无论携程网，还是如家和汉庭经济型酒店连锁，都有一个共同的特征：形成了连锁经营网络，构筑了牢固的会员黏度，在三个方面体现出强大的优势：一是在空间和规模上具有持续扩张性——酒店网点越来越多；二是在消费价值上具有持续积累性——连锁网络的黏度，吸引越来越多的会员加入；三是在竞争壁垒上具有持续高筑性——壁垒越来越高，留给竞争对手和后来者的空间越来越少。

所以，品牌如果选择做连锁经营，那么随着规模的扩大，顾客黏度也会越来越强。

（4）航运网络黏度

我们再来关注航线网络，对于交通运输和物流快递企业，无论海运、陆运还是空运，必须要将点联结起来，形成航线，众多航线则可以交织成航运网络。世界上的航空公司可以分为两大类：一是点对点低成本航空公司，二是网络型航空公司。低成本航空公司的特征是点到点的运行，用快速、高频次的航班在两个城市之间提供便捷的出行方式；网络型航空公司的特征主要是通过中枢辐射式（星型）、环式（环型）、链式（线型）等三种基本形式的任意组合，构成庞大的航线网络。近年来，全球民航业内外形势和竞争格局发生了深刻变化，全球运力超过250架的航空公司主要是网络型航空公司。

南航早在2006年初提出打造规模网络型航空公司战略，开始从以往点对点线性运行的方式，向网络型运行方式转型。通过北京、广州、重庆和乌鲁木齐4个枢纽，构建国内最为庞大的航线网络。同时，通过加入国际三大航空联盟之一的天合联盟，将国内网络跟国际网络对接，从而实现了航线网络的全球联通。通过代码共享的方式，南航可以出售天合联盟成员任何航班的联程机票，旅客只要成为南航的会员，一方面可以通过南航国内网络飞往全国任何一个地方；也可以通过天合联盟的国际航线网络，飞往全球的任何一个地方；并且所有航段都可以享受里程累计奖励，享受整体票价的某些优惠政策，享受会员权益等等。因此，一票通全球，顾客黏度高。目前南航年运输旅客近1亿人次，旅客运输量已连续30多年居国内各航空公司之首，并稳居全球航空公司前三甲之列。这一切都离不开航运网络的构建带来的顾客黏度。

（5）网站黏度

电子商务的本质，主要考验两个能力：一是获取新客户的能力，二是留住老客户的能力。对于独立平台型商城，在获取新客户这个环节上，前期基本都是亏损的。几乎所有客流量都是需要花钱的，天下没有免费的午餐，如果有免费的，那也只是暂时的，或者说少量的。每一个流量都要花费代价，并且并不意味着每个流量都会带来成交，这里有一个重要指标：转化率。如果是精确搜索而来的流量，一般网店也就百分之几的转化率，如果是垃圾流量，转化率只有千分之几，甚至更低。当然，也有特殊情况，比如知名品牌拿少量产品进行聚划算、秒杀、团购等活动，有可能带来70%以上的转化率，淘宝"双十一"大促销，很多店铺转化率超过10%，但是，正常情况下转化率都很低。结果就是，平均每获取一个有效购买顾客，需要花费几十元、上百元的成本，为了计算此中利害，电子商务专门有一个自己的ROI指标，如果ROI低于1∶1，即投入1元钱的推广费还不能产生1元钱的销售额，则无论如何都是亏损的。即便像凡客诚品那样做到1∶3，刨掉推广成本、产品成本和其他各项成本，最终也是亏损的。再如大多数的团购网站，大把大把烧钱的同时，ROI值都很低，结果当然都是亏损的。那么，独立平台型电商为何要做这种自杀式商业模式呢？

原因很简单，大家都在赌一种东西：顾客黏度，或说重复购买率，或者说会员忠诚度。也就是说，他们有一个假设：如果烧钱烧出百万级、千万级会员规模，同时这些会员变成了忠诚顾客，产生了极高的黏度，那么其重复购买时推广成本等于零，此时就可以盈利了。然而，很多网站还没有烧出足够的会员，就已经难以为继；更多的网站是烧出了很多会员，但是由于商业模式、产品、品牌的吸引力不够，最终那传说中的会员忠诚度并没有出现，重复购买率很低，需要不断开发新客户来维持。等到钱烧光了，网站就难以为继了，要么关门大吉，要么继续忽悠更多的投资方来接盘。

京东商城是一个极端案例，融资超过百亿，销售额向着1000亿目标高歌猛进，就是不能盈利。但是，只要相信其商业模式正确，其黏性很好，那么，从理论上讲，随着规模效应的出现，总有一天可以盈利的。京东之所以能够继续融资，就是因为投资人有这个信仰。在无法预知未来的情况下，有时候，商业行为是由信仰驱动的。

另外一种情况是，网站先通过免费提供内容或服务，积累海量会员，做足客户黏度，让众多会员形成登录访问的习惯，然后再寻找盈利模式，或卖广告，或卖产品，或卖服务，将手中的会员资源变现。例如，优酷和土豆（二者已经合并）、奇虎360、58同城、赶集网、大众点评网、丁丁地图、开心网、人人网、珍爱网……这一连串的名单，虽然商业模式各异，但是其本质和思路想通。就连当今盛极一时的百度搜索引擎、QQ聊天工具，当初也是走了这条积累会员、培养黏度的道路，直到后来才盈利的。当然，这种模式的缺陷也正是在这里，由于前期基本上都不能盈利，也是要烧钱，烧到足够多的会员，才有人来为这些会员库买单，才有变现的价值。同样的，这也是考验投资方的信仰和耐力。很多网站动辄融资4轮以上，不知道到底要烧出多少会员才是盈利临界点，也不知道未来的盈利模式到底是什么，总之离盈利目标遥遥无期。面对投资人、媒体和公众的追问，企业创始人总是拍着胸脯信誓旦旦地说，快了快了，明年就盈利。

总之，无论先烧钱获取新客户，然后通过建立顾客黏度而盈利；还是先烧钱建立顾客黏度，然后通过探索盈利模式而盈利，其中最大密码或魔咒就是"顾客黏度"。无论什么类型的网站，最终都无法回避这个魔咒。为了破解这个魔咒，首先要设计具有黏度的商业模式，然后必须进行一场消耗战，看谁有实力和耐力坚持到最后，谁才是最终赢家。

（6）产品黏度

据互联网数据研究机构GigaOM与UBS针对智能手机用户进行的一项调查显示，iPhone用户黏度最高，平均满意率为89%。苹果每次推出的产品，都紧扣用户消费习惯和使用体验，让顾客黏度一直保持在很高水平。产品黏度是最常见的现象，只要是一个好产品，具有独特的功能价值或情感价值，都容易产生顾客黏度。例如云南白药、冷酸灵牙膏、海飞丝洗发水、加多宝凉茶、可口可乐、微软操作系统、英特尔CPU等等，都产生了极高的黏度和忠诚度。

综上所述，品牌商至少可以从上述6个方面去探索和构建顾客黏度。当品牌商拥有了一批忠实会员，且会员对销售额和净利润的贡献率超过60%时，才能说明该品牌拥有了生命力。

第四章
品类定位
Category Positioning

春兰空调突发奇思去做摩托车,结果以失败告终;飘柔曾经心血来潮去做沐浴液和香皂,最终也是无果收场。因为它们违背了品类定位原则,超出了自己所处的品类范畴,引起消费者心智认知上的混乱。如今霸王洗发水推出了凉茶,马应龙痔疮膏推出了眼霜,你会去购买么?

01 上帝创造了品类
——品牌与品类

◉ 万物皆有归类

品类，是品牌的载体，是品牌的物质基础。品类定位，就是确定品牌归属的类别，实际上就是回答"我是谁"的问题。

圣经的《创世记》记载，上帝从创造天地万物和人类开始，就已经将分类的思想教给了人们。第一天，上帝说要有光，于是就有了光，将白昼和黑夜分开。第二天，上帝说，应该有苍穹，于是，又有了天空。上帝把天空下的水聚拢到一起，称为海洋，将海洋中显露出来的陆地称为大地。第三天，上帝又说，地上应该有树木藤草、菜蔬谷黍。它们要各从其类，开花结果，生生不息。顷刻间，大地覆盖植物，百草丰茂，万木葱茏……第五天，上帝造出野兽，各从其类；牲畜，各从其类；地上一切昆虫，各从其类。第六天，上帝按照自己的形象，造出了人。

可见，上帝创造天地万物不是一股脑儿混乱进行的，而是按照时间顺序和事物逻辑，分门别类地创造，强调"各从其类"。因此，这种万物皆有归类的现象，已经被上帝作为基本常识固化在人们头脑中。除了从石头里面蹦出来的孙猴子，谁也做不到"跳出三界之外，不在五行之中"。生物学家按照界、门、纲、目、科、属、种7个层级，对所有生物分门别类，给每个物种找到各自的位置。好莱坞的恐怖片动辄发明几个怪兽出来吓唬人，之所以叫恐怖片，就是因为这些怪兽属于四不像的变种或异形，在传统的生物分类族谱中没有对应的位置和归类，属于未知物种，而人类对于未知物种都有本能的恐惧。

第一个吃螃蟹的人之所以被誉为勇士，就是因为此前螃蟹这个东西，在人类的食谱上没有品类归属，有毒还是无毒？能吃还是不能吃？美味还是难吃？都没法回答。正因为没法归类，所以人们就不敢吃，这就是人类对未知事物本能的警惕。我们小时候查阅《汉语词典》，几乎所有的动物名词解释的后面必定有一句神奇的结论："肉味道鲜美，皮毛可以制衣服，骨头可以入药"。也许由于《汉语词典》编撰于饥荒与贫乏年代，在专家们看来，无论是国家一二级保护动物,还是家养的宠物,最终都可以归于可吃、可用、可入药这3类。所有这一切,都是遵循人们认知世界的心智模式——对于任何事物,我们总是试图弄明白它的归属和种类,一旦归类明确,才能在心智中建立对它的认知。凡是无法确定归属的事物,都会被视为未知,在潜意识中采取非常谨慎的态度,甚至持恐惧和排斥心理。这就是为什么人们总是去购买熟悉品牌的产品,而对于新冒出来的品牌持观望态度。

◉ 品牌必属品类

品牌所标识的产品或服务,必定要归属某些明确的品类,因为这才符合消费者的认知模式。在商标注册的时候,就必须要选择所属类别和经营范围,按照类别去注册。我国商标注册采用国际通用的《类似商品和服务区分表》,共包括45类,其中商品34类,服务项目11类,共包含一万多个商品和服务项目,使用分类表中规范的商品及服务名称,有助于加快商标的注册进程,确保申请人及时获得商标专用权。例如第3类为日化用品;第25类是服装、鞋、帽;第33类为酒精饮料;第34类为烟草,等等。

在商标的运用中,经常会面临品类问题上的冲突。有些冲突是显而易见的,例如做食品和饮料的品牌商,总该不希望同名商标被注册用于农药吧?有的冲突是隐性的,例如作为著名汽车品牌的奔驰不希望某个电器品牌也叫奔驰,有人叫"奔腾"都已经让它很不爽了。而对于那些恶意抢注的商标,更是让品牌商叫苦不迭,例如当某个品牌做品类延伸时,才发现那个新品类中已经被人抢注了同名商标,于是只能花大价钱去购买。即便不做品类延伸,那些知名品牌都有被在其他类别恶意抢注的风险,人家要么让自己的产品实现"傍名牌",要么谋划将抢注的商标卖给名牌企业。例如2008年,深圳著名商标"淑女屋"就遇到了傍名牌恶意抢注。其著名商标"淑女屋"早在1996年就已经在服装与床上用品等类别进行了注册,但还是有人在其他类别抢注,希望通过把商标卖给淑女屋公司进行谋利。对此,淑女屋公司拿起了法律武器,积极维护自身的合法权益,赢得了商标异议案件的官司,并最终获得了"中国驰名商标"的认定,从而实现了跨类别的保护。淑女屋公司在应对恶意抢注问题上的积极做法,也值得其他品牌企业的借鉴。

还有一种情况是商标异地抢注，例如一些国际大牌进军中国之前，国内就有人抢注了同名商标；同样的，大陆的一些著名品牌进军港澳台及海外时，也经常发现该商标已经被人抢先一步注册了。近年来，中华老字号和中国驰名商标在境外被恶意抢注的事件层出不穷，"五粮液"在韩国被抢注，"红塔山"在菲律宾被抢注，"同仁堂"在日本被抢注，"五芳斋"也在澳大利亚遭抢注……

因此，为了保护商标的唯一性和排他性，避免对手在跨类或异地恶意抢注，避免让消费者混淆，规避各类可能风险，有商标保护意识的品牌商往往将所有近似类别或所有类别都注册掉，同时也将跟自己商标近似的、可能引起混淆的名称都注册掉，更厉害的企业可以将未来可能的全球市场都注册掉（包括图形、当地语言、英文和汉语名称等），并将抢注频发的国家和地区列入商标监测的范畴。例如海尔，先后注册了168条商标，几乎涉及了所有大类和子类，连八竿子打不着的兽药、杀虫剂、军火、啤酒等类别都注册了，可谓360度全方位防范，滴水不漏。再如上海著名休闲食品连锁终端品牌来伊份，也是当仁不让注册了43条商标，也是几乎涵盖了所有的大类，其中也包括消毒剂、杀虫剂、农药这些领域，规避了竞争对手用来注册农药商标的风险。当然，跨类注册需要量力而行，需要考虑必要性，尤其是初创品牌需要考虑成本，并不是每个品牌都能承担额外的注册成本的，也不是每个品牌都会成功到让人恶意抢注的程度。

总之，在商标注册上，需要尽可能广撒网，严防范，进行跨类和异地注册。然而，在运用中却不能用一个商标去涵盖所有跨类业务，否则那就变成了一个涵盖宇宙万物的万能品牌，事实上这样的品牌绝对行不通。

我们应该看到，注册商标的分类只是一个粗略的区分，在品牌定位和运作实践中，品牌所归属的品类应该更加具体、明晰和聚焦。比如感冒药品牌层出不穷，但是人们却对白加黑印象深刻；清凉饮料品牌也很多，但是人们只对加多宝情有独钟；牙膏品牌很多，但是人们对冷酸灵印象鲜明……原因只有一个：这些成功品牌，品类定位很具体，很聚焦，白加黑"白天吃白片不瞌睡，晚上吃黑片睡得香"，这种全新的定位诉求，相当于定义了一个叫"白加黑"的感冒药新品类，比起笼统地说"治疗各类感冒"效果好得多。

明确而具体的品类定位，成为无数品牌走向成功的必要基础。请继续看下面的例子——

海飞丝——去屑洗发水

霸王——防脱发洗发水

戴尔——直销电脑

格兰仕——微波炉

苏泊尔——压力锅

邦迪——创可贴

格力——空调

波音——飞机

利郎——商务休闲男装

虎都——西裤

汉庭——经济酒店

西南航空——廉价航空

椰岛鹿龟酒——保健酒

江中——健胃消食片

红牛——功能饮料

健力宝——运动饮料

云南白药（牙膏）——口腔保健牙膏

凡成功品牌，都能让顾客自然、迅速跟某个品类联系起来。例如，一提到经济型酒店，大家立即想起汉庭、如家、七天、莫泰、格林豪泰等；反过来，一提起汉庭、七天、莫泰等品牌，大家就立即想起经济型酒店。而如果提起五星级酒店，人们则会立即想起希尔顿、喜来登、洲际、万豪、凯悦、喜达屋、皇冠假日等；反过来如果提起希尔顿、喜来登、洲际等，人们就会想起五星酒店。这就说明品牌和品类成功关联，因此这些品牌是成功的。

可见，品牌和品类，是一对天生的孪生兄弟，二者形影不离。定类的基本思想，就是让品牌归属一个合适的品类。定类不当，会导致很多严重的问题。最起码的一点，就是让消费者的认知产生混乱，不知道你是做什么的，这是最糟糕的情况。春兰做过摩托，结果是失败的；海尔做过电脑，但是业绩平平。这些超出自己品类范畴的行为，不但不能将新业务做好，还会引起消费者对原品牌品类认知上的混乱，给原有品牌形象和价值减分。

◉ 品类必有范畴

品牌学意义上的品类，都具有明确的范畴。显然，并非所有的品类范畴大小一样，例如海尔定位于"白色家电"品类，格兰仕定位于"微波炉"品类，而白色家电和微波炉就不是一个并列的概念，前者包含了后者。也就是说，前者的范畴远远大于后者。但是不论边界大小如何，这二者的范畴还是清晰的，所以，它们的定类都是行得通的。至于定类范畴的大小与适当的问题，本章05节中将有专门的探讨。

关于品类界定，我们可以发现几条规律。

①凡是范畴或边界模糊的概念，都不能用于品牌定类。例如，如果将一种碳酸饮料定位于"快消品"，这等于没有定类，因为快消品的范围太宽泛，且范围边界模糊。再如将某个服饰品牌定位于"时尚产品"，或将某个药品品牌定类于"健康产品"，也是犯了同样的错误。

②用于标榜自身或行业特征的溢美之词，一般都不适合用于品牌定类。如果将某种轮胎定类为"一流"、将某种电器定类为"霸王"、将某种化妆品定类为"显著"、将某种汽车定类为"超级"……都是错误的。消费者对于这种泛泛自吹的概念都会很反感，并非你"称王称霸"就真的摇身变成领袖品牌了。但如果将这种自我标榜的概念具体化，则可以让消费者接受。例如将某种食品定类为"美味食品"是错误的，但如果定类为"有机食品"、"绿色食品"、"抗氧化食品"、"情绪安慰食品"等都是可行的，因为具体了，概念清晰了，说服力强了。

③概念清晰的名词或名词性短语，更适合于品牌定类。例如雅芳婷定类为"床品发明家"、椰岛鹿龟酒定类为"礼品保健酒"、江中定类为"健胃消食片"，朵唯定类为"女性手机"、相宜本草定类为"草本精华化妆品"、健力宝定类为"运动饮料"、VAIO定类为"整合影音计算机"（家庭娱乐电脑）等等，凡是能用名词或名词性短语来描述的定类，一般都是清晰而鲜明的。因为品类本身就是一种名词性概念。

④定类不能局限于物理意义上的品类概念，可以扩展到功能、情感、文化等领域。物理意义上的品类毕竟是有限的，例如在白酒行业，除了浓香型、酱香型、醇香型等几种香型区分之外，物理意义上的新品类很难发掘了，于

是，国窖1573、茅台等主打历史文化牌。当德芙巧克力面对众多在产品和品质上严重同质化的竞争品牌时，就只能从情感的角度进行品类区隔："牛奶香浓，丝般感受"，这也能体现德芙跟其他巧克力是不同的。

总之，品牌定类是非常严肃的工作，定类要明确，品类范畴也要有清晰区隔。只有当品牌回答了"我是谁"时，顾客才能记住你。

02 宝洁细分出300个品牌
——细分定类法

⦿ 细分符合认知逻辑

人们通常将"科学"挂在嘴边，但给科学下定义却很困难，各国的说法都不尽相同，但是大致意思还是差不多的。法国《百科全书》的定义是："科学首先不同于常识，科学通过分类，以寻求事物之中的条理。此外，科学通过揭示支配事物的规律，以求说明事物。"简而言之，科学就是通过分类而揭示其中规律的学问，这跟"科学"的汉语字面意义差不多。"科"字的初始含义之一，就是科目、分类的意思。道理也很简单，对于任何事物，只有细致深入分类，直到不能再分为止，才能说我们真正认知了该事物。

在化学上，要将各类物质细分到分子和元素层面，在"元素周期表"找到每种原子的对应的位置，才能说认知了该物质。而在物理学上，细分的思想更加重要，已经突破了分子和原子层面，继续往下细分到了电子、质子、中子、层子、夸克、中微子、光子……这些不可思议的微粒子层面。毫无疑问，现代科学体系对世界的认知还有很大的局限性，那么细分还会继续下去，永不停息。

举个简单的例子：根据外形上的直观判断，我们会认为"猎豹"和"豹"是同种动物，而老虎、狮子、美洲虎（美洲豹）跟豹子的关系则比较远。然而，采用动物学的分类方法，我们却发现这个判断错了。狮、虎、豹和美洲虎，都是猫科、豹属的；而猎豹则是猫科、猎豹属，如图4-1所示。这时我们才明白，猎豹跟豹的确不是同一种动物，并且狮、虎跟豹的亲缘关系，要比猎豹跟豹的关系更近。如果不采用科学方法进行细分，我们恐怕永远都无法得出这个正确的认识。

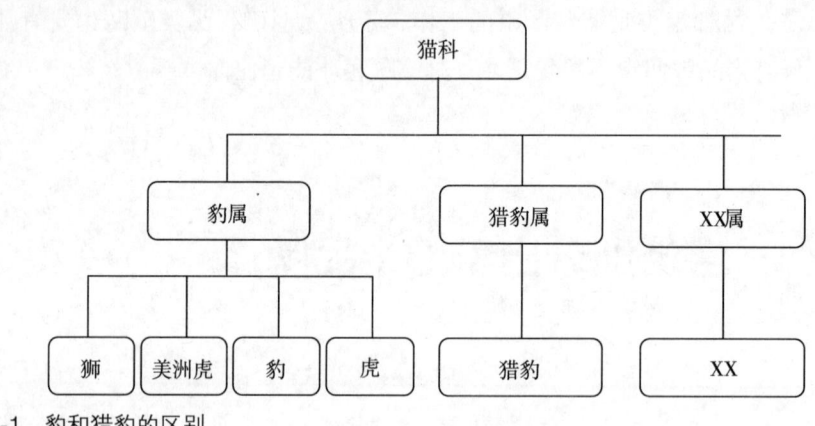

图4-1　豹和猎豹的区别

正因为如此，这是一个崇尚细分的时代。例如牛奶产品，可以分为鲜牛奶、酸牛奶、巴氏低温灭菌奶、高温灭菌奶、还原奶以及种类繁多的含乳饮料。再如汽车，可以分为轿车、大客车、出租车、货车、越野车、拖车、跑车、房车等等。再如鞋子，可以分为男鞋、女鞋、童鞋、胶鞋、皮鞋、布鞋、棉鞋、凉鞋、拖鞋、运动鞋、登山鞋、旅游鞋、篮球鞋、网球鞋、跑鞋……即便是成分最简单的饮用水，市面上也分成多个品类，如天然水、纯净水、矿泉水、碱性水、电解水、活化水、冰川水、深井水……而饮水的设备，也细分为饮水机、软水机、直饮机、厨房净水系统、中央净水系统等等。且不评价这些饮用水和设备的功能效果孰优孰劣，单从产品细分、人群细分和市场细分的角度来看，正是由于这些丰富的细分品类的出现，让饮用水及设备商家避开了同质化恶性竞争，发掘与满足了不同人群的不同需求，实际上是将市场蛋糕做大了，一定程度上提升了人们的生活品质，结果是实现了经济效益和社会效益的双赢。

⦿ 细分的才是专业的

为什么人们推崇细分的产品呢？因为细分的，才是专业的，才是功能明确，才是效果显著的。越是细分，越是显得专业而有效。西药的基本思想就是将每一种有效成分细分、提纯，纯到最终只剩下唯一的成分，那么此时其疗效也是可以确定的。而中药却是走整合的道路，弊端就是一副药材包含几万种物质，不知道谁真正在起作用。但无论中医还是西医，都会对疾病进行细分，对症用药。假如某个厂家推出一种包治百病的灵丹妙药，肯定会被人们骂为江湖骗子。因为生活常识已经教育了我们：没有包治百病的良药。而那些功能明确、聚焦的药品，则得到医生和患者的认可。例如抗菌消炎药，有青霉素、阿莫西林、罗红霉素、诺氟沙星等等，尽管品牌多如牛毛，剂型各有千秋，新品层出不穷，但是人们都能接受，只因它是细分的、专业的、功效明确的。

在品类定位方面，细分的思想也可以分为两类：一是采用品牌族群对市场细分，每个品牌对应一个单一品类；二是采用产品族群对市场细分，一个品牌对应多个细分品类。

（1）品牌族群细分定类

通过品牌族群细分定位而全方位渗透市场的典范，就是宝洁公司。宝洁公司旗下的300多个品牌，每种品牌对应一种产品，几乎涵盖了所有的日化用品，其中包括11种品牌的洗衣清洁剂；8种品牌的香皂；6种品牌的洗发香波；4种液体碗碟清洁剂；4种牙膏；3种地板清洁剂；3种卫生纸；2种除臭剂；2种食用油，2种一次性尿片……宝洁的成功，是因为它用多品牌战略，对行业进行了细分，每个子品牌都显得很专注、很专业！如图4-2，为宝洁旗下洗发水品牌族群的细分定位情况。

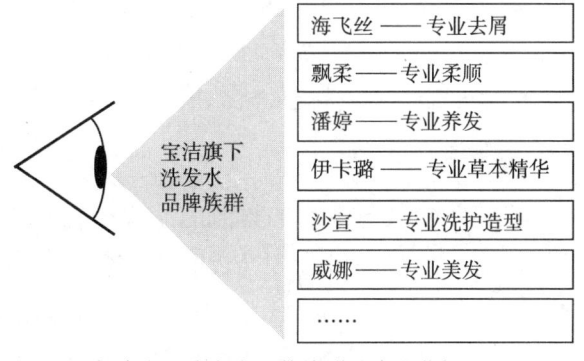

图4-2　宝洁旗下洗发水品牌族群的专业化细分

利用品牌族群来占领市场，一般是有实力的大型企业采用的战略。因为这种情况下，每个品牌统领一种或一类产品，意味着企业必须同时运作多个品牌，建立每个品牌的影响力，从而驱动产品赢得市场竞争优势。品牌族群细分法，在日化、服装、家纺、医药、食品等消费领域用得较多。例如前面提到的Bestseller时装集团，设计和销售适合都市女性、男性、儿童及青少年的流行时装和饰品,通过性别、年龄、阶层、风格、偏好等不同维度细分,旗下拥有VERO MODA、ONLY、VILA、OBJECT、JACK&JONES、SELECTED、TDK、PIECES、EXIT、BAME IT、PH INDUSTRIES和PHINK INDUSTRIES等15个品牌,如此规模庞大的品牌族群在服装纺织业内并不少见。

（2）产品族群细分定类

产品族群细分的本质,就是针对一个特定的市场需求,开发一个满足需求的产品,在不增加品牌数量的情况下,通过不断增加产品系列,达到细分和占领市场的目标。无论品牌族群细分还是产品族群细分,一般都是遵循同心多元化原则,即根据品牌的核心价值,进行产品功能细分,虽然表现为多种产品、多个系列、多种功效,但是所有产品都遵循统一的核心价值和品牌定位。例如药妆品牌冰王,其核心价值就是专注皮肤健康,由这个核心价值,针对不同的皮肤疾病,例如修复疤痕、治疗灰指甲、祛除青春痘、祛除体臭、洁阴保健、防止冻疮等等,细分出很多产品,如图4-3所示。

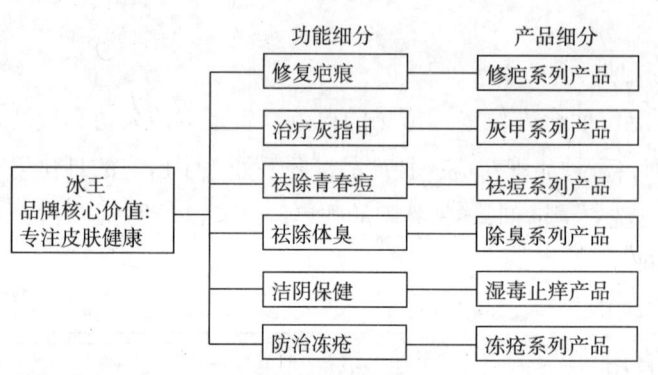

图4-3 冰王品牌的同心多元化产品细分

来源：冰王官网

在药妆领域,跟冰王类似的品牌还有协和,其品牌定位是：特殊化妆品、药妆领导者,因此针对药妆市场的各类需求进行细分,开发了一系列专业化产品,包括特殊化妆品、功能性化妆品、护肤调理品、洗护调理品、消毒洗液等5个大类,每个大类下面又开发出很多细分功效的产品。

产品族群战略在家电领域用得尤其多。例如美的旗下的产品群非常庞大,涉及制冷家电、生活小家电、厨卫家电、个人护理、其他产品等5大类,下面又细分为近百种产品。当然,美的不仅仅采用产品族群细分策略,还同时融合品牌族群战略,旗下有10多个品牌。品牌族群和产品族群交叉,组成强大的竞争阵列,战斗在每个细分市场中打响,好不热闹,如图4-4所示。

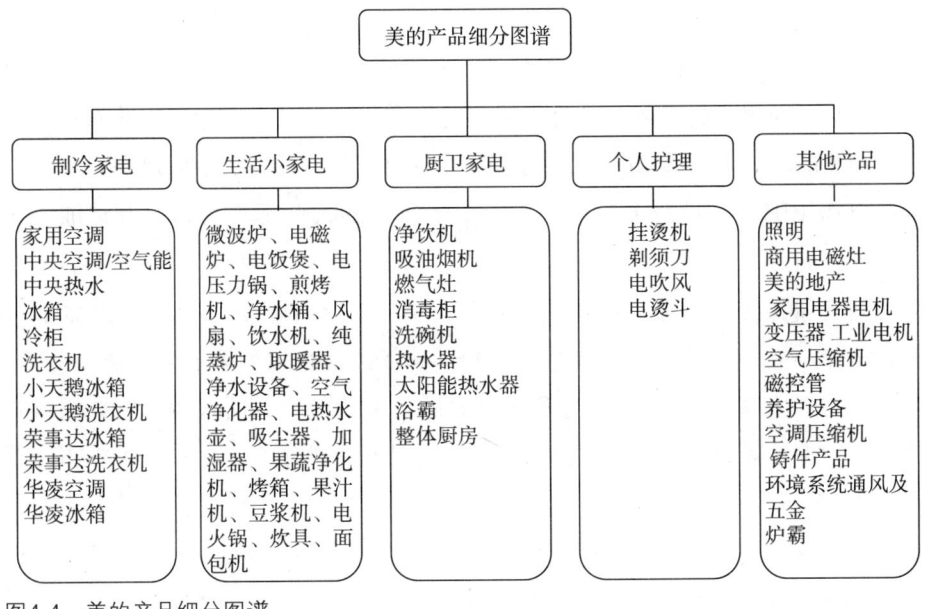

图4-4 美的产品细分图谱

来源：美的官网

⦿ 细分是攻占市场的利器

细分能带来什么好处呢？

第一，细分是攻城拔寨的利器，细分代表更专业，可以打败功能复杂、诉求不明的对手；细分将市场竞争变成了立体战、多维战，凡是不能掌握细分武器的对手，将腹背受敌，丢盔弃甲。有一个形象的比喻：要想铲除地里的杂草，最有效的方法是给地里种满各类庄稼，不给杂草留下的生存空间。同样的道理，要想遏制对手，最有效的办法就是通过细分而占领各个间隙市场，不给对手留下机会。

第二，细分虽然让单一品类覆盖的市场变窄，但是却让整个企业的产品群或品牌群深度覆盖更多的人群，从而大大提升了公司的整体收益。2008年宝洁庆祝公司成立170周年的时候，当年全球销售额高达835亿美元，实现净利润120亿美元，而旗下10亿美元销量的品牌超过24个。毫无疑问，宝洁的成功，来源于其多品牌细分市场战略。而最初宝洁只是从一块肥皂起家的，如果不通过细分扩张去占领市场，那么单凭一块肥皂能获得如此巨大的收益么？

如果不细分会怎么样呢？很显然，不细分的后果是严重的。当整个行业竞争水平不断提升的时候，凡是不能与时俱进通过细分走向专业化的品牌，将面临淘汰的危险。这方面典型的例子是万金油（清凉油），前面提到过虎标，我们再运用细分理论深入分析一下：上了年纪的人，都不会忘记万金油，然而，现在的万金油已经逐步退出大城市，70%的消费已经转移到了乡村。原因是什么呢？最主要的原因就是万金油功效太多，不细分，不专业。万金油有驱蚊止痒、提神醒脑、清凉爽肤、防晕车晕船、治伤风鼻塞、生津润喉等6大功效，令人尴尬的是，6大功效都被细分的、专业的产品所替代。例如驱蚊止痒，被六神、隆力奇等花露水品牌替代，并且集中度很高，六神差不多占据了70%的市场份额；再如防晕车晕船功效，被晕车宁、晕海宁等专业的晕车药替代；清凉爽肤被庞大日化洗护产品替代；伤风鼻塞有专门的鼻舒宁、鼻舒通；生津润喉有西瓜霜、草珊瑚、金嗓子等等。与这些更专业的替代产品相比，万金油就不具备竞争力了。人们喜欢把那种什么都懂一点、什么都不专业的人叫做"万金油"，正是来源于此。

03 | 迪斯尼开发3000个地产
——整合定类法

世界存在矛与盾、阴与阳、雌与雄等两面性，既然有细分定类法，就必然存在整合定类法。显然，细分和整合是两个相反的方向。整合定类法，又包括几种不同的情况。

⦿ 企业品牌的多元化、一体化整合

对于企业品牌或集团品牌来说，多元化或一体化是不可避免的，为了本企业收益的最大化，多元化与一体化发展一直是企业热衷的模式。例如，在当

今房地产投资热潮之下,但凡资金实力还不错的大型企业,都涉足了地产业。素以专注主业、心无旁骛示人的苏宁集团,尽管一直以来都刻意回避其在房地产领域的发展,但实际上,苏宁地产却做得风生水起。对于苏宁电器这样的零售企业,由于现金流充足,因此玩玩房地产也就顺理成章了。地产业的资金洼地效应是非常明显的,大量实业的资金流向地产业,当然会影响原来的主业发展,这也是备受人们诟病的地方。但是,无论个人或企业,都只能顺应潮流,而不能对抗形势,企业飞跃式发展的"机会窗"不会永远开启,像房地产这种时代性产物,过了这一村就没了这一店,也许下辈子不再会碰上。因此很多企业冒着"不务正业"的风险,义无反顾地投入地产业。最让人啼笑皆非的是,很多企业都是主业不赚钱,而靠房地产的辅业盈利。例如雅戈尔、鄂尔多斯等服饰企业,其房地产的利润远远超过服装主业。

多元化整合,包括相关多元化和不相关多元化;相关多元化又包括横向多元化、纵向多元化及同心多元化等。不过,在品牌领域,我们唯一关心的是品牌旗下各项业务是否具有相同的核心定位和核心价值,而不关心其整合的具体方式和过程。所以,我们只需聚焦于两个概念:同心或异心,或者说相关与不相关。至于一体化整合,包括横向一体化和纵向一体化,站在品牌整合定类的角度,我们可以不用去考虑。因为对企业品牌而言,同一产业链的纵向一体化或同行业的横向一体化,一般都不会突破品牌原来的定类,所以这种情况不需要讨论。下面我们主要探讨一下多元化整合。

例如通用电气(GE),采用的是横向多元化整合,用公司品牌覆盖了能源、医疗、发动机等业务,貌似跨了很多个行业,但还是属于相同的专业范围。GE作为设备和方案提供商,提供能源、医疗、发动机等领域的机械、电气设备和整体解决方案,不做运营商,这些业务都是其核心技术和制造能力的具体应用。因此,核心价值相统一,属于同心多元化。

再如,迪斯尼品牌的定类,就采用"主题公园+房地产+制片娱乐+媒体网络+图书和玩具等消费产品"的整合模式,属于纵向多元化,以迪斯尼乐园为出发点和价值源头,纵向将相关产业串起来,发挥价值最大化。人们对迪斯尼乐园和娱乐产品印象深刻,殊不知迪斯尼旗下还有3000多个房地产项目。因为房地产跟主题公园的相关性极强,土地资源是其中的基础物质资源。与迪斯尼类似的还有深圳华侨城、大连海昌等。显然,迪斯尼、华侨城的品牌核心价值承载于主题公园中,其他各项业务都是围绕核心价值而展开与演绎的,所以仍旧属于同心多元化。

与此类似的,还有海南航空,以航空运输业为核心,将售票、航空、酒店、旅游等产业上下游各个环节整合起来,为顾客提供食、住、行、游、购、娱一条龙服务。这样的整合可以增强品牌服务的力度,给消费者带来更加美好的体验,从而提升品牌的美誉度和忠诚度。

对于那些超级集团来说,不相关多元化的比重有越来越大的趋势,很大一部分不相关业务是其收购来的,而不是自身发展出来的。对于不相关多元化业务,就不能用集团品牌去统领。

企业品牌或集团品牌的多元化、一体化整合,既是品牌发展的良机,也是品牌失败的陷阱。同心多元化的整合还好一点,尤其是不相关的异心多元化,如果吃得太多,不只是消化不良的问题,稍有不慎就有性命之虞。从资源和能力上看,多元化意味着分散能力,稀释资源,什么钱都想赚,结果什么都做不好。这方面已经有太多的教训。从品牌的角度看,涵盖的业务越广,则会让品牌的定类越模糊,造成消费者认知的困难。同时,容易给人留下不专注、不专业、不务正业的印象。

◉ 终端品牌的跨类整合

对于商超、便利店、药店、书店、化妆品店、网络商城等终端品牌来说,跨类整合经营是必然的,这是由终端品牌本身的性质决定的。全球最大的零售超市沃尔玛,最先提出一站式购物的概念,其拥有的商品数量是一个天文数字:19万种,都来自不同的品牌供应商,同时沃尔玛自身也推出了40个自有品牌。为了应对如此庞杂的商品采购、物流和仓储,沃尔玛在全球范围建立很多配送中心,配送中心整合后向供应商订货。供应商可以把商品直接送到订货的商店,也可以送到配送中心。沃尔玛的配送中心是非常庞大的,一个配送中心的平均面积超过11万平方米,相当于24个足球场那么大;里面装着人们所能想象到的各种各样的商品,从肥皂到电视机,从卫生巾到玩具,应有尽有,商品种类超过8万种。沃尔玛在美国拥有60多个配送中心,服务着4000多家商场。同时,为了处理这么庞大的商品信息,沃尔玛的电脑系统是仅次于美国军方系统，比微软总部的服务器还多。

近年来兴起的网络商城，其品牌和产品整合的程度更加惊人。当当从出售图书、音像制品起家，然后进行大力度的跨类整合，囊括了家居百货、化妆品、数码、家电、图书、音像、服装及母婴等几十个大类，逾百万种商品。凡客从卖衬衫起家，发展到现在整合了男装、女装、童装、鞋、家居、配饰、化妆品等七大类。京东从卖3C类产品起家，到目前却整合了家电、数码通讯、电脑、家居百货、服装服饰、母婴、图书、食品等12大类、数万个品牌和上百万种商品。将跨类整合做到极端的网站，是淘宝网和天猫商城。截至2012年年底，淘宝和天猫店铺总数已达700万家，这么多卖家所包含的商品数量，就真是不计其数了。

虽然，终端品牌对商品的整合似乎是"百无禁忌，来者不拒"，但是，线下供应链的负荷能力总是有限的，不可能无限制扩张。同时，消费者的购物习惯也是一个不容忽略的因素，在家乐福卖得好的产品，不一定都适合网上商城。无限制扩张最终会带来库存的急剧膨胀，吸尽企业现金流，导致严重危机。例如凡客诚品，本来是做衬衫起家的，随着商城知名度的飙升，也开始了迅猛的品类扩张，目前已经变成了一个网上百货店，而品类扩张的失控，也直接带来库存和现金流的压力。有报道称，陈年某次在仓库中看到一大堆拖把，气得暴跳如雷，他几乎是以怒吼的方式一字一顿地吼出那句话的："谁——会——在——咱们这——买——拖——把？"凡客已经引进了F轮融资，但是还没有盈利，同时坊间又一度传出其资金链紧张的消息，这些都与品类扩张失控有关。

总而言之，在终端品牌的品类扩张与整合方面，一定要明白"有为"和"无为"的辩证关系，头脑发热、抵制不住诱惑，结果都会陷入深渊。大道无为，无所不为；君子有为，有所不为。

◉ 产品品牌的跨类整合

我们先来看一个案例分析：按照中国服装协会的分类标准，服装行业一共分为休闲装、男装、女装、童装、运动装、针织内衣裤、防寒服等7个大类，如图4-5所示。

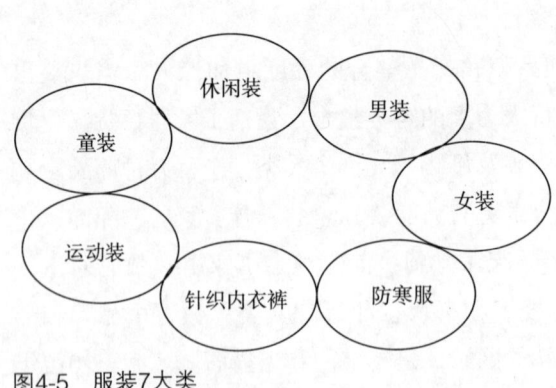

图4-5　服装7大类

如果我们走进阿迪、耐克、李宁的终端,就会发现这里除了春夏秋冬四季的运动服饰之外,还有跟运动主题相关的运动鞋、运动包、运动装备、户外用品等等。因此,这些品牌的定位,就不再是运动服饰这个细分定类了,而是整合了"运动用品"这个大类。因此,这些品牌走的就是整合的道路,将跟运动相关的产品都整合进来,同时并不会造成定类的混乱。

我们发现,产品品牌的品类整合定位,一般都不是按照自然分类来定类,而是根据自定义的主题,整合了不同的自然分类产品。自定义的品类,为品类整合提供了很多可能。例如,SONY定类于"视听娱乐"领域,因此就整合了该领域的完整产业链,包括笔记本电脑、数码摄像机、数码相机、液晶电视机、数码录音棒、MP3播放器、3D家庭影院套装等等。

在奢侈品领域,产品品牌的跨类整合非常常见,例如GUCCI、CHANEL等奢侈品品牌,都是走整合定类的道路,围绕一个时尚定位,将各类相关产品都整合进来,组成一个完整的产品线。例如LV整合的品类包括时装、箱包、饰品、名酒、传媒等;DIOR整合品类包括女装、男装、香水、皮草、内衣、化妆品、珠宝、鞋靴、童装等;GUCCI的整合品类包括服装、皮包、皮鞋、手表、家饰品、宠物用品、丝巾与领带及香水等,如表4-1所示。

表4-1　　　　　　　　奢侈品品牌的整合定类

品牌名称	品类整合
LV	时装、箱包、饰品、传媒、名酒等
DIOR	女装、男装、香水、皮草、内衣、化妆品、珠宝、鞋靴及童装等
GUCCI	服装、皮包、皮鞋、手表、家饰品、宠物用品、丝巾与领带及香水
HERMES	14个系列产品,包括皮具、箱包、丝巾、男女服装系列、香水、手表等
CHANEL	时装、香水、珠宝、手表等

对于奢侈品的这种整合定位现象，我们应该理性看待。一方面，奢侈品由于价格高、不能大量零售，因此其销售额是有限的，为了扩大企业收益，进行相关性的横向品类延伸，为顾客提供全方位的品质生活用品，这是可以理解的。另一方面，由于奢侈品品牌的影响力和号召力非常强大，且动辄就有上百年的历史文化做背书，即便是做了品类整合与延伸，消费者也不会认为其不专业，不会怀疑其品质。基于以上两条理由，奢侈品的整合定类是合理的。但是，如果是普通的消费品品牌，模仿奢侈品随意搞整合，则可能会陷入危机中。因为其品牌号召力不足以让消费者信服，不足以让消费者相信它可以同时将不同品类的商品做好。并且，即便是奢侈品，玩整合或延伸也不能走火入魔。GUCCI曾经开发了14000种产品，结果严重损害了品牌价值。

总之，整合定类法跟细分定类法同样重要，什么时候细分，什么时候整合，需要根据实际情况进行权衡，没有公式可以生搬硬套。换个角度看细分，就是整合；换个角度看整合，就是细分。二者的区别，无非在于时间、空间和逻辑上序列不同罢了。

品牌界有些人士推崇品牌族群细分，而诟病整合；实业界有些人士推崇产品品牌跨类整合，而不愿做品牌族群细分。这些都各有各的道理，二者没有高低优劣之分，关键在于是否运用得科学合理。站在理想主义的角度，品牌定类当然是越细分越好，这样品类清晰，消费者容易认知和记忆。但是现实又不允许过于理想主义，一个企业集中打造一个品牌，要比同时打造多个细分品牌取得成功的概率大得多。这其中的"度"如何把握，在本章05节有专门论述。

04 | 时装设计师孙中山
——创新定类法

当李连杰代言的中华立领广告播出时，人们发现柒牌男装的旗下，多了一个新品类——中华立领。据说，中华立领以民族历史文化为出发点，灵活地将传统元素融入时尚的精神，塑造出中国男人的刚毅气质。这个创新的品类，很快获得市场的认可，销售业绩可圈可点。显然，中华立领就是通过创新而定类的品牌。

中华立领风格跟中山装类似，有人说，孙中山先生如果不去搞革命，而是专注于做一个时装设计师，说不定也能成为中国的范思哲——他创立的中山装，在中国风行了一个世纪，还成为革命领袖人物的标准着装。因此，中山装也是品类创新的典范。将创立的新品类作为品牌的定类，就叫创新定类法。

◉ 实物层面的品类创新

实物层面的创新是容易理解的。1920年，强生公司的迪克森先生在为新婚太太包扎因切菜而受伤的手指时，得到了灵感和启发，发明了创可贴，并采用了邦迪（Band-Aid）这个品牌名推向市场，获得巨大的成功。于是，邦迪就成为"创可贴"这个新品类的代名词。在科技领域，产品创新是无限的，而划时代的品类创新在单位时间内是有限的，例如第一架飞机的诞生，叫品类创新；而波音737、747、757、767、777系列型号的陆续问世，只是产品创新，不能叫品类创新。当然，如果要对品类进行细分的话，例如将飞机分为螺旋桨飞机、涡喷飞机、涡扇飞机，那么也可以不断进行细分品类的创新。

实物层面的创新，主要表现为产品和技术创新。很多时候，并非开创了独一无二的新技术，而是对现有的技术和功能进行了融合与杂交，最终得到一个新品类。我们发现，杂交融合创新是最常见的创新方式，毕竟要创出一个地球上从未出现的新事物很难，但是对现有元素进行杂交融合，要容易很多。例如有人发明了会飞的汽车，就是汽车和飞机杂交的产物，其技术水平并没有超越现代最先进的飞机或汽车，只是让二者能够融合而创新。

◉ 概念层面的品类创新

有些创新并无强大的物理层面支撑，主要是采用了一些符合人们当下心理需求的概念，从而获得共鸣和认可。这在保健品、快消领域很常见，诸如绿色、有机、抗衰老、抗氧化、减肥、解酒、送礼、养颜、排毒等概念。例如网络热销品牌御泥坊，其概念就是"御泥"，就是说这个面膜用的是泥巴，但不是一般的泥巴，可是皇室所用的泥巴哩！品牌故事说，一种矿物泥有神奇的美容功效，唯有湘西某地山上的岩层中才有出产，曾经作为御用品进贡给慈禧太后使用。真假如何，无从考证。但是，这个概念居然也能吸引很多人，御泥坊成为淘宝上最成功的品牌之一。再如黄金酒，这是巨人集团继脑白金之后，跟五粮液集团联合推出的一个新概念产品，其实操作手法也不新，跟脑白金一样，仍旧是主打保健和送礼的概念，专做礼品市场，以送给长辈为由头。这种"无中生有"的生硬式创新，连品牌渊源都说不清楚，纯粹靠广告拉动，居然也能获得市场青睐。可见，中国的消费者是热衷于概念，是可以接受概念的。这就是为何一些莫名其妙的概念都有一定的市场。

⦿ 商业模式层面的品类创新

最常见的商业模式创新包括连锁终端模式创新、互联网领域的创新、IT技术应用领域创新等。例如以前的终端业态是卖药的只卖药，卖化妆品的只卖化妆品，大家井水不犯河水。但是当药妆店兴起后，很多国内连锁药店就进行了模仿式创新，引进了原本不会在药店出现的洗护用品、化妆品、零食、饮料、玩具等等，这个当然也算是终端模式创新了。

在互联网领域，品牌定类创新更常见，各种新商业模式层出不穷，各个平台型网站都有各自的定位和特色，实际上都是在进行品牌定类方面的创新。例如大众点评网，定位为本地搜索和城市消费门户网站，首创并领导了消费者点评模式，以餐饮为切入点，全面覆盖购物、休闲娱乐、生活服务、活动优惠等城市消费领域。58同城网定位于本地社区及免费分类信息服务，帮助人们解决生活和工作所遇到的难题。这些网站都是近年兴起的，他们都是商业模式创新定类的典型。

综上所述，创新定类法，就是创建全新的品类，并定位于这个品类。由于新品类暂时没有竞争对手或竞争很少，所以新品牌更容易生存和发展。

05 | 霸王凉茶与马应龙眼霜
——A模式与J模式

跟前面的细分和整合定类方法相对应，国际上品类定位存在两种模式：一是A（American）模式——以美国的多数品牌为代表，主张聚焦原则，一般都是一个品牌归属一个细分品类，甚至是一个产品对应一个品牌，例如宝洁和联合利华旗下的品牌，大部分都是这种形式。二是J（Japanese）模式——以日本的大多数品牌为代表，主张宽泛延伸，通常都是一个品牌覆盖一个产品群，甚至跨越多个品类，例如日立、索尼、富士通、花王等等。

但是，无论A模式，还是J模式，都应该遵循相关性原则，即便是覆盖品类多而杂的J模式，一般也都在同一个行业、同一个大类（包括自定义的大类）下面延伸。例如索尼的基本定位还是家庭视听娱乐一体化，它不会去生产汽车，也不会去做空调，更不会去生产方便面。富士通的定位还是IT科技领域，包括电子元器件、计算机通讯平台、软件等等，它不可能去卖猪肉、卖白菜、卖尿不湿。花王的定位还是聚焦于日化领域，包括个人护理用品、家庭日化清洁用品等等，它不可能去造飞机大炮和航母。因此，A模式和J模式，本质上只是品类定义范围大与小的区别。

如图4-6所示，在白色家电的大类中，来自美国的AO史密斯采取A模式，只聚焦于热水器这个细分品类；而海尔采取的是J模式，聚焦于大类，将白色家电一网打尽。他们的定位没有对和错之分，都能在消费者心智中建立鲜明的定位。

虽然，最理想的模式是A模式，因为给人们的印象是更专一、更专业。但是，现实跟理想总是有差距的。A模式对于做品牌族群的企业而言，是巨大的挑战。中国很多中小企业起步于草根，好不容易打造出一个小有名气的品牌。如果不做产品或品类延伸的话，每开发一个产品都要重新打造一个品牌，则成本非常高，风险非常大，以公司的实力不足以支撑，毕竟中国还没有出现像宝洁那样能够支撑300个知名品牌的企业。因此，中国像海尔、联想、TCL这样的企业走J模式的道路是符合国情的。

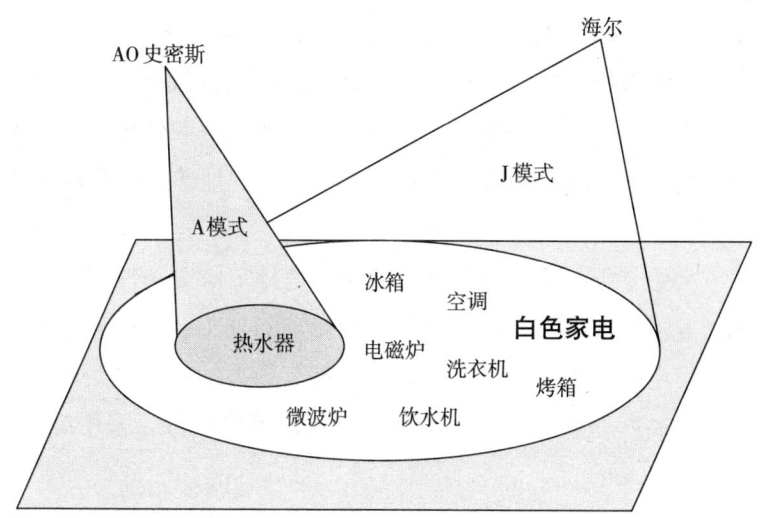

图4-6　A模式与J模式的区别

里斯伙伴公司在《品类战略》中对J模式进行了大力批判，并断言中国企业更适合走A模式的道路。这其实是忽略中国国情的想当然的观点。一方面，如果采用A模式，联想和海尔由于产品繁多，就得去打造100多个品牌，这样非把企业拖垮不可。另一方面，按照里斯伙伴的观点，联想和海尔根本就不应该涉及太多的领域，而应该聚焦于一个细分品类即可，就像英特尔聚焦于芯片，微软聚焦于操作系统，戴尔聚焦于电脑一样。其实这个观点也是失之偏颇。为什么呢？

第一，改革开放之后，中国这个饥渴的巨大市场急切等着各类基本的生活用品来填充，联想和海尔为何放着巨大的市场不做，而要去聚焦做一个品类呢？这里面当然有机会主义色彩，什么赚钱就做什么。但是机会主义也没有错，中国市场经济起步晚、基础差，众多民营企业都是白手起家，企业创建之后，生存是第一位的。只有通过机会主义积累第一桶金，企业才有前途和未来。

第二，中国的技术条件差，如果让海尔和联想们埋头去搞技术开发，像微软、英特尔一样通过原创性技术发明而立足于江湖，这样也不现实。在中国最早的、重量级企业中，真正聚焦于自主技术创新的企业，只有华为，中兴也可以算。而华为也曾坦言："华为在过去的18年里每年坚持投入销售收入的10%以上用在研发上，资金投入都维持在每年70亿～80亿元以上，经过

18年的艰苦奋斗，迄今为止，华为没有一项原创性的产品发明。"可见，搞技术不容易，华为的成功只是特例。如果不搞技术，而是聚焦于某个细分品类的生产制造，那么也没有前途。以格兰仕为例，格兰仕把微波炉做成全球第一，为了维持这个地位，把利润降低到5毛/台的地步，这样的老大还有什么意义？

第三，A模式是市场充分竞争的产物，是特定历史条件下诞生的。两次世界大战，美国本土都没有落过炮弹（珍珠港除外），这让美国的商品经济得到了长期稳定的发展，任何一个领域，都有强大的品牌和企业。在这种环境中，很多新品牌和新企业要生存下去，就只能是细分，采用A模式，聚焦做一个品牌、一个产品，占领间隙市场。而日本能在二战的废墟上站立起来，是因为当一切都百废待兴的时候，市场机会多如牛毛，导致企业都有很多跨类延伸的空间。此时，只要有实力的企业，都会涉及很多赚钱的领域，导致J模式盛行。

中国改革开放才30多年，情况跟日本当年非常类似，对于中小企业来说，由于资源和能力有限，开始应该先做A模式，从一个细分市场和单一品牌切入比较容易。当品牌知名度提升，市场占有率达到一定程度，面对众多的市场机会，就可以采用J模式来延伸。当然，A模式的思想是永远值得借鉴的，有能力做A模式，就不要去做J模式。

需要特别注意的是，做J模式万万不可走火入魔，不能随意突破大类，包括自定义的大类，都不能随意踏入不相关的领域，否则就会引起消费者心智认知上混乱，或者说是不信任。

市场调研公司Research International曾经对22000件产品进行过调研，结果发现，其中82%的产品都是原有品牌的延伸。但是，品牌延伸是有规则的，有两条不可轻易突破的底线。

第一，纵向上不能从高端向低端延伸。道理很简单，高端品牌做低价品，会导致品牌价值贬损。例如1980年代，派克笔在新老总的领导下，推出了每支3美元的低档笔，结果让品牌陷入危机中，一方面，动摇了派克品牌的高端形象，失去了一批忠实顾客，在高端市场上被对手超越；另一方面，低档市场也没有顺利占领，最终进退维谷，陷入市场占有率和销售收入双下降的窘境。

第二，横向上不能延伸到不相关的领域。例如，作为白色家电老大的海尔，却很羡慕人家玩PC的，于是1998年进军PC产业。此后3年，海尔电脑虽销售有所上升，但是总体上仍然是亏损。最终海尔对PC业务进行了冷处理，此后基本在PC业务上没有什么大动作。2001年底,海尔集团放弃电脑制造，改请台湾两家厂商做OEM。几乎同时，北京、成都等地的海尔电脑开始断货，2002年上半年，海尔电脑各地办事处关闭，海尔电脑的接单、销售管理和综合服务改由海尔计算机工程有限公司接管。2002年3月，海尔3C连锁有限公司被注销，海尔电脑业务宣告失败。

其实，跨大类过度延伸的闹剧，几乎每天都在上演。2011春节期间，霸王新推的凉茶产品投入了大量的广告，希望借助春节旺季市场，一炮打响市场。有趣的是，成龙代言的霸王防脱洗发水刚刚播完，画面就马上切换到甄子丹代言的霸王凉茶。从洗发水到凉茶，从日化品到食品，都是霸王一个品牌统领，两则广告古怪地组合在一起，给人的感觉是很别扭。品牌界对霸王这种跨品类延伸的现象，大多数人表示了担忧。这是赤裸裸挑战人们心智模式的行为，试想，你喝霸王凉茶的时候，难道没有对洗发水的联想么？难道没有对脱发的联想么？难道胃里面没有泡沫直冒的感觉么？难道你还能喝得下去么？显然，霸王从洗发水到凉茶，实际上是跨行业、跨大类的大跳跃，这已经不能用J模式解释了。霸王从日化领域进入饮料行业，没有相关性，太突兀，对消费者的心智冲击太大，因此前景不容乐观。

结果正如所料，霸王财报显示，2011年霸王推出凉茶业务的当年，凉茶只贡献了1.67亿元营收，却带来了8685万元的亏损；2012年，凉茶业务急剧萎缩，只带来1758万元的营收。2012年年底，霸王宣布放弃凉茶业务，回归洗发水主业。霸王试图通过凉茶业务来实现集团扭亏的目标没有实现。

与霸王凉茶异曲同工的是马应龙痔疮膏推出的眼霜，这更加挑战人们的心理承受能力。眼霜的消费者，都是一些爱美的年轻女性，要让人家在使用眼霜时，如何不联想到痔疮？这还真是难为消费者了。

06 | 做第一还是做唯一
——品类竞争梯队

在品类定位中，根据定位理论，可以引申出两个重要商业思想：做第一，做唯一。

⦿ 做第一

随着商品经济时代信息和传媒的爆炸式增长，消费者处于信息拥挤之中，人心疲于应付。面临太多资讯，人们一方面倾向于排斥，一方面学会简化处理，将信息分类记忆。最终，在人们的心智中，形成鲜明的品类梯队，并记住排行前几位的品牌，这就是心智定位理论的逻辑所在，如图4-7所示。

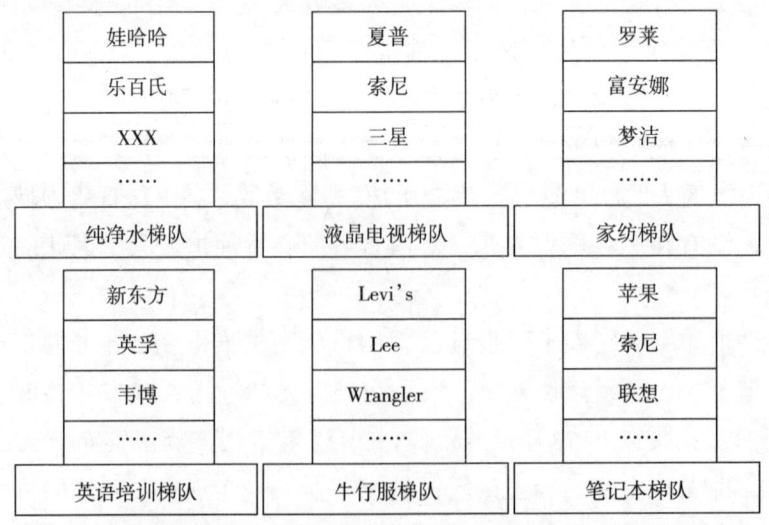

图4-7 做第一！品牌排行梯队，消费者更容易记得前几位品牌

正因为消费者更容易记住品类梯队中排名前几位的品牌，所以品牌要脱颖而出，就必须力争上游，以"做第一"为目标。例如对于英语培训机构，人们对排名前几位的新东方、英孚、韦博、华尔街等耳熟能详，但对于其他品牌则一时想不起来。对于热爱牛仔的时尚人士而言，世界三大牛仔品牌

Levi's、Lee、Wrangler如雷贯耳，其他牌子也能想起一些，但是印象却不会如此深刻。

当然，做第一也不是绝对的，不能误入歧途。事实上，并不是某些营销大师所宣扬的那样，消费者只记得"前三名"。在生僻的领域，消费者能记住第一名的品牌就不错了，但是在日常消费领域，消费者记住的品牌并不会限于前三位，否则，一个行业动辄数十万家企业，几十万个品牌，除了前三名，难道其他都要去上吊？例如对于远洋运输业、捕鱼业，谁知道行业第一品牌是谁？但对于航空公司，人们一般还是知道南航、国航、东航、海航、深航等一系列品牌的。再如，对于彩电、电脑、汽车、化妆品、香烟等日常消费领域，只要是长期在都市生活的人，一口气列举10个以上的知名品牌一点也不难。而对于服装品牌，那就更是不胜枚举了，随便找个爱美的女性，让她一口气列举几十个品牌很容易。就连现在的黄口小儿，也能认知上千个品牌。因此，在那些大品类、大众消费行业，人们的心智可以容纳更多的品牌，并非做不到前几位就完蛋了。同时，这些大行业没有真正的老大，前10位的品牌排名基本上都是动态的。而在那些生僻的、细分的小众行业，则必须做老大，争前三，才有出路。

所以，不能将"做第一"作为教条生搬硬套。做第一只是一个愿景和目标，愿景很宏大是对的，有追求总是对的，但实际上在很多行业谁也无法永葆第一，城头变幻大王旗的悲喜剧不断上演。做第一的思想，是鞭策品牌企业不断进取，努力去进入第一阵营；鼓励企业不要做平庸的品牌，要做有价值、有影响力的品牌。

⦿ 做唯一

如果做不到第一，就应该创立一个新品类，坐上新品类排行榜的第一把交椅，这就是"做唯一"（如图4-8）。相当于自立山头，当山大王。例如宋江做不成皇帝，但是可以在梁山树立"替天行道"的大旗，然后自己做一个土皇帝。做唯一的最终目的，也是为了做第一。如果梁山好汉胜利了，那么宋江就当皇帝了，就从做唯一转变为做第一。再如，利郎在休闲男装领域排名做不到第一，但是它第一个创立了"商务休闲男装"这个新品类，于是，就做成了这个领域的老大,实现了"做唯一"的目标,并且逐渐具备了"做第一"的潜力。再如霸王防脱洗发水,原本很可能在强手如云的洗发水领域中籍籍无名,但是由于它创立了"防脱"这个新品类,做成了该品类的第一位,于是也在市场中占据了一席之地。

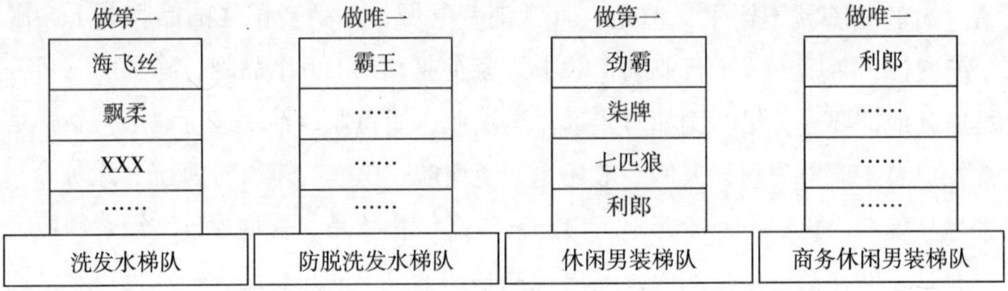

做第一	做唯一	做第一	做唯一
海飞丝	霸王	劲霸	利郎
飘柔	……	柒牌	……
XXX	……	七匹狼	……
……	……	利郎	……
洗发水梯队	防脱洗发水梯队	休闲男装梯队	商务休闲男装梯队

图4-8 做唯一!创建新品类,自己做老大!

● 二分天下

有趣的是,众多品牌都在做第一和做唯一,结果就出现了"二分天下"的现象。在《品类战略》中,创建新品牌的重要方法之一就是"对立定位",即"做领导品牌的对立面"。这个很好理解,也就是跟行业老大唱对头戏,老大说"Yes",你就说"No";老大说"红烧凤爪",你就说"清蒸猪手";老大说"纯净水",你就说"天然水";老大说"可乐",你就说"非可乐";老大说"油炸",你就说"非油炸"……总之,就跟对对联似的,分庭抗礼,自立门户,独树一帜。

经过做唯一、做第一的多年竞合与分化,每个行业都会形成数一数二的几个品牌。这些品牌成对出现,二分天下。请看下面的例子。

麦当劳与肯德基

尼康与佳能

宝马与奔驰

可口可乐与百事可乐

波音与空客

阿迪达斯与耐克

伊利和蒙牛

移动与电信

苏宁与国美

沃尔玛与家乐福

高露洁与佳洁士

娃哈哈与乐百氏

淘宝和易趣

天涯和猫扑

康师傅和统一

百度和谷歌

当当和卓越

中兴和华为

五粮液和茅台

妇炎洁与洁尔阴

QQ和MSN

杜蕾丝与杰士邦

宝洁与联合利华

  如果诸位有兴趣，还可以找到更多的例子来。为什么会二分天下呢？一般来说，当一个市场没有老大的时候，会出现一个群魔乱舞的阶段；随后，随着老大、老二和老三的出现，市场会越来越集中，那些细分的行业，最终可能出现寡头垄断，前几位的大寡头将垄断80%以上的市场（当然，不是每个行业都会出现寡头的，在大众消费的完全竞争市场中，就很难出现绝对的寡头）。群魔乱舞和三分天下都是不稳定的状态，最终导致一对寡头二分天下的局面。为什么这么说？

  虽然在数学上，三角形是稳定的，但是，在社会领域中，三角关系是最不稳定的。因为在数学上，三角形的三个顶点是固定的，所以三角形稳定；而在社会领域，三个顶点都是活动的，所以就破坏了稳定结构。当市场从群魔乱舞进化到三分天下之后，老二和老三有联合起来对抗老大的趋势，如果他们合并了，就会变成老大，于是市场上就剩下两大巨头。为了避免这种情况，老大往往就要拉拢老三，收购老三之后，他才能稳当老大。于是，无论何种趋势，最终还是变成了两大巨头对峙的局面。看来，中国传统的阴阳论是有道理的，二分法在很大程度上是普遍规律。

中国很多新兴行业还没有出现二分天下的巨头，因此给很多品牌留下了做第一的机会，如果做不了数一数二，还可以做唯一。如果实在做不了唯一，我们还可以在除品类定位之外的其他维度上下功夫。

07 屈臣氏的边界与方寸
——定类与商品规划

品类定位一旦确定，就直接决定了产品种类、产品线的长度，成为商品规划的基本依据。对于那些零售终端品牌和产品线较长的品牌而言，商品规划便是一项非常重要而有挑战性的工作。商品规划实际考虑的因素很多，包括顾客需求、市场竞争格局、企业自身资源和能力、商业模式、品牌定类等多个方面。其中操作起来最复杂的要属服装鞋帽等产品繁多的品牌，以及各类零售终端品牌。前者的商品规划在第六章有论述，这里主要以药妆连锁终端品牌为例，来说明定类跟商品规划的关系。

● 产品品牌定类决定了产品功效和成分

众所周知，日化产品、药妆产品、保健食品和药品，是四个不同的大类，四个很大的行业，极少有企业能够在四个领域中同时进行研发和生产。但是，它们之间也会有交叉的时候，那就体现在终端和渠道上。对于药妆店而言，这四大品类都是基本构成部分。如果站在药妆店终端品牌来看四大品类，会发现它们彼此之间也有很密切的关系，体现在产品成分和功效上，就是含药成非和非药成分比重不同，造成其功效的显著程度也不同，如图4-9所示。

①对于日化产品而言，为了支撑诸如清凉醒肤、营养发质、草本精华、矿物养颜、滋养肌肤等等概念，在产品设计上，实际多少含有一些药物成分。

②对于特殊化妆品，即药妆，更加强调其皮肤保健的功效，因此，在产

品规划上，就要添加更多的药物成分，杀菌、止痒、止汗、祛痘、祛斑、除臭、抗氧化……不一而足。

③对于保健食品而言，强调其保健功能，因此，在产品规划上，都要包含很多药物成分，以便实现诸如通便、减肥、排毒、安神、补血、抗疲劳、抗衰老等功效。

④对于药品而言，为了体现疗效，因此产品设计上，基本上都是功

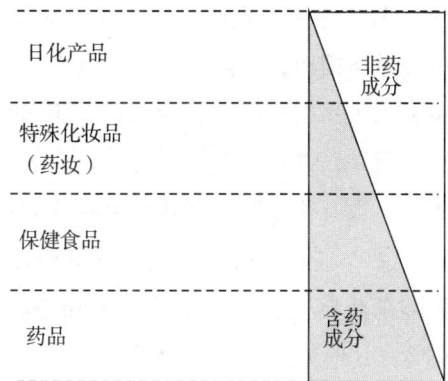

图4-9　定类与产品功效及成分的关系示例

效明确的药物成分，非药成分也有，主要是用于填充、塑形和糖衣等辅料。

因此，品牌的定类，直接决定了产品功能设计和成分组成。同时，定类还决定了产品的杂交和融合，例如药妆产品，就是化妆品和药物杂交融合而成的；保健食品，就是食品和药物杂交融合而成的。

◉ 终端品牌定类决定了商品种类和比例

显然，定类的不同，会导致终端产品结构与比例的显著差异。如图4-10所示。

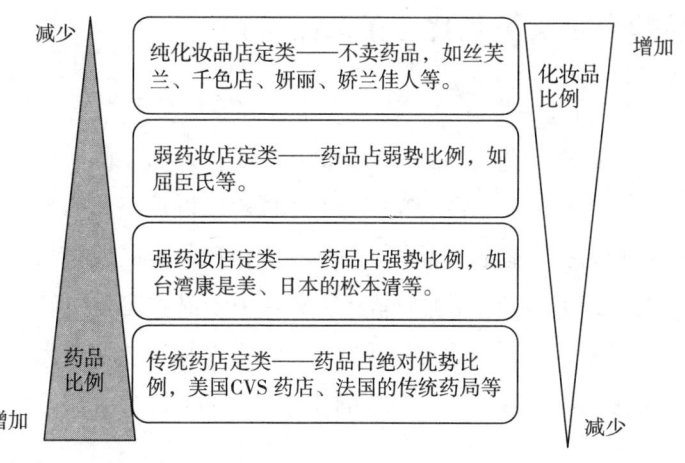

图4-10　定类与商品种类及比例的关系示例

① "纯化妆品店"定类——丝芙兰、千色店、妍丽、娇兰佳人等都是纯化妆品连锁店，店内商品中只含有化妆品，不含药品，但是含有药妆产品。药店和化妆品店分离，二者井水不犯河水，是中国大陆市场的长期以来的主流形态。但是，近年随着屈臣氏、万宁等连锁药妆店的兴起，以及迫于市场竞争的压力，也有很多药店或化妆品店在向药妆店模式转型。

② "弱药妆店"定类——即药品占弱势比例的药妆店，如屈臣氏，作为大陆药妆店先驱，为了适应大陆顾客的消费习惯，将OTC药品占比只保留了15%，其他化妆品、护理用品、时尚产品占了85%。

③ "强药妆店"定类——即药品占优势比例的药妆店，例如台湾的康是美，OTC药品占40%，化妆品占35%，家居用品占25%。再如日本的松本清，药品（包括中药、OTC、医疗器械）占31.2%，美容化妆品占29%，食品占10.7%，日用杂货占26.1%。

④ "传统药店"定类——即做药店起家的，药品仍旧保留绝对优势的药妆店模式。例如美国CVS药店、法国的传统药局，主要销售处方药、OTC药品，化妆品和日用品比例较少。例如，CVS处方药占68%，OTC占10%，化妆品6%，日用百货16%。

可见，终端品牌定类决定了商品种类和比例，决定了商品规划的整体结构。

⦿ 终端品牌自定义类别优化了商品结构

屈臣氏将产品进一步分组，自定义了"健康、美态、欢乐"三个类别，为了体现健康的诉求，药品占15%的比例；为了体现美态的诉求，化妆品及护肤用品占35%，个人护理品占30%；为了体现欢乐诉求，休闲零食、饮料、玩具、礼品以及时尚类美容衣饰品等占20%。屈臣氏的产品线很长，囊括了20多个国家的20000多种产品，提供一站式服务。由于品类定位明确、功能价值规划清晰、商品规划合理，因此屈臣氏即便产品种类繁多、数量庞大，仍然井然有序、价值鲜明，给顾客留下了美好的体验，如图4-11所示。

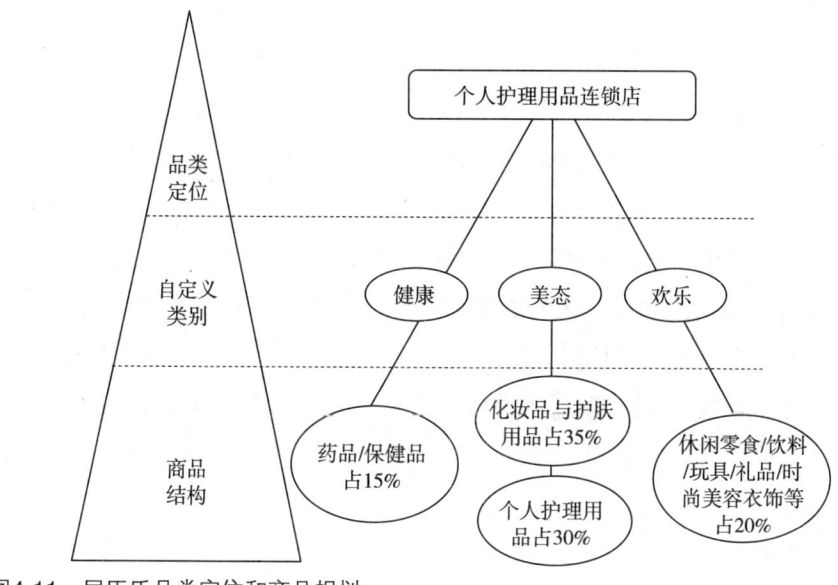

图4-11 屈臣氏品类定位和商品规划

● 终端品牌定类决定了终端多品牌的结构

由于屈臣氏定类于"个人护理用品连锁店",属于一站式护理用品购物终端,也就意味着其终端必定容纳众多知名品牌,构成一个庞大品牌族群,如图4-12所示。

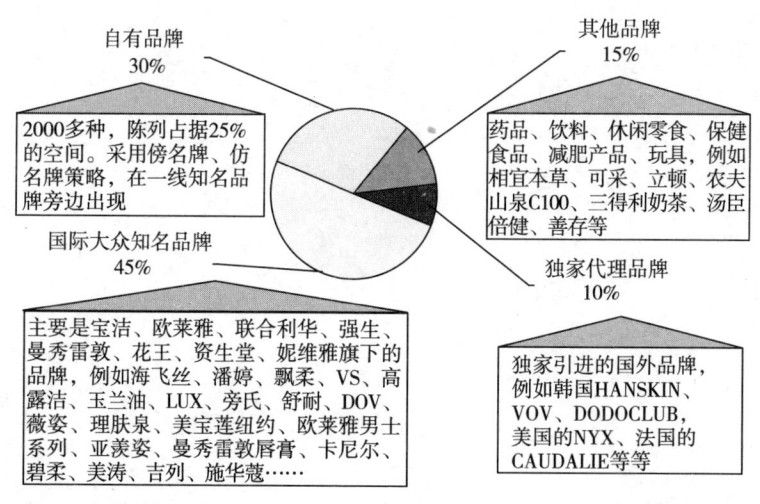

图4-12 屈臣氏产品结构

来源:屈臣氏调研

①独家代理品牌，占10%，主要是独家引进的国外品牌，例如韩国HANSKIN、VOV、DODOCLUB，美国的NYX，法国的CAUDALIE等等。

②国际大众知名品牌，占45%，主要是宝洁、欧莱雅、联合利华、强生、曼秀雷敦、花王、资生堂、妮维雅旗下的品牌，例如海飞丝、潘婷、飘柔、VS、高露洁、玉兰油、LUX、旁氏、舒耐、DOV、薇姿、理肤泉、美宝莲纽约、欧莱雅男士系列、亚羡姿、曼秀雷敦唇膏、卡尼尔、碧柔、美涛、吉列、施华蔻……

③自有品牌，占30%，有2000多种，占据25%的陈列空间。采用傍名牌、仿名牌策略，在一线知名品牌旁边出现。

④其他品牌，占15%，包括药品、饮料、休闲零食、保健食品、减肥产品、玩具等品类，例如相宜本草、可采、立顿、农夫山泉C100、三得利奶茶、汤臣倍健、善存等。

其中国际大众知名品牌是其销售额的主要来源；自有品牌是其利润的重要支撑。其他品牌主要是起到辅助作用，充分满足顾客多样化的需求，提升品牌黏度和忠诚度。

综上所述，品牌的品类定位，跟商品规划有着密切的关系。当品类定位确立之后，就要围绕定类而开展商品规划和商品开发。终端品牌的情况最复杂，所以这里拿终端品牌来举例说明，其他品牌也可以借鉴相同的原理。

第五章

格调定位
Color & Style Positioning

> 孔夫子为何要佩带宝剑？"犀利哥"为何风靡网络？盟军为何喜欢唱德军的军歌？这都是因为格调的力量。夫子宽袍阔袖、佩带宝剑，是要维护"士"与贵族的格调。犀利哥体现了后现代主义沧桑的格调，因此受到网络追捧。盟军和德军的军歌格调相近，因此可以跨越敌我界限。

01 从孔夫子到犀利哥
——古今格调纵横谈

⊙ 形之格调：从孔夫子到"犀利哥"

大家都见过孔夫子的画像或者雕像吧？他老人家总是慈眉善目，宽袍阔袖，气度超凡。然而，令人费解的就是他腰间总挂着一柄宝剑。这把剑长度在90厘米左右，在今天看来绝对属于管制刀具，随身携带会被当作黑社会。孔夫子作为教育家，又不需要天天去跟人比武打架，老是挂着这种"凶器"有何用途？难道那个时代社会治安比现在还差，需要佩剑防身？

图5-1　孔子（左）和屈子（右）画像，他们的仪表都属于先秦士与贵族格调

来源：nipic.com

其实，如果我们重温一下先秦文化，就发现夫子这柄宝剑，属于必备装饰品。先秦时期，我们的祖先一路打打杀杀走来，变成了一个十分强悍的民族，并养成了尚武的习俗与精神，从国君到贵族到平民，男人们普遍喜爱剑，并形成了一个武士阶层，后来的"士"，就是从武士中间分化出来的文人，文

人与武士的结合，就出现了"侠"。古代的文人并不是文弱书生，因为本质上他们是武士或者游侠，他们诗不离酒，剑不离身，身不离马，肌肉练得很发达，砍人也不怎么眨眼，又由于当时法制不健全，很多社会问题和矛盾需要文人侠客去解决，所以侠客成天忙着报仇雪恨或打抱不平，在当时属于阳光职业。例如唐代的李白15岁就剑术非常娴熟，后来"仗剑辞亲，去国远游"，开始了行侠仗义的侠客生涯。

再说孔夫子，孔子出身武士世家，身长九尺六寸，善于驾车和射箭，堪称高大威猛之帅哥。虽然属于没落的贵族，但夫子仍终生以士和贵族自居，峨冠博带，随身佩剑，出门驾车，这在当时是时尚与高贵的象征，体现了士和贵族的格调。中华号称"礼仪之邦"，因此武士、士大夫、贵族这个阶层的人，都特别讲究风度、仪表和格调。孔子的学生子路为了维护士的格调，甚至丢掉了性命。那是一次战斗中，英勇杀敌的子路突然被一支冷箭射断了帽子上的缨络，在子路看来，君子宁可死，也不可丧失格调。于是，他停下来把缨络重新绑好，结果被敌人趁其不备杀死。子路也许是古今中外为了捍卫自己格调与风度而牺牲的第一人。参照一下与孔子同时代的三闾大夫屈原，屈原可是朝廷重臣，正宗贵族。所以，看看如今的所有屈子画像，全都是峨冠博带，仗剑行吟，兼具贵族和文士气度。在这种文化背景之下，我们就不难理解孔子、屈原等人的画像为何都呈现同样的先秦贵族格调了。

再说犀利哥，犀利哥本是一个有精神问题的乞丐，他在网络上的迅速蹿红，来自其无意中体现出来的独特风格：那原始版的"混搭潮流"，给人一种放荡不羁、不伦不类的视觉冲击。网友的经典评价是："那忧郁的眼神，唏嘘的胡碴子，神乎其技的搭配，还有那杂乱的头发，都深深地迷住了我"。犀利哥本是一个悲剧，但是到了时尚界，悲剧就变成了喜剧，这里无关乎道德，仅仅是万民狂欢的情感宣泄。当然，犀利哥成为名人之后，也得到了各方救助，找到了失散多年的家人。从这个角度来说，结局也是一出名副其实的喜剧。

当中国的犀利哥风靡网络的时候，纽约艺术家兼设计师Brett Westfal的作品也在美国流行。在其发布的秋冬系列时装中，主打"破烂王"风格，模特都摇身变为"丐帮弟子"，或者说像个难民。沧桑感本来是牛仔时尚设计师一直想表达的主题,而Brett Westfal能将这种风格表达得淋漓尽致,堪称一绝(图5-2)。从工艺上看,制造一条残破的牛仔裤,需要增加多个工序,自然会增加不少成本。而年轻前卫一族,宁愿为一条破烂的裤子付出额外的费用。

图5-2 犀利哥与Brett Westfal的"破烂王"风格作品

有趣的是,当犀利哥和破烂王盛行时,来自香港的TOUGH牛仔也独树一帜,发布了一系列前卫新作品,以"有罪"为主题,体现硬汉与坚韧风格(图5-3)。TOUGH牛仔的独特之处就是把品牌广告拍得像故事片,囚犯、私奔者、监狱、火刑、罪与罚等等,构成一个个令人回味的短剧。在这样剧情和环境氛围中,把男女主角的"坚韧"精神表达得充分而彻底——"TOUGH"的中文意思就是"坚韧"的意思,这也是其品牌风格的定位。

综上所述,从孔夫子到犀利哥,再到当代流行风向,貌似相隔两千年的人没有共同语言,其实不然。大家都在外形装束上追求各自的格调,这种格调有跨越时空的魅力。如果你穿越到孔子的时代,孔子看到你的破牛仔之沧桑格调,他未必会喜欢,但是一定会读懂它的涵义。

图5-3 TOUGH牛仔的"坚韧"格调

⦿ 音之格调：军歌无国界

自古以来，在你死我活、势不两立、水火不容的战场上，敌我双方有一样东西却是可以共享的，那就是军歌。在电影《从海底出击》中，德国潜艇的士兵，居然通过广播播放英军歌曲《It's a Long Way to Tipperary》（去蒂珀雷里的漫漫长路），然后全体官兵都欢乐地跟着唱起来。其实，这首歌虽然诞生于英国，但是早在第一次世界大战期间，就在英军、德军、法军和俄军中广泛流行。《去蒂珀雷里的漫漫长路》其实是一首抒情曲，创作于1912年1月31日，作者是一个叫Jack Judge的作曲家，当时他和弟弟Ted在一家大剧院做定期演出，午夜散场之后，Ted跟他打赌5先令，赌他能否用一天的时间就创作一首脍炙人口的新歌，并且第二天晚上就能在剧院演奏。结果Jack赢了，创作了名曲《去蒂珀雷里的漫漫长路》，歌词内容是表达一个男子想回到心上人身边的急切心情。但是奇怪的是，他居然给一首情歌作成了一首非常明快豪放的曲子，这首歌曲在31日晚上的演出中很受欢迎。后来这首歌流传开来，最终还变

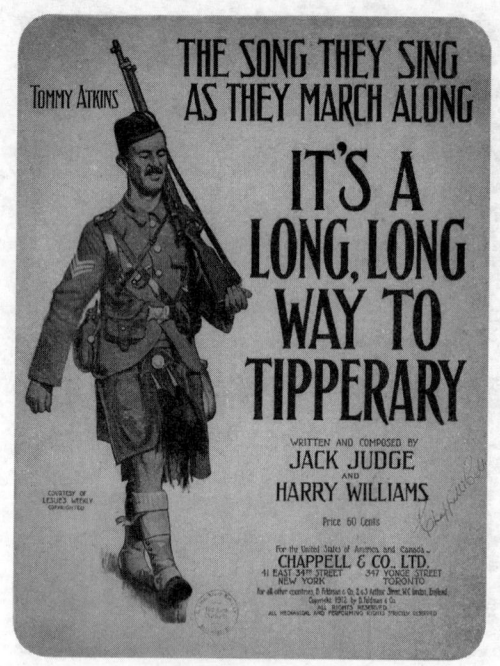

图5-4 《去蒂珀雷里的漫漫长路》唱片海报

来源：irish culture and customs

成了军旅歌曲，鼎盛时期，这首歌的地位跟英国第二国歌差不多，在陆军和海军中都非常流行。到底是不是英军官方的军歌还有待考证，但至少是军营流行歌曲，代表主旋律，就像我军的《小白杨》之类。这首英军的主旋律，歌词却被改成10多种语言和版本，受到多国军队的喜爱。

最不可思议的是一首正宗的德军军歌，居然也流行于盟军将士之中。那是德国陆军装甲师的军歌《Panzer Division》，中文意思就是《装甲战歌》或《装甲兵之歌》，美国电影《坦克大决战》中，德军将士就是唱着这首歌玩命的。凡欧洲战场的各国军队，不论同盟国还是轴心国军队，基本上都会唱这首歌。试想一下，在二战的硝烟中，德军在唱它，美军在唱它，法军在唱它，英军也在唱它，该是多么壮观的战地大合唱！如果忽略语言和军服的差异，以及相互对射的子弹，还以为他们是同一个阵营的。这首歌直到二战之后，还在各国军中流传。

值得注意的是，《装甲兵之歌》属于德国陆军装甲师（Panzer Division），这是德国的国防军，不是希特勒党卫队装甲师（SS Panzer Division）。盟军对德国国防军和纳粹党卫军是区分开来的，因为国防军被当做正常的军人对待，而党卫军则是邪恶的化身，不算军人。所以国防军的军歌能够被其他各国广泛接受，党卫军的歌曲则不行。

这种军歌无国界的现象，在我军中也存在。脍炙人口的《三大纪律八项注意》，最早版本的歌词是原红十五军的秘书长程坦先生创作的，但是曲调却是借用了《德皇威廉练兵曲》，也就是说，我们唱了80年的红色歌曲，居然来自德国，这是怎么回事？

话说甲午战争之后，在天津咸水沽以南约10公里处，有一个地名叫小站。袁世凯奉旨在此督练"新建陆军"。袁世凯的新军引进德国顾问，以德国军制为蓝本，创建了一套近代新陆军军制。当时袁世凯为了鼓舞士气，强化纪律，统一行动，决定创作一首军歌。遂请谋士徐世昌（后来担任过民国大总统）写了一首歌词，取名《大帅练兵歌》，正在为谱曲发愁的时候，袁世凯听到德国顾问在哼一个曲子，非常好听，就要求德国顾问将曲子用于《大帅练兵歌》，这个曲子就是《德皇威廉练兵曲》。

后来，东北军阀张作霖在操练军队的时候，也想应该有一首军歌鼓舞士气，于是就将《大帅练兵歌》直接搬过来，但是把歌词改掉了。再接下来，冯玉祥将军在操练士兵的时候，也觉得应该有一首军歌，于是又把张大帅的《大帅练兵歌》搬过来，照例改一下歌词，然后把"大帅"二字去掉，就叫做《练兵歌》。再到后来，就不用说了，我军的《三大纪律八项注意》就按照《练兵歌》的曲子，重新填词而成。这样，经历几番波折，薪火相传，硬是将《德皇威廉练兵曲》传唱到了现在。

那么，现在的问题是：为何会出现军歌无国界的现象？道理很简单，所有的军歌格调都相近，都是慷慨激昂，雄壮豪迈，鼓舞人心的。像德军的《装甲兵之歌》、苏军的《神圣的战争》（《亮剑》开篇雄壮的主题歌，就是拷贝了《神圣的战争》的曲子）等，体现是一种钢铁般的意志和摧枯拉朽的气势，能感染所有人，包括敌人。所以，不论敌人的军歌还是我军的军歌，在格调上都是可以心灵相通的。虽然我听不懂你在唱什么，但是我懂你的格调，你的格调跟我格调是一致的，于是你的歌我也喜欢。这就是格调的力量，它超越时空、跨越意识形态、突破敌我防线，散发出无可抵挡的魅力。

02 小萝莉大战OL
——品牌格调经典范式

品牌必须要有属于自己的风格和调性，这样才能让顾客形成鲜明的品牌印象。风格和调性，统称为格调，属于品牌的感性价值。在时尚领域，品牌格调的力量甚至超越任何语言,超越那些喋喋不休的说教。事实上,所有的时装大牌每年根据不同季节,都会发布当季的时尚广告大片,目的就是旗帜鲜明地表达自己的时尚主张,凸显品牌风格和当季主题风格。

因为服装品牌对风格和调性要求最高,最具有代表性,拥有很多可以通用于其他领域的格调经典范式,因此下面以服饰品牌为例,来论述品牌和格调的关系。

◉ 世界服饰经典风格分析

由于历史的原因,中国现代化的进程落后于欧美日韩等强国,在服饰消费文化上也以西方为标准,例如西装就成为全球通用的男正装,西方的男士衬衫也成为全球的标准化服装。同样的道理,我国消费者对国际服装品牌的款式和风格认同感较强,在市面上都倾向喜欢购买国际品牌服饰,洋品牌一直主导市场。更有甚者,国产本土品牌也纷纷投靠欧美旗下,动辄跑到法国、意大利去注册一个品牌,然后杀回国内,让消费者真假莫辨。同时,我国服装行业长期的"国际代工"身份生产出的"外单"、"尾单"也充斥国内批发、零售市场,让西方服饰的风格和调性渗透到了各个角落。因此,日韩和欧美的服装风格和调性在我国树立了不可撼动的地位。

经过历史上无数次文化的交融、潮流的更替,最终沉淀了一批经典风格,服饰界人士一般认为,可以分为瑞丽风格、嬉皮风格、百搭风格、淑女风格、韩版风格、民族风格、欧美风格、学院风格、中性风格、嘻哈风格、田园风格、朋克风格、洛丽塔风格、街头风格、简约风格、波西米亚风格、通勤、OL等18种。由于分类角度和标准不同,也有人提出不了不同的种类,但这不影响我们对品牌风格的理解。

下面将一些常见的风格特征进行简要说明。

——瑞丽风格:"瑞丽"原本是一家日本的时尚杂志社,中国的《瑞丽》杂志沿袭了日本瑞丽的风格,一度出版《瑞丽可爱先锋》、《瑞丽伊人风尚》等杂志,其中《可爱先锋》主要受众群是学生美眉;《伊人风尚》主要受众群是年轻白领。有消息称,中国的《瑞丽》有偿使用日本瑞丽的内容和模特,二者有合作关系。总体说来,无论中国瑞丽还是日本瑞丽,主要风格还是以甜美优雅深入人心，其专属模特桥本丽香就是这一风格的诠释。因此，瑞丽风格实际上日版女装风格的代名词，以可爱甜美著称。

——韩版风格：韩版和日版都是大家最熟悉的风格，其实现在的韩版风格都是经过现代改良的，融入了很多其他风格元素，使得韩版风格越来越难定义。整体上看，韩版风格是宽松、休闲、雅致与清新的，裙装通常采用高腰线、垂坠感以及不规则的下摆和褶皱花边，韩版外套的色彩非常简洁，主要通过不对称设计、立体剪裁和面料质感来体现明暗对比调子，一般不会采用拼色、撞色和渐变来处理色彩。韩版的针织衫常常采用宽松的蝙蝠袖和修身的垂坠感来表现休闲和优雅。在韩剧和韩风的影响下，韩版服饰的魅力长盛不衰。

——通勤与OL风格：OL是英文Office Lady的缩写，意思就是职业女性。因此，OL风格就是指职业套裙，职业女装。通勤与OL最大的区别是通勤更具有休闲风格，是时尚白领的半休闲主义服装。通勤的另一个代名词是：职业休闲女装，是职业装和休闲装的结合。随着全球休闲化的浪潮兴起，人们越来越希望摆脱工作和制度的束缚，尤其是女性，希望用轻松时尚的服饰替代严肃沉闷的职业装，于是职业休闲装诞生了，并成为了一种潮流。

——朋克风格：PUNK，是兴起于1970年代的一种反传统的音乐力量。PUNK在中国大陆译作"朋克"；在台湾译作"庞克"；香港则叫作"崩"。从最早由Leg McNeil于1975年创立《PUNK》杂志，之后由Sex Pistols将此音乐形成潮流，距今已有40多年历史了。在二战后的英国经济萧条时代，一群标新立异、桀骜不驯的年轻人用单调的音乐发泄自己对现实、对社会、对传统的不满，后来逐渐演变成为一种时尚文化潮流，给西方社会带来深远影响。早期朋克的典型装扮是用发胶胶起头发，有的将头发剃成鸡冠形，穿一条窄身牛仔裤，加上一件不扣钮扣的白衬衣，再戴上一个耳机连着别在腰间的Walkman（现在改成"爱疯"），耳朵里听着朋克音乐。进入上世纪90年代以后，时装界出现了后朋克风潮，它的主要指标是鲜艳、破烂、简洁、金属，由于可将自己跟周边的人区别开来，因此朋克风格在各地年轻人之间仍有很大市场。

——波西米亚风格：波西米亚是Bohemian的译音，该风格源于吉卜赛人的民族风情。吉卜赛人，在不同的地域有不同的叫法，英国人称他们为吉卜赛人，法国人称他们为波西米亚人，西班牙人称他们为弗拉明戈人，俄罗斯人称他们为茨冈人……吉卜赛人在浪迹天涯的旅途中形成了自己的生活哲学，让自由洒脱、热情奔放的格调体现在服饰风格中，其经典元素包括：无领袒肩的宽松上衣，层层叠叠的花边和蕾丝，蜡染印花，皮质流苏，手工细绳结和刺绣，纷乱的珠串配饰，再配合波浪乱发，用色上运用多用撞色效果，剪裁有哥特式的繁复，注重领口和腰部设计，等等，这些都属于波西米亚风格。值得注意的是，现在风靡全球的波西米亚风格，并不局限于最初的波西米亚和吉卜赛服饰，还融入了世界各地的民族元素。目前国内市面上最流行的是波西米亚长裙，穿起来显得高挑摇曳，风姿婉约，一股异域风情迎面扑来。

——民族风格：民族风格很容易理解，例如汉服、和服、唐装、旗袍以及其他少数民族的独特服饰，都属于民族风格。民族风格跟民族历史文化密切相关，所以在诗歌、小说、绘画、音乐等文艺作品中，都会打上本民族风格的烙印。而在现代服饰设计中，不会照搬民族服饰，而是将民族服饰和文化元素跟现代流行风向相结合，例如将棉麻面料、蜡染质感，民族印花和绣纹等融入现代服饰中，这样的作品往往独具一格。

——中性风格：曾经风起云涌的女权主义运动，为中性风格登上历史舞台创造了条件。若在20年前的中国大陆，不男不女的中性打扮还会遭到人们的冷嘲热讽，甚至会被视为社会不良青年。如今，中性风格已经在职场和生活中广泛流行，那些穿牛仔装或者正装的女性，以及长发披肩的男歌手，从背影看，往往雌雄莫辨，这正是他们想要的效果。

——嘻哈风格：源自Hip—hop，嘻哈文化。嘻哈崇尚自由主义，风格具有随意性，但是也有一些共同的特征，例如宽大T恤、松垮裤子、渔夫帽、球鞋或任务靴、腰间挂根粗链子，再加一些金属配饰等等，完全属于自由自在表达个人风格。尤其是衣服上的字母和涂鸦，适当露出一些文身图案，更是表达个性主张。

——洛丽塔风格："洛丽塔"（Lolita）最开始源于美国一部小说《洛丽塔》，作者是弗拉基米尔·纳博科夫，大部分篇幅是死囚亨伯特的自白，叙述了一个中年男子与一个未成年少女的恋爱故事。该书获准出版之后，一路蹿升到《纽约时报》畅销书单的第一位，后来《洛丽塔》还被改编成电影。西方所说的洛丽塔风格，就是那些穿着性感超短裙，化妆成熟女人的妆容，但还保留着清丽少女刘海的女生形象，简而言之，就是"少女强穿女郎装"。后来洛丽塔风格流传到了日本，立即得到日本人的喜爱，日本人将14岁以下的少女统称为"洛丽塔代"，也就是我们通常所称的小"萝莉"。由于日本人很喜欢萝莉，于是日本的洛丽塔风格就反过来了：很多成熟女人喜欢把自己打扮成萝莉风格，即"女郎强穿少女装"。这样一来，洛丽塔风格就突破了年龄的界限，成为一种独立的风格。

——百搭风格：或者叫混搭风格，在这个标新立异的时代，很多人士都喜欢DIY，通过千变万化的混搭组合，可以体现自己的个性和偏好。

——简约风格：起源于现代派的极简主义，现代派大师、德国包豪斯学校的第三任校长米斯·凡德罗被视为其中的代表人物。他提倡"LESS IS MORE"（少即多）的理念，在满足功能需求的基础上做到最大程度的简洁，这得到了很多人士的推崇。简约风格就是简单而有品位，注重细节和品质。在服饰和家居装修领域，简约风格成为当代最流行的风格之一。

——学院风格：常说的学院派风格，就是指美国常春藤盟校的学生制服风格，这是美式和英式传统风格融合之后的产物。学院派风格以青春、简约、理性的特征，受到年轻人士的喜爱。主要代表款式包括：低领斜纹线衫、甜美褶皱连衣裙、不规则设计的T恤、休闲的白衬衫、改良的工装裤、休闲风格的短裙搭配印有可爱图案的小T恤，等等。

——田园风格：顾名思义，田园风格就是攫取乡村田园生活与自然元素，通过艺术设计和组合，表现出清新、自然、闲适的主题。农耕或游牧时代留下的记忆总是存在于人们的内心深处，出于对自然和田园生活的向往，让都市的很多人成为田园风格的忠实粉丝。在家居装修风格和服饰风格上，田园风都有很大的市场。同时，各国和各民族所喜爱的田园风格也不一样，所以田园风也可以分为美式田园风、欧式田园风、英式田园风、法式田园风、中式田园风、南亚田园风等很多种。

其他几种风格大家都很熟悉，这里就不一一说明了。18种风格中，每一种风格还可以进一步往下细分，例如我们常说的欧美风，又可以进一步细分为英伦风、北欧风、北美风、意大利风情、法国风情、西班牙风情等不同特征，如图5-5。

图5-5 欧美服饰品牌经典风格分类

例如北欧风情,即源自北欧"懒猪五国"的休闲风尚。北欧五国由于国家福利非常好,有人甚至不用工作,依靠国家福利也可以过得很滋润。这让其他国家的人民非常"羡慕嫉妒恨",进而对北欧风情推崇有加。北欧的人崇尚自然、热爱生活,追求简约、休闲、舒适、随性的生活方式,这就是北欧风格的基本特征。而北欧风情也逐渐融入了中国当代的都市生活,例如前面提到的Only、Vero Moda、杰克·琼斯、思莱德等都是北欧休闲风格服饰,他们给中国服饰界带来北欧风情启蒙;再如宜家家居也是典型的北欧风格,给中国的家纺和家居带来了北欧风情熏陶,国产品牌艾莱依、埃迪蒙托等都以北欧简约休闲风格为品牌定位。

再如,每当我们一提起英伦风,立即会联想到古老沉郁的原野、宛转悠扬的风笛、韵味别致格子裙、古老的建筑和优雅的绅士风度等等,因此,英伦风就以传统经典、复古怀旧、格仔风行作为基调,体现绅士与淑女风范。韩国的依恋女装,就是典型的英伦风,虽然品牌来自韩国,但是其表达的英伦风却非常地道,在一二线城市受到消费者追捧。

再如西班牙,这个著名的斗牛士之乡,以热情奔放、浪漫艺术和时尚前卫的风格而著称,因此西班牙风情的服饰,就以绚烂的色彩、灵动的款式和浪漫主义调性而感染人们。比如MANGO女装就是西班牙风格。

本土品牌跟洋品牌的最大差别,不是在于材质和工艺,而是在于风格和调性。那些国际知名品牌的格调经过多年沉淀与坚守,一旦定下来就不会轻易改变。并且,格调会强烈而鲜明地体现在服装款式、颜色、材质、配饰、细节上，体现在终端形象、陈列、灯光、道具、POP、模特身上。这种风格的沉淀非一日之功，不是竞争对手简单模仿就可以超越的。而本土品牌就是另外一番景象，由于自主设计水平落后，奉行"拿来主义"和买手制，流行什么就抄袭什么，结果把自己的终端变成了国际服装博览会，什么格调都有，其实等于没有自己的调性。这种方式对于早期的服装企业成长来说是必经之路，但是当企业做大了，从营销主导期进入品牌主导期之后，就应该对格调进行聚焦和沉淀，最终形成自己的独特风格。只有完成了定调，才能跻身国际大品牌的行列。

也许有人认为，ZARA就是奉行拿来主义和抄袭主义，因此本土企业的做法并无不妥，同时拥有很多风格是可以的。其实，ZARA不是一个单纯的产品品牌，更大程度上是属于终端品牌，正因为它的款式都是抄袭模仿来的，所以人们并不认为ZARA是一个独立的服饰品牌，而将它视为一个服装超市，既然是超市，那么里面的产品就应该兼容并蓄，格调不一致也是正常的。类似的终端品牌还有H&M、C&A、优衣库等。其中优衣库跟ZARA有些区别，优衣库虽然也拥有各式各样的风格，但不属于快时尚定位，而定位于标准化自选服装超市，即产品不以时尚化和个性化见长，而是用大量的基本款和经典款取胜，很多产品表现出标准化特征，覆盖人群、适用场合更广泛。

总之，我们要明白自己需要做什么，是打造一个服饰产品品牌，还是一个纯粹的终端品牌？如果是做前者，就必须要沉淀属于自己的格调；如果是做后者，就可以兼容并蓄，允许多种格调的产品并存。当然，我们的绝大多数品牌，都是属于前者。关于ZARA和快时尚，07节将有专门论述。

图5-6　Tommy Hilfiger的美式休闲风格

来源：Tommy官网

⦿ 欧美牛仔品牌风格分析

从世界服饰18种经典风格，再到欧美服饰风格，再到欧美牛仔风格，本节的阐述思路是逐渐具体化，这样大家才能对格调经典范式有更鲜明的了解。

美国是牛仔服饰和牛仔文化的发源地，100多年来代表牛仔服饰的潮流领导者。美国拥有Levi's、Lee、Wrangler三大世界顶极牛仔服饰品牌，还拥有CK、Polo、Guess等知名二线品牌，虽然他们各有自己的品牌特色，但都保留了纯正的美国西部牛仔设计元素，粗犷的撞钉钮扣，风格各异的车花线等细部设计以及各种百余年来消费者所追捧的传统裤型，款款都透露着美国的经典文化和高贵质感。

美国牛仔服饰以追求人体美为核心，注重研究人体的自然特征，注重分析人体各部位的尺寸数据，在结构处理上，追求以服装突出人体的曲线美，讲究服装的外在轮廓线，显示了外向和张扬的特征。这与美国的文化传统是分不开的，它对人体美持欣赏和推崇的态度。因此，性感是美国牛仔服装最明显的特点之一。例如图5-7，CK牛仔的广告，就突出模特古铜色的肌肤、沉醉的表情和动人的曲线，由此突出性感的情调。再如Lee和Guess品牌的很多款式就是以展现女性腰臀部美为设计重点的。

图5-7　CK牛仔品牌格调

同时，追求前卫和个性张扬，崇尚自由和放荡不羁，也是美国牛仔常见的主题风格。经历了六、七十年代嬉皮士的宣泄，80年代的复古、90年代的怀旧思潮之后，美国牛仔沉淀了很多个性化的元素，这些元素至今仍旧在影响着整个时尚界。例如前面提到的人们对犀利哥、破烂王、TOUGH牛仔的追捧，都是受到这种前卫和个性风格深刻影响的结果，这种风格已经植根于东西方人们的头脑中。如图5-8所示，左边是Levi's的"LIVE UNBUTTONED"主题广告，中文意思就是解脱、无拘无束的意思。画面是风雨飘摇之中，一个生猛的

图5-8　Levi's（左）和Wrangler（右）广告格调

男子站在窗外，显示出敢于摆脱束缚、宁愿纵身一跳的大无畏之气概。而右边图中的Wrangler广告更加干脆，一个男子直接从教堂内破窗而出，飞跃下来。人们被其果敢与勇猛的行为所震撼，至于背后他跳楼的原因则无关紧要了。

经典和怀旧，也是美国牛仔的主题。150年来，Levi's一直把经典看作是自己品牌价值的核心。在橱窗和店面的整体设计中，精心营造经典的西部风情和氛围，昏黄色的灯光、棕黄色的地板和墙面设计，原汁原味的牛仔毡帽、粗犷的牛仔裤和腰带，沧桑的模特形象，都营造出一幅浑厚、苍劲的美国西部荒漠草原图景，使人仿佛进入到了100年前的西部荒原之中，产生时光倒流的错觉。总之，浓浓的怀旧风情，淡淡的草原气息，温馨的西部乡村音乐，这些使得来往顾客的心情异常惬意和轻松，从而也会留下极其深刻的品牌印象。

现代休闲风也影响了美国牛仔风格，如今在很多美国牛仔的产品和广告中，也流露出闲暇自如、优雅潇洒、浪漫多情的休闲风格。以大自然色彩为时尚，舒适大方的外观造型，简单直接的线条，带给人们舒心和惬意，使得身处钢筋水泥丛林的现代都市人的心理获得了前所未有的解放。

综上所述，美国牛仔作为牛仔服饰的鼻祖，始终站在时代的前沿与时俱进，一方面坚持自己的传统和经典路线，代表了最纯正的牛仔精神和美国文化特征，从裁剪特征、洗水方式到服饰配件都保留了传统的特点和设计元素；另一方面，它们也会根据流行观念，随着时代的脉搏而不断变化，不断获取新的流行元素加以应用，从而不断推出新的服饰款式并引领潮流。

下面在再来看看欧洲牛仔品牌风格特征。

作为现代服饰文明和工业文明的发源地，欧洲具有悠久的文化传统和高雅的文化底蕴。欧洲服装以抽象的形式美追求外在造型的视觉舒适性，设计师对纯粹的款式、色彩、质感等形式因素有特殊的创造灵感，常采取自由、拟动、反传统、反和谐等表现手法。这些文化传统反映在欧洲款的牛仔服饰上面，集中表现为传统、高雅而不失前卫的风格特征。

图5-9　Armani Jeans广告的怀旧经典格调

例如意大利Armani Jeans（图5-9），一贯保持着含蓄、内敛的风格，款式简洁，色彩中性，做工精致，深沉而富有内蕴，广告经常采用黑白怀旧风格，就像一位久经世故的威尼斯老人。再如英国的Lee Cooper，流露出优雅和浪漫的气息，是英国绅士风格在牛仔服装上的表现，外表沉稳和深邃，但内心却不失激情和浪漫。再如意大利的Replay品牌（图5-10），则喜欢突破传统，体现性感与前卫的风格，广告中模特火辣的身材，贴身剪裁的牛仔裤，流露出人体自然与力量之美。

图5-10　REPLAY牛仔广告的格调

⦿ 风格与调性的区别

风格和调性统称为"格调"，但在专业领域，我们要将风格和调性进行区分，二者既有密切联系，也有显著区别。

风格就是长期以来形成的、大众公认的模式、范式，例如前面说的韩风、瑞丽风、欧美风、民族风、田园风、英伦风等，以及我们约定俗成的风格描述词汇，如复古奢华、清新自然、高贵典雅、浪漫主义等，都有比较清晰的模式和框架。调性就是品牌在视觉上表现出来的或明或暗的色调，在联觉上表现出来的或冷或暖的色温，在情感上表现出来的或激情或冷静的偏向，在思维上引起的或感性或理性的倾向。打个比方，如果将风格比作图画中的形状和轮廓，那么调性就是轮廓中填充的颜色。二者共同构成品牌的综合形象与印象。

下面举例说明：Ochirly（欧时力）是来自意大利佛罗伦萨的著名女装品牌，在中国一二线城市都有其专卖店，体现典型的意大利风格。佛罗伦萨是一座历史文化名城，它既是意大利文艺复兴运动的发源地，也是欧洲文化的发源地。佛罗伦萨的英文是"Florence"，意大利语为"Firenze"，意大利语直译为"百花之城"。出生于佛罗伦萨的诗人但丁曾经这样形容过这座诗般的城市："佛罗伦萨和其他城市不同之处在于，居住在佛罗伦萨的人士生活在佛罗伦萨独特的文化所形成的方言中。对佛罗伦萨人而言，这个城市的美不是鉴赏他的外观，而是深入佛罗伦萨的文化艺术。""百花之城"和灿烂的文化艺术，成为了Ochirly对于其典雅不羁，变幻色彩的创作源泉，使其一跃成为欧洲新锐品牌，成为时尚、典雅的代表，活跃在世界时装舞台上。总体上说，Ochirly的风格就是充满文化艺术气息的意大利风格，而调性就是以粉色的明快暖色调为主，给人留下典雅华丽、浪漫明媚的印象。

风格是可以相同或相似的，不同的品牌都可以在18种风格中对号入座；但是调性却是有差异的，例如同是淑女风，有的品牌体现端庄典雅的调性；有的品牌则是清新明丽的调性；有的品牌则偏向文艺小清新的调性……这些都是有微妙差异的。

需要强调的是，品牌的风格和调性是可以创新的，并不要求根据已有的范式生搬硬套，可以在既定风格上进行改良，也可以创造全新的风格和调性。这里没有对与错、优与劣之分，唯一的评判标准就是顾客体验。只要能得到一个较大群体的喜欢，那么这种风格和调性都是可行的。

◉ 避免格调摇摆

21世纪初，美国《广告时代》杂志对20世纪美国广告业做了一次全面回顾，评选"20世纪最成功的100个广告战役"，其中安纳辛（Anacin）解热去痛片广告排名第19位。该广告的创意大师就是USP理论创立者罗瑟·瑞夫斯，有趣的是，罗大师让客户安纳辛公司花费了8200美元拍摄了广告，然后累计投资85亿美金，连续10年反复播放该广告，不许更改广告方案，堪称品牌史上最执着的广告。显然，安纳辛广告的成功，在于对品牌诉求的坚持和品牌格调的坚守，10年如一日，让品牌诉求、形象和格调扎根公众的心中。现在看来，脑白金就是学的这一招。

这个故事告诉我们，品牌格调定位一旦确定，就要坚持下去，避免风格摇摆、调性摇摆的情况。有些国产品牌看到什么风格流行，就跟随什么，这个本身没错，但是要综合考虑品牌本身的基本格调；如果这一批新品跟品牌长期沉淀下来的格调格格不入，要么就舍弃，要么就改造。买手制就是在这个问题上非常纠结，为什么买手制的企业很难建立品牌？或者说品牌很难获得很高的认同感与美誉度，也很难在时尚界建立江湖地位？关键问题就在于格调摇摆不定。国产品牌也有一些品牌的格调做得比较好的，例如淑女屋、江南布衣、裂帛等等，你可以不喜欢它们的格调，但你不得不承认，它们能始终如一地保持自己格调的独特性，这就是它们存在的价值。那些总是喜欢抄袭的品牌，自身究竟有何价值？

我们应该遵循一条原则：必须坚持始终如一的风格和调性，即便某个时间有部分产品突破了品牌原有格调，那么也要慢慢纠正到正常的轨道上来。只有这样，才能给顾客以统一鲜明的印象。每次顾客跟品牌接触，都会对原有的印象进行一次强化，赢得顾客首选和忠诚度。如果格调摇摆，每次给顾客都是陌生感受，那么顾客会无所适从，以前建立的品牌体验也被推翻，这就是品牌自身的损失。

03 争奇斗艳夺花魁
——格调定位矩阵

品牌的风格和调性属于感性价值，感性的东西往往只能意会，难以言传。这也是导致该领域至今没有权威理论、工具和方法论的根本原因。即便如此,我们还是应该怀着探索精神,去了解风格和调性定位的方法和规律。因此,笔者开发了格调定位矩阵,让争奇斗艳的同行主流品牌格调放在同一个矩阵中进行对比研究,让定调变得有方向、有比较、有依据,从而让感性与抽象的内容转换成理性与具象的模型,为品牌企划和视觉设计提供了具体的参照坐标,下面进行举例说明。

⦿ 牛仔品牌定调矩阵

图5-11是格调定位矩阵,这里是用牛仔品牌来举例说明的,横轴是风格坐标,表示时尚度,越往左越传统经典;越往右越前卫时尚。纵轴是调性坐标,表示冷暖调性,向上是代表暖情调,包括热情、奔放、温暖、舒适、优雅、可爱等;向下代表冷情调,包括冷酷、低调、清凉、沧桑、孤独、粗犷、野性等。这个定调矩阵具有广泛适应性,不但适用于服装、家纺、化妆品、饮料、休闲食品、饰品等时尚快消领域,而且可以适用于其他耐用消费品和工业品品牌。

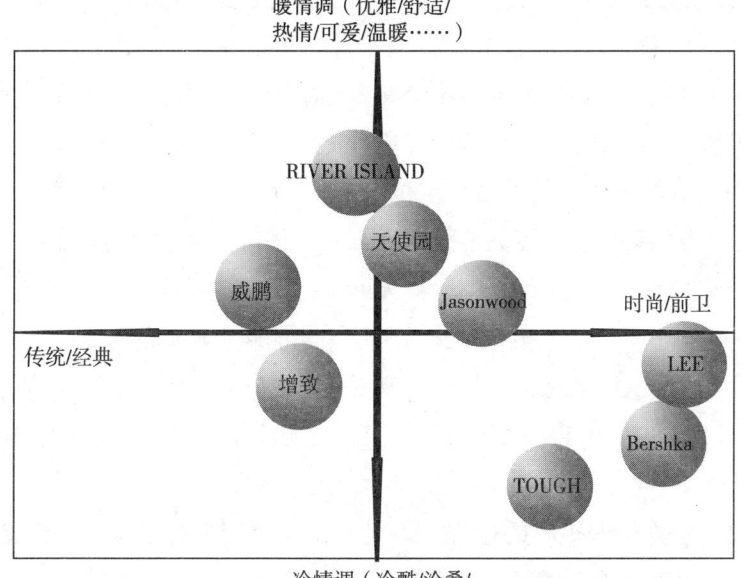

图5-11 牛仔品牌格调定位矩阵

图5-11中RIVER ISLAND是英国的一个大众牛仔品牌，它的调性是英伦舒雅风格，不走极端，温和优雅，简约舒适，在传统和新潮中找到平衡点，产品可以百搭。具体来说，它的款式偏于经典大方，版型注重合身舒适，细节偏于新潮与个性，从而让英伦的优雅舒闲风范与现代潮流有机结合起来。因此，RIVER ISLAND在纵坐标的位置就是偏向暖情调，而在横坐标上就是位于靠近中央的位置。国产品牌天使园的目标顾客是18~28岁的年轻时尚女性，格调上体现优雅、天真烂漫、略带调皮的味道。因此它也是偏于暖情调，且在横坐标上不走极端，跟RIVER ISLAND一样处于靠近中央的位置。

前面提到过TOUGH牛仔，它以坚韧沧桑、个性张扬著称。因此，它在纵坐标上，偏向冷情调；在横坐标上，偏于个性时尚一端。与之风格相近的是ZARA的姊妹品牌BERSHKA，跟ZARA一样走快速时尚道路，比TOUGH更加时尚与个性，同时在冷情调上比TOUGH稍微温和一些。

至于经典大牌Lee，最开始也是做工装牛仔的，为美国中、西部的农夫和工人提供工作服。随着历史的演变，Lee将工装牛仔的粗犷、狂野、酷等元素沉淀下来，并影响了整个牛仔行业的基调。因此，Lee的调性还是偏于冷情调的，在时尚度上，总是站在时尚前沿，领导牛仔的新潮流，所以偏于时尚/前卫一端。

威鹏牛仔定位于"商旅牛仔"，专为成熟商旅男士打造，基本调性是成熟、稳重、风度、休闲，款式偏于经典，不事张扬。因此，它在纵坐标上，略微偏向暖情调，在横坐标上，偏于经典和传统。

此外，值得注意的是，格调定位矩阵代表一种相对和比较意义，因为格调是难以量化测评的，所以只能用定性方式和相对位置来描述。比如一个品牌位于哪个象限是容易确定的，但是具体的坐标读数就很难确定，只有将多个品牌都放入矩阵中时，通过相互对比与调整，才能确定彼此的位置。此时，每个位置都有定位意义。就像梁上好汉排座次，都是通过相互比较而确定各自位置的，如果没有其他107将，只有武松一个人，试问他该坐哪个交椅？这就没法回答了。

所以，建立格调矩阵的过程，也是一个反复调整的过程，虽然开始比较繁琐，但是后来会越来越清晰和精确。

⊙ 洗发水品牌定调矩阵

下面我们再来看一个案例：洗发水品牌的格调矩阵。这些都是日常生活中跟我们关系密切的品牌，市场覆盖率非常高，被大多数人所熟知，容易理解。

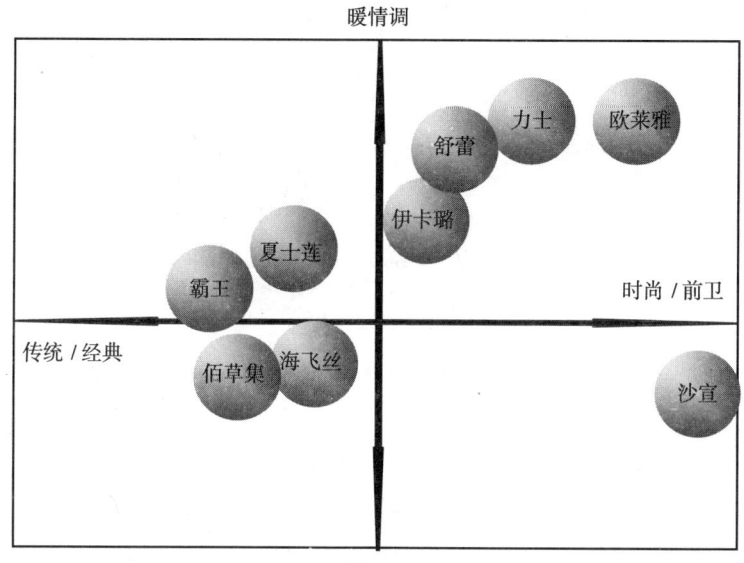

图5-12　洗发水品牌格调定位矩阵

用同样的方法，在图5-12中，我们可以对洗发水品牌进行格调矩阵分析。沙宣作为经典大牌，在过去半个多世纪的辉煌历程中，总是走在时尚与个性的前沿。同时，在模特气质、产品外观、广告形象中，从骨子里头都透出一种桀骜不驯的"酷"。虽然沙宣产品用深红色的外观，但是我们感觉其内在的气质仍偏于冷艳和冷情调。所以它位于右下象限。

欧莱雅则相反，除了领导时尚潮流之外，在情调冷暖上明显偏于暖色。所以它成为右上象限的领导者。力士紧随其后，也是表现出暖情调和时尚性。海飞丝作为一个经典产品，品牌风格在时尚度上比较中规中矩，同时以蓝色为基调，偏于冷情调，所以它位于左下方。霸王洗发水打"中药世家"牌，从价值诉求和品牌形象上，明显偏于传统。舒蕾和伊卡璐都是明显的暖情调，同时在时尚度上表现中规中矩。至于佰草集，跟霸王类似，主诉求是植物精华，色调以绿色为主，因此偏于传统，偏于冷情调。

⦿ 家纺品牌定调矩阵

家纺也是大家所熟知的日常消费品领域,下面我们以常见的家纺品牌为例,来分析一下家纺品牌的格调矩阵,如图5-13所示。

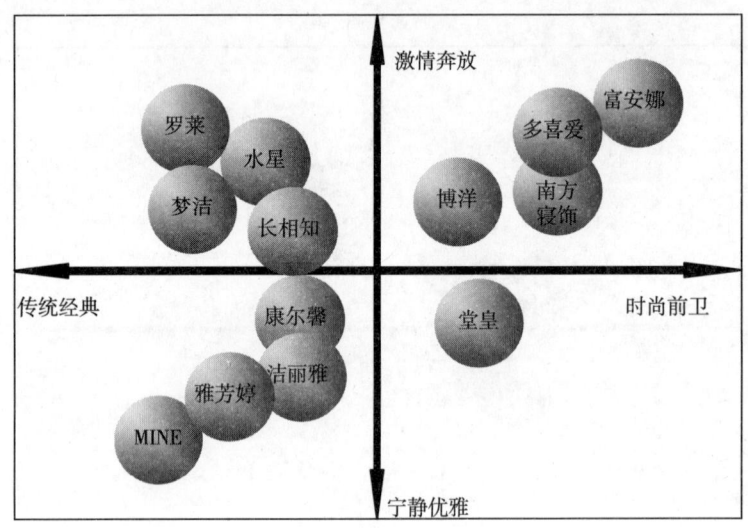

图5-13 家纺品牌格调矩阵

由于家纺行业的品牌化道路晚于服装,同时家纺长期以来属于耐用消费品,消费频次较低,导致关注品牌的顾客不多。然而随着当今人们生活品质的提升,对家居生活开始了品牌化和品位化的升级,所以给家纺行业带来了品牌化的契机,加上各个大牌在央视和地方卫视投放了大量的品牌广告,对于罗莱、富安娜、梦洁、水星、孚日、洁丽雅等品牌大家也变得耳熟能详了。

采用同样的方法,我们可以研究家纺品牌的格调定位。罗莱家纺是家纺行业的龙头,上市公司,品牌风格上强调"经典罗莱",产品以经典欧版为主,因此,风格上偏于经典一端;同时,品牌调性上强调"浓情绽放",属于充满激情的暖调性。所以,罗莱在矩阵中的位置就位于左上象限。水星和梦洁等品牌紧跟罗莱之后,因此它们的位置相近。

再看富安娜,富安娜也是上市公司,以"艺术家纺"为品牌定位,风格上强调"凝聚自然之原创艺术家纺",设计上体现出艺术、浪漫和时尚性;调性上,富安娜的产品特征非常明显,都是绚丽、奔放的大花朵,典型的激情调性。所以，富安娜的格调定位就位于右上象限。多喜爱和南方寝饰的顾客定位偏于年轻化，所以风格上也偏向时尚，调性上偏向热情浪漫一端，但是它们的时尚性不超过富安娜，所以位置在富安娜附近。

⦿ 顾客价值倾向与格调定位

在前面第三章中，运用罗兰·贝格方法，论述了顾客不同的价值观决定了他们的消费心理和消费行为，也决定了他们对品牌不同风格的偏好。品牌必须满足顾客体验与需求，如果面向年轻顾客，品牌格调当然要尽可能个性和前卫；如果面向是的是中老年顾客，品牌格调应该偏向传统和经典。在品牌调性冷暖上，青春叛逆期的少男少女为了表达个性，喜欢酷、冷色调；而对于小资情调的成熟男女而言，会喜欢休闲、舒适、优雅的调性。总之，要根据目标顾客群体的价值倾向，去设计品牌的格调，并设计符合格调的产品风格和视觉形象。显然，顾客定位不同的品牌，格调一般也会不同。

我们应该将顾客价值倾向跟矩阵定调法结合起来，也就是从竞争品牌的维度、顾客维度和品牌自身维度3个方面进行综合考虑。这实际上也是3C调研的运用。

⦿ 格调矩阵的运用

对于成熟品牌而言，根据定调坐标可以进一步明确自己的格调位置，要跟谁相区别，要跟谁相近，都可以确定下来。如果发现实际工作中出现了偏离，还可以利用格调矩阵进行修正，纠正到正确的位置上来。

对于新品牌创建来说，则可以利用矩阵来定调。具体有两种方法。

第一，标杆追随法，即在格调矩阵上寻找一个适合自身的标杆品牌，以之为模仿与追随对象。首先要仔细研究标杆品牌的位置和格调，并了解跟标杆品牌相近与相反的品牌的格调，然后根据相近与相反两个维度的特征，对本品牌格调进行明确描述，即本品牌的格调是什么，不是什么。

第二，差异创新法，就是在格调矩阵中寻找一个机会较大的位置，例如行业的主流品牌都集中在左上象限，那么可以考虑右下象限是否有较大的机会。如果立志要做一个独一无二的品牌，此时就可以进行差异化创新，即跟行业主流品牌的格调区别开来，并根据这种差异性，对本品牌的格调进行明确描述。

当完成上述操作之后，品牌格调已经明确，接下来就可以为产品格调设计、VI平面格调设计、SI空间格调设计、广告形象与格调设计、包装格调设计等方方面面的工作提供指导，最终建立属于自己的品牌格调识别与体验系统。

04 换标风波犯众怒
——定调与VIS设计

VIS（Visual Identity System）即视觉识别系统，用在品牌方面，就叫品牌视觉识别系统。在品牌设计上，我们习惯于分为两部分：VI视觉识别设计和SI（Space Identity）空间视觉识别设计。

VI平面视觉设计，包括基础设计和应用设计两大部分，其中基础设计包括品牌标识元素构成、品牌标准色与辅助色构成、品牌标准专用字系元素构成、品牌标识和专用字各种组合规范、视觉元素组合禁用提示等。VI应用设计主要包括公关事务和用品类、品牌传播广告类、营销事物和宣传物料类、环境形象和指引类、员工服饰类、书表单据类、交通工具类等。

SI空间视觉设计，是VI的延伸。SI设计包括：办公环境形象设计、展厅/展台/展位形象设计、旗舰店设计、专卖店设计、商场店中店设计、商城专柜设计、陈列道具与促销堆头设计等。

以上所有设计项目，都必须围绕一个核心灵魂：品牌格调定位。

◉ 换标风波

《商界评论》针对近10年来30个知名品牌换标事件做过一次问卷调查，这30个品牌包括：中国银联、腾讯、伊利、农夫山泉、联想、海尔、奇虎

360、雪花啤酒、国美电器、中国联通、李宁、平安、华旗资讯、创维、多普达、中国铁通、长安汽车、奥康皮鞋、北汽集团、比亚迪汽车、汇泰龙、纽曼、利郎、吉利汽车、夏新、长城汽车、劲霸男装、UT斯达康、华为、福田汽车，此次调查收集2212个调查样本，涉及社会各个阶层人士。

对于"以下品牌的换标，您觉察到了哪些"这个问题，腾讯、联想、伊利、海尔、农夫山泉、雪花啤酒、奇虎360、国美电器的得票均超过10%，其中前四个品牌均超过20%；剩下其他品牌得票都不超过5%。这其中的规律是：跟人们日常消费密切相关的品牌，换标行为容易被人们觉察；相关性不强的品牌本身关注度就低，换标被觉察的比例也更低。例如6个国产汽车品牌，换标被觉察率均低于3%。

对于"您认为换标带来的效果是怎样的"这个问题，44.3%的受访者选择了"对我的消费行为没有任何影响"；33.3%的受访者选择了"提升了品牌形象"；16%的人选择了"觉得更加亲切了"；1.2%的受访者选择了"消费时会首选这个品牌"；4.6%的人选择了"感觉没有以前好了"、0.5%的人选择了"给我很不好的感觉，以后不打算再购买了"。其实，这个问题本身设计得很不科学。假设你对腾讯换标很满意，认为"提升了品牌形象"；而对李宁换标不满意，"感觉没有以前好了"，那么你该选哪个答案？这是单选题，显然你没法作答。所以，这个调查结果并没有多少参考价值。但是，问题的本身——顾客对于换标事件的真实看法，或者说换标带来了正面还是负面影响，仍值得我们深入探讨。

对任何品牌而言，更换新的品牌标识都是一场冒险行为。换标短期内对品牌是有伤害的，由于颠覆了人们的固有认知，会导致一部分顾客不能识别该品牌而流失，也可能引起一批忠实顾客的不满和抗议，带来公关危机。这里最典型的案例是GAP的换标事件。

2010年10月4日，美国最大服装品牌GAP突然在其官方网站gap.com

图5-14　GAP换标前（左）后（右）对比

发布了新的标识，代替已经使用超过20年的旧版蓝底白字标识。新标志仍然保留原来的海蓝色方格，但改为较浅的渐变色调。Gap字母独立出来，由白色变成黑色，采用Helvetica字体并位于方格之外。出乎意料的是，此举在社交网站上很快就掀起了轩然大波。GAP品牌的Facebook网页共有72万粉丝，在短短几小时内就被各种留言挤爆。在一周内，粉丝们发布了一千多条评论，而大多数评论都是负面的，认为新标识"难看"、"差劲"或"老土"，换标行动竟然演变成为一场公关危机。

在公布这款全新标志后的第二天，北美GAP公司总裁MarkaHansen就一直想扭转形势。他向大家作出解释，说服大家接受新标，但却无功而返。他在答复网民的一个通告中表示，"我们选择这款设计是因为它的造型更现代更时尚。这彰显我们的传统，同时保留原有蓝色方格又有所改进"。然而，在群情激奋的网民面前，这样的解释都是苍白的。2010年10月11日晚，GAP公司不得不撤下新标，换回旧Logo。

有意思的是，新标下线并没有平息忠实顾客的怒火，消费者对GAP这次轻率行为的嘲讽还在继续。网友们制作了GAP新标风格的Logo生成器，输入任意字母都能生成GAP被召回Logo的那种风格。当然，也有一些热心设计师开始动手为GAP设计自己心目中的理想新标，其中不少作品都是独具匠心的。经历这次失败的换标后，GAP更换了品牌市场宣传负责人，任命了公司历史上首位首席营销官，并重新选择了品牌创意商。其实，GAP的问题并不在于没有首席营销官（CMO），而是缺乏首席品牌官（CBO），由于没有一个专业的品牌官，导致GAP管理层对商标的理解过于简单，因此换标的行为也显得过于草率。

GAP的新标被公众否决，关键问题其实不是新标设计得好不好看。好看与否，这是没有标准的，众口难调。问题的实质是，这次换标没有充足的理由，没有可以说服大家的理由。如果GAP品牌定位发生改变，品牌格调发生改变，业务范围发生改变等等，那么它提出换标还情有可原。当然，这样的理由也要经得起推敲，它还必须说清楚品牌定位和品牌格调发生改变的理由，否则也会引起顾客不满。假设GAP突然宣布不做大众服饰品牌了，要改为高档品或奢侈品定位，产品升级，形象升级，全面提价，同时换标——此时，换标不再是大家关注的焦点，而是品牌定位突然改变，会成为众人口诛笔伐的焦点。说到底，还是顾客心智定位的原因，GAP作为一个知名度和影响力都很大的品牌，在顾客心智中已经占据一个固定的位置，此时任何妄图改变顾客心智模式的风吹草动，都会引起顾客非议，都是对品牌不利的。反之，如果是一个不出名的小品牌，还没有建立顾客认知度和影响力，此时你怎么换标都不会有人理会。

那么，对于知名品牌而言，是否换标这档子事就是"老虎屁股摸不得"呢？也不全然。我们必须要明确换标的动因，不能是赶时髦、拍脑袋，有的国企换一任老总就换一次标，很有一种"城头变幻大王旗"的味道，这显然是不理智的。换标要有充足的理由，而这充足的理由，无外乎三种。

第一，企业战略转型与业务范围变动。这主要是针对企业或集团品牌的，随着市场情况、竞争对手情况和企业自身情况的不断变化，企业为了生存和发展，也会不断调整战略和业务范畴，这样就会导致企业品牌的价值内涵出现调整，进而引起品牌格调的调整，因此，换标也就理所当然。例如腾讯，从最初的聊天工具QQ业务迅速发展成为集新闻资讯、互动社区、娱乐、电子商务等为一体的大型门户网站时，代表QQ品牌的企鹅形象已无法承载腾讯的全部业务和品牌内涵。于是，2006年腾讯进行了换标，原有的小企鹅形象，变成了一个绿、黄、红三色轨迹线环绕的球形标识，中间仍旧保留了原有企鹅的蓝色剪影。三种颜色代表腾讯网在蓝色的科技基石上，为公众提供的三个创新层面：绿色，表示通过学习型创新，提供日新月异生命力蓬勃的产品；黄色，表示通过整合创新，提供温暖可亲的多元化互联网服务；红色，表示通过战略创新，倡导年轻活力，创意无限的QQ.com生活风格。显然，腾讯的换标，不仅仅改变了企业品牌的标识，更是在改变企业战略和品牌定位。所以，这种情况下的换标就不会引起公众的不满，反而可以获得公众的理解和支持，如图5-15所示。

图5-15 腾讯的旧标（左）与新标（右）对比

同样的案例还有星巴克2011年初的换标，星巴克原来的标识是"Starbucks Coffee"（星巴克咖啡）英文字样环绕着加冕的美人鱼图案，新标识中将"Starbucks Coffee"两个单词彻底删除，而重点突出美人鱼图案。星巴克对其的解释是，"未来公司业务不仅限于咖啡，星巴克将试图提供多种产品。"据悉，星巴克历史上经历了4次换标，而最近这次换标则将星巴克赖以立足的核心业务"Starbucks Coffee"去掉了，因此引来争议无数。星巴克中国官方微博在发布换标消息后，短短3小时内，微博就被转发超过800次，并伴有300余条评论。其中超过一半的人对新标识感到失望，表示更怀念经典的带有圆环的Logo。

星巴克换标的理由似乎是充分的，将品牌延伸到更多的产品上，推出除了咖啡之外的更多业务，也是市场竞争的压力所致。例如，以麦当劳为代表的"速溶咖啡"正加速对传统烹煮咖啡市场的冲击，传统门店经营压力正与日俱增。2007年，星巴克单店销售额十几年来第一次出现下滑，2008年1月，星巴克股价下跌超过50%，创始人舒尔茨不得不重新出山。2008年7月，星巴克关闭600家美国直营店，解雇1.2万名雇员。此后，星巴克在全球面临更加严峻的挑战，目前速溶咖啡已占到了全球咖啡销量的40%，市场总规模超过170亿美元。星巴克不得不去面对麦当劳和肯德基们的速溶咖啡攻势，并于2009年9月推出"星巴克VIA速溶咖啡"，在美国市场售价仅仅1美元，如此自毁身价跟麦当劳等较劲，也是出于无奈。

显然，作为咖啡快消领域的龙头，星巴克已经严重缺乏安全感，如果核心的咖啡业务全面失守怎么办？所以星巴克决定采取产品延伸策略，不将鸡蛋放在同一个篮子中。近年来星巴克产品种类延伸事件备受外界关注，人们发现，星巴克早已经不甘于"只卖咖啡"，目前产品包括咖啡、茶、牛奶、点心、杯子、毛绒玩具等多种。在中国市场，它甚至还推出了具有中国文化特色的粽子。有报道说，此次换标是为了配合星巴克未来"全方位消费者产品公司"的定位。同时，产品线的扩张，伴随的是星巴克渠道策略的改变。业界普遍认为，星巴克正致力于将产品售卖到超市等更多渠道，而不是仅仅局限于原来的零售店。

如果说星巴克换标是因为品类定位的改变——产品线的延伸而导致的，那么星巴克将如何让顾客认可其品类的延伸呢？星巴克如何重建新的品牌核心定位，如何重建新的品牌文化和精神？这才是最具挑战性的问题。换标很容易，而改变星巴克在顾客心智中的定位很难。星巴克战略转型的道路还面临很多风险，希望这个美国老牌能顺利渡过难关。

第二，品牌格调升华或更新。很多品牌在初创期，并不重视品牌格调定位，毕竟生存才是第一位的，因此对于未来品牌所承载价值的变化也没有足够的思考。甚至一些品牌直接去抄袭一个LOGO，能注册上就行了。随着品牌的成熟，格调逐渐鲜明，价值逐渐丰满，此时就要对原有的标识进行升级。

典型案例就是奇虎360，开始是采用绿色十字盾形状（如图5-16），让坊间传闻它是抄袭瑞士军刀的。360公司称虽然绿色盾牌已经被很多用户熟知，但存在两个问题：一是现在很多软件和安全类产品都在使用"盾"形图标，容易和360混淆。二

OLD　　　　　　　　　　NEW

图5-16　360的旧标（左）与新标（右）对比

是Windows默认桌面有大片绿草地的背景，安装了360的软件后，360的绿色图标在桌面上不容易识别和找到。基于这两点原因，360决定换标。其实，360公司还有一个重要的原因没有说出来：十字盾LOGO虽然有防御、安全等含义，但是作为一个跟广大用户沟通的符号，则显得严肃和生硬，刚性有余，柔性不足，缺乏亲和力。尤其是女性网民，更喜欢柔和亲切的界面，对比瑞星杀毒的保护伞和可爱小狮子形象，十字盾在获得顾客亲密度方面就有较大的差距。同时，盾牌是一个二维形状，有些单薄；新标改成球形，则显得圆润、丰盈、和谐，让品牌具有更大的包容度和更丰富的内涵，整体格调得到了提升。

第三，改善品牌形象老化的状况。品牌形象的老化，实际上还是品牌格调的范畴，也就是说，品牌原有的格调已经不合时宜了，不能体现时代特征，不具有时尚性，从而让顾客对品牌形象和价值的认同度下降。品牌标识和格调若不能沉淀为行业的经典和典范，则容易产生形象老化的问题。那些历史悠久的经典大牌，反而不存在形象老化的问题，因为它本来就是"倚老卖老"，顾客认可的正是它的悠久历史和原汁原味的古朴风格，例如LV、可口可乐、万宝路等，几乎不存在形象老化的问题。还有一些企业误入歧途，将内在"品"的失利归结为外在"牌"的老化，比如经营不善、业绩不佳，不从"品"的方面找原因，却在"牌"上做文章，认为是品牌形象老化所致。例如柯达和李宁等企业的换标，并没有改善其经营业绩。可见，品牌经营问题，不能简单归结于品牌形象老化这个问题上，不排除有些经营者在为经营不善找借口。

这方面比较成功的案例是利郎的换标，利郎商务男装的老商标如图5-17

图5-17 利郎的旧标（左）与新标（右）对比

左边的图章形状，整体上比较复杂，跟"简约而不简单"的主张并不相符。本书第一章提到过，国际时尚经典大牌的商标形式都是非常简洁的字母，而利郎的旧标就带有一些国产的乡土气息，显然没有国际大牌的那种经典简洁格调。而利郎的品牌愿景，是希望走向国际化，成为一个国际性的服饰品牌。因此，利郎的换标行为就变得合情合理。利郎新标识采用简洁的中英文纯字母形式，英文也可以单独出现，整体上非常干练、整洁、严谨、沉着，符合商务人士的格调。跟利郎类似的还有劲霸男装，也是一个化繁为简、向国际品牌格调靠拢的典型。

从众多知名品牌换标的案例，也可以进一步佐证本文第一章提出的"商标≠品牌"的命题——品牌价值并非维系于一个小小的商标之上，而是取决于商标背后所代表的功能和利益、情感和文化、理性和感性价值。合理改变商标形式，启用新的商标，不会抹杀原商标所代表的品牌价值。

⦿ 格调还原法——VIS设计素材与灵感来源

品牌VIS设计的基本使命，就是传递品牌核心定位和品牌格调，让品牌价值符号化，成为可以视觉感知的形象。因此，VIS设计的起点和落脚点，必定是品牌定位和品牌格调。VIS设计的素材和灵感来源，也应该围绕定位和格调而进行搜索、归纳和提炼。这其中最重要的方法就是"格调还原法"。

对于格调定位清晰、明确的品牌，品牌经理或品牌总监应该跟设计师充分沟通，将品牌格调定位的理由和来源阐述清楚，还原出品牌格调的基础素材，然后VIS设计也从这些基础素材中进行概括与提炼，最终设计出跟品牌格调一致的视觉系统。这就是品牌格调还原法。

值得注意的是，品牌定位规划工作，有时候是由外部品牌咨询机构来完成的，而VI和SI设计则通常由外部品牌设计机构来完成，这里面就存在一个工作衔接与沟通的问题，并遵循一个基本流程和步骤。

第一步，《品牌定位规划报告》的宣导。

在品牌规划报告提案会议上，如果该报告获得公司核心管理层的一致通过，下一步则进入报告宣导阶段，由品牌总监或合作品牌机构的咨询师对全公司中高层管理人员以及基层员工进行宣导，这其中特别要包含平面设计师、空间设计师、包装设计师、市场营销策划人员、品牌企划人员、品牌推广人员、一线销售人员等等。目的是让全体员工尤其是品牌和营销团队，对品牌定位和价值规划有较为深刻的理解，以便后面统一思想、统一行动。

第二步，品牌格调还原。

根据《品牌定位规划报告》，可以看到品牌核心定位和品牌格调定位的理由与来源，其中既包含第一手的市场与顾客调研素材，也包括第二手的收集整理的相关资料，还包括品牌咨询工具模型和逻辑推理过程。品牌经理和设计师应该一道将品牌格调定位的素材罗列出来，例如某品牌的格调定位为"法式风情"，其实"法式风情"是一个很大的范畴，包含很多素材和主题，先罗列出来再思考与选择：

①悠扬的萨克斯风、激情的午夜场、浪漫的华尔兹？

②玛格丽红酒、黑香巧克力、法式焗蜗牛、鲜嫩的青蛙腿或名贵的鹅肝？

③法国古典军服、金色铠甲、高头骏马、红白蓝三色国旗和英武的骑士？

④法国南部的葡萄种植园风光，抑或巴黎浪漫之都的时尚发布会？

⑤左岸的先锋文艺精神，还是卢浮宫的经典璀璨艺术？

⑥埃菲尔铁塔的沧桑与伟岸，还是巴黎圣母院的时光雕刻痕迹？

⑦小仲马笔下的经典《茶花女》，还是罗丹的不朽作品《思想者》？

⑧丹枫白露宫的华丽典雅，还是香榭丽舍的田园乐土？

……

总之，用格调还原法，我们可以回过头去好好梳理"法国风情"的元素，分门别类罗列出来，这时候应该采用的穷尽法，尽可能不要遗漏重要的元素。无论历史的、人文的、民族的、艺术的，还是自然的、地理的、风景的、名胜的，都值得我们去好好研究。这里是举例说明，针对其他格调，都可以采用同样的方法。

第三步，主题素材的甄选和提炼。

要从还原的素材中，甄选主要的元素，提炼主色、辅助色，并凝练和演绎出LOGO的形态与专用字的组合。假设将巴黎的时尚夜色作为主题元素，那么代表浪漫与诱惑的酒红色可以作为主色，将迷人的夜空作为辅色，例如皮尔·卡丹的LOGO就是如此。至于LOGO的形态，则是从具体的风景或文化符号中进一步抽象出来的，可以按照经典大牌的简洁风格，抽象到只剩下字母组合，如欧莱雅的法文名："L'ORÉAL"。还可以从传统服饰和民族喜爱的色彩中寻找元素，例如法国时尚品牌ELLE，将法国三色国旗的红、白、蓝作为品牌主色；法国超市品牌家乐福的Logo，用了红、蓝两色；法国服饰品牌艾格的LOGO，用了红色，等等。总之，要开阔思路，从诸多主题元素中寻找灵感。

说到民族传统颜色，我们做格调定位和VI设计时，需要特别注意，如果把一个国家或一个民族看做是一个品牌的话，那么这个品牌也会有自己的主色和格调。找对了传统色和基调，会让我们所创的品牌格调显得很地道，脱离山寨版的嫌疑。这方面最经典的案例是"荷兰之色"。

我们现在看到的胡萝卜，都是橙色的，如果要追问"胡萝卜为何是橙色的"，那么答案肯定会让你很意外：因为荷兰人喜欢橙色，橙色胡萝卜是他们人工培育的结果。萝卜起初并非总是橙色的，还有紫色、褐色、黄色和白色的萝卜。当然，也有橙色，但这当时并非主流色。但在16世纪，荷兰北方城市的一些农民出于某种原因，对橙色胡萝卜产生偏好，于是通过选择性种植，促使橙色胡萝卜成为了主流的胡萝卜。时至今日，橙色胡萝卜已经遍布世界各地。

那么，为何16世纪的荷兰农民会偏好橙色胡萝卜呢？历史上有两种相反的观点。1568年，荷兰人在威廉·奥兰治（William of Orange）亲王领导下，爆发了反对西班牙殖民统治的解放战争，因为亲王的名字"Orange"就是橙色的意思，所以当时的国旗也由橙、白、蓝三色组成，橙色就代表了亲王。一种观点认为，当时的荷兰农民选择种植橙色胡萝卜，表达对亲王的支持；另一种观点认为，在18世纪人们对奥兰治王室的统治不满，种植橙色胡萝卜在市面出售，表示对政治不满和挑衅意味。从时间上看，这两种观点说的不是同一个时期，难道两种情况都发生过？从史料来看，17世纪，为了在战斗中和海上航行易于辨认，同时由于贵族对奥兰治王室的反抗情绪，于是将国旗上的橙色改成了红色。1937年，荷兰对国旗红、白、蓝三色的排列作了正式规定，1949年又把国旗的深蓝色换成蔚蓝色。这个似乎证明后一种观点是对的，即表示对奥兰治王室的不满；但也无法证明前一种观点完全错误，也许是人民对于奥兰治王室先支持后反对呢？不论如何，由于历史文化传统因素，橙色就成了"荷兰之色"。在每年女王节当天，满眼尽是橙色。临近这个节日，人们会制造许多橙色的东西，超市也会发派许多橙色的物件。现今，就连荷兰人的帽子、围巾、T恤衫和装饰品都是橙色的。

明白这段历史，我们就不难理解荷兰足球队的队服和LOGO为何都是橙色了。再如荷兰的TNT快递集团，拥有员工163000名，业务遍布200多个国家和地区，这个国际快递巨头，就深深打上了"荷兰之色"的烙印，包括LOGO颜色、品牌主色、网站和字体主色、员工服饰颜色、快递车辆颜色、货运飞机颜色、快递包裹颜色等等，都是统一的橙色。

我们继续谈VIS设计。SI的设计，通常是放在VI确定之后，由于SI设计是空间立体的，因此表现力比VI更加丰富，表现形式也更加多样，从店招到道具，从背景墙到海报，都可以从原有色彩中吸取更多的设计元素，在终端这个特定空间内，将品牌格调淋漓尽致表达出来。例如英伦格调的依恋童装店的设计元素选取，店招的元素取自英式建筑，古朴庄重的风格，简洁灵动的线条；主色为黑色，取材于高雅、庄重的传统绅士服饰；店内的道具和货架全部采用英式家具风格；产品设计风格取材于英式学院派风格，并大量用格子诠释英伦的传统服饰特征；终端海报也采用英国少年儿童作为模特，广告背景也是英伦风情……显然，SI格调的设计，关键在于素材的取舍和灵活驾驭。而创新和创造，则是建立在对素材的灵活运用之上的。

第四步，设计稿的提案、讨论和定稿。

设计师可以提供多种方案，在提案会上让大家参与讨论。设计师对每一个设计方案都要有足够的理由和详细的说明。高明的设计师，不一定是作品最漂亮的人（漂亮与美观，都是靠主观判断，众口难调），而一定是最有思想的人。一般著名品牌或大型企业的LOGO设计，例如首都机场、中国银行，设计费用动辄几百万，甚至上千万。而简单的图形谁都会画，甲方看重的不是图案本身，而是图案背后的深刻意义。这个时候，设计师通常是一个包装到牙齿的"艺术大师"，自称受过戒，留过洋，镀过金，作品进过卢浮宫；然后就是对作品也要进行包装，千方百计赋予玄乎其玄的哲学内涵，最好将易经八卦、风水阴阳、奇门遁甲、中西结合的高妙学问融入其中。尤其是风水命理，非常重要。很多老板都非常迷信，只要你能自圆其说，先是打听到老板本人的生辰八字，然后阐述这个LOGO非常符合风水命理，简直是为老板量身打造，企业采用后必定如虎添翼，兴旺发达，财源滚滚……老板一般都会对此吉利良言表示很受用，那么设计方案就容易通过了。所以，你看中国的很多建筑造型、标志设计，动辄祭出"天圆地方"文化大旗，最终弄得到处都是孔方兄形状，毫无创意，但是掏钱的甲方觉得很受用，愿意买单。那个不懂"天圆地方"的设计师，将央视大楼设计成"大裤衩"；那个不懂风水堪舆学的设计师，将杭州奥体博览城设计成一个"大文胸"，这些都被网民骂得体无完肤。这就是中国创意市场的神奇之处，没办法，你必须入乡随俗，也许搞一些毫无创意、四平八稳的东西最稳妥。不过，我们仍旧应该倡导创新，对于坚持创新和艺术理想的设计师，至少业内人士应该报以敬仰的目光。

下面再看一个善于驾驭素材和理念的成功案例。

图5-18 深圳航空LOGO

如图5-18所示，是深圳航空的LOGO，远看像老鹰，近看像凤凰，再看介绍，原来是一只大鹏。深圳又叫"鹏城"，所以设计师巧妙地拿"鹏"字做文章，根据象形文字的演变，最终确定了这个图案。大鹏是传说中一种史前巨鸟，即便真的存在过，那么早已绝种了。所以，谁也没见过大鹏是啥样的，图案设计成什么样不重要，重要的是要符合品牌的格调，同时图案必须有美好的内涵和寓意，深航LOGO是这样释义的：

"鹏，神鸟也，其翼若垂天之云。形神俱绝的象形文字'民族之鹏'，是中国传统文化和现代文化集合的图腾。图案和谐融汇，红金吉祥映衬，凝聚东方文化的精髓。挺拔傲立，充满生机，体现果断进取的精神。标志造型气势磅礴，沉着矫健，呈高瞻远瞩、胸怀万物、根基稳固之三态：一为睿智定乾坤，二是同心创辉煌，三生万物盛千里。代表深圳航空'沉稳，诚信，进取'的理念，实现国内和国际发展战略目标，新的起点，新的腾飞！"瞧瞧，这位设计大师的文学水平似乎高于设计水平。

回到提案会上来。一般来说，理想的情况当然是感性视觉体验最佳的、内涵最深刻的、最能体现品牌格调的方案获得最高的票数。但是，由于这些指标都是感性的，很难顺利达成共识，要经过痛苦的讨论和抉择过程。有时候，可能一次性定稿；有时候，可能要反复修改，几易其稿，而设计师背后必须付出辛劳、智慧和创造的激情。提案会的参与者，最好是对品牌有基本概念的人士，这样便于大家达成共识。

在提案中，SI的设计先做到终端氛围设计这一步即可，主要包括店招、橱窗和整体外观的格调；店内的动线布局和陈列；店内色彩运用与格调表达；店内的道具和POP广告位设计、LOGO背景墙设计等内容。在第一次提案会上，不要求对细节进行深入讨论，与会者主要是讨论店面的基本格调是否跟品牌格调相符，并提出具体改进意见。

第五步，应用设计与落实。

包括VI的应用设计、SI的细致化和生动化、终端施工图纸的制作以及后续的制作与施工执行等等。合格的VI设计师，对平面印刷、平面施工、材质特征和成本、最终呈现效果也会非常了解，懂得让设计方案便于应用。资深的SI设计师，则对终端的施工和装修也非常熟悉，懂得制作施工图，对装修材料的特性和质感、档次的高低和成本预算等，都能提出合理的建议和方案。让客户企业在节省成本的前提下，实现最佳效果。

05 | 玻璃卖出水晶价
——定调与产品设计

● 产品格调：品牌的第二识记点

以前去超市买鸡蛋，我们习惯于看到这样的景象：一个大竹筐里面垫了一些稻草、纸屑、泡沫之类的东西，然后上面就是堆得像小山的鸡蛋。鸡蛋表面很脏，沾满污秽之物，看来从鸡屁股中出来之后，就没有经过清洁处理的，还美其名曰："生鲜鸡蛋"、"乡村土鸡蛋"等。这种散装鸡蛋在价格上当然很实惠，但在禽流感流行的时候，很多人就对这种散装鸡蛋敬而远之。

如今，鸡蛋行业也开始产品包装了，走上了品牌化的道路。出现了像四川的圣迪乐村、大连的咯咯哒、上海展望聪明蛋、北京的德清源这样的鸡蛋品牌。于是，我们在大城市的超市中，很少看散装鸡蛋了。湖北的神丹鸡蛋还推出了"保洁蛋"，给鸡蛋先"洗澡"，再包装。一时间，品牌鸡蛋们纷纷粉墨登场，虽然有的还叫"土鸡蛋"，但是外观上一点儿也不"土"了，凭借那些精致的包装，看上去营养、卫生又时尚，当然，价格也翻番了。从几毛一个摇身变成了1~3元钱一个，甚至更高。

本书前面在产品视觉体验中已经论述过，产品外观视觉，既是品牌的载体之一，也是营销的重要工具。商标是品牌的第一识记点，而产品外观和包装则可以称为品牌第二识记点。独特风格的产品设计、外观设计和包装设计，可以让产品在终端竞赛中脱颖而出，提升成交率；可以让产品在购买之后继续成为品牌形象的载体，传播给所有接触和使用该产品的人。

当然，产品设计不仅仅包含外观和包装，产品作为品牌最重要的价值载体，完全受到品牌价值CAPE模型的支配。因此，产品开发和设计也要围绕CAPE模型的功能、价格、情感和文化四个维度进行。功能和价格在其他章节都有专门论述，本节论述的重点是情感和文化，我们主要围绕品牌格调定位，来开展产品的情感化视觉设计，同时还要能体现文化内涵和文化价值。根据不同行业和不同产品，品牌格调在产品视觉设计上的侧重点不一样，所倾注的情感深度和角度也不一样。

下面我们看几个格调与产品设计的经典案例。

◉ 施华洛世奇：最贵的玻璃，最美的设计

1895年，施华洛世奇（SWAROVSKI）由丹尼尔·施华洛世奇创立于奥地利。100多年来，凭着卓越的品质、精致的设计、首屈一指的仿真水晶切割科技及创新策略，成为享有盛名的国际著名仿真水晶品牌，引领国际时尚品牌首饰的潮流。

如今，施华洛世奇公司由家族的第四及第五代成员经营，分公司遍布全球超过120个国家，雇员约有24800人，年营业额20多亿欧元。施华洛世奇崇尚

的创意精神，充分展现在品牌旗下的配饰、首饰及家居饰品系列，并通过全球超过1800家施华洛世奇水晶轩及专柜进行出售。

施华洛世奇公司有两大主营业务，一是制造及销售仿水晶元素，二是设计制造成品。施华洛世奇公司旗下共有4个品牌，除了施华洛世奇本身之外，还包括："施华洛世奇元素"（Swarovski Elements）和"施特劳斯"（CRYSTALLIZED），分别在时尚界和建筑及灯饰领域为人所称誉。此外，还有独特的"丹尼尔·施华洛世奇"配饰系列，属于公司高端品牌，被誉为跟迪奥、阿玛尼一个级别，属于奢侈品牌。

图5-19　施华洛世奇巧夺天工的作品

1987年，该公司成立了"施华洛世奇收藏者俱乐部"，至今，收藏俱乐部已经在世界30多个国家拥有45万忠实会员，凝聚了一群热爱仿水晶产品的收藏家。1995年施华洛世奇100周年庆典时，位于华登斯市的多媒体仿水晶博物馆——"施华洛世奇水晶世界"正式开幕，向人们展现了施华洛世奇的无与伦比的创意和设计水平。

读到这里，很多读者可能不会想到，这么一家历史悠久、高贵优雅的水晶品牌，其产品材质，居然是——玻璃！没错，地地道道的玻璃，绝对不含任何水晶成分。如有水晶，纯属虚构。虽然国内人们都称其为水晶或仿水晶，实际上跟真正的水晶毫无关系，至于为什么要叫做"水晶"，大概是直接由英文单词"Crystal"翻译过来。而Crystal这个词，在英文中是泛指结晶、晶体和水晶类的东西。还有一种可能是，施华洛世奇入乡随俗，采用了符合本土市场状况的宣传策略……

那么，玻璃为何可以卖出水晶的价格？玻璃为何可以卖出珠宝的价格？玻璃怎么可以成为奢侈品？这一切，源于施华洛世奇独具匠心的设计能力、秘不外传的切割科技，以及百年来沉淀的品牌文化价值。

施华洛世奇选用天鹅作为品牌标识，因为在希腊、罗马、印度和德国的神话故事里，天鹅象征着纯洁、力量和神圣不可侵犯。一只姿态优雅的天鹅轻浮在"SWAROVSKI"字符串组成的祥云之上，这是施华洛世奇水晶精致优雅精神的象征。

在品牌精神的指引下，围绕高贵、优雅、圣洁的品牌格调，让每一个艺术品，每一项专利和奖项，都凝聚着设计师的心血。所以，每一件施华洛世奇的产品，都是那么精致典雅。例如"小熊物语"就是其中较有代表性的一个系列，所有的小熊都由多切面的仿水晶石组成的，每一个角度都能反射出璀璨绚丽的光芒。

1976年的冬季奥运会前夕，施华洛世奇的设计师Max Schreck推出公司历史上第一款水晶成品，立即成为冬奥会的畅销纪念品。受此启发，施华洛世奇乘胜追击地推出了一系列以小动物、花草等为主题的"银水晶"摆件产品。"银水晶"系列设计精巧，款式别出心裁，到目前已经包括动物、烛台及其他案头摆设等120多种。值得注意的是，"银水晶"既不是银也不是水晶，而是玻璃，仍旧是通过设计和工艺水平取胜。

1992年春天推出Swarovski Selection系列，包括12件匠心独运的花瓶，水晶盘及其他实用摆设，首先在意大利、日本及香港百货商店及水晶专用店发售，获得良好反响，重新诠释了水晶在现代生活中的地位。施华洛世奇选拔了6位拥有过人天赋的设计师来开发这个系列作品，耗时整整4年才完成，6位设计师也因此在现今设计界享有盛名，他们将水晶设计提升到另一个真善美的境界。

以上这些经典作品，都充分演绎了施华洛世奇的品牌格调。此外，施华洛世奇还非常重视产品的工艺呈现，把水晶制作工艺作为商业秘密代代相传，独揽与水晶切割有关的专利和奖项。

总之，施华洛世奇的玻璃之所以能当做水晶出售，主要原因在于它将高贵、优雅、圣洁的品牌格调，充分融入产品的情感和文化设计中。一方面，它的制品巧妙地被打磨成数十个切面，以至其对光线有极好的折射能力，使整个水晶制品看起来格外耀眼，赏心悦目；另一方面，施华洛世奇公司一直通过其产品向人们灌输着一种精致文化，施华洛世奇在很多人心中，已然是高贵、优雅、美丽和品位的化身，是人与人之间心灵沟通的桥梁，其意义，就是连结所有向往美好与快乐的心灵。

⦿ Swatch：雕刻时光的腕表时尚先锋

Swatch（斯沃琪），名字中的"S"不仅代表它的产地瑞士（Switzerland），而且含有"Second-watch"即"第二块表"之意，表示人们可以像拥有时装一样，同时拥有两块或两块以上的手表。Swatch不仅是一种新型的优质手表，同时还将带给人们一种全新的观念：手表不再只是一种昂贵的奢侈品和单纯的计时工具，而是一种"戴在手腕上的时装"。因此，Swatch的品牌格调就是时尚、前卫与新潮。围绕这个品牌格调，Swatch不断推陈出新，引领现代时尚生活。

图5-20　Swatch腕表的时尚设计

回顾斯沃琪的兴起之路，纯属时势造英雄。400多年来，瑞士手表以全球领先的精湛工艺、高度精确的计时技术和悠久的历史文化价值与收藏价值，一直雄踞全球钟表市场的高端，成为无人可以逾越的丰碑。1970年代，瑞士发明了第一块石英表，然而这种大众市场的手表，并没有引起瑞士人的重视。直到1970年代末，日本和香港等地后来居上，远东厂家运用石英技术制造了大量手表，一举把瑞士手表挤出了世界大众市场。瑞士制表业陷入空前危机。当时，瑞士出品的钟表产量在全球市场中的比例已从43%急剧下降到15%。当然，在欧美的高端和奢侈品市场，瑞士手表的地位仍旧是不可动摇的，只是丢失了大众消费市场，但这也显著减少了瑞士手表的市场份额和收益，引起了瑞士厂商的集体反思，决定绝地反击。

1980年代，经过10年的努力和潜心研制，瑞士制表商又卷土重来。他们抛出了一系列便宜的塑料石英走针表，重新收复失地，赢得了大众手表消费市场，其中最早也是最有名的就是Swatch。

1985年，Swatch之父——尼古拉斯·G·海耶克将两家钟表公司合并成立Swatch集团。Swatch集团的制表工匠不仅缔造了新的超薄表记录，而且发明了全新的制表工艺，对传统手表进行了两大颠覆性改进：一是化繁为简，采用一体式表壳，并将表壳的底部作为安装机芯的底板，机芯从腕表的上方进行安装，然后安装玻璃镜面，即可完成手表制作。二是使用塑料制作出更节省成本的腕表，通常腕表至少由91个零部件构成，而斯沃琪表只使用51个零部件，最终使塑料表以便宜、时尚、轻巧、耐用等优势而风靡全球。

Swatch腕表采用瑞士石英机芯、人工合成塑料材质制造，兼具防水防震、计时精确、价格近人等出众优点。更为重要的是，Swatch腕表将年轻时尚的理念运用于手表设计上，手表不再是高高在上的奢侈品，而是成为了大众可以享受的时尚产品。Swatch以缤纷的色彩和花样、独具匠心的造型、激情四射的艺术魅力、活泼生动的生活情趣，站在时尚之巅，引领市场潮流。Swatch作为"戴在手腕上的时装"，有两个方面的设计思想成为行业典范。

一是快速时尚的设计思想，Swatch的设计师非常清楚，面对追求个性和前卫的年轻时尚粉丝，喜新厌旧是普遍的心理特征。因此，Swatch通过对目标人群的心理和需求的洞察，担当腕上时尚的领导者，展现全方位、多角度、多元化的潮流风向，演绎激情生活情致。Swatch不断推出新产品和新设计，与当今变幻莫测的流行时尚同步，例如2011年斯沃琪经典原创炫彩系列，就将当下春夏T台流行风尚中最为耀眼的色彩融入腕表的设计灵感之中，以趣味盎然的颜色为设计主题，高调传递出这个春夏最为新潮的腕上时装新主张。

二是产品设计注重情感体验，Swatch的先进技术和工艺，完全可以满足顾客对品质的理性需求。因此，接下来需要解决的关键问题就是，通过产品外观设计满足顾客的情感体验需求。Swatch产品设计讲究创意、新奇、有趣、个性、前卫，甚至是怪诞，每一个顾客，都可以找到自己所钟情的产品风格，找到一种表达自身价值、彰显个性魅力、宣泄内心情感的新"表"情。例如"猫眼看人"系列产品的设计，整个表盘就是一只特立独行的猫眼，有的像蓝宝石背后燃烧着欲望的火焰，有的像星云变幻的太空弥漫着神秘的色彩，有的是一个卡通猫脸流露出天真无邪的童趣……Swatch表就像一面镜子，每一个人都可以读出自己的心情和心灵深处的渴求。

从Swatch所推产品的名称，也可以看出其情感表达的主题，如"快乐禁区"、"探险"、"草原游侠"、"红色妖姬"、"龙天使"、"智慧时间"、"烈火岩浆"、"毒手汤药"等等，都将前卫元素和新鲜灵感融汇在产品设计中，暗含对年轻人士的性情与个性解码，最大程度俘获众人的眼球与情感。

⦿ 沙宣：60年的格调坚持

沙宣到底是什么？这是个比较复杂的问题。首先，沙宣属于个人品牌，是发型大师沙宣的个人名字；第二，沙宣是一个发廊品牌，从1954~1980年，由沙宣本人经营；第三，沙宣是宝洁旗下的美发产品品牌，1980年沙宣将"沙宣"商标卖给了宝洁，从此以沙宣美发产品风靡全球；第四，沙宣是"沙宣国际美发学院"的名称，沙宣将商标卖给宝洁之后，也将发廊卖给了原来的同事，他个人则开设了沙宣国际美发学院，为世界各地培养有志于发型艺术的人才。在将近60年的历程，沙宣大师始终坚持自己的品牌格调，直到2012年5月9日，沙宣安详逝世，享年84岁。

沙宣以上四个内涵，实际上是一个共生体，相辅相成，共同打造了沙宣这个品牌的文化价值。其中核心和灵魂人物，就是沙宣本人。我们还是将沙宣当做一个整体品牌来理解比较好。至于沙宣的产品，首先当然是发型艺术，其次才是宝洁的沙宣洗护美发产品。下面论述的，主要是沙宣发型产品的格调。

从1954年起，第一间沙宣发廊在伦敦诞生，沙宣一直引领着时尚美发的潮流，并成为前卫和风尚的魅惑化身，创始人维达·沙宣也成为国际著名的美发大师。纵观沙宣发展历程，在各个时期，沙宣都会发布当前最新的潮流发型。沙宣作品的每一季的亮相总是将无穷无尽的创意带给每一位热爱并追逐时尚的人们。

1960年代，沙宣用BOB头颠覆了传统发型。BOB又名鲍伯头、波波头，其灵感来源于"圣

图5-21　沙宣的经典发型艺术

女贞德"。早在1909年，巴黎的女演员伊芙·拉娃利尔要在舞台上扮演一个比自己实际年纪小的角色，于是求助于理发师安东尼先生，希望他能让自己看起来更年轻。理发师给了她一个灵感来自圣女贞德的造型，女人味的长发卷被修理得一干二净，留下来的是一个男孩模样的齐耳短发，这就是波波头的首次亮相。当沙宣将波波头真正引入人们的生活时，却引起了很多争议。这一时期，西方女性对时尚与美的渴望被释放，她们不愿再被束缚，希望充满激情与活力，于是，颠覆传统的波波头流行开来。不久，波波头还被引入了美国，也引起美国社会的轩然大波。社会的舆论一致认为"留着波波头的女人就是失宠的女人"，那时人们都认为长发才符合女性特征，才能体现阴柔之美。许多家长都反对自己的孩子剪波波头，原因是看上去就像春哥一样，男女差不多，他们无法分辨出自己的儿子与女儿。然而，沙宣仍旧坚持自己的风格主张，经过设计和改良，让斜刘海、弹性而丰润的头发质感成为BOB的标志，波波头也成为不可阻挡的潮流。

1970年代，沙宣的独特格调已经成型，那就是更加崇尚个性与创新，让美发成为一种前卫艺术。沙宣大胆吸收建筑美学的元素，将建筑的结构移植到发型创意上，重重的刘海、不对称的发际以及阶梯式的落差，让秀发拥有了强烈的立体造型之美。70年代也是美发色彩时代的开端，沙宣发明了挑染和片染技术，棕与红被率先用于其中，营造了三维的造型效果。1976年，美国奥运会花样滑冰运动员Dorothy Hamill拥有了独特的发型"沙宣楔"，就是这个时代背景下的产物。

1980年代，沙宣的前卫与个性格调再次发挥得淋漓尽致，西方朋克音乐的流行，各地年轻人都崇尚叛逆和颠覆，到处呈现一片群魔乱舞的景象。沙宣吸收朋克精神，用色彩和造型来表达自己的主张，光泽的卷发体现一种力量和语言，创造了"朋克女郎"的形象，受到很多朋克青年的欢迎。

1990年代，人们开始回归喧嚣之后的宁静，并酝酿新的前卫主题。沙宣的发型作品用流畅的轮廓线、动静之间的韵律和中性干练的活力，诠释这一时期的特征。沙宣宣扬"健康的头发才会自然舞动"的理念，受到大众欢迎，1993年出版的《沙宣美发沙龙》杂志上，就登载了一张著名的甩头舞动头发的照片。

进入21世纪，造型上似乎难以找到更加新鲜的题材和创意，但是沙宣仍旧没有停止追求个性和创新的步伐。每年秋冬和春夏两季的沙宣发型发布，一直深受媒体的关注。在2004年沙宣50周年之际，沙宣发型师再次以前卫而又经典的造型，向过去50年的辉煌致敬。

沙宣的发展历程表明，沙宣是时尚的策源地和个性化的创作中心，从表面上看，沙宣的发型作品变幻莫测，总是代表当时的最新潮流；从骨子里头看，沙宣实际上在执着地坚守品牌的统一格调：追求创意和创新，追求先锋与个性，每个发型都经过设计师精雕细琢，造型奇特新颖，色彩热烈激情，而模特的表情冷艳，目光犀利警醒，绝不会流露媚俗、矫情或慵懒，像一尊特立独行的雕像，沉醉于自我价值和个性的表达之中，对这个世界的反应，则全然不在乎。因此，沙宣整体格调是令人惊艳、魅惑、酷。这个格调，近60年来始终如一，我们不得不佩服沙宣的执着精神。

06 视觉创意的灵魂
——定调与广告设计

按照顾客对品牌的认知规律理解，商标是品牌的第一识记点，产品是品牌的第二识记点，而广告则是品牌的第三识记点。当三者从视觉上都围绕品牌格调定位，体现相同一致的格调时，那么品牌格调和形象就能给顾客留下统一而鲜明的印象，让顾客更容易记住品牌。

一个完整的品牌广告作品（包括平面和视频等），应该包含四大要素：品牌身份、品牌诉求、品牌创意和品牌格调，下面分别说明。

◉ 品牌身份

任何广告，首先都应该开门见山、开宗明义地告诉公众"我是谁"、"我是干什么行当的"，也就是说，要将品牌名称（商标）和品类业务呈现给公众。品类业务可以用文字描述，例如"圣象地板"、"维维豆奶"、"光明乳业"、"ThinkPad笔记本"等等，不但将品牌名称说清楚了，而且将业务范畴说明白了。同时，品类业务还可以体现在视觉图形上，例如舍得酒的广告中，画面反复出现酒瓶子形象；丰田车广告中，画面的核心就是一辆丰田车。道理虽然很简单，但是仍旧有些广告由于没有交代品牌身份和背景，故作大牌状，结果让人一头雾水，白白浪费广告。

实际上，只有知名度非常高的品牌，才可以省略品类业务描述与图形呈现。例如海尔、长虹、联想、中国联通等这样的大品牌，可以做纯粹的形象广告或公益广告，不用交代自己的业务范畴，画面上也可以不出现自己的产品形象。此外，还有香烟广告，由于受到国家法律限制，香烟广告都是很隐晦的，例如白沙烟的"鹤舞白沙，我心飞翔"广告，黄山烟的"一品黄山，天高云淡"广告，很多时候都以公益的形式出现，不能出现"香烟"的字样，也不能出现香烟的图片。

⦿ 品牌诉求

既然做了广告，那么你要表达什么，诉求什么？传播品牌，还是推广产品，还是活动促销？都必须有个明确的交代。有些奢侈大牌是要故作深沉的，例如GUCCI，除了广告画面加品牌LOGO，就没有其他任何多余的东西。但是，其他绝大多数品牌都不能省略品牌诉求。

我们可以把广告分成两大类，一类是品牌广告，一类是营销广告。品牌广告纯粹传递品牌形象和价值，或者传递品牌公关信息，而不提供促销信息。例如皇冠芝华士的广告诉求是"活出骑士风范"，将骑士精神作为品牌的文化价值；联邦快递的诉求是"使命必达"，塑造值得信赖的形象；戴比尔斯的品牌诉求是"钻石恒久远，一颗永流传"，表达爱情永恒的主题。

营销广告则侧重于销售的需要，通常包括单品促销形式或者促销活动形式。例如圣象地板的五一促销广告诉求为："您放假，我放价，高档礼品大派送……"，显然，这是一个买赠促销活动。再如圣诞节来临，沃尔玛开始投放大量的圣诞促销广告，主要诉求为低价、省钱、省心等。再如苏宁易购网上商城的暑期促销广告为："王者价临，易购天下，3折起天天抢"，实际上只是那些少数特价产品进行限时秒杀，用"3折起"的噱头吸引流量。

◉ **品牌创意**

　　品牌诉求或广告语本身需要创意，而围绕品牌诉求和品牌格调做的平面设计、广告片脚本、拍摄手法等，更需要创意创新。品牌创意有两大类，一类是剧情上的整体创意；一类是局部上的记忆点、神秘点、故事点和兴奋点创意。每当我们打开电视，或看到楼宇电视、地铁广告，在剧情上有创意的广告非常少，99%以上的广告都是非常简单直白的，一眼就能看懂，不需要经过大脑思考。或许，广告主担心，这个信息爆炸的时代，没有人愿意多花几秒钟去弄明白广告的内容，还是简单直白比较保险。但是，铺天盖地，都是同质化的直白广告，大家看过也就忘了。这个时候，我们应该重视局部记忆点和故事点的创意。

　　例如多乐士墙面漆广告中，出现了一直憨态可掬的英国古代牧羊犬，由于多乐士宣扬健康环保的概念，通过嗅觉灵敏的狗狗的喜好和行为，来说明其产品无刺激、零污染、气味芳醇的特征，体现一种清新、自然、健康的格调，因此，这个牧羊犬是非常符合品牌诉求和品牌格调的。而这个广告的亮点，正是这只牧羊犬，蓬松的毛发遮住眼睛，像一只大笨熊，又像一只毛绒玩具，形象实在太萌了，引起了广大爱狗人士的兴趣，于是多乐士品牌被记住了，而这只英国古代牧羊犬也成为了明星。有趣的是，很多人在网上打听此狗的名字和价格，导致宠物市场上的同类犬身价倍增。广告捧红一只狗，这恐怕也是多乐士当初没有想到的。后来，多乐士又乘胜追击，推出了一系列有关英国古代牧羊犬的广告，在网上广泛流传。

　　可见，如果广告情节上找不到更好的创意，那么就千方百计制造一个记忆点和兴奋点，也能获得好的效果。这方面还有一个经典案例，是奥美广告创始人大卫·奥格威1951年策划的一个衬衫广告，被称为"最杰出的广告策划"。为了给一家成立116年仍旧默默无闻的衬衫厂——哈达威厂策划一个广告，奥格威决定制造一个神秘故事点，唤起人们的好奇心。奥格威想了18种方法，最终确定给穿着哈达威衬衫的模特配上一支双管猎枪，外加一只黑色眼罩，斜着罩住了左眼。看上去，像一个坚毅而有风度的绅士，或许是他准备出去休闲打猎？或许是他的左眼在什么意外中失明？或许他是一个参加二战光荣负伤的老兵？或许他是一个经验老到的黑手党成员？总之，他刚毅的脸上烙印了岁月的履痕，暗示他是一个有故事的男人！这个充满深邃绅士格调的画面，一只黑色眼罩，成就一个神秘点和记忆点，让这则广告取得了成功，似乎在一夜之间，哈达威衬衫的销售量直线上升，走红全国。奥格威再接再厉，扩大战果，把这个带眼罩的模特用于不同的场景：他在卡内基大厅指挥纽约爱乐乐团，他演奏双簧管，他临摹名画、开拖拉机、击剑、驾驶游艇、购买雷诺阿的画等等。这个神秘点创意手法屡试不爽，每次都很成功。虽然那时候没有网络，不像现在可以产生病毒式传播，但是这个创意手法仍旧被各国广告商抄袭，出现了很多种版本。

● 品牌格调

实际上，品牌LOGO、品牌诉求、品牌创意和品牌格调在本质上都应该是统一的、一脉相承的，最终呈现给顾客的视觉画面，格调上都应该是一体的，而不是割裂的。

猫人以为"惹火性感"作为品牌诉求，因此，猫人的LOGO设计和品牌格调，都体现了惹火性感和时尚特征。在人们的观念中，有"女人如猫"的说法，模特T台走秀的步法也被称为"猫步"，因为猫轻盈、优雅、温婉、敏感、野性，有一种神秘感和不可捉摸的感觉，而这跟女人的性格有相似之处。猫人正是将其中野性、性感和魅惑的格调提炼出来，猫人请台湾明星小S代言，塑造一个"猫女郎"的形象。广告创意上突破常规观念，将钢管舞堂而皇之地搬上银幕，小S身着性感紧身内衣，围绕钢管翩翩起舞，极力展示诱人的曲线，结合周围变幻迷离的光影效果，将性感妖媚的格调演绎得淋漓尽致。

再如999感冒灵不落窠臼，从感冒药惯常用的功能诉求，上升到情感诉求，采用"暖暖的，很贴心"、"感冒远了，家人近了"的煽情广告语，其广告格调中也极力体现温暖和关爱，邀请形象健康、长相厚道、极具亲和力的周华健做广告代言人，广告片讲述家庭成员之间的日常温馨故事，包括母子篇、夫妻篇和失恋篇，将关爱与呵护的品牌格调充分凸显出来。

同样的道理，戴比尔斯"钻石恒久远，一颗永流传"诉求的背后，是戴比尔斯品牌格调定位：高贵品位、经典永恒，突显纯洁优雅的气质、梦幻浪漫的情调以及历久弥新的坚贞爱情。戴比尔斯的电视广告，正是极力表现这种格调。

图5-22 小S代言的猫人广告

再如，乐百氏的广告诉求"27层净化"，实际上是在强调其生产工艺和技术含量，反映其净化效果很好，水质优良。其品牌格调必然就是偏向理性的冷情调，蓝色、清澈的画面，水波的荡漾，体现一种科技感和纯净感，让人产生信任感。

◉ 广告格调的传承性

广告记录了品牌格调传承或变迁的历程。我们常说，潮流变幻，格调永恒，纵观半个世纪以来的著名品牌和奢侈大牌的广告，虽然不同时代的潮流和诉求有所不同，但是来自品牌灵魂深处的基本格调还是连贯的，即便出现跳跃，也是继承性的改良。例如DIOR品牌60多年来，都坚守"高贵、华丽"的格调，无论时装广告，还是香水广告，都始终如一坚持这个格调。再如蓝色巨人IBM，百年发展历史，对外形象始终呈现蓝色和科技感的格调。

除非像万宝路那样对品牌定位进行颠覆和重设，广告格调才会跟着改变。在1960年代，万宝路从优雅、精致的女士香烟，重新定位为粗犷、豪迈、英雄气概的男士香烟，广告画面上，纵横驰骋的牛仔取代了悠闲雅致的女士。但是，万宝路完成了格调重新定位之后，就一直坚持这个粗犷豪迈的格调，直至今日。不难想象，如果一个品牌的定位和格调老是频繁变动，那么必然会割裂自身的历史继承性和文化价值。即便活到今天，也成不了知名大牌。

我们应该重视广告创意和诉求，更应该重视品牌格调的表达和沉淀。独特的广告创意往往是可遇而不可求的，谁也不能保证让每个广告都能成为经典而产生病毒式的传播。但是，在较长一段时间内，最起码应该做到广告的格调鲜明和统一，这样随着广告投入资源的累积，广告留下的印象也会在公众心中积累和沉淀。

07 | 快时尚的江湖演义
——ZARA深度分析

谈品牌格调，我们就不能不提"快速时尚"（Fast Fashion），这是当今品牌界和时尚界的热点。

根据定调矩阵，品牌风格有两个极端，一端是前卫时尚，一端是传统经典。而所谓的"快时尚"，其实超越了以往的时尚前卫概念，因为它颠覆了以往的商业模式，让时尚的重心从设计转为供应链的变革；站在品牌SIC模型的角度来看，就是品牌重心从"牌"转移到了"品"，正是通过品牌背后的强大支撑体系，让时尚和创新插上了翅膀，压缩时间和空间，促使潮流变幻的节奏加速，也让时尚产品的淘汰加速。

ZARA是开创服装零售市场快时尚模式之鼻祖。近年来，伴随ZARA神话的传播以及H&M、C&A等同类品牌抢滩中国市场，快时尚迅速成为中国众多服饰企业竞相追随的潮流。然而，众多模仿者中鲜有成功者。那么，究竟快时尚为何方神圣？究竟本土品牌离快时尚还有多远？本土企业如何应对"快时尚"潮流？我们下面来进行深入探讨。

⦿ ZARA模式的四大优势

深入研究ZARA的快时尚模式，我们可以看到其无可比拟的四大优势。

（1）丰富性

ZARA、H&M的店铺面积动辄500平方米以上，旗舰店可以达到2000平方米，如此大的陈列面积，结果就是带来产品的极大丰富。以休闲时装为基本定位，ZARA建立了完整的产品线。从消费者角度看，ZARA包含男装、女装和童装，不但可以解决年轻单身人士的所需服饰，而且可以满足三口小家的全方位需求；从季节性角度看，ZARA囊括春夏秋冬四季服饰；从功能上看，ZARA包含了T恤、裤装、裙装、西装、夹克、风衣、针织纱、防寒服、皮带、鞋靴、箱包、围巾、配饰、帽子等所有服饰及搭配产品。从数量上看，ZARA每年大约推出40000款新品，并从中选出10000款投入生产，而后到达消费者手中。总之，ZARA的门店以产品的丰富性，满足消费者一站式购物的需求，并由此赢得很高的忠诚度和光顾频次。

（2）稀缺性

ZARA的产品秉承"款多量少"的基本原则，在同一个店铺中，同一个款式往往只有几件存量，如果消费者不先下手为强，过几天再来看，这个款式的产品将不复存在。这样一来，ZARA总是在刻意制造稀缺性，让消费者不由自主地出现抢购行为。同时，ZARA的稀缺性，也满足了消费者的个性化需求，穿ZARA的服装，"撞衫"的概率非常小，每位ZARA的粉丝，都是独一无二的衣着。因此，ZARA能深深吸引个性前卫的年轻消费者，使他们成为忠实顾客。

（3）时尚性

由于奉行买手制和"拿来主义"，ZARA的时尚性可以跟GUCCI等时尚领袖相媲美。ZARA每年上万个新款投入市场，产品批量更新频次每年超过12季。从获得流行概念，到设计，到生产，到供应门店，整个过程的响应时间小于3周，最快的可以小于7天，这个记录至今业内无人打破。由于产品更新速度快,对潮流响应快,总是能领导最新风尚,因此谓之"快时尚"。

（4）平价性

ZARA之所以能在销售上打败时尚领袖品牌,靠的就是平价性。虽然ZARA的产品时尚性紧跟众多奢侈大牌,但是价格甚至低于奢侈品牌的1/10,让城市大众青年都可以买得起。如此超级性价比,让消费者趋之若鹜、门庭若市。每开一个新店,都会受到追捧,创造一个日销量神话。平价性带来的结果,就是ZARA不但成为其母公司INDITEX旗下最具领导地位的品牌,也成为整个服装零售行业的佼佼者。

⊙ ZARA背后的四大支柱

根据品牌SIC模型,快时尚只是品牌的外在表现,其背后的支撑体系才是根本和关键所在。

追根溯源,ZARA模式,实际上是SPA（Specialty Retailer of Private Label Apparel,自有品牌服装专业零售商）模式的3.0版,SPA模式的核心就是生产流通一体化。SPA模式发展至今已经经历了三个阶段,第一阶段它最早由美国的GAP公司从快速消费品行业的经营模式中提炼出来,并作为自己的经营理念加以发展,在1986年的公司年度报告中正式进行了定义。第二阶段出现了以UNIQLO（优衣库）为代表的日本化SPA模式,以低价位大众化基本款和仓储式超市为特征。第三阶段的SPA模式以西班牙ZARA和瑞典H&M为代表,更加强调对供应链的整合,基于高效的生产能力,保障产品的快速更新,以"平价"加上"快时尚"创造了服装界的新奇迹。

因此,ZARA的四大优势特征,并非空中楼阁和镜花水月,它们是建立在背后强大供应链基础之上的。如果对ZARA背后支撑体系进行分解,可以概括为四大支柱。

（1）自由灵活的设计流程

2001年6月麦当娜到西班牙巴塞罗那举行演唱会,为期3天的演出还在进行中,就发现台下已经有观众穿着麦当娜在演唱会上穿的衣服,之后西班牙大街上更是迅速掀起了一股麦当娜时装热,而服装都来自当地ZARA店。由此可见,ZARA的设计和供应链速度之快,可谓空前绝后。

ZARA的产品设计流程与众不同，一般品牌都是自上而下，设计师通过分析竞品和潮流，设计出产品，然后通过生产和物流，让产品到达商店和顾客手中；而ZARA则是自下而上，通过大量的"时尚观察员"，混迹于酒吧、社交等时尚场所，并出席各顶尖品牌的发布会，搜集最新时尚信息。同时，商店也会随时收集顾客的品味和偏好等信息，这些信息都会及时汇总到总部，总部经过综合分析，快速设计最新产品。ZARA庞大的设计师队伍中，没有高级原创型设计师，他们都是"抄版员"。

同时，ZARA的旺季前产量只占整个旺季销售量的15%，也就是说，85%的产品是根据潮流随时自由组织设计与生产的。而其他竞争品牌一般会在旺季前，预先设计和生产60%以上的产品，只有不到40%的产品是根据当季流行趋势而临时调整的。国内的传统服装品牌，一般会进行春夏和秋冬两季服装订货会，几乎100%的产品都是在旺季前预先设计和生产的。

（2）严密组织的生产体系

ZRAR在西班牙有22间科技化大工厂，500多间联盟小工厂。这22间大工厂只做染色和裁剪，因为机械化大工厂做这个最有效率。而500家小工厂只做款式，而且一个厂生产一个款式，这样脚踩缝纫机会特别有效率。此外，ZARA在海外其他国家通过收购等方式，与1200多家生产企业建立了战略联盟，但是海外工厂一般只生产基本款式。去ZARA门店看服装的标牌，会发现"产地"五花八门。这种全球化的生产体系经过严密组织，在速度、效率和品质上都受到总部控制，满足快速时尚的需求。

（3）快速反应的物流体系

通过强大的IT技术，ZARA总部对所有门店的销量和库存等都了如指掌，门店每天都会传送销售数据、订单信息，在此基础上，指挥整个物流体系高速运转。ZRAR的服装通过坐飞机配送到世界各地门店，这一点让很多竞争对手望尘莫及。更让人叫绝的是，在西班牙22间大工厂和500多个小工厂之间，以及小工厂和物流中心之间，物流配送采用隧道方式，总共挖掘了200多英里的隧道。这样一来，物流配送不受陆面交通限制，可以随时畅通无阻，高效运作。

（4）数量庞大的门店规模

支撑ZARA平价性和高昂的供应链成本，其基础就是规模效益。目前，ZARA的所属的INDITEX集团，年销售额超过100亿欧元，成为全球第一的服装零售商。其中ZARA对集团的贡献率占70%。ZARA在全球60多个国家开设了1000多家专卖店，其中90%为自营店，其余为合资和特许经营店。并且，ZARA的门店都是大型店，满足一站式购物需求；选址都在大城市的繁华商圈，人流量巨大，销售额巨大。

⦿ 本土企业 "快时尚"对策

国内品牌一窝蜂学ZARA，言必称"快时尚"，然而遍地花开并无硕果。通过前面对ZARA的深入分析，我们本土品牌可以对照检查自身条件，检查一下"品"和"牌"，尤其是品——企业内在的支撑体系，看看是否可以有潜质做到快时尚。实际上，绝大多数本土品牌没有实力做到真正的快时尚。同时，ZARA作为快时尚的始作俑者，成为服装零售业态的一尊大佛，短时间内无人可以超越。因此，我们本土企业做快时尚，就要换一种思路进行，并非要打败ZARA，而是要学习其思想和精髓。

（1）不必全民"快时尚"

《世界是平的》说出了全球化的趋势，但是中国市场目前而言并不是"平的"，而是一个高高耸立的金字塔，根据购买力和价值观不同，可以分为很多个阶层。快时尚服装，不是人人都消费得起的，也不是人人都能欣赏的。ZARA在一二线大城市可以成功，但是到了三四线城市就会曲高和寡。因此，快时尚瞄准的是金字塔顶端的小部分人群，而对于金字塔底座庞大人群的需求，就需要多元化、多层级的服装品牌来满足。

国际大牌占据一线城市，而很多本土服装品牌目前的主要客户，还是在二三四线城市，甚至是农村市场。同时，对于广大的青少年学生群体来说，虽然喜欢标新立异，追逐快时尚，但由于经济上尚未独立，所以消费力并不强。他们买不起ZARA，但是可以去购买时尚性远低于ZARA但价格也更加低廉的美特斯邦威、以纯、森马等品牌，这就是美特斯邦威等品牌成功的原因。因此，本土企业盲目搞快时尚没有必要，也行不通；只要品牌定位正确，精确瞄准了需求，不搞快时尚也能成功。

（2）"快时尚"非一日之功

如果快时尚以ZARA为标杆和标准，则本土品牌很难做到真正的快时尚；如果将快时尚作为一种思想和模式,则本土品牌可以在一定程度上做到快时尚。不论如何,快时尚考验企业的基本功和综合实力,达到快时尚,非一日之功。

首先是规模门槛,就让很多企业望洋兴叹。笔者见过一家只有80多个门店的企业,打破业内常规,一年开发了10季新品,表面很风光,实际上老板正在为几千万的库存发愁。因为款式太多,每个款式又有一定的批量要求,结果就是80家门店无力消化这么多产品,必然带来庞大库存。其实不仅仅是库存,在实现规模效益之前,企业根本无力担负快时尚背后的巨大成本。

其次是供应链建设,从设计到生产再到销售,要求信息和物流系统的高效结合,快速反应,这一点很多企业难以做到。美特斯邦威、以纯等品牌已经具备了庞大的规模优势,但是他们都不是时尚领袖,在时尚界没有江湖地位。即便采用买手制和拿来主义,也做不到ZARA这样的反应速度。如果真要花大力气去做到这一点,那么成本和零售价格就会上升,从而失去庞大的消费人群,规模就会收缩。

(3)掌握适合自己的节奏

"快时尚"到底要有多快?前面分析过,每个品牌都学ZARA是不现实的。如果ZARA打100分,其他品牌能做到50分就很了不起了。在一个金字塔般的立体市场中生存,企业各有各的定位,各有各的层级,各有各的生态系统,各有各的节奏。快时尚可以作为一面旗帜和基本理念,但是每个企业都应该掌握适合自己的节奏。

有些品牌做的是"慢时尚",比如西服品牌、男正装品牌,几百年来已经形成经典服饰文化,再怎么时尚,还是变化有限的。这属于另一个极端,做的是经典和文化,而不是快时尚。与ZARA的快时尚相呼应,各有各的价值和存在理由。事实上,我们绝大部分品牌,都夹在"慢时尚"和"快时尚"的中间,无非是偏左或偏右多一点的区别。因此,找到适合自己的位置,掌握适合自己的节奏,胜于任何时髦的口号。

(4)快时尚跟电子商务结合

凡客诚品、梦芭莎等电商品牌定位为"平民快时尚",已经获得很高的知名度。另一个网络品牌韩都衣舍,定位为"韩版快时尚",从一个毫不起眼的淘宝C2C小店发家,如今已经成为国内最大的韩版女装知名淘宝品牌,并获得知名风投机构IDG的投资。快时尚跟电子商务有天生渊源,传统企业也应该重视这一点。

　　韩都衣舍也是采用买手制，众多买手分成很多小组，彼此之间你追我赶，每天为韩都衣舍提供50~60款新韩服。与大多数的淘宝卖家不一样，韩都衣舍并没有试图去打造爆款，而是多批小量的模式，通过不断创造新款韩妆去吸引女性用户。而这些韩风设计风格，则来自1000多个韩国本土的优秀服装品牌。韩都衣舍CEO赵迎光表示，韩都衣舍正是在学习ZARA的买手制。

　　由于电子商务直接面对消费者，在物流链上可以实现"中央大仓——消费者"之间的直接物流，省略多个中间环节，从而提升供应链的效率。同时，由于网络展示陈列空间无限大，所以网店的陈列量可以胜于上万平方米的仓库，这是传统门店不可比拟的。此外，电子商务可以让"长尾理论"发挥作用，轻松处理库存问题。所以，电子商务跟快时尚是具有天然渊源的。

第六章

溢价定位
COV Positioning

《证券时报》的报道称，外贸寒冬中福建某工厂出口一件毛衣，利润仅1元人民币；而这件毛衣在美国贴上TOMMY的牌子，利润可以达到40~60美元。这还不算什么，GUCCI的总裁爆料说，LV帆布包的原材料成本不过11欧元/米。其实，GUCCI自己的万元包，成本也不过700多元。此外，Prada售价两三万元的包，成本也不超过1000元。这其中巨大的差额，就是品牌溢价。

01 叠石桥的传说
——价格的生死符咒

⊙ 叠石桥的传说

宋末元初，约公元1245年，中国纺织技术大师黄道婆诞生于松江府乌泥泾镇（今上海市徐汇区），由于传授先进的纺织技术以及推广先进的纺织工具，而受到百姓的敬仰。在清代的时候，被尊为布业始祖。

在距离黄道婆大师诞生地100公里的江苏市南通叠石桥，这里的人们深得黄大师之真传，种棉养蚕，纺纱织布，产业的香火不断。清末状元、近代著名实业家张謇，就选择号称"亚洲产棉盛处"的通州（即南通）开办大生纱厂，因为他知道，南通一带的气候、土壤都适合棉花生长，向来有"种棉卖钱，胜过种稻贩盐"的说法。因为靠近原料产地，大生纱厂可以用优惠价格在本地收到最优质的棉花。当时上海华商纱布交易所的棉花交易，就以南通棉花为标准。同时，南通还不缺勤劳纺织的熟练工人，农家女孩子十二三岁就学习纺纱织布技术。物美价廉的原材料和大量优秀的劳动力，让大生纱厂获得飞速发展，成为中国近代工业史上的一颗明珠。

毫无疑问，对于南通人来说，张謇是继黄道婆之后的第二功臣，黄道婆传授了个人纺织技术；而张謇则开创了近代纺织工业化之先河。

改革开放之后，南通纺织业更是获得蓬勃发展，如今成为全国最大、最集中的纺织产业基地，据报道，仅叠石桥所在的三星镇，就拥有家纺工业企业150家和纺织作坊数千个，其中规模以上企业60家。同时，叠石桥家纺产业已经产生集群效应，辐射四周，覆盖海门、通州等3个市县17个乡镇，带动这一区域成千上万家纺织企业蓬勃发展，形成了村村开厂、家家织布的热闹局面。据统计，目前叠石桥家纺市场年销售额达到500亿左右。

南通地区的家纺产品交易，主要通过叠石桥国际家纺城来完成。叠石桥国际家纺城由家纺城、绣品城、三星工贸园区、物流中心、商贸城五大部分组成，拥有8000多个营业门面及摊位。总占地面积35万平方米，总建筑面积50万平方米，日均人流量3万人次以上。拥有营业门市的老板，个个腰缠万贯，背

图6-1　张謇创办的大生纱厂原址，在今江苏大生集团内

来源：tieba.baidu

后都有一个工厂供货，不少工厂年产值都在500万元以上。他们经营各种家纺用品，包括床品套件、枕头、被芯、毛巾、窗帘、靠垫等等。除门市部外，还有一个和菜市场格局相似的批发大卖场，这里主要是针对那些家庭小作坊的，每一位作坊主，都在这里租下一到两个大约3米长的摊位，均做批发生意，每天上午等客户上门订货，下午回家生产，就这样一个小摊位，当然不能跟门市铺面相比，但在经济形势好的时候，每年净利润也可以达到10万元以上。

⊙ 产业之殇

然而，星罗棋布的纺织工厂和数以千计的纺织作坊，却没有成就叠石桥的品牌影响力和美誉度。长期以来，南通、叠石桥，都是低端家纺产业的代名词。无论在纺织业界，还是在消费者心目中，这里的产品都是廉价货。以劳动密集型为特征，利用国内廉价的原材料，生产出没多少附加值的粗糙产品，他们沉湎其中，不能自拔。我们可以参照一下，号称"时尚之都"的巴黎，诞生很多世界级的时尚品牌；号称"钟表王国"的瑞士，诞生了众多世界级的钟表品牌；非常令人遗憾的是，南通叠石桥号称"中国纺织之乡"，竟然没有诞生一个全国级知名品牌，更谈不上世界级品牌了。

众所周知，纺织业是一个没有多少技术含量的产业，早在18世纪，英国工业革命就是从纺织工业的机械化生产开始的。发展到今天，纺织业已经没有任何技术门槛,这正是叠石桥的幸运和不幸。幸运的是,只要拥有廉价劳动力和原材料,就可以进入家纺产业,甚至以家庭为单位的作坊也可以生存;不幸的是,中国已经进入品牌经济时代,各行各业都在进行产业升级和品牌化运作,就连国企改革、工人下岗政策都是率先拿低附加值的纺织厂开刀的。然而,叠石桥人却没有抓住历史的教训和机遇,没有反思和进步,没有与时俱进,仍旧停留在产业链的低端,产品只能在三四线城市和农村市场走批发、低端卖场的渠道,风风光光背后,只能赚取微薄利润,并且随着人工和原材料价格的不断上涨,企业微薄的利润也不断缩水,据行业协会的统计数据表明,叠石桥园区内家纺企业的平均毛利润只有6%左右。

道理很简单,根据微笑曲线,家纺业如果不能在技术上进行创新和突破,那么只能在渠道和品牌上做文章,像罗莱、富安娜这样的知名品牌,都是通过渠道和品牌来提升附加值或溢价。而南通家纺产业一直停留在微笑曲线的最低谷,从事最不具附加值的加工业,因此附加值之低可以想象。2008年金融危机以来,南通纺织业受到了沉重的打击,根据行业数据,每年有20%的企业陆续倒下去,根源就在这里——产业的低端化,不能掌控渠道和品牌。

正是基于这个原因,近年来受到经济危机的压力,南通家纺企业总是祭起价格战的屠刀,自相残杀,将利润压缩到生死临界点。有报道称,在纺织作坊中,通过采购布匹来剪裁加工成床品套件做批发,一套普通床品四件套的利润大概只有4元钱左右。4元钱是什么概念呢?品牌家纺罗莱一个床品四件套售价可达到2000元以上,其中毛利可以达到1700元以上。可见做不做品牌,溢价和利润是天壤之别。如今通货膨胀严重,原材料成本都在不断上涨,于是盈利压力倍增,据一位作坊主介绍,布匹每涨价一角钱,每套四件套的利润则下降1.2元,对于一个年销售2万套左右的小作坊而言,年亏几万元是正常的,难以为继的只好关门。此外,更惨的是那些外贸加工企业,由于国外订单的急剧减少,导致企业无法生存。这里规模最大的家纺企业是凯盛,请范冰冰做的广告,年销售额几个亿,但是盈利状况也是非常不乐观。

⊙ 电商的红海

进入电子商务时代,南通叠石桥的纺织厂家突然被注入了一阵兴奋剂,一夜暴富的神话，让他们集体看到了崛起之希望。然而，殊不知，他们却再次陷入了更加血腥的红海。传统渠道由于时间和地域上差异，信息上的不对称，还能保护一些价格神秘度，保证一定的毛利空间；而网络购物最大的特点是信息高度透明化，可以轻松比价，让全网上百万件同类产品放在一起竞争，因此拼价格就等于拼性命。为了赢得搜索流量，就必须拼尽全力打造类目爆款，让自然搜索排名能够靠前。而价格比拼，就成为其中最重要的因素。所以，淘宝网上的家纺床品四件套等类目，都是清一色被南通家纺占据前几名。例如艾do、Banisi、苏娜国际等南通品牌，都是在短时间内利用价格优势打造爆款，一夜之间突然崛起的典型代表。

比如Banisi的爆款四件套，一个链接下面集中了24款不同的花型，售价146元，月销量高达12000多套。一个爆款的打造要经历开发和选款期、导入期、成长期、强势期和衰退期几个阶段，在导入期和成长期需要通过直通车和钻展投入，让月销量从几十套增长到几十百套、上千套，随着爆款占据类目前几位之后，后续的投入则可以减少，爆款本身会给店铺带来巨量的自然搜索流量，从而带动其他产品的关联销售。Banisi爆款前期的毛利非常低，只有7%，也就是说，除掉产品、包装和物流成本，该产品每套只能赚10元钱。而带动的其他关联产品销售毛利最高可以达到30%。在爆款做到月销售10000套之后，Banisi做了一个大胆的决定：提价10元，这样每月就会多产生10万元的边际净利润，然后再将这个10万元投入钻展和其他推广中，保证爆款的地位不下跌。

电商的爆款竞赛，实际上就是在价格的生死线上走钢丝，必须在盈利的临界点上拿捏好尺度，并保证单品成本能做到同行业最低。只有大智大慧、行业经验丰富、本身有资源和实力的老板，才能玩得转。Banisi的老板陈杰是一个玩爆款的高手，据他说，爆款打造的成功率几乎100%，他采用倒推法，研究搜索排名中前几位的竞争对手的价格、DSR综合评分、产品材质、面料、工艺、规格、成本、花型等各项指标，来确定自己的目标位置和目标指标，然后去南通市场采购符合指标的产品。陈杰的成功是有原因的：一方面，陈杰的父亲是80年代改革开放之后，在南通叠石桥第一批从事家纺产业的人，因此陈杰从小在这个产业中耳濡目染，让他磨炼出超越常人的专业知识和市场敏锐度；另一方面，陈杰本身也是一个善于学习、勇于探索的人，早在几年之前就涉足电商行业，因此深谙电商行业的特性。两个方面的原因相加，让他可以驾驭家纺爆款这个战车，在价格战的红海中屡屡获胜。

然而，这种走钢丝的玩法，最大的风险却是来自天猫平台。2012年9月份的一天，天猫突然更改了游戏规则，Banisi及同类品牌的爆款立即莫名其妙的消失了。对于严重依赖爆款带来店铺流量的品牌来说，损失非常惨重，每日销售额立即下降一大半，且短期内难以恢复。将身家性命完全系于天猫这个反复无常的平台身上，是多么可怕的事情！

事实上，Banisi已经算是佼佼者和幸运者了，其他来自南通的数千家家纺企业，连操纵爆款的实力都没有。于是，迫于价格战的压力，有些企业就开始采用非正常手段，以次充好，欺骗消费者。最典型的就是用廉价的钻石绒（涤纶、化纤类）代替纯棉，将四件套的价格压到74.5元或更低（成本35元）。显然亲肤产品还是纯棉的好，化纤对皮肤有刺激，不利健康。但是很多消费者不明真相，争相购买，动辄可以卖出几万套。这种竞争方式，显然会拉低整个行业的竞争水平，让全行业出现抛弃品质、滑向低端的趋势。为此，淘宝对于这些企业开始整顿，赶走了一大批"钻石绒"。有意思的是，"钻石绒"们换了一个阵地，又跑到了拍拍商城中继续玩起了相同的把戏，等待的也是被拍拍收拾的命运。

"钻石绒"跑了，家纺回归到纯棉时代，但是纯棉面料也大有讲究。其中最重要的指标之一就是纱支数，罗莱、富安娜、康尔馨等品牌注重品质，纱支数一般都在40支以上，最高的可达80支，而那些低价品牌的爆款纱支数大多在20支以下，所以品质仍旧是天壤之别。这里仍旧存在宝贝描述与实际不符、以次充好的问题。曾经以爆款独领风骚的某品牌，就因这类问题被淘宝处理，销售排名立即跌落下来。

总之，在这两年电商的红海中，不断上演"你方唱罢我登场"的闹剧，内容基本上都是恶性价格战的操盘手在大战中不断落马。因此，以低价取胜的企业，本质上是在生死线上徘徊，风险很大，稍有不慎就会从空中跌落，并且丧失可持续发展的可能性。

◉ 定价模式决定生存模式

我们对不同行业的研究，都可以得出一个相同的结论：品牌定价模式决定品牌生存模式。大体上，我们可以将定价模式分为两类：一类是低价做销量，快速做规模，目标人群的层次低，品牌溢价低或几乎没什么溢价，因此毛利低，品牌美誉度低，忠诚度低，全靠对成本的严格控制而取胜。二类是走品牌化道路，维持品牌的较高的溢价，价格定位属于中高端，目标人群层次偏高，价格和毛利较高，注重品质、形象、公关和顾客体验，美誉度和忠诚度较高。

两种模式下，品牌运营手段也有很大的差异，例如前面说的利用低价品打造爆款，引来流量带动店铺其他产品的关联销售，也并非对所有品牌都适用。我们的研究表明，超低价爆款引来的大量流量，基本都属于低端消费人群，他们本来就是冲着低价来的，因此只能给低价品牌带来关联销售，而对高价品牌几乎无效。康尔馨家纺的数据表明，用29.9元包邮的处理浴巾带来的流量，基本上都不是品牌的目标客户，他们只对低价产品感兴趣，对于康尔馨品牌旗下的中高端床品的转化率没有什么贡献，该低价浴巾自身平均每销售1元，所带动的其他产品关联销售只有0.33元。而用120元的千克大浴巾作为引流产品，该浴巾重量超过1公斤，五星级酒店专用，因此可以引来比较优质的顾客，浴巾自身每销售1元，可以带来其他产品1.25元的关联销售。康尔馨曾经还采用598元的精梳棉床品四件套投放直通车引流，该床品自身每销售1元，则可以带来2.37元的关联销售。但是，价格越高的产品，引来的流量越少，点击率越低，这需要品牌企业在不同类目中反复摸索，反复测试，在顾客数量和质量中找到平衡点。可见，做品牌比起赤裸裸甩货，在营销和推广方式上要更加复杂，更加具有挑战性。

天猫官方当前正在大力扶持淘品牌，对于淘宝原创品牌提出很多规范性要求，希望将淘品牌从群魔乱舞的状态中解放出来，走向正规化的品牌道路，其中最重要的因素，就是对于随意价格战的约束，在搜索排名中，降低价格和销量的权重，提升质量评分的权重，不再推荐和支持爆款的商业模式，让真正注重品牌、品质、服务和体验的商家能够脱颖而出。而对于线下已经有较高知名度的成熟品牌而言，自然无需天猫官方的帮忙，它们自己也在反思和转型。以前，线下品牌都将网上店铺当成"下水道"，专门用来处理库存，甚至是残次品。显然，它们对网购市场的廉价化、低端化起到了推波助澜的作用。但是，如今很多品牌都醒悟了，有所为而有所不为。例如欧时力、劲霸、ONLY等服饰品牌，如今的新品上市都不打折，只有过季的旧品才打折。店铺中超过40%的产品是当季新品，宁可无人下单，也绝对不打折。劲霸更加彻底，经过2011年的网络甩货之后，2012年开始，就将天猫旗舰店和京东旗舰店进行分工，天猫店专门展示当季新品，京东店专门用来处理两三年前的库存，一般对折出售。新品不打折，显然跟线下相比就没有任何优势可言了，因为线下还可以在终端进行体验，而线上不能直接体验，买得不合适还要退换货，增加了麻烦。在这种情况下，劲霸的天猫店铺转化率下滑厉害。其实，很多时候，线下品牌也是情非得已，如果新品在线上打折，那么势必冲击线下渠道的门店，由于线上占的比重还很小，最终会得不偿失。劲霸下半年旺季的新品价格也会松动，但是必须让线下先动起来，当线下当季款达到销售的高峰之后，线上的产品才开始促销，打一个时间差，实际上相当于过季或即将过季产品的促销了。对于双十一这样的半价大促销，劲霸的电商负责人表示，会将当季新品临时下架，实际上打折的还是去年的库存产品。劲霸很具代表性，绝大部分触网的线下品牌，如今应对双十一都会采取类似的策略。

总而言之，有的商家赤裸裸低价甩货，完全没有什么顾忌；有的商家要维护品牌形象和品牌溢价，价格上就要保持高端和坚挺，促销起来也会羞羞答答，既要兼顾线下，又要兼顾线上，始终无法放开手脚，就像带着脚链跳舞，还要跳得更精彩——这种状态，才是品牌的常态。用什么态度去做企业、做市场？海尔的理念是：战战兢兢，如履薄冰。我们做品牌也同样如此。

02 品牌吸金有道
—— 溢价定位与竞争策略

◉ 品牌溢价

溢价定位（COV positioning），简称"定价"。COV就是"溢价"（Cash Over Valuation）的英文缩写。凡是成熟的品牌、有价值的品牌，必定有溢价。溢价，也叫附加值，来源于品牌价值，是市场对品牌企业的奖赏，也是品牌所追求的终极目标之一。品牌赚钱有道，就是通过溢价来实现的。

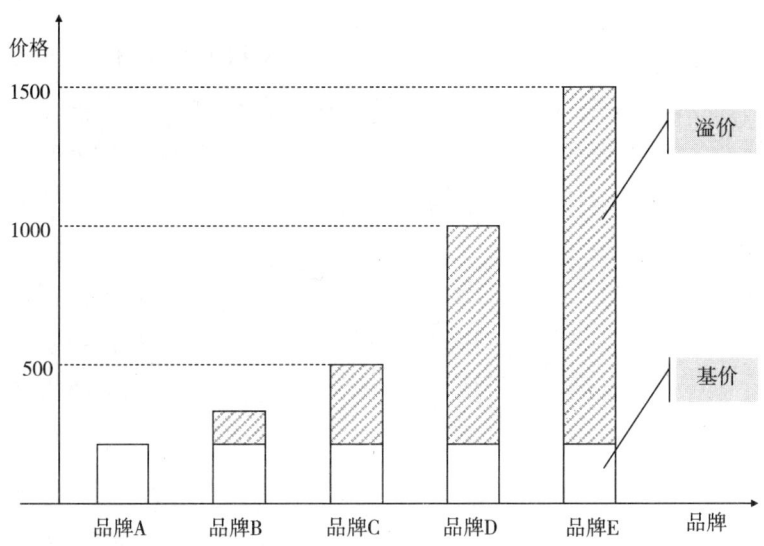

图6-2　品牌溢价和价格的关系

如图6-2所示，品牌的价格=溢价+基价，为了便于对比，这里是取A、B、C、D、E五个品牌旗下相同材质、工艺和功能参数的产品来进行研究，在这种情况下，我们可以发现，溢价越高，那么品牌价格就越高，二者线性正相关。这里的基价，是指产品和服务的基本价格，既包含产品和服务的成本，也包含非品牌企业维持运转的必要毛利。也就是说，即便没有品牌、没有溢价的企业，出售的产品还是有必要毛利的，否则企业就没法维持生存。举个例子：全棉40支纱斜纹活性印花欧版床品四件套，面料密度133×72，规格1.5米，南通叠石桥某厂家零售价240元（批量采购成本160元左右），而富安娜家纺却卖1500元。那么，这240元，可近似看做基价，包含了成本和维持企业运作的最低必要毛利；而1500-240=1260元，就可以算富安娜品牌的溢价。

当然，为了维持1260元的溢价，富安娜也要付出额外的成本，主要用于产品设计、品牌传播和渠道维护等等，但不论怎么计算，溢价越高，就意味着毛利和净利越高，品牌价格水平越高。

竞争战略

那么，品牌溢价该定多少合适呢？这就涉及到了品牌的竞争策略问题。根据波特竞争战略，包含三种模式：总成本领先、差异化、集中。这三种模式可以进行不同的组合，得到如图6-3所示的应用模型。

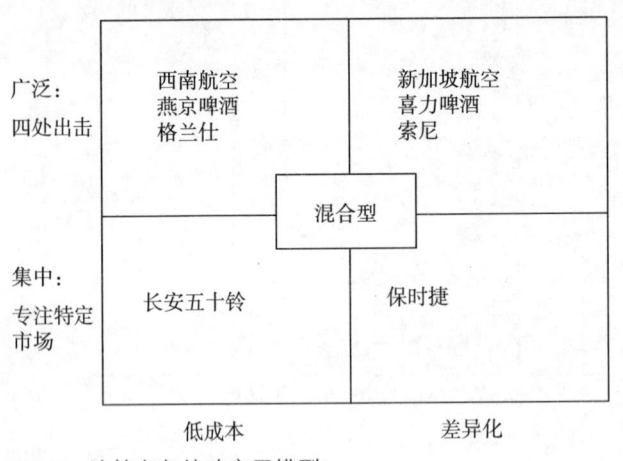

图6-3 波特竞争战略应用模型

那么，选择什么样的价格定位，是由品牌的竞争战略选择而决定的。竞争战略又是如何决定的呢？这要涉及到3C调研、SWOT综合分析等，通过调查和综合分析，决定品牌的竞争战略模式。在图6-3中，西南航空、格兰仕、长安五十铃等都属于低成本战略典型案例，通过对总成本的有效控制，采用低价定位，为顾客提供高性价比的产品和服务，从而在市场竞争中占据优势地位。而与此相对应的是新加坡航空、索尼、保时捷等品牌，缺乏低成本的优势，但是可以提供差异化的产品和服务，因此同样可以获得竞争优势。所以，采用低成本还是差异化战略，需要对企业自身资源和能力进行考量，对竞争对手情况进行综合分析，对顾客需求进行调研和分析，再结合企业宏观环境和行业发展情况，综合做出判断。

上面的竞争战略组合模式，可以分为低成本、差异化、集中低成本、集中差异化、低成本和差异化的混合5种有效形式。这5种形式，我们还可以通过战略钟模型来表述，如图6-4所示。战略钟的横坐标是价格高低；纵坐标是附加值（溢价）高低。第1种模式，属于低价与低附加值，需要企业具备成本领先的优势；第2种属于低价、中附加值，也是需要具备成本领先优势；第3种，属于混合模式，差异化和低成本的组合；第4种属于差异化，中等价格和高附加值；第5种属于集中差异化，即高价格、高附加，有足够的溢价去发展差异化的产品和服务；反过来说，也必须提供差异化的优质产品和服务，提升品牌价值，才能获得高附加值和高价格。第6、7、8都属于高价格、低附加值的情况，说明企业的成本控制不力，低附加值又导致企业无力进行差异化创新，不能给顾客提供更好的产品和服务。站在品牌角度看，就是品牌价值低、价位高，因此性价比低，不划算。这些是非常糟糕的情况，很可能会最终导致失败。

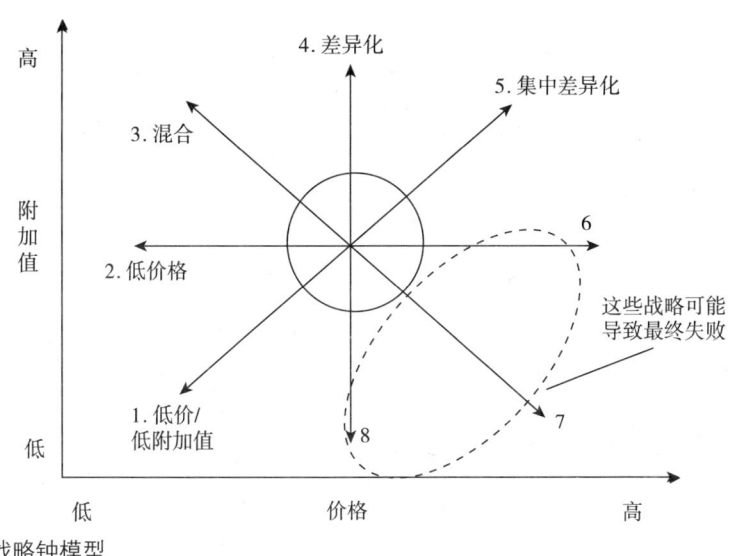

图6-4　战略钟模型

显然，竞争战略的选择，决定了品牌的价格定位和溢价定位。这也说明，品牌定位属于战略意义上的工作，实际上，企业战略和品牌战略绝对不是割裂的，二者内涵是统一的，只是范畴和分工不同罢了。

根据公式：品牌的价格=溢价+基价，在一个完全竞争的行业，人工、原材料、机器设备、土地等成本都是基本透明的，维持企业运转的一般必要毛利也是明确的，那么行业同类产品的"基价"就会差不多。由于溢价=价格-基价，所以"溢价"就完全由变量"价格"决定。事实上，虽然所有的品牌商都关心品牌溢价，但是谁也不会精确算出其溢价到底是多少，因为难以确定参照系。最终，大家都把目光盯着价格和毛利，定价越高，那么毛利越高，溢价也越高。因此，"溢价定位"问题，实际上等同于"价格定位"的问题。溢价该定多少，实际上就等同于价格和毛利该定多少。例如，LV的手提包动辄卖几万元，而麦包包的手提包通常只有一百到几百元，显然，二者价格相差巨大，表示其中的溢价相差巨大。LV在喜滋滋计算自己的利润额时，不会去纠结于它的品牌溢价到底比麦包包高出多少。所以，为了简便和直观起见，下面的内容，我们都将从价格定位的角度去论述溢价问题，而不必特别强调溢价到底是多少。

◉ 价格与价值相符

溢价的高低不是由品牌单方面决定的，它必须符合价值规律。顾客并不需要去考虑溢价的问题，也不关心成本和毛利，大家关心的只是价格和价值是否相符。通常我们购物的时候，不一定买最贵的，也不一定买最便宜的，而是会选择自己认为最值得的。简而言之，价格和价值的关系有三种状态：正常状态、促销状态和危险状态，如图6-5所示。

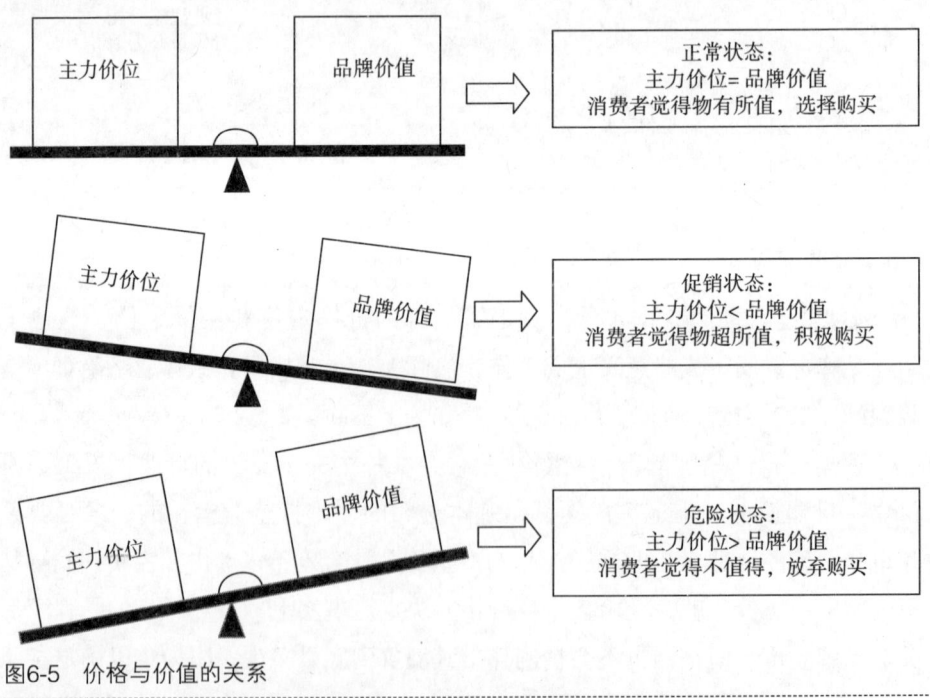

图6-5　价格与价值的关系

因此，价格定位或溢价定位的任务，就是要让价格与价值相符，让品牌处于正常状态。促销状态只能偶尔为之，不能天天用，不能总是打折，应该根据营销策略来调整。而危险状态，就是前面战略钟模型中的第6、7、8种类型，这是要极力避免的情况。

03 | 纠葛的双刃剑
——价位、价宽和价让

承前面所述,品牌价格定位的任务,就是建立品牌的合理价格带,让品牌价值和价格维持在正常状态。这里面包含三个重要指标:价位、价宽和价让——

⊙ 价位:价格带的位置

价位,就是价格的高低,代表品牌价格在同行业中的所处的位置,这是人们判断品牌高、中、低档的指标。例如我们说迈巴赫、劳斯莱斯是汽车奢侈品牌,奔驰和宝马是高档品牌,奇瑞、吉利是低档品牌,我们判断的基本依据,就是价位。再如,劳力士比天王表的价格高,因此我们判断劳力士比天王表的档次更高,这个判断也是成立的。通过前面的论述,我们知道,对于相同行业、相同性能参数的产品,价位越高,档次越高,那么品牌溢价也越高,二者是正比关系。

我们可以通过梳理行业竞争品牌的价格带位置,制成阶梯图,来确定本品牌的价位。以欧美风格女装2012年春夏季裙装在天猫上的价位阶梯图为例,如图6-6所示(这里采用的是各品牌的网上标价,非折后价,仅作示例用)。我们可以看到各个品牌旗下,春夏裙装的价位均不相同。如果某个品牌想以ESPRIT为标杆,其品牌实力也可以追赶ESPRIT,那么其主力价位就应该定在ESPRIT及VERO MODA附近。

价位阶梯图,可以将行业品牌分成若干个阵营(或阶层),同一个阵营的价格和溢价大致相同,例如图6-6中,梦芭莎等构成大众偏低阵营,ONLY、MANGO等属于大众偏高阵营,VERO MODA以上的品牌,属于中端偏高阵营,等等。所以品牌企业无需煞费苦心去研究本品牌的溢价是多少,只需根据自身价值,确定属于哪个阵营,或要努力达到哪个阵营,那么该属于你的溢价自然也就确定了。

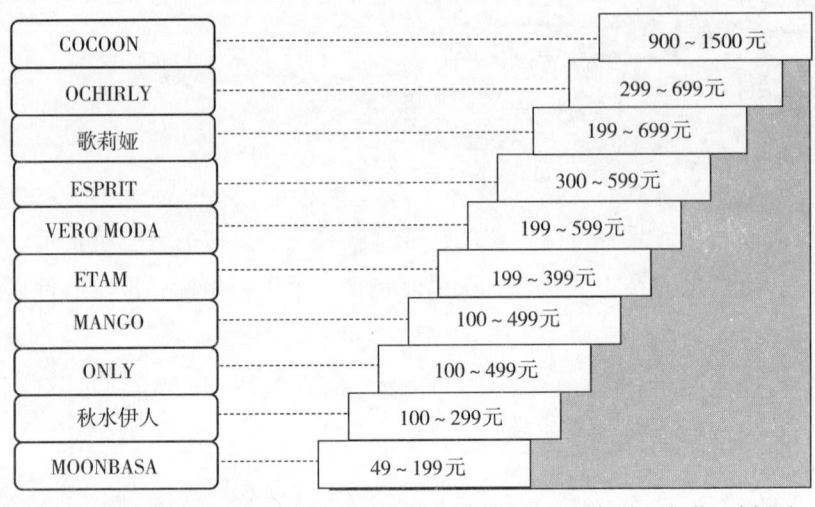

图6-6　2012年欧美风格女装春夏季裙装网上价位阶梯图（网上标价，仅作示例用）

（来源：天猫后台）

● 价宽：价格带的宽幅

如果品牌旗下只有一个产品，则定价相对容易，在一个相对稳定的时期，品牌价格就是一个单一的数字，例如农夫山泉1.5元/瓶。但很多情况下，品牌旗下都有一个产品或多个产品系列，这样价格不再是一个数字，而是一个范围，我们称之为品牌"主力价格带"。我们将品牌旗下60%到70%的产品所处的价格范围，定义为品牌的主力价格带。主力价格带的重要指标就是价格带宽度或幅度，品牌定价的过程，就是要确定价格带合理的幅度。例如图6-6中，各个品牌的春夏裙装都有一个明确而有限的范围。不允许存在这样的一个超级品牌：它将裙装主力价格带设定为0～1500元，包含上图中的所有品牌价位。

很多初创品牌会犯下这样的错误：由于担心销售额不够大、覆盖的目标人群不够广，于是将价格带定得非常宽泛，妄图适应各个消费人群的需求，这当然是错误的。如果品牌价格带过于宽泛，那么就会让顾客对品牌的价格定位认知模糊，从而无法确定该品牌属于什么档次；进而无法对品牌进行价格与价值判断，实际上会失去更多的顾客。例如，当年的孔府家酒之所以失败，一个因素是价格体系混乱，既有3元一瓶的低档酒，也有200元多远一瓶的中偏高档酒,从而让消费者对其品牌价值产生怀疑:如果是中高档酒,那么怎么会有3元一瓶的低档产品?如果是低档酒,那么怎么有的产品又能卖200多元?这种困惑,最终导致顾客对孔府家酒的品牌价值无法认同。

因此,价格带的宽度遵循"尽可能窄"的原则,宽幅越小,价格定位越清晰,顾客容易留下鲜明的印象;幅度越宽泛,价格定位越模糊,不利于顾客对品牌价值的判断。

⦿ 价让:价格带的折让

上面说的价格带,是指品牌的标价,或者说吊牌价。在实际营销活动中,商品的价格往往是动态的,经常会出现打折促销的情况。这个时候,价格带的刚性就成为衡量品牌价值是否坚挺的重要指标。别看市场上很多品牌表面上定价都差不多,但是实际折扣都不一样,毛利空间不一样,品牌价值不一样。这里面就存在一种投机取巧的现象:论实力和影响力只能进入第三阵营的品牌,可能会攀龙附凤,定价跟第二阵营或第一阵营的品牌看齐,这样消费者当然不怎么买账,于是它就采取大幅度打折营销的方式,将实际售价变回第三阵营。但是由于标价还是第二阵营的,就让一部分不明真相的群众上当,感觉占了大便宜,似乎很值得。

然而,随着市场的成熟,这样的伎俩越来越不管用。凡是经常性随意打折的品牌,即价格带的刚性很弱,顾客对其价值的认同度都不高。吊牌价属于第一阵营、折后价格属于第三阵营的品牌,绝对不会让顾客认同它是第一阵营的。反过来,越高档的品牌,往往价格刚性越强,不会轻易打折。道理很简单,价格随意打折,就相当于品牌价值打折扣,有自毁身价的意味。因此,价格折让,就是一柄令人纠结的双刃剑,它可以促进当前销售,也能损害品牌价值和未来盈利能力。品牌的营销之道,就是戴着镣铐跳舞,就是一门平衡的艺术。

我们经常看到这样的现象:那些平常价格坚挺的知名品牌,一旦到了换季打折的季节,就会出现排队抢购的情况;而那些经常打折的普通品牌,此时即便加大打折力度促销,也会冷冷清清门可罗雀。这是因为,消费者对于那些价格坚挺的知名品牌本身的价值很认可。一旦打折出售,消费者就会发现价格低于品牌价值，觉得很划算，所以去抢购；而另一些品牌，由于随意打折，让消费者对其本身的价值不认可，因此即便加大打折力度，消费者也不觉得占到便宜，所以不会去抢购。

为了完成销售目标，很多品牌通常无法抵制打折促销的诱惑。然而，我们应该清醒地认识到，理由充足的、偶尔的、小幅度的打折促销，顾客还能理解；但是频繁的、大幅度的打折，实际上会透支品牌的价值，第一次效果很好，第二次效果也不错……当打折变成常规性销售工作时，那么就会陷入打折上瘾的泥潭中而不能自拔。不打折，卖不掉；打折力度小，也卖不掉；最终的结果就是打折越来越频繁，折扣力度越来越大，而毛利率和品牌价值则越来越低。戴维·阿克在《管理品牌资产》书中提到一项针对1000多起打折促销活动的研究，把成本和各项因素考虑在内的话，只有16%的促销活动产生了真正的回报。

所以，品牌应该明智的抵制诱惑，坚守自己的价格定位，一方面要适度定价，不虚高；另一方面要保持价格的刚性，不动摇。当然，也不是说品牌永远不能打折，对于大多数普通品牌而言，的确很难做到价格百分百绝对刚性。这里面有很多营销技巧可以运用：

第一，在促销形式上，避免明折明扣，尽可能采用优惠套餐、满减、满送、买赠、换购、包邮、抽奖、赠券、少数产品特价等多种形式，这样可以避免顾客对价格折扣的直接联想，让其无法确定到底是哪个产品打了多少折，只知道是占了大便宜。另外，对于会员较多的成熟品牌，则可以摆脱随意打折促销行为，只对会员优惠。即制定合理的会员优惠政策，让会员和老顾客享受折扣，而新顾客则不享受。这样既对老顾客起到激励作用，提升了忠诚度，又对新顾客起到引导作用，激励其变成会员，同时也促进了销售，可谓一举多得。

第二，在营销策划上，坚决杜绝无理由促销。为了促销而促销，打折上瘾，频繁做促销活动，都会伤害品牌价值。如果在适当的时期，策划一些堂而皇之的主题，则可以掩盖打折对品牌的直接伤害。例如企业或品牌的"周年庆"、行业的特定节日、全年重大节庆日、自定义的一些主题、围绕当前社会热点的主题等等，以这些为由头开展促销活动，使得价格折让看上去理所当然的，如果一毛不拔反而会让顾客心理不满。

营销策划，本质上是为了实现三个目的：一是营造终端购物氛围，给顾客一个花钱的理由，促进销售；二是掩盖品牌赤裸裸的折扣，让促销变成真情回馈顾客的姿态；三是拉近品牌与顾客的距离，让优惠变成一种公关行为。因此，品牌策划应该围绕这三个目标进行，最低限度让价格折让踏雪无痕，不给品牌带来损伤。

第三，在定价策略上，可采取逆向思维，不折让，却涨价，变被动为主动。一些高档品和奢侈品大牌，例如LV、Chanel、爱马仕、GUCCI等每年在春季或年底例行提价一两次，以便保持品牌价值不断提升的形象。最神奇的是2012年，当很多知名零售品牌都不得不打折应对经济危机时，奢侈品居然打破常规，集体提价了3次之多，有些经典产品一次最高提价了37%。此外，为了应对CPI和各项成本上涨，普通知名品牌，也存在偷偷提价的行为，热销品类每年提价10%~30%也是正常的。

值得注意的是，产品价格高低，并不反映品牌价值资产高低，也不能反应品牌企业的实力。例如在罐装饮料市场（2012年），王老吉3.5元/罐，可口可乐3.5元/罐，红牛7元/罐，看上去红牛比可口可乐、王老吉更有价值。而实际上，可口可乐品牌价值将近800亿美元，王老吉价值1080亿元人民币（173亿美元），而红牛品牌资产只有92亿美元。

鉴此，我们要打造价值资产高的品牌，而不是盲目追求所谓的高档品牌。要在市场购买力、顾客价值观、企业毛利和销售额等众多指标中找到合理的平衡点。千万不要曲高和寡，把自己供起来；也不要妄自菲薄，将价格定位太低；更不要目光短视，动辄打折大甩卖。

04 | 英雄的阵营与座次
——PE与PR定价矩阵

如何进行价格定位呢？我们应该从目标顾客、竞争对手和品牌自身价值三个维度来考虑。定价也可以用矩阵法，包括两个矩阵：一个是价格与时尚度矩阵，考量品牌价格和感性价值的关系，简称PE矩阵（Price-emotional）；另一个是价格与功能矩阵，考量品牌价格和理性价值的关系，简称PR矩阵（Price-rational）。PE和PR矩阵可以为同行业品牌划分阵营和座次，有利于了解行业品牌竞争格局。

⦿ PE定价矩阵

最常见的PE矩阵，就是价格与时尚度矩阵，在时尚领域，价格通常跟时尚度挂钩。请看下面的例子。

图6-7，是2010年笔者根据华南和华东6个城市实地调研的结果而绘制的PE矩阵。在纵坐标上，将价格进行量化，从而可以将各个品牌的价位标示出来。横坐标是时尚度坐标，虽然无法量化，但是可以进行对比，找到各个品牌的相对位置。

从图中可以看到，LEVI'S、LEE、5th street（第五街）、萍果、Wrangler等国际知名品牌，组成牛仔市场的第一阵营。它们在时尚度上都强于国产品牌，在价位上也高于一般国产品牌，其中LEVI'S、LEE、Wrangler三大世界级品牌的主力价位都远在700元以上。而国产的威鹏、增致、旗牌王、小魔鱼、Jasonwood、B.Tboy、天使园等知名品牌，属于第二阵营，它们的主力价位大多在300~500元之间，时尚坐标上，大多偏于传统，像威鹏、增致等都是基本款居多。第二阵营也有走时尚前卫道路的，例如Jasonwood，品牌名来自"坚持我的"的谐音，针对年轻、个性、时尚人群，产品敢于突破传统，标新立异，特色概念产品是"彩色牛仔"。第三阵营以真维斯、以纯、森马和美特斯邦威为代表，主要目标人群是青年学生，考虑到其购买力有限，因此整体价位都是在200元以下。第四阵营则是纯儿、本色牛仔等，基本上都是低价走量为主，质量不佳，款式不时尚，处于市场的底层。此外，还有第五阵营，基本上都是走批发市场、甚至没有商标的小厂家，产品流向三四线城市和乡村市场。

显然，图6-7可以给我们很多有价值的信息，可以指导品牌价格定位决策：第一，跟随策略。假设你要创建一个新的牛仔品牌，你可以在PE矩阵中找到适合自己的位置和恰当的标杆品牌，在各个方面采取跟随策略。第二，差异化策略。假设你的目标人群刚好跟天使园重合，而你又不想跟随，那么你可以考虑在时尚度和价格上如何跟天使园形成有利于自身的差异点。第三，品牌定位修正或提升策略。根据PE矩阵，你可以检核现有品牌状况，如果发现价位或时尚度偏离了原来的阵营，那么就要进行定位修正和提升。

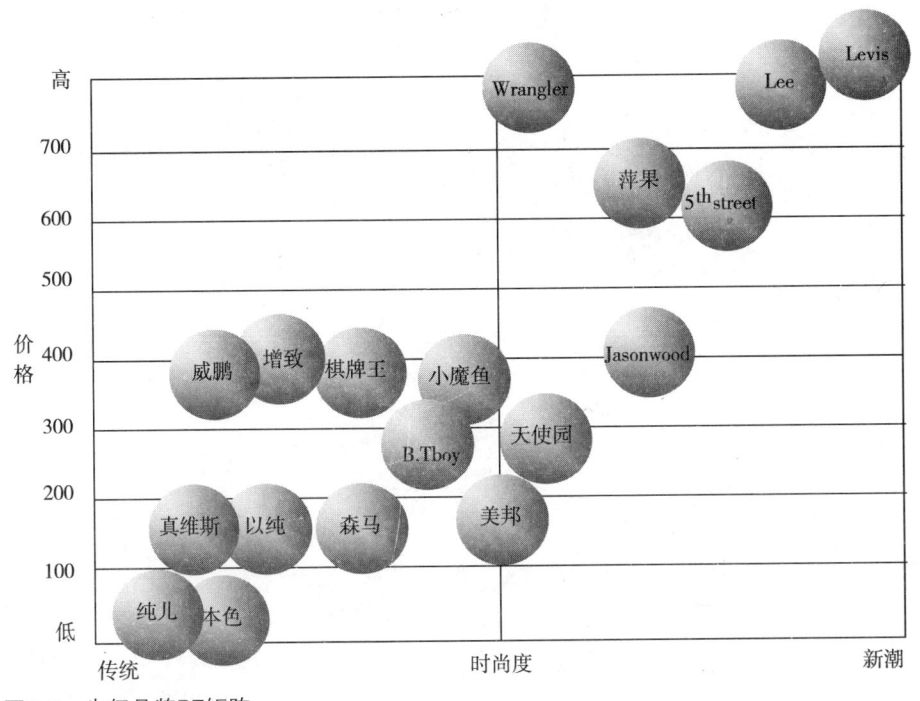

图6-7　牛仔品牌PE矩阵

来源：华东和华南区域市场调研

下面我们再来看一个案例，是关于知名西服品牌PE矩阵的，如图6-8所示。

图6-8是市场上常见的西服品牌价格与时尚度分布矩阵，我们可以看到，夏蒙、法派等品牌款式比较时尚；而雅戈尔、杉杉的款式比较传统和经典。在价格维度上，皮尔卡丹的定价最高；而大维、昂斯等位于中低档价位。同样的，运用这个定位矩阵，我们可以为新品牌定位提供参照。假设，我们要将一个新西服品牌投向市场，目标顾客是面向刚刚参加工作不久的年轻一族，应该满足年轻人追求时尚的需求，在时尚度坐标上，偏向新潮的一端；在价格坐标上，考虑到年轻人士的购买力有限，定位应该向下，偏向大众价位，那么，最

终的位置应该在昂斯附近。总之，从PE矩阵可以看到本品牌与竞争对手之间的宏观格局，让品牌价格定位变得清晰起来。

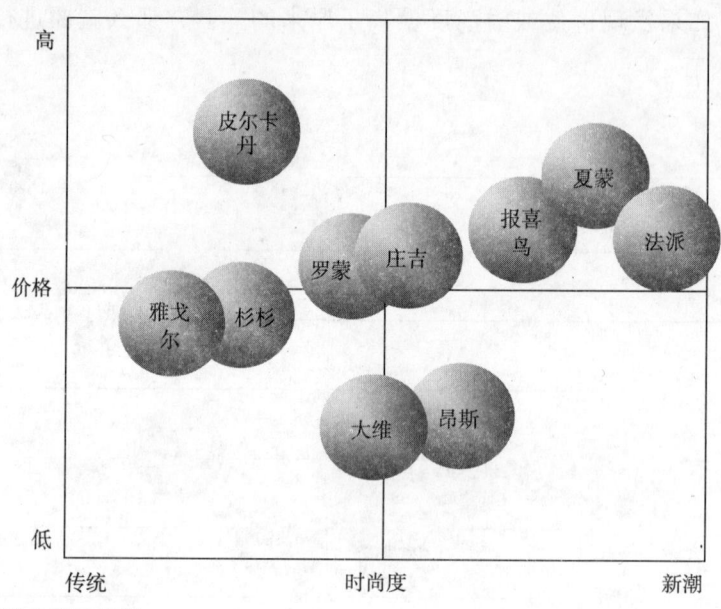

图6-8　西服品牌PE矩阵

来源：2009年行业资料

●PR定价矩阵

我们发现，还有一类产品，消费者更注重其功能价值，而不是感性价值，这个时候，价格往往跟功能的强弱与多寡挂钩。于是，我们就可以根据价格和功能两个维度，来建造一个PR矩阵。如图6-9所示，是空调品牌PR矩阵。为了简单起见，这里研究的对象不是品牌的主力价格带，而是选取有代表性的、销售量大的单品进行研究，同样可以揭示价格与功能之间的关系。

图6-9是示意图，因为篇幅的限制，图中的价格刻度比较粗略，在实际工作中，还可以将刻度细化，标示更精准。下面对图中各品牌产品代号进行说明，如表6-1所示，数据来源于京东商城（价格为2012年暑期零售价）。

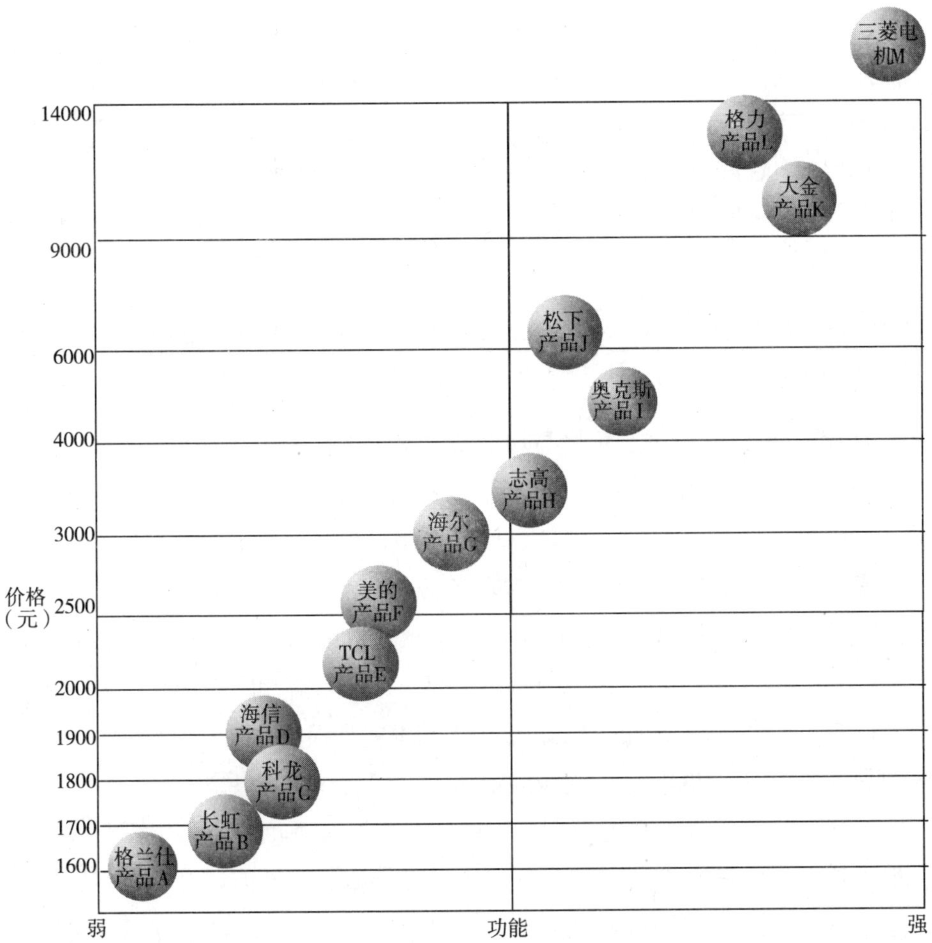

图6-9 空调品牌PR矩阵

来源：综合数据整理

表6-1　　　　　　　　价格与功能的关系

品牌	产品型号	价格	冷暖	制式	变/定频	功率	能效
格兰仕产品A	KF-23GW/LP47-150（2）	1599	单冷	壁挂	定频	1匹	3级
长虹产品B	KFR-23GW/DMT1（W1-H）+2	1699	冷暖	壁挂	定频	1匹	3级
科龙产品C	KFR-26GW/UG-N3	1799	冷暖	壁挂	定频	大1匹	3级
海信产品D	KFR-26GW/ER22N3	1899	冷暖	壁挂	定频	1匹	3级
TCL产品E	KFRd-35GW/FC23	2099	冷暖	壁挂	定频	1.5匹	3级
美的产品F	KFR-32GW/DY-MA（R3）	2598	冷暖	壁挂	定频	小1.5匹	3级
海尔产品G	KFR-35GW/05FFC23	2999	冷暖	壁挂	变频	1.5匹	3级

续表

品牌	产品型号	价格	冷暖	制式	变/定频	功率	能效
志高产品H	KFR-51LW/C33+N3	3599	冷暖	柜式	定频	2匹	3级
奥克斯产品I	KFR-72LW/M-2	4688	冷暖	柜式	定频	3匹	3级
松下产品J	KFR-50GW/BpD1	6200	冷暖	壁挂	变频	2匹	3级
大金产品K	FVXB360LC-T	9500	冷暖	柜式	变频	2.5匹	3级
格力产品L	KFR-50LW/（50561）FNAa-3	13000	冷暖	柜式	变频	2匹	3级
三菱电机M	MFZ-PXE72VA（KFR-72LW/BpG）	15600	冷暖	柜式	变频	3匹	1级

来源：京东商城

从表6-1可以看出来，价格与功能基本呈现正比的关系。冷暖空调比起单冷空调价格高；变频的比定频的价格高；柜式机比壁挂机价格高；功率大的比功率小的价格高；能效高的比能效低的（1级代表能效最高级）价格高……这些因素综合起来，就决定了一个产品的价位。

显然，对于空调这样的理性价值大于感性价值的领域，品牌要想获得更高的溢价，就必须在技术和研发上大力投入，只有技术和产品领先，才有机会笑傲群雄。各个品牌定价的思路和准则，基本就是根据功能参数来的，相同层级的品牌和相同的功能参数，定价必定相差无几。

当然，也不是说唯功能至上，品牌知名度和美誉度在定价中不起作用。一般来说，专业做空调的，顾客对其技术实力和品牌价值认可度较高，例如大金、格力等；而那些品牌过度延伸的，如格兰仕、长虹等，则顾客认可度次之。此外是国际品牌认可度高于国产品牌。总之，知名度和美誉度高的品牌，在同类产品中，就可以卖出更高的价格，例如松下产品J在主要功能参数上低于奥克斯产品I，松下是壁挂的，只有2匹；奥克斯是柜式，有3匹；但是松下的价格却比奥克斯高出1500元左右。当然，这两个产品中，松下占优势的参数也有一项：变频，但是前面的海尔产品G，也是变频，只有2999元。可见，松下价格高的最合理解释，就是品牌带来的溢价。

另外，除了品牌溢价和品牌偏好的产生，还有另外一个重要原因：功能和参数可以简单对比，但是品质和可靠性却需要时间来验证，这就是购物的风险。有些产品貌似功能强大，技术高超，但是实际上品质和材料不过关，质量不可靠，买回家不久就坏掉了。为了避免这种情况，消费者此时就要考虑品牌的口碑和美誉度，因为品牌是品质的承诺、品质的保证。

说到底，品牌的知名度和美誉度一方面可以影响定价；另一方面如果没有影响定价，那么也会影响人们的消费选择。虽然在购物过程中，大家的价值观和考虑角度各不相同，例如有的人首先看品牌，然后根据自身需求和功能参数选产品，最后才是考虑价格；也有人先看价格，然后挑产品，主要看性价比；还有人首先看功能参数，然后看品牌和价格。但是，毫无疑问的是，当功能价格都差不多的时候，最终会由品牌知名度和美誉度决出胜负。

05 妥协才能共赢
——多方权益定价法

⦿ 品牌企业与多方权益

上一节的PE和PR定价矩阵，给品牌定价提供了重要参考依据，让品牌可以明确自身在市场中的位置。不过，对于具体的价格带设置，还要考虑更多的因素，主要包含成本因素和上下游多方利益相关者的因素。本节专门研究商品流通过程中的利益分成问题，从企业权益、加盟商（渠道商）权益和消费者权益三个维度，来思考和制定合理的价格。

我们知道，即便是家族式的私营企业，也不能回避一个事实：产品服务大众，人才是来自大众，品牌影响大众，甚至连资金也可能募自公众——总而言之，企业说到底，是一个公众组织，只有与世隔绝、自给自足的山区小农经济，才可以说不属于公众。因此，在营销通路上，很多企业都要依靠下游渠道合作伙伴来完成，这些合作伙伴可能是个体的加盟商、代理商，也可能是企业化的商超和网站渠道，或者是多种渠道模式的组合。在中国营销界，流传着一个西方管理学中所没有名词：招商，顾名思义，就是招引加盟商或投资商。几乎所有的连锁经营企业，零售品牌企业，都会涉足招商加盟领域，很多企业的快速发展壮大，并非品牌的成功，而是招商的成功。例如美特斯邦威、哎呀呀、七匹狼等品牌，开始都是依赖招商而实现迅速扩张的。因此，这些品牌企业都要回答一个问题：如何让合作伙伴实现价值共享、利益共赢？大家都知道，没有双赢的生意，就是一锤子买卖，不可能持续发展。因此，这就是涉及价值链上的权益分配问题，只有给合作伙伴足够的利益共享，才有可能将企业和事业做大做强。

多方权益定价法的基本原则，就是在矩阵定价的基础上，制定一个合理的价格，满足品牌企业、渠道商/加盟商和消费者（会员）三者权益的公平分配。从本质上看，就是品牌企业将品牌溢价在合作伙伴之间进行合理分配，有钱一起赚，通过共赢而将事业一起做大。权益定价法又包含三种情况，下面分别举例说明。

⦿ 流通环节的权益设计

图6-10是药品流通过程中的权益分配情况。如果按照传统的通路，药品从制药厂出来，要经过一、二、三级物流中心，最终才能到达市县级医院或零售药店。物流中心实行的"雁过拔毛"策略，总共大约加价15%之后，再将药品输送到下游，在到达终端医院和零售药店之后，会再加价15%，然后卖给患者。由于药品是国家管制、限价销售的，因此制药厂在制定出厂价格的时候，就要考虑自身的成本和毛利，以及通路、医院和药店的权益，总之，在零售价格一定的情况下，要给通路和终端分别留下15%左右的毛利空间。

以前医药流通环节非常多，如今，由于国家医药改革的推进，以及老百姓大药房、海王星辰、成大方圆等大型连锁药店品牌的出现，零售药价逐渐下降，利润空间缩小，流通环节越来越少，全国原有的7000多家医药商业公司，大部分将逐步退出历史舞台。目前排名前几位的医药流通企业有国药控股、上海市医药股份有限公司、九州通等。毫无疑问，药品流通企业的日子会越来越难过，倒不是因为制药企业不愿意给它们分配权益和利润，而是它们的作用实在越来越弱，并且自身存在高成本、低效率等重症。在发达国家，医药商业批发企业的毛利率不超过4%，而中国的医药商业批发企业毛利率达到8%还濒临亏损。原因在于成本控制能力差。国外公司扣除税费，净利润还有1.5%；而中国批发企业费用高达7%~8%，因此利润所剩无几。

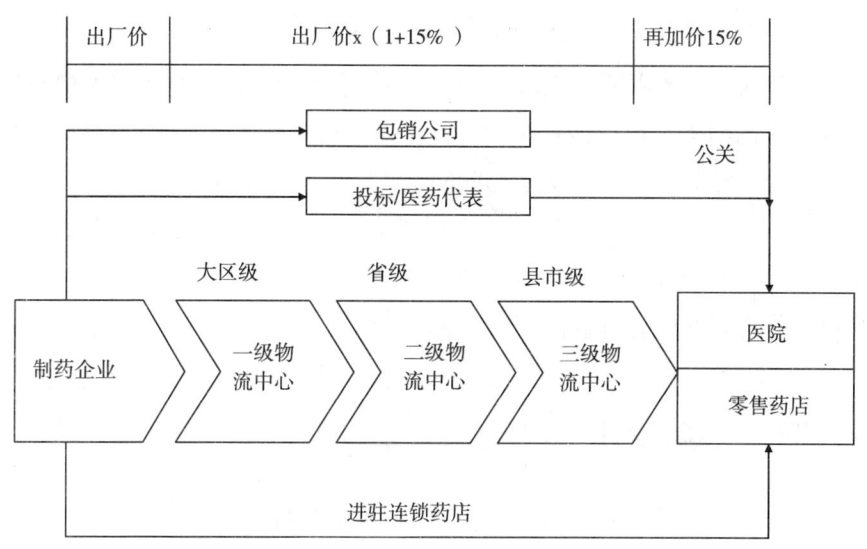

图6-10 药品行业流通权益分配情况

来源：药品行业数据分析

在其他零售行业，也面临同样的问题，流通环节将减少，高耸的金字塔式渠道结构，将越来越扁平化。以前日化、服饰、家纺、烟酒等领域的很多品牌走批发的通路，在省会城市设置总代理，然后地级市设置分代理，一层层批发下去，跟医药流通模式类似。这对于比较弱小的品牌企业，或者对于品牌初创期，这样的流通模式是非常有利的，只要管好几个总代理，借助总代理已有的销售网络，就可以占领当地市场。只需将货品发给总代理，剩下的事情都不用操心，大大提高了销售规模和市场效率。然而，这种模式的弊端也显而易见，相当于企业失去了对市场的把控，失去了定价权力，远离终端和消费者，不了解市场的需求，也无法提升品牌形象和顾客体验，非常不利于品牌建设。

随着企业的壮大，品牌商越来越不满意被区域总代理绑架的现状，于是就开始了削藩之策。有多种方式可以选择：一是与当地代理商联合成立分、子公司，将总代理纳入公司的统一管理范畴，如果总代理比较配合，双方可以实现共赢；二是废除总代理，设立区域分公司或办事处，直接向下游营业网点供货，将下游网点变成分公司旗下的加盟商，统一管理；三是废除省代理，也不设分公司或办事处，直接由总部管理各个加盟网点。

这里面就涉及到总代理与品牌商之间的利益博弈，实力强大的省代理，如果还拥有众多自营店铺，那么它有可能宣布改弦更张，率领区域销售网络投向其他品牌的门下，也可能自己创立一个新品牌，找加工厂家进行OEM贴牌生产。这种博弈情况在内衣等行业非常常见。

不论如何，减少中间流通环节已经是大势所趋，品牌企业会不断加强自营网点建设和对终端加盟商的管控效力。因此，品牌企业在定价和权益设计上，可以将更多的权益留给自身和终端商。

◉ 终端商的权益设计

对于服装等零售企业来说，一般要给终端加盟商留足50%以上的毛利空间。对于加盟商来说，还要考虑给会员顾客让利，例如钻石会员可以打8.8折，普通顾客不打折，那钻石会员的权益就是12%，此时加盟商在价值链上的权益就降到了38%。当然，如果用毛利除以折后售价，加盟商自身的实际毛利为38/88≈43%。如果主销产品都是这样的权益设计，就有些不合理，比如有些选址于核心商圈的品牌，由于地租很高，加上一些促销活动，实际毛利就低于43%，最终难以支付高昂的租金和人员工资。所以，对于中高端品牌，就应该提高一点价格，给终端商更大的毛利空间。

如图6-11所示，如果将企业权益设计为30%，加盟商的权益设计为60%，给会员顾客权益设计为12%之内，那么在价值链上，加盟商仍旧可以保留48%以上的权益空间，用毛利除以实际售价，加盟商自身实际毛利仍旧可以达到48/88≈55%，这样的毛利才有可能让加盟商盈利。

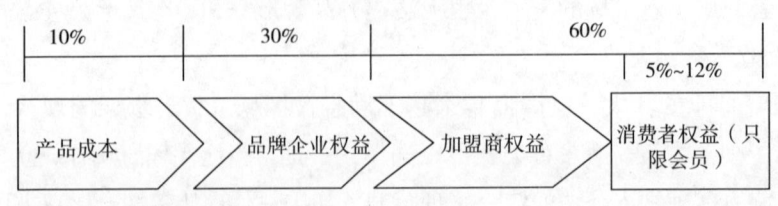

图6-11　某服装企业加盟权益设计示例

根据图6-11的权益设计，可以根据成本顺推零售价：如果成本是30元的产品，终端零售定价就应该达到300元左右。反过来，也可以倒推，如果PE或PR

矩阵定价为300元，那么反推成本为30元。这就是权益定价法的运用。上面的举例仅仅是说明其中的原理，具体权益比例的设定需要根据不同行业、不同企业的实际情况而定，不可一概而论。

对于进驻商场的品牌服饰来说，定价体系还要复杂，一方面，要给商场一定的返佣；另一方面，还要"被迫"参加商场经常性的统一打折促销活动。商场动辄搞"买200送100"，或者"全场5折"等，这样的活动让品牌企业非常头痛，因为按照给终端加盟商的正常权益设计，打5折就没有什么利润了。于是，品牌企业纷纷将零售价格定得虚高，比如采用12倍以上的定价法则（高档品牌还有更高的定价倍数），如果一条裙子成本100元，则定价可能为1200以上，这也就是为何商场的东西那么贵的原因。而且一些伪品牌在其中鱼龙混杂，高高定价，大大打折。明明是一个中低档品牌，却是高端定价，然后可以打到2~3折销售，折后还有很高的毛利率。

因此，对于商场渠道这种游戏规则，也不是所有品牌都玩得起的。如果你的产品只是没有多少知名度、没有多少实力的普通品牌，进商场是很危险的。这里只适合高档品牌和奢侈品品牌进驻，因为其品牌价值可以支撑更多的溢价空间，从而适应商场的游戏规则。由于商场采用返佣制，商场收入跟品牌商的销售业绩捆绑在一起，所以凡是销售不力的品牌，很快会被商场扫地出门，最终剩下的都是实力强大的品牌。

很多大众定位的品牌一开始都是从街边专卖店开始起步的，通过直营店或加盟店的方式，逐步提升市场占有率和知名度。等到羽翼丰满了，也可以进驻商场，从而提升品牌形象和档次。此时，定价体系就要面临重新调整。因此，品牌的定价体系虽然在一段时间内是相对稳定的，但不等于长期不变。不过可以肯定一点：随着品牌知名度和影响力的提升，价格只会往高处调整，一般不会出现价格越来越低的情况。

此外，还有一种利益分配模式，就是返佣制。也就是说，渠道商和终端商不通过产品差价获利，而通过销售量获取品牌总部一定比例的佣金。对于全国零售价格统一化的产品，适合采用返佣制。返佣制的定价模式仍旧属于多方权益定价法的范畴。

例如，加多宝为了加强对渠道商的控制和加强渠道忠诚度，就采用返佣制，完成销售指标后，再结算返点。加多宝给经销商的利润空间是每箱3元多，批发商的利润空间是每箱1.2~2元，终端的利润是每箱3~4元。但是加多宝不是采取进销差价，而是采用返利的方式给予渠道上各个环节利润。比如加多宝给经销商的每箱货的价格是72元，而经销商给批发商、批发商给终端的每箱货的价格也是72元，而各个环节的利润是加多宝在后面通过返利的方式给予的。业内人士认为，这种操作模式让企业对通路的控制力更强，如果渠道商有乱操作的行为，公司可以取消返利作为处罚。同时，也让换标动荡中的加多宝经销商队伍保持相对稳定。

再如航空公司的机票销售，无论是通过实体机票营业点，还是通过携程网等网站渠道，机票代理商都不是从机票中直接赚取差价的，而是由航空公司给予返佣作为利润。

⦿ 品牌商自身的权益设计

品牌企业自身的权益设计相对比较简单，如果中间商与终端商的权益确定了，品牌零售价格确定了，产品成本确定了，那么企业自身的权益就确定了。虽然在整个价值链上，企业自身的权益似乎是最低的，一般只占零售价格的20%~30%的比例，但是如果计算实际毛利，就会发现企业毛利其实不低。例如一般企业都是3.5~4.5折出货给加盟商，其中成本只占1~2成的空间，那么实际以出厂价来计算毛利就在50%以上。同时，企业面对众多下游合作商，相当于做批发，所以总销售额也会非常大。因此，品牌企业应该控制自身合理的毛利，尽可能给下游让利，让自身与合作伙伴真正实现共赢，生意才能做得更长久。

值得注意的是，要实现合作伙伴的共赢，不仅仅是多让利的问题，品牌企业首先要讲诚信，不能打着招商的旗号欺诈加盟商。如今招商加盟行业鱼龙混杂，很多品牌充当了骗子的角色，让大量的个体加盟商血本无归。这样的案例太多了，整个特许经营行业的口碑都做坏了。10多年前，品牌企业招商广告一发布，立即应者云集，大有当年梁山好汉啸聚山林的气势。到如今，品牌招商越来越困难，因为加盟商都学乖了。

笔者发现，有三类招商企业充当了害群之马：一类是纯粹欺骗型的，通过网络推广夸大其词，提供虚假盈利数据，吹得天花乱坠，然后收取上当者高额的加盟费、保证金和首批进货款，但是实际上发的货都是过期的、过时的、残次的垃圾货，让上当者欲哭无泪，投诉无门。随着网络的发达、信息的传播，上当者会越来越少，这类招商企业将越来越没有市场。

另一类是半真半假型的，看上去也算一个正规企业，也开了几个样板店，可以供人参观学习，但是，它实际上没有探索出终端盈利模型，它自己也不懂什么运营管理。它在这里开店盈利，可能纯粹因为运气好、选址好，换个地方就不能盈利了。再说即便店铺亏损，作为样板店也要撑着，人家赚的是加盟商的钱，而不是这几个样板店的钱。这种企业在招商成功后，就纯粹将产品扔给加盟商了事，不再管人家死活。加盟商本来就什么都不懂，拿着产品就开店，结果开店就倒闭。显然，这种招商企业更加可恶，因为它有很强的迷惑性，普通加盟商无法判断那些单店投资与盈利数据的真假，更无法判断品牌商终端盈利模式是否成熟，事前也无从知道对方关于协助开店、辅导运营、广告支持、活动策划等承诺原来只是空头口号。

第三类是将加盟商当成炮灰和试验品。招商企业自己也知道盈利模式不成熟，开店风险很大，于是就想到了招商，把风险转移到加盟商身上，让他们去充当市场开拓的炮灰。牺牲的加盟商不会被追认为烈士而受到抚恤，成功的加盟商也不要庆幸，因为招商企业会软硬兼施，来收购你成熟的盈利店铺。如果你不同意收购，那么对方可能会选择不再续签加盟合同，不再授权使用品牌，更直接的方式不再给你供货。碰上这样的流氓公司，加盟商也只能自认倒霉。有血性一点的就拼个鱼死网破，直接改换门庭，投靠到同行竞争品牌旗下。

显然，品牌企业要想做长久，那么就应该老老实实面对特许经营这门功课，聘请专业的员工，建立专业的团队，扎扎实实探索与建立成熟的终端盈利模型，不仅仅是卖出产品，更重要的是向加盟店复制盈利模式，并制定店铺开业扶持计划，加强对下游店铺的管理，帮助加盟商开店一个，成活一个，切实降低加盟的风险。

同时，品牌商还应该不断提升品牌形象和品牌价值，这样才是对加盟商最大的支持。品牌是影响市场全局的旗帜，早些年，在品牌等同于广告、电视担当主要娱乐工具的时代，很多企业品牌一上央视，全国的门店销售都会或多或少地提升。即便现在，招商企业也应该投入合理的品牌推广与公关费用，增强市场竞争力，真正提升品牌附加值，提高零售的溢价，这样下游的毛利空间也会更高。

说到底，终端营业额是"客流量×转化率×客单价"的结果，很多时候，终端商都会算总账。如果是知名品牌，能够在市场上有更大销售量，那么即便毛利空间相对较小，但是总的毛利额仍会很大，所以终端商也能接受。例如大型航空公司的机票代理商，他们所获的返点比小航空公司低，但是由于销售量很大，所以代理商也都能认可。

06 定立营销的格局
——价格与产品规划

在百货商场、超市、便利店、服装店、化妆品店、家纺店、休闲食品店等传统门店，在淘宝C2C店和商城店，以及凡客、京东、当当等B2C独立商城，我们只要有足够的耐心，往往可以淘到一些令人惊喜的超低价格产品。别以为这是你运气好，其实这些都是品牌商早就安排好的，要的就是你的惊喜和好评，同时还希望你进一步购买其他商品，或者由此记住该品牌，下次继续光临。

这类超值优惠产品，我们称之为人气产品、狙击产品、特价产品、炮灰产品等等，总之就是用来凝聚人气、狙击对手的。与之相对应，还有主销产品和形象产品。主销产品就是根据大众流行趋势和消费需求，瞄准目标主力人群，代表品牌主力价位，用来做大销量产生利润的产品。至于形象产品，顾名思义，就是用来体现品牌形象、格调和价值的产品，也叫概念产品，其风格和调性完全符合品牌定位，创意和概念上突出品牌文化，数量上往往是限量版，品质和成本上高于其他产品，价格上也比主力价位高很多。

简而言之，我们可以将品牌旗下的产品分为人气产品、主销产品和形象产品三大类。前面提过，对于旗下产品繁多的品牌，价格不是一个数字，而是一个范围，即一个主力价格带，这个价格带，囊括了品牌旗下60%~70%产品的价位。主销类产品都在主力价格带之内浮动，因此，虽然形象产品定价可能远高于主力价格带，人气产品定价可能远低于主力价位，但这在逻辑上是行得通的，因为它们都是少数派，不足以动摇品牌主力价格定位。

表6-2　　某家纺品牌四件套系列的定价与产品结构示例

	价格带	标价毛利率	最低折扣价	最低毛利率	总平均毛利率
形象类	1500~3000	≥70%	700~1500	≥40%	≥55%
主销类	580~800	≥65%	290~450	≥30%	≥50%
人气类	360~450	≥65%	180~250	≥30%	≥45%

来源：咨询项目

如表6-2所示，是某家纺品牌四件套系列的定价与产品结构，现在对其中几个参数分别解释一下。

①价格带：形象类、主销类和人气类都有各自的价格带，三个价格带是梯级关系，可以是连续的梯度，也可以是不连续的。当产品线足够长的时候、产品足够丰富的时候，价格带会变得更连续。三类产品的价格带都由PE或PR矩阵、多方权益定价法综合确定。

②标价毛利率：标价毛利率是根据行业同一阵营的品牌的一般情况而确定的，不同行业的标价毛利率相差很大。价格×（1－毛利率）=成本，因此在标价和毛利率确定的情况下，那么产品成本也会确定。这样可以采用倒推法，去选择合适的材质和功能参数，保证成本不超过既定范围，让产品开发变得有方向、有章法。

③最低折扣价：在促销力度最大的时候的价格，就是最低折扣价，这是产品促销的底线，任何营销人员都不可以突破底线。底线可以根据各项综合成本平摊之后确定，也就是说，保证在价格底线上，公司还能盈利。另一种情况是，最低折扣价由法人意志决定，对于某些大牌而言，不能接受任何打折行为，那么最低折扣价就是零售的标价。

④最低毛利率：只有不突破价格底线，才能保障最低毛利率。

⑤总平均毛利率：总平均毛利率=总毛利额/总销售额，这是一项非常重要的考核指标，虽然营销部门有一定的灵活打折让利的权力，但是，如果只考核销售额，不考核总毛利额或总平均毛利率，那么营销部门为了追求业绩，就会倾向于总是将价格打折到底，这样必然让品牌价值丧失，同时让公司的盈利能力严重下降。为了避免这种情况出现，考核总平均毛利率，就给营销人员安了一个紧箍咒。如果这个品系打折促销，就意味着另一个品系不能打折；如果这个时间段打折较多，就意味着另一个时间段打折较少……总之，营销部门要根

据季节和市场情况全盘运筹，让打折变成偶尔行为、局部行为，坚决杜绝了那种"连续1个月全场X折"的情况。只有这样，才能保证总平均毛利率达标，实际上也保护了品牌价值。

也有人将产品分为四大类、五大类等等，但原理和本质都是一样，无非将三大类做进一步细分，例如主销产品又可以分为主销和辅销两类，人气产品又可以分为人气和爆款等，每个企业都可以根据自己的理解，去定义类别和价格。如图6-12所示，线上某女装品牌的价格与产品规划示意图，就是按照五大类来划分的。

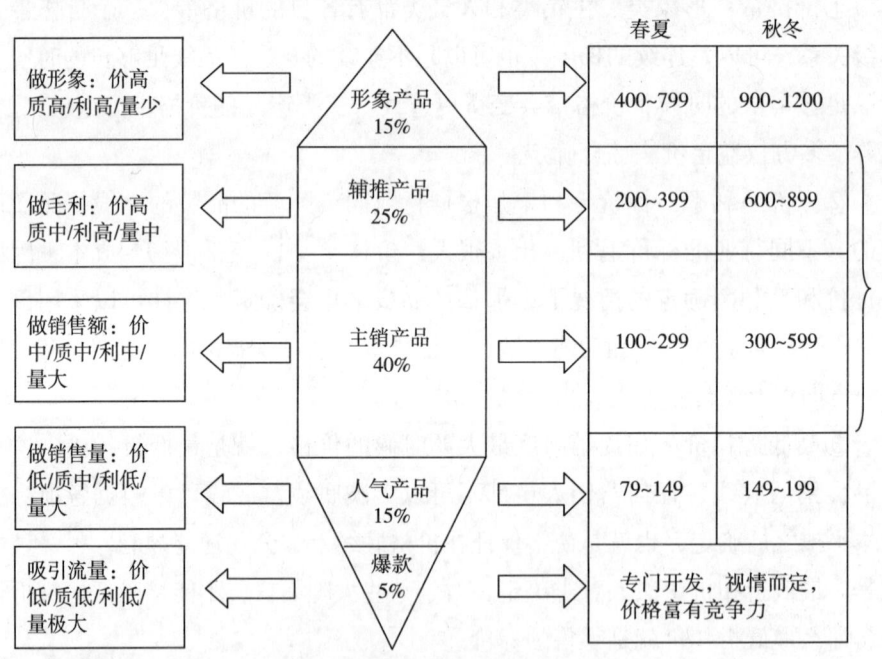

图6-12 某大众价位的女装品牌的裙装/上装产品规划示例

来源：咨询项目

我们可以深入分析一下，这里是根据价格、品质、毛利和产销量四个指标的不同组合，来确定五类产品的角色、分工和权重的。

①形象产品占15%，目的是塑造品牌形象，价格高、品质高、毛利高、产销量少。

②辅推（辅销）产品占25%，目的是创造更多的毛利，价格高、品质中（等）、毛利高、产销量中（等）。

③主销产品占40%，目的是做大销售额，价格中、质量中、毛利中、产销量大。

④人气产品占15%，目的是做大销售量，让更多顾客获得体验的机会，扩大会员库，价格低、质量中、毛利低、产销量大。

⑤爆款占5%，目的是吸引流量（主要针对线上销售），价格低、品质低、毛利低、产销量往往很大。

以上定价与产品规划原理，不仅适用于具有庞大产品群的产品品牌，而且适用于具有庞大产品群和品牌群的终端品牌，例如便利店、百货超市、药店、药妆店等等。零售终端店铺往往会面临更加复杂的价格和商品规划问题，比如经营日常生活用品的7-11便利店和经营进口食品的城市超市（CITY SHOP），其价格定位就有很大差别，商品结构和品类也会大不相同，他们必须根据各自的品牌定位，来规划旗下的品牌和产品群。这个时候，商品规划的层级首先可以针对品牌层级，如城市超市引进的品牌都是国外品牌；而全家、好德、7-11等便利店，定位于大众零售便利店，那么进驻的品牌大多是国产的大众定位的品牌，这样可以基本保证主力产品符合店铺的定位。

我们发现，终端品牌和产品品牌的商品规划本质上是一样的，具体操作上的区别，无非是终端品牌旗下还代理了众多产品品牌，它一方面要将商品规划提升到品牌层级，另一方面，也不能放弃产品层级的采购规划，因为并非所有的品牌旗下的产品都那么严整规范，不同品牌的产品也有很大的交叉，如果完全按照品牌来分类，会引起混乱、雷同等问题，不利于全盘商品协调发展。

07 | 高街品牌的二次革命
——平价主导的业态变革

⦿ 高街品牌的特征

"高街"（The High Street）一词起源于英国，就是指大街、主要街道，尤其是指两侧布满店铺的繁华商业街。在中国我们习惯于叫商业中心、核心商圈等。为了突出繁华地段之价值，国人更懂得包装和夸张之术，明明是一栋商业楼，却偏偏取名叫"万象城"、"美罗城"、"正大广场"，等等，更牛的还有上海江湾的"五角场"，让人联想到美国的五角大楼和古罗马的万人斗兽场。

这么说，高街在哪个国家都有，凡商业繁华之地都是高街嘛。自古以来，高街都是商家必争之地，对传统品牌而言，高街的品牌展示意义大于销售意义。就像各国的金融公司都要去美国华尔街挂个牌子一样，中国的时尚品牌都要去上海的南京路上开一间大铺子，以便彰显其品牌的高度和影响力，便于号召和统领五种力量。例如美特斯邦威开在南京路上的旗舰店，占据了5层楼面，面积9000多平方米，顶层大约是没有那么多产品可以陈列了，于是就设计成一个服饰文化博物馆，供顾客参观和瞻仰，由此彰显这个来自浙江温州一个不知名乡镇的品牌多么具有文化底蕴。按照南京路上黄金地段每天每平方米80~120元租金计算，这里一年的租金保守估算也得上亿元，这是一般中小品牌不敢想象的。如果是自有物业，那么买下这里的铺面更是一般品牌不能承担的。

显然，高街的生存规则是非常残酷的，品牌的附加值如果不能抵消高额的租金，那么此地就不可久留。在成王败寇的激烈竞争中，人们忽然发现，半路杀出个程咬金，一类特殊的时尚品牌迅速占据上风，它们通过模仿T台时尚秀场上的最新设计，依靠强大的产品供应链，快速将最新时尚服饰推向市场，并采用大众化的价格定位，向都市时尚人群进行大批量零售，成为现代时尚的传播者、消费潮流的引导者，这类品牌就叫高街品牌（High Street Fashion）。

大约从1970年代开始，高街品牌开始兴起，以ZARA为代表，在西班牙、意大利、法国、英国等欧洲国家蓬勃发展，并快速蔓延到美国、加拿大、日本、韩国、台湾、香港等发达国家和地区。高街品牌就像当年的十字军东征，虽然没有统一的组织指挥，但是众多品牌如H&M、C&A等都有共同的行为和理念，自发地攻城略地，胃口巨大，势不可挡。目前高街品牌已经占领了世界上大约一半国家和地区的市场，显然它也不会漏掉中国大陆这块诱人的大蛋糕。2007年，ZARA登陆中国，标志着高街品牌正式入驻中国本土，随后，更多的高街品牌一拥而入，将高街的旗帜插满北上广深。

ZARA在中国上海的登陆日，创下了单店日销售额80万的记录。随后，这个记录被H&M刷新，H&M的单店日销售额达到200万。这样声势和动静不亚于"鬼子进村",引起中国服饰和零售界一片惊愕,彻底颠覆了我们对服装零售的传统认知。

显然,高街品牌,代表一类全新的商业模式,我们可以概括出如下一些共同的特征——

①快速时尚,跟大牌同款,款多量少,保证个性化和前卫性。
②相对大牌而言,价格平易近人,都市白领阶层都能消费得起。
③选址为一二线城市的主要商圈,通常进驻大型购物中心。
④客流量巨大,以年轻时尚人群为主,遇到促销还会排长队。
⑤店铺面积通常上千平方米,甚至几千平方米。
⑥频繁交易,大批量零售,销售量和销售额都高于同行其他业态。
⑦产品或服务引导时尚潮流、生活潮流和消费潮流。
⑧背后有强大的供应链,能够支撑快速时尚和大规模零售的业态。
⑨全球连锁,规模经营,品牌集团的实力雄厚。

● 高街品牌的一次革命

在英语里,"High Street"一词还代表了中产阶层的消费行为和文化,上面提到高街品牌的大众化价格定位,其实这里的"大众"原本指的是欧美发达国家的中产阶级。西方是纺锤形的社会,上层人数和底层人数都很少,人数最多的是中产阶层。总统的选票要靠中产阶层,社会稳定要靠中产阶层,经济发展要靠中产阶层,因此,中产阶级就成为西方国家的中坚力量。

在服装的领域里面,英国人把时尚分成两种,一种是大牌名家的原创设计作品,称之为"Designer Clothe"(设计师时装),例如阿玛尼、香奈儿、范思哲等,一般都价格不菲,属于奢侈品,只有少数精英阶层才能享用,中产大众阶层很少问津;另一种就是通过仿制大牌的T台时尚作品,面向广大中产消费阶层大批量零售的品牌,就被称为"High Stree Fashion"(高街时尚品牌)。在高街品牌出现之前,中产大众只能对大牌名模顶礼膜拜,过过眼瘾;在高街品牌出现之后,大家发现,只需花不到1/10的钱,就可以享受跟大牌名模同款的待遇,于是众人欣然抢购,趋之若鹜,这就是高街品牌快速壮大的根本原因。虽然,高街品牌被奢侈大牌所不齿,这种明目张胆、赤裸裸的抄袭行为也会惹来官司，在欧洲，ZARA已经变成法庭上的常客，每年被罚款几千万欧元。但是，这丝毫不会影响ZARA将"拿来主义"进行到底之热情，因为这些罚款跟每年几亿欧元的净利相比，仍旧是九牛一毛。

因此，高街品牌，实际上是对高高在上的精英时尚、贵族时尚的革命，让时尚不再是精英贵族的专利，而真正在大众中流行起来，多数人同时追求和消费的东西，才叫真正的时尚潮流。这就是高街品牌的第一次革命，也可以叫做平民化革命，纵向推动价位与消费阶层下移。

显然，高街品牌将原本属于奢侈大牌的巨大溢价给削掉了，代而取之的是相对较少的、合理的溢价。高街品牌不靠一件产品赚很多钱，而是靠平价和数量取胜，虽然毛利相对奢侈大牌少了很多的，但毛利总额和销售额却非常可观，甚至可能超越奢侈大牌。

需要探讨的一个问题是：在中国市场，中产阶级尚未成熟，这个阶层的核心价值观尚未形成，阶级自我认同意识也很弱；同时，中国阶层相对不稳定，一个郊区的农民因为房屋拆迁而一夜暴富的神话也经常上演，一个亿万富翁一夜之间破产而沦为阶下囚的现象也经常存在，这些阶层的动荡，都让各个阶层的自我意识和文化出现混乱。精英阶层和中产阶层都不屑于和暴发户为伍，而暴发户则像跟屁虫一样，天天去模仿精英阶层和中产阶层的行为，例如网上常有富二代、官二代拿着LV、爱马仕的包包炫富，引起草根阶层的强烈仇富反应，这些都导致精英和中产阶层不得不躲避暴发户，千方百计跟他们划清界线。最终的结果就是，精英和中产人士都不知道自己的消费理念和文化到底是啥。

所以高街品牌在中国的发展还需一个过程，例如现在价格对于中层阶层来说是合理的，但是对于人数占比更多的工薪和草根阶层来说，还是有点高。这也就是高街品牌仍旧盘踞一二线城市核心商圈而不能下沉到三四级市场的原因。但可以肯定的是，随着城市中产阶层的壮大和成熟，高街品牌的前途一定是光明的。

◉ 高街品牌的二次革命

高街品牌的第二次革命，是指高街品牌作为一种全新的商业模式，已经不局限于时装零售领域，而是蔓延到了其他所有消费品牌领域。每个消费品行业，最终都将出现自己的高街品牌。因此第二次革命也可以叫做普及化革命，属于横向的商业模式跨行业复制与扩张。

我们也可以改写高街品牌的定义：凡是立足于某一个垂直领域（区别于超市、商场等包罗万象的零售卖场）、采用大众化价位、大批量零售、领导该领域消费潮流的品牌，都可以称之为高街品牌。请看下面的几个案例。

①药妆店高街品牌：屈臣氏、莎莎、松本清等药妆连锁店，都属于高街品牌。屈臣氏平均面积250～350平方米，针对都市大众人群，单店年营业额平均为1600万左右。这样的数据是正常的化妆品连锁品牌无法企及的。此外，对过去10年日本药妆店的数据进行分析，我们发现了两个重要特点：一是单店面积有越来越大的趋势，2000年，16.4%的药妆店面积在500平方米以上，到现在，50%以上的店面积都在500平方米以上，其中1000平方米以上的大店占到了10%以上。二是单店营业额随着单店面积成正比增加，过去10年，单店年均营业额增长了35%左右。这些都是说明，药妆店连锁领域的高街品牌将越来越强势。

②家居高街品牌：宜家是家居领域的高街品牌，目标人群是都市白领大众阶层，从面积上看，宜家单店面积动辄三、五万平方米，在沈阳开的店号称亚洲最大宜家店，营业面积4.7万平方米，总建筑面积超过10万平方米。宜家在上海和北京的单店，年营业额为2亿～3亿元人民币。这是一般的家纺家居品牌无法企及的。

③电玩高街品牌：汤姆熊欢乐世界是一个来自台湾的电玩城品牌。其单店面积一般上千平方米，年营业额为1500万左右，这也是普通电玩城、游戏室、游戏厅无法企及的。

④餐饮高街品牌：如今很多知名的餐饮品牌，已经彻底摆脱了路边小店的形象，例如小南国、全聚德、小肥羊等，动辄几千平方米的大店，单店年营业额几千万甚至上亿都很正常。

此外，还有一个重要现象，高街品牌也转移到了网上。由于网店的陈列数量和面积几乎可以无限，只要供应链能够支撑，那么就可以实现大规模的零售目标，所以网上就诞生了很多超级高街品牌。例如韩都衣舍、博洋家纺等等，都是大众化的价格定位，单店年销售额几亿元，甚至在双十一单日的销售额可以超过1亿元，这样销售记录显然超过了网下实体高街品牌。

总之，高街品牌的商业模式已经遍及各行各业，这是产业为了应对竞争而采取的集中与规模的策略。可以预见，未来主流零售业态将包括三大类，一是个性化原创品牌专卖店，包括时尚和经典的奢侈大牌，以及各类难以规模化零售的特色品牌如绝味鸭脖连锁等，个性化专卖店满足了不同顾客的个性化偏好，所以仍旧不可替代；二是聚焦某一领域的大规模零售的高街品牌，凡是有成为高街品牌条件的领域，都会走向高街品牌；三是超市、商场等包罗万象的零售卖场，这个领域规模化与集约化最高，但是由于包含的品类太多，导致难以像高街品牌那样在一个领域深耕，产品线的专业化和完整性低于高街品牌。所以，沃尔玛不能吞并各个领域的高街品牌。

目前来看，高街品牌仍旧处于高速增长期，还没有达到其应有的市场份额。无论纵向的平民化革命，还是横向的普及化革命，都驱动越来越多的品牌企业加入高街品牌的行列。前面第五章的《快时尚的江湖演义》中已经剖析过，像ZARA这样的快时尚高街品牌，背后还有一个强大供应链进行支撑，所以高街品牌不是简单就可以复制的。希望走高街品牌道路的企业，能够通过痛苦的变革过程，并且这个过程充满了风险和挑战，品牌企业应该慎重行动，万万不可操之过急。目前，新一轮的零售业态竞争已经拉开序幕，原来的零售商业格局将在电子商务和高街品牌的双重冲击下面目全非，不得不进行重新洗牌。

第七章

个性定位
Character Positioning

　　欢迎来到品牌夏令营！美特斯邦威是个青春叛逆的90后，老是被80后情侣杰克·琼斯嘲笑为"非主流"；柒牌是个爱国愤青，成天嚷着要保卫钓鱼岛；万宝路是一个装酷的牛仔，擅长跟陌生女人搭讪；苹果外表斯文，内心狂野，是真正的狠角色，连班长IBM都让他三分；李宁同学爱运动不爱学习，以体育特长生的身份考上了大学；GOOGLE是个博学而正直的君子，被推选为学习委员……

---

01 对号入座测个性
——品牌个性维度量表

早在1950年代，西方广告营销界就已经在使用"品牌个性"这个概念。广告人King认为"人们用选择朋友一样的方式去选择品牌，除了技术和物理特征，他们仅仅像喜欢人一样去喜欢它们"。后来，智威汤逊广告公司（J.Walter Thompson）的研究也表明，消费者确实趋向于给品牌赋予个性并经常谈及。

直到1990年代，学术上才真正把品牌个性和人格联系进行研究。美国加利弗里亚大学的詹妮弗·艾克（Jennifer L.Aaker）教授，于1997年8月在《市场研究杂志》发表了一篇题为《品牌个性维度》的论文，第一次根据西方人格理论的"大五"（Big Five）模型，以个性心理学维度的研究方法为基础，以西方著名的60个品牌的114种个性特征为研究对象，依靠现代统计技术，发展了一个系统的品牌个性维度量表（Brand Dimensions Scales）。在该量表中，品牌个性分为"纯真、刺激、胜任、教养和强韧"五个维度，维度下面可以进一步细分为15个层面、42种品牌人格，如表7-1所示。艾克关于品牌个性的定义和由此发展起来的研究模型是目前该领域最具有代表性的研究成果，具有突破性意义，可解释93%的品牌。

那么，到底什么是品牌个性呢？詹妮弗·艾克给出的定义是："品牌个性是指与品牌相连的一整套人格化特征。"艾克认为，品牌个性可以直接由消费者个性得以表现，是人类个性特征投射到品牌的结果。通俗一点说，就是像灵魂附体一样，将人类的人格特征赋予品牌身上。于是，品牌也就有了人格特征。而这，正是符合人们的认知习惯和思维习惯。

表7-1可以用来检核已有品牌的个性定位，也可以给新品牌的个性定位提供标准和依据。同时，艾克也注意到，品牌个性跟世界各地的区域文化有密切的关系，不同国家和地区的文化，可能会导致品牌个性有所差异。2001年，为了探索品牌个性维度的文化差异性，艾克与当地学者合作，继续沿用了1997年美国品牌个性维度开发过程中使用的方法，对日本、西班牙这两个来自东方文化区及拉丁文化区的代表国家的品牌个性维度和结构进行了探索和检验，并

结合 Aaker 1997 年在美国品牌个性的研究结果，对这三个国家的品牌个性维度变化以及原因进行了分析。结果发现：美国品牌个性维度的独特性维度在于强韧（Ruggedness）；而日本是"平和的"（Peacefulness）；西班牙却是热情/激情（Passion）。那么，中国本土品牌的个性又有什么独特性呢？

表7-1　　　　　　　　　　Aaker 品牌个性维度量表

品牌个性的五个维度	品牌个性的15个层面			42个品牌人格	
Sincerity	纯真	Down-to-earth	务实	down-to-earth, family-oriented, small-town	务实，顾家，小城镇的
		Honest	诚实	honest, sincere, real	诚实，直率，真实
		Wholesome	健康	wholesome, original	健康，原生态
		Cheerful	快乐	cheerful, sentimental, friendly	快乐，感性，友好
Excitement	刺激	Daring	大胆	daring, trendy, exciting	大胆，时尚，兴奋
		Spirited	活泼	spirited, cool, young	活力，酷，年轻
		Imaginative	想象	imaginative, unique	富有想象力，独特
		Up to date	现代	up to date, independent, contemporary	与时俱进，独立，当代
Competence	胜任	Reliable	可靠	reliable, hard working, secure	可靠，勤奋，安全
		Intelligent	智能	intelligent, technical, corporate	智能，富有技术，团队协作
		Successful	成功	successful, leader, confident	成功，领导，自信
Sophistication	教养	Upper class	高贵	upper class, glamorous, good looking	高贵，魅力，漂亮
		Charming	迷人	charming, feminine, smooth	迷人，女性，温柔
Ruggedness	强韧	Outdoorsy	户外	outdoorsy, masculine, Western	户外，男性，西部
		Tough	坚韧	tough, rugged	坚韧，粗犷

国内品牌学者向忠宏和千家品牌实验室品牌个性研究小组成员近6年来对20个行业领域1万多个品牌的持续监测与品牌个性的分析，提取出一些中国本土化的品牌人格词汇，研究发现，这些新增的品牌人格语汇可合并到三个品牌个性层面，最终也并入了 Aaker 提出的品牌个性的五个维度中。他们认为，中国品牌个性同样具有纯真（Sincerity）、刺激（Excitement）、

胜任（Competence）、教养（Sophistication）、强韧（Ruggedness）五个维度，五个维度下品牌个性有18个层面，即新增加了三个层面，分别是胜任（Competence）维度下增加了责任（Responsible），教养（Sophistication）维度下增加了精致（Delicate）与平和（Peacefulness）。品牌人格也由原来的42个增加到51个，新增加的品牌人格包括责任（Responsible）、绿色（Green）、充满爱心（Charity）、精致（Delicate）、含蓄（Connotation）、南方（Southern/Eastern/Coastal）、平和（Peacefulness）、有礼貌的（Mannered）、天真（Childlike）共九个。另外还有两处修改，包括将务实（Down-to-earth）层面下的品牌人格——小城镇的（Small-town）修改为传统（Tradition），将户外（Outdoorsy）层面下的品牌人格——西部（Western）修改为北方（Northern/Western/Highland），如表7-2所示。

表7-2　　　　　　　　中国品牌个性量表

品牌个性的五个维度	品牌个性的18个层面			51个品牌人格
Sincerity	纯真	Down-to-earth	务实	down-to-earth, family-oriented, tradition	务实，顾家，传统
		Honest	诚实	honest, sincere, real	诚实，直率，真实
		Wholesome	健康	wholesome, original	健康，原生态
		Cheerful	快乐	cheerful, sentimental, friendly	快乐，感性，友好
Excitement	刺激	Daring	大胆	daring, trendy, exciting	大胆，时尚，兴奋
		Spirited	活泼	spirited, cool, young	活力，酷，年轻
		Imaginative	想象	imaginative, unique	富有想象力，独特
		Up to date	现代	up to date, independent, contemporary	与时俱进，独立，当代
Competence	胜任	Reliable	可靠	reliable, hard working, secure	可靠，勤奋，安全
		Intelligent	智能	intelligent, technical, corporate	智能，富有技术，团队协作
		Successful	成功	successful, leader, confident	成功，领导，自信
		Responsible	责任	responsible, green, charity	责任，绿色，充满爱心

续表

品牌个性的 五个维度	品牌个性的18个层面		51个品牌人格	
Sophistication	教养	Upper class	高贵	upper class, glamorous, good looking	高贵，魅力，漂亮
		Charming	迷人	charming, feminine, smooth	迷人，女性，温柔
		Delicate	精致	delicate, connotation, Southern/Eastern/coastal	精致，含蓄，江南（南方）
		Peacefulness	平和	peacefulness, mannered, childlike	平和，有礼貌的，天真
Ruggedness	强韧	Outdoorsy	户外	outdoorsy, masculine, Northern/Western/highland	户外，男性，北方
		Tough	坚韧	tough, rugged	坚韧，粗犷

艾克的研究，采取的是完全穷尽法，即研究所有的可能情况，囊括所有的品牌个性类型，这通常需要付出艰苦的劳动，分析大量的案例和数据。穷尽法得出的成果是很科学的，经得起推敲和检验，体现了学者的严谨作风。而向忠宏和千家品牌实验室也是采用同样的方法，对中国品牌个性进行穷尽梳理，结果验证了艾克品牌个性量表的普遍适用性，同时也增加了中国特色的品牌个性类型，让中国品牌个性表的18个层面、51个品牌人格指标，符合中国文化的语境，符合中国人的人格特征。用中国品牌个性量表作为品牌个性定位标准，基本上可以囊括所有本土流通的品牌个性特征，容易被国人理解和接受。

02 | 良民最爱亡命徒
——品牌个性12种原型

詹妮弗·艾克的品牌个性量表，作为穷尽法和量化研究的成果，自然是最具有说服力和权威性的，适用于大多数品牌。不过，我们还是有必要了解一下其他学者的研究成果，12种原型就是其中比较著名的一种，在品牌个性定位运用中，有形象直观、简单易行的优点。下面进行详细介绍。

当《哈利波特》热映的时候，连三岁小孩都知道，哈利波特是英雄，伏地魔是邪恶的坏人。我们发现，当不同文化交流和碰撞的时候，其中的鸿沟并没有想象中的巨大，世界上不同的民族，有很多共同的价值观和是非观。任何民族都有"好人"、"坏人"、"英雄"、"敌人"等最基本的观念，而平等、自由、博爱等普世价值观之所以能够被世界上绝大多数国家和民族所接受，也是因为人类文明和人类心理总有很多相通之处。这种现象，心理学家称它们为"集体无意识"或"原始意象"。

1922年，瑞士心理学家、分析心理学创始人荣格在《论分析心理学与诗的关系》一文中提出"集体无意识"的概念，是指由遗传保留的无数同类型经验在心理最深层积淀的人类普遍性精神。荣格认为人的无意识有个体的和非个体（或超个体）的两个层面。前者只到达婴儿最早记忆的程度，是由冲动、愿望、模糊的知觉以及经验组成的无意识；后者则包括婴儿实际开始以前的全部时间，即包括祖先生命的残留，它的内容能在一切人的心中找到，带有普遍性，故称"集体无意识"，这种普遍性存在的原始意象，也叫做"原型"。

原型理论提出以来，引起了很多学者的研究。大家发现，在长期以来人们代代相传的神话故事中，实际上是保留了大量集体无意识下的原型。在《形象经济》一书中，作者肯特·沃泰姆提出12种原型的神话档案：终极力量、塞壬、英雄、反英雄、创造者、变革大师、权力经纪人、智慧老人、忠诚者、圣母、小骗子、哑谜形象。

与之异曲同工的是，玛格丽特·马克和卡罗·S·皮尔森通过对世界各大知名品牌的研究，结合动机理论浓缩的四大人性动机（图7-1），在《很久很久以前：以神话原型打造深植人心的品牌》一书中，具体归纳出12种原型：天真者、探险家、智者、英雄、亡命之徒、魔法师、凡夫俗子、情人、弄臣、照顾者、创造者、统治者。上述12种原型的两种提法看上去不同，但仔细分析他们的个性却基本相似。英雄所见略同，最终殊途同归，证明了真理的统一性。

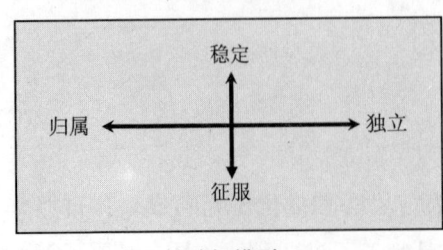

图7-1　四大人性动机模型

原型的提炼和概括，反映了人们在认知心理上喜欢有序，讨厌无序。如果能用12种原型概括社会中的各种角色，让所有人对号入座，那么皆大欢喜。就像中国的先人用"木火土金水"代表五种物质，用"东南中西北"代表五个方位，用"青赤黄白黑"代表五种颜色，用"肝心脾肺肾"代表人体五脏，用"宫商角徵羽"代表五种音调，用"生旦净末丑"代表京剧五种角色……一样，西方神话中也存在12种原型，跟现实社会的人格和角色一一映射。所以说，这12种原型不是随便臆造的，是源于历史长河的心智沉淀。

如今，玛格丽特·马克和卡罗·S·皮尔森的12种原型已经在国内品牌界广为流传，很多品牌咨询机构已经用它来为品牌个性定位提供依据。根据图7-1的四大人性动机模型，可以将12种原型分成四大类，如图7-2所示。

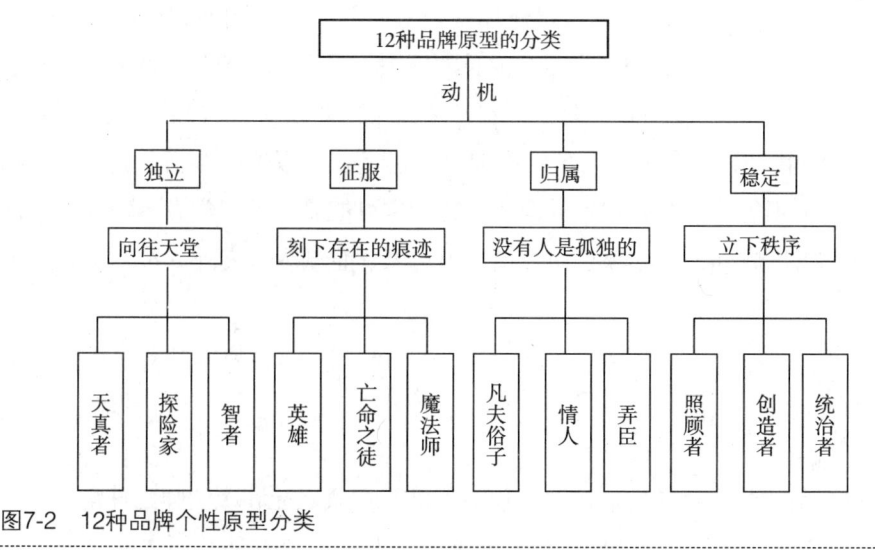

图7-2　12种品牌个性原型分类

⊙ "独立"动机

目标是"向往天堂"，包括天真者、探险家和智者三种角色。

①天真者的座右铭是"自己在做自己"，每一个文化，都有关于太平盛世和乌托邦的传说，而天真者，就是这个传说的拥趸。天真者的人性动机，来自于对纯洁、良善与朴实的渴求，他们喜欢简单、美好、自然、健康、确定性和可预期性。例如可口可乐的品牌个性，就是以天真者为原型的，表达一种简

单、纯粹的快乐。在1970年代，可口可乐的主题歌打动了无数人："我要为世界建立一个家，一个用爱装点的家，我要在院子里种苹果树，养蜜蜂，还要养雪白的斑鸠……"天真者也可能是无可救药的乐观派、长不大的人、乌托邦主义者、传统主义者、纯真无邪的人、神秘主义者、圣人、浪漫主义者、梦想家。

②探险家的座右铭是"不要把我困住"。他们主动向外寻求一个美好的世界，他们的动机来自于：深切地渴望在外在世界中找到与他们的内在需求、偏好和期待相呼应的东西。西方的大航海时代，就是由一群探险家创造的璀璨历史。现实社会中的探险家，喜欢运动、音乐，喜欢去尝试新事物，他们都是不愿意受到束缚的自由主义者。探险家也可能是追寻者、冒险家、标新立异者、流浪者、个人主义者、朝圣者、反英雄或反叛者。

③智者的座右铭是"真理将使你获得解脱"。智者用他自己的办法去寻找天堂，他们相信，人都有学习和成长的能力，可以通过智慧去创造更美好的世界。他们有一种因为迷惑、怀疑而想发现真理的深切渴望。他们喜欢学习和思考、重视自由和独立，相信凭着智慧可以掌握生活。西方的先贤苏格拉底、伽利略、爱因斯坦等等，都是智者的原型。智者也可能是专家、学者、侦探、预言家、评估者、顾问、哲学家、研究员、思想家、企划人、专业人员、师父、老师、冥想家。

⊙ "征服"动机

目标是"刻下存在的痕迹"，包括英雄、亡命之徒和魔法师三种角色。

①英雄的座右铭是"有志者事竟成"。无论在东方还是西方文化中，总是时势造英雄，当时世界处于黑暗中时，总会有英雄出现。他们总是靠勇敢坚定的行动来证明自己的价值。他们希望世界更美，爱打抱不平。他们有严格的标准、坚毅的精神和果断的能力。因而其他人总是受他们鼓舞。在现实社会中，英雄也可能是战士、斗士、救星、超级英雄、军人、获胜的运动员、屠龙手、对手和队员。英雄的标准其实很宽泛，海豹突击队队员是英雄，顽强的马拉松运动员也是英雄，风雨无阻的联邦快递员也是英雄，总之，任何时代都需要英雄。

②亡命之徒的座右铭是"规则就是立来破的"。他们渴望复仇与革命，

血液中有着某种桀骜不驯的冲动因素，他们要打破不合理的规则，摧毁他们认为无用的东西。像罗宾汉、佐罗、梁山好汉等等，都是亡命之徒的正面形象。他们往往代表社会中被压抑的情绪，事实上他们个性浪漫，他们想破旧立新，想撼动人心、鼓动革命。不过喜欢亡命之徒的往往是尽忠职守的好公民，因为现实的平淡与枯燥，让平民百姓都喜欢欣赏不平凡的人生，亡命之徒似乎有着禁果般的诱惑力。很多东西方的文学作品、电影等，都有亡命之徒的原型。尽管亡命之徒被统治者视为眼中钉、肉中刺，但良民百姓却成为他们的忠实粉丝。

③魔法师的座右铭是"梦想成真"。魔法师最开始的名称就是男巫和女巫，中国叫炼丹师、麻衣相士、风水先生等。后来他们这个群体进行了分化，一部分人成为早期的化学家，例如他们从炼丹过程中发明了火药；另一部分人成为研究人类意识活动的心理学家；还有一部分人从占星术中悟道，变成了早期的天文学家；当然，还有很多人继续在跳大神。总之，魔法师这个角色，他们渴望发掘事物运动的基本规律，并以此实现心中的想法。他们也可能是梦想家、催生者、创新者、有魅力的领袖、调解人、法师、治疗师或巫医。他往往能造就"神奇时刻"，有直觉、超能力和第六感。由于人们都对超现实、超自然的魔法有着本能的向往，所以《哈利波特》这样的电影能够获得巨大成功。当刘谦说"下面是见证奇迹的时刻"时，所有观众都伸长脖子、瞪大眼睛。可见，魔法师始终是受欢迎的角色。品牌个性如果能做到魔法师的吸引力，则不愁没有粉丝追随。

⊙ "归属"动机

目标是"没有人是孤独的"，包括凡夫俗子、情人和弄臣三种角色。

①凡夫俗子的座右铭是"人生而平等"。凡夫俗子所展现的就是身为普通人，跟其他人没有什么两样。他们渴望跟别人建立关系，希望融入群体，有归属感。他们平实，讨厌机巧、虚浮以及装腔作势的人。凡夫俗子也可能是老好人、路人甲、无名小卒、普通人、隔壁那家伙、务实主义者、上班族、好公民、好邻居，就在你我他中间。凡夫俗子的品牌个性，体现的是一种平民主义、平等精神。例如老百姓"平价大药房"、凡客"平民快时尚"等，都是以

"凡夫俗子"作为个性原型的，所面向和所吸引的，也是作为凡夫俗子的大众顾客。

②情人的座右铭是"我心只有你"。他们代表着美丽和性感，渴望获得亲密感和感官享乐。情人是热情的、迷人的、魅惑的。不仅是对人，也是对工作、理想、目标或产品。情人原型，就是掌管着人类情爱的神，如丘比特、维纳斯等。情人个性常用于化妆品、时装、珠宝等时尚领域；此外香烟、美酒、巧克力、饮料等领域的品牌，也常常有浪漫的情人原型。在现实社会中，情人原型也可能是伙伴、朋友、自己、媒人、狂热分子、鉴赏家、感官主义者、夫妻、团队建立者、协调者。

③弄臣的座右铭是"如果不能跳舞，我就不要和你一起革命"。弄臣的原型包括小丑、喜剧演员和任何喜欢捉弄人、喜欢耍花招的人。弄臣渴望快乐地活在当下，不但自得其乐，而且还会邀人同乐。弄臣享受人生或者与人互动，都只是单纯了为了享乐而享乐。他们是能够同时真正的做自己，又受到他人接纳和爱慕的人。他们讨厌正经、古板。喜欢尽情欢笑、享乐。他们幽默，懂得自嘲。他们往往是人群中最受欢迎的。弄臣也可能是愚人、捣蛋鬼、滑稽的人、擅长说双关语的人、小丑、恶作剧者或喜剧演员。显然，具有弄臣个性的品牌，都是具有娱乐精神的。"超级女声"、"快乐大本营"、"非诚勿扰"等节目品牌的影响力如此巨大，因为这是一个娱乐至上的时代。

⦿ "稳定"动机

目标是"立下秩序"，包括照顾者、创造者和统治者三种角色。

①照顾者座右铭是"爱邻如己"。他们是一个利他主义者，受到热情、慷慨和助人的欲望所推动，希望保护他人免受伤害。好的照顾关系代表一种同情心、沟通和倾听、始终如一以及信任。照顾者也可能是看护者、利他主义者、圣人、父亲或母亲、助人者或支持者。东西方文化中，人们总是要塑造一些照顾者的形象，以便获得心理安慰。例如救苦救难的观世音菩萨，就是照顾者的原型之一。很多知名品牌都要进行慈善和公益活动，都是希望以照顾者的形象，获得公众的认可。尽管其品牌个性不一定是照顾者原型。

②创造者的座右铭是"想象得到的，都能创造出来"。创造者的原型常

见于作家、艺术家、发明家和创业家，以及任何积极探索人类想象力和创造力的人。创作者向来都是异教徒式的，不谈融入，而是自我表达。他们需要无拘无束的心灵和头脑。他们拒绝常规，而是探索自己的独特能力。他们喜欢创造、发明，他们在改变世界的同时，也在重塑自我。很多具有原创设计能力的品牌、原创技术开发能力的品牌，都具有创造者的个性。

③统治者的座右铭是"权力不是一切，而是唯一"。统治者知道，避免混乱的最好方法就取得控制权，这是让自己、家人和朋友安全的最好方法。他们喜欢的是控制权，乐意承担领导角色。他们有想要功成名就、位高权重的欲望。他们不仅控制世界，也喜欢控制别人，包括自己的生活。统治者也可能是老板、领袖、贵族、父母亲、政治人物、负责的公民、角色典范、管理者。显然，统治者决定了这个社会的格局和秩序，他们努力维持稳定，希望带领团队、社区或国家走向繁荣。具有统治者个性的品牌，往往是行业的领导者，他们制定标准和规范，引导行业向着健康的方向发展。但是，统治者个性定位也必须切合实际，量力而行。对于市场动辄"称王称霸"的品牌，顾客也未必真当它是一回事。

对于大多数品牌而言，尤其是西方文化语境中的品牌个性，都可以归属于12种原型中的一种。12种角色，让品牌个性形象化，便于在产品、广告、文案等各个维度进行表现。

以上品牌个性量表和12种原型的运用，我们将在下一节中进行探讨。

03 狼老板不做羊品牌
——品牌个性定位方法

前面两节讲述的品牌个性量表和12种原型，本质上都是品牌个性定位的分类标准，或者说是一个刻度坐标，可以让每个成熟的品牌对号入座。然而，对于个性不明确的新品牌而言，如何确立品牌个性定位，则是必须首先回答的问题。下面是品牌个性定位的五种基本方法。

⦿ 根据法人意志来定位

很多企业家将品牌视为自己的孩子，很自然地将自己的言传身教赋予品牌身上，最终塑造出自己所需要的品牌个性。这类品牌往往是由企业强人打造的，品牌个性就是企业家本人个性的投射。狼老板不做羊品牌，有什么样的老板个性，就有什么样的品牌个性。

苹果的品牌个性属于亡命之徒、挑战者、革命者，这正是创始人乔布斯个性的反映。乔布斯本身就是反叛大学教育、辍学在一个车库中创业、天不怕地不怕的亡命之徒。著名的苹果广告《1984》，是以一部名为《1984》的小说为背景来制作的，小说中代表统治者原型的"大哥"，在全国实行专制统治，到处充斥着大哥的淫威，所有的人都被大哥控制，街头随处都有巨幅大哥头像，文字曰"大哥在注视着你"，小说给人们呈现了一个压抑、毫无希望的王国。在现实中，苹果将IBM比作专制统治的"大哥"，而苹果电脑化身为一个充满青春活力和反叛精神的年轻女郎，广告中这名白衫红裤的女郎抡起大锤，砸烂了老大哥正在讲话的屏幕，惊醒了很多不明真相的群众。多年以后，苹果的反叛精神仍旧被业界津津乐道。网上还流传着当年年轻的乔布斯在IBM总部楼下的留影，他朝头上巨大的IBM标识竖起了中指，据说后来IBM则在乔布斯留影的地方摆了一个垃圾桶作为回应。苹果至今仍旧扮演革命者的角色，不断推出新产品，革他人的命，也革自己的命，在不断的超越和革新中，总是站在潮流的最前面。

图7-3 乔布斯当年在IBM总部LOGO下竖起了中指，后来，IBM在他留影的地方摆了一个垃圾桶

再如华为的品牌个性，就属于英雄、硬汉和坚韧的角色。华为早期的品牌个性受到狼文化的影响，令同行闻之色变。在狼文化的驱使下，华为人闻到肉味就奋不顾身，向敌人展开令人窒息的进攻，坚韧不拔，不达目的决不罢

休,而这一切,正是创始人任正非的个人性格的映射。任正非是一个军人出身的硬汉,他在《我的父亲母亲》一文中,记录了自己少年时代的辛酸经历,父亲被打倒,自己和弟弟妹妹吃不饱、穿不暖,能活下来纯属侥幸。经过那个特殊年代的锤炼,任正非对于生存产生了一种本能的焦虑,这种焦虑让他必须像狼一样大无畏,永不停息地战斗。任正非的这种个性,非常适合早期在严峻环境中生存的华为,他将硬汉和英雄的个性赋予品牌身上,从而造就了华为的今天。现在的华为,已经不再提倡狼文化了,华为也成长为该领域的王者。华为品牌越来越具有领袖气质,但是,革命尚未成功,同志仍需努力,还有美国思科等强大对手,所以华为还会继续扮演英雄的角色,去挑战统治者的宝座。

再来看看迪斯尼,迪斯尼的个性就是纯真、快乐、友好,在12种原型中,属于天真者,这也是创始人迪斯尼先生的个性反映。1901年12月5日,华特·迪斯尼生于美国芝加哥市,在家中,华特·迪斯尼比3个哥哥都英俊,性格温和、乖巧,得到了母亲的特别宠爱,几个哥哥也很喜欢这个弟弟。1906年,在华特5岁时,全家搬到马瑟琳镇仙鹤农场,华特就是在这个农场度过了影响他一生的幸福的童年时代。在这里,他最好的伙伴便是一些小动物。他养了鸡、鸭、猪等他喜欢的动物,他的好朋友"波克"是一头猪,华特后来回忆说:"它特爱恶作剧,在它想闹的时候,它可以跟一只小狗一样调皮,跟芭蕾舞演员一样灵活。它喜欢悄悄从我背后顶我一下,然后高兴地哼哼着大摇大摆地走开了,如果我被顶倒了,它就更得意了。你记得《三只小猪》里的那只蠢猪吗?'波克'就是它的原型。我拍它的时候实际上是流着泪怀旧的。"迪斯尼就这样度过了快乐的童年,这些都深刻地影响了他的性格。后来的迪斯尼尽管在成功的道路上经历了很多艰辛和挫折,但是作为一个天真者,一个纯真而快乐的人,总是能够在逆境中保持自己的本色,他不过是在怀着天真的梦想,努力"做自己"而已。当他立志要"为千百万人带来欢乐"时,迪斯尼的品牌个性也凸显出来,他开启了一个欢乐的新时代。

再看一个案例:在世界500强中,索尼以科技创新的"先驱精神"而著称于世。索尼的品牌个性属于"创造者"原型,这个原型根源于索尼早期的两任领导者井深大和盛田昭夫。1945年,井深大在日本战败后的废墟中创立了索尼公司,他在东京市区一栋被轰炸过的百货大楼里面租下一间废弃的电话总机房,凭着1600美元和7个员工开始了创业。

索尼的血统并不高贵，它的出身并非高科技企业，当时井深大带领员工尝试了很多产品，但基本上都不成功。例如他们生产出了只能煮出夹生饭的电饭煲、普通的味噌汤以及粗糙的电热毯。索尼成立后不久加入的盛田昭夫（后来成为井深大的继任者）回忆说，一群人在一个屋子里面开会，开了几个星期，试图找出企业的生存之路。然而，就在这样一个困窘的局面中，井深大做了一件让他区别于其他所有普通企业家的事情：他写下一份说明书，为这间前途未卜的企业确立了一种理念。他这样阐述公司目标："让工程师能够感受科技创新的欢乐，了解他们对社会的使命，并心满意足地工作"，"动力十足地追求科技活动以及用生产来复兴日本和提升国家文化"，"把先进科技应用在公众生活中"。他还这样阐述管理方针："我们要消除任何不当追求利润的行为"，"我们欢迎科技上的难题，并专注高度精密、对社会有重大用处的技术产品"。

索尼的这种超前的创新理念促使索尼很快从小作坊中脱颖而出，1950年，索尼在日本推出了第一部磁带录音机，1955年推出第一部晶体管收音机，1957年推出第一部袖珍型收音机，1964年推出第一部家用录像机，1979年推出索尼随身听。尤其是索尼在研发晶体管收音机时，无论在日本还是在欧美，都被认为是不可能的事情，晶体管技术是当时军事机密技术，军事上的应用才起步，民用方面根本不可能，即便研发成功，价格也将让人望而却步。然而索尼明知不可而为之，经过艰苦的努力，终于成功开发了普通老百姓可以买得起的新产品。

就在井深大确立索尼理念40年之后，索尼的CEO盛田昭夫用更加简洁的语言重新概括了公司的理念，这就是著名的"索尼先驱精神"。盛田昭夫这样阐述："索尼是先驱，绝对无意追随别人。索尼希望借助进步造福全人类，始终做未知事物的探索者。"

总而言之，正是企业创始人的创新、求真和探索精神，造就了索尼品牌的"创造者"个性。

◉ 根据目标人群来定位

一般来说，顾客会偏向于喜欢跟自己个性相近的品牌，如果不考虑目标人群的价值观和共性而进行个性定位，有时候是行不通的。例如，面对中老年人群，如果将品牌个性定位为"刺激"、"酷"、"非主流"等，当然不合适；反过来，面对标新立异的年轻人群，如果将品牌个性定位为"平和"、"宁静"、"凡夫俗子"等，当然也不合适。因此，我们需要研究目标人群的共性，在其共同价值观中寻找能够引起普遍共鸣的个性元素，这就是根据目标人群来进行个性定位的方法。

麦当劳的目标顾客是儿童与家庭，儿童都有纯真、快乐等共性，于是麦当劳的品牌个性也是以纯真、快乐为定位的。对小孩子来说，笑容灿烂的麦当劳叔叔、快乐儿童餐，以及店内的游乐设施等，都让麦当劳变得有亲和力，孩子们将麦当劳看成是乐土、乐园，广告语"我就喜欢"（i'm lovin' it），正是道出了孩子们天真、任性、调皮的个性。

美特斯邦威的目标人群是青春年少的顾客，这个年龄段的人大都处于青春叛逆期，在品牌个性量表中，属于刺激、活泼、酷的位置，因此品牌个性也以此为定位，表述为"不走寻常路"。

李维斯牛仔的目标客户，是一群崇尚独立、桀骜不驯、有自我主张的都市白领与中产人群，他们虽然身在闹市，却向往不受束缚的户外生活，他们希望通过探索世界，去寻找内心所需求的东西。因此李维斯的品牌个性就属于探险家、独立、自我的定位。

新东方是一个梦想成真的地方，"将中国人望而生畏的TOEFL、GRE考试变成了福特式生产线"，帮助无数年轻学子成就出国梦想。新东方学校目前年培训学生超过15万人次，国外的留学生70%是其弟子。在北美任何一所著名的大学里，新东方学员至少占了中国留学生总数的一半以上。因此，新东方是一个创造奇迹的地方，在其目标顾客的眼中，新东方就是一个神奇的"魔法师"，这就是新东方的品牌个性。

◉ 根据行业特征来定位

很多时候，品牌个性定位都受到行业特性的影响，甚至想摆脱这个影响都很难。例如医药行业的特征，就是要为顾客提供安全、可靠的药物，追求功效显著、品质好、工艺好、毒副作用小。所以，强生、罗氏、瑞辉、同仁堂等医药类品牌的个性,在品牌个性维度量表上,就应该选择关键词"可靠"、"责任"、"技术"等。类似的是医院的品牌个性,从西医的希波克拉底誓言到中医的孙思邈《大医精诚》训诫,整个医学界都要普遍遵守救死扶伤等基本价值观。这就决定了医院品牌和名医个人品牌的个性,大体上都属于"照顾者"的类型。此外,"照顾者"类型的品牌,还经常出现在母婴产品行业、保健食品行业,等等。

再如书店、出版社、教育机构的品牌个性,也都会受到行业特性的影响,大多在"智者"这个维度来定位。当然,为了避免定位雷同,其实智者也可以继续细分成很多类型。当年蔡元培时代的北大,主张"思想自由,兼容并包"的宗旨,因此北大的品牌个性,也就不仅仅是一个智者,而且还有独立、自由、包容等个性特征。因此,蔡元培时代的北大,是人格丰满的、立体的、受人敬仰的。

耐克作为体育用品行业的著名品牌,自然在品牌个性定位上也深受体育运动行业的影响。这个领域的顾客,无论专业运动员,还是运动爱好者,他们都喜欢挑战自我,崇拜赛场上纵横驰骋的英雄。既然这个行业都是英雄的行业,因此耐克的品牌个性就定位为"英雄",用一句英勇豪迈的"Just do it"(尽管去做,或想做就做),激励了多少体育界的精英和粉丝们!

⦿ 根据品牌格调来定位

我们研究发现,品牌格调和品牌个性有着天然的联系。品牌个性可以原型化,而品牌格调也可以原型化。如前面提到的服饰和时尚类品牌的18种风格,实际上也是经过人类漫长的艺术审美历史而沉淀下来的风格原型。每一种风格原型,都对应自己特有的个性;反之,每一种个性原型,都对应属于自己的特色格调。例如,瑞丽风、洛丽塔跟"天真者"原型有密切关系;朋克风是标新立异和叛逆的表现,跟打破规则的"亡命之徒"原型类似;田园风格跟"凡夫俗子"原型相近,都是追求恬淡、平凡的生活,等等。

香奈儿的品牌格调是高贵、性感、时尚等,因而其品牌个性也跟品牌格调一致,定位在"情人"的原型。好莱坞女星玛丽莲·梦露曾经接受采访时称:"晚上我只穿香奈尔五号睡觉"。梦露本来是大众情人、性感明星,这句话将香奈尔品牌个性的情人原型表露无遗。

知名淘宝品牌阿卡女装，其品牌格调是魔幻复古主义，那些带有神话色彩的设计，带有民族风格的配饰和花纹，独树一帜的搭配，羊皮卷一般复古的调性，都可以给顾客演绎出一个全新的自我。阿卡的个性就是"魔法师"的原型，个性表述为："只为梦想而生"、"梦想会喜欢"。

柒牌旗下的中华立领，演绎的是民族和东方风格，体现出一股爱国主义和英雄主义情结。李连杰代言的广告曰："男人要对自己狠一点"，李连杰是银幕上的功夫英雄，这个广告极力凸显男人坚韧、顽强、敢于挑战自我的气概，这正是反映了柒牌品牌个性定位的"英雄"原型。

◉ 综合多个因素来定位

显然，如果单纯根据一个维度来确定品牌个性定位，有时候会有失偏颇，所以我们经常也要综合多方面的因素一起考虑。

04 | 有了个性你就喊
——品牌个性与品牌主张

有什么样的个性，就有什么样的主张；个性表述出来，就是主张。天真者主张过纯洁、快乐、幸福的生活；探险家主张去寻找更加美好的世界；智者主张去追寻真理；英雄主张伸张正义；亡命之徒主张打破规则；统治者主张立下秩序……显然，品牌个性和品牌主张是一枚硬币的两面，有着密切的联系。

品牌主张包括价值主张和个性主张两种类型，对外呈现形式就是品牌广告语。价值主张是从品牌价值的角度提出的主张，重点在于凸显品牌价值，例如棒约翰的价值主张是"更好的馅料，更好的比萨"；潘婷的价值主张是"拥有健康，自然亮泽"；玉兰油的价值主张是"惊喜，从肌肤开始"。

个性主张是从品牌个性的角度提出的主张，重点在于凸显品牌个性，例如阿迪达斯的个性主张是"没有什么不可能"；飘柔的个性主张是"飘柔，就是这么自信"，自然堂的个性主张是"你本来就很美"，太太口服液的个性主张是"十足女人味"，等等。

显然，品牌个性和个性主张之间的关系，就是内容和形式的关系。当精致小巧的甲壳虫汽车进入美国市场时，放眼望去，全都是大型车的天下，甲壳虫就像一个另类，虽然有个性，但却不受待见。后来，甲壳虫推出一个广告，用非常简洁的广告语阐述了品牌个性："Think Small"（想想还是小的好），并加以利益上的引导，从而改变了美国人的观念，让甲壳虫作为微型车的代表，快速占领了美国市场。同样的道理，山叶钢琴的品牌个性属于品牌个性量表上"教养"维度，意味着学钢琴可以培养出具有绅士与淑女气质的人才。因此，它的个性主张很巧妙，采取退让法："学琴的孩子不会变坏"（"药八刀"是个例外）。简单而朴实的一句话，打动了很多父母的心。显然，品牌个性是需要个性主张来表达的。如果光有个性，而没有个性主张，那么品牌个性就难以表露出来，难以产生感染力和号召力。

上面的分析，实际上回答了品牌广告语从何而来的问题。很多时候，广告公司为了创作一句满意的广告语而绞尽脑汁，在头脑风暴会上，往往会有很多天马行空的创意产生，但是大多数创意都因为不符合品牌实际而被否定。其实，万变不离其宗，我们应该以品牌价值或个性为出发点，去归纳和提炼语言，提出相应的品牌价值主张或个性主张，这就是最好的广告语。

05 上层建筑一脉相通
——品牌个性与企业文化

品牌价值CAPE模型中，提到了品牌文化。文化和个性都属于精神层面的内容，因此本质上都应该是相通的。当我们经常提到品牌个性、品牌文化和企业文化等概念时，千万不要认为这些都是彼此孤立的，实际这些只是文字表述上有差异，而本质上都是一脉相承的。我们来看一个案例。

被誉为"突变机器"的3M公司，开发的产品多达7万种，在全球企业中都是空前绝后的。100多年来，3M强大的创新能力和其丰富的产品改变了人们的生活，全世界有50%的人在直接或者间接使用3M产品。为什么3M具有如此强大的创造力呢？答案就是3M具有浓郁的创新精神，具有创新的沃土。它的早期领导人麦克奈特临危受命，将3M从危机中解救出来，他的独特之处就是拥有永不满足的好奇心，总是在追求和寻找新机会、新市场，让创新精神发挥到了极致。他的贡献不在于发明了某种产品，而在于创立一种鼓励员工创新的机制，例如著名的"15%"规定，就是鼓励科技人员最多可以将15%的时间用在自主选择、自主提出的计划上。3M还设立了各种奖励项目，鼓励内部创业和冒险精神，支持科技创新和试验新构想。此外，还有"双梯并行"的职业道路、新产品论坛、科技论坛、攻关小组、分红制度等机制，为员工的创新精神提供全面支持。它是始终让对手感到恐惧的创新和突变机器，就连它自己也不知道下一个成功的产品将是什么。

显然，3M的企业文化、品牌文化之核心，就是具有强烈的创新精神，而3M的品牌个性，就属于"创造者"原型。可见，三者都是一脉相承的关系。

我们再来看一个案例：作为全球制药行业翘楚的默克公司，在纪念公司创立100周年的时候，出版了一本书，书名是《价值观与梦想：默克百年》，它没有对100年来所取得了财务成就津津乐道，反而一再强调自己是一直由理想指引和激励的公司。默克公司的第二代领导人默克二世和第三代领导人魏吉罗都明确认定他们从事的是"保存和改善生命"的事业，他们的理想就是"战胜疾病和协助人类"。这绝非是一个哗众取宠的噱头，而是用实际行动证明的价值理念。最著名的例子是，当时第三世界有上百万人感染河盲症而失明。100万顾客是一个规模相当大的市场，只是这些人都买不起药品。默克知道研制治疗河盲症的药品绝对不会有什么投资回报，却仍然推动这个计划，希望某些政府机构、慈善组织会购买这种药分发给病人。但是默克没有这么幸运，于是他决定公司免费赠送药品给病人，且自行承担费用，直接参与分发工作，保证药品确实送到受到这种疾病威胁的上百万人手中，最后让百万人重见光明。

作为企业，如果不以盈利为目的，是否不务正业？这样的企业能否生存？理想主义是否有回报呢？魏吉罗是这样解释的："默克在第二次世界大战之后把链霉素引进日本，消灭了侵蚀日本社会的肺结核。我们的确做了这件事，并没有赚到一分钱，但是，默克今天在日本是最大的美国制药公司，绝非偶然……我认为多多少少它有报偿的"。

可见，默克的创始人深刻地认识到，利他主义和利己主义并非矛盾，公司应该坚持理想，将利他主义发扬光大。因此，默克的企业文化和品牌文化之精髓就是"保存和改善生命"，而默克品牌的品牌个性，就是属于典型的"照顾者"原型。由此可见，默克的品牌文化、企业文化和品牌个性，都是具有内在的一致性。

总而言之，我们在进行品牌个性定位时，要充分考虑企业文化、品牌文化和企业核心价值观，让品牌个性定位跟企业核心价值观保持一致。

此外，对于多品牌的企业，如果是同心多元化的族群，那么品牌族群应该有统一的核心价值和相近的个性定位，此时跟企业文化仍旧具有一致性。唯一例外的是异心多元化的族群，品牌个性各自为战，跟企业文化不一定完全统一。

| 第八章 |

核心定位
Core Positioning

诸葛亮在《隆中对》里只用了351个字，就将三分天下的核心战略讲清楚了。在著名的电梯测试中，只给你30秒钟，要求将核心思想说清楚。对于品牌而言，必须要有一个核心定位，不是为了将30秒广告压缩成15秒而省钱，而是因为品牌必须有一个灵魂，统领全局。

---

01 | 择其善者而从之
——择优法则

前面逐一论述了品牌定位的5个维度,包括顾客定位、品类定位、格调定位、价格定位和个性定位。那么,本章我们要来探讨最后一个维度的内容:核心定位。一般来说,核心定位最重要,也最难操作,而其他5个维度相对比较容易一点,所以把核心定位放到最后来论述。

其实,在实际操作中,这6个维度是没有固化的先后顺序的。有时候,在3C调研充分的基础上,可以直接得出核心定位,然后再围绕核心定位,将其他维度演绎出来。也可以先确定其他5个维度,然后再采取择优法则、归纳法则、唯一法则等方法来确定核心定位。

本节要论述的是择优法则,顾名思义,就是在前面5个维度的定位中,选择具有明显压倒性优势的一个维度,来作为品牌的核心定位。择优法则可以根据如下两条原则进行。

⦿ 市场在某个维度还有较大的空间,就采用这个维度定位作为核心定位

例如,在顾客定位上,牛仔品牌威鹏发现商旅人士这个群体尚未被充分满足,一直以来,牛仔都是生活休闲服饰,很少跟商务沾边;而商旅人士也需要休闲服饰,所以这方面还有较大的空间。于是威鹏就以商旅人士为目标顾客,并且以顾客定位作为其核心定位,叫做"商旅牛仔"。

再如,在价格定位上,早些年在经济型酒店这个档位上,还有很大的市场空间,比如高星级酒店服务虽好,但是价格太高;没有星级的酒店,虽然价格很低,但是服务、硬件和安全保障等都跟不上。因此,面对大众消费需求,急需一种性价比高、提供基本服务、有着统一标准和规范的酒店类型,于是如家、汉庭、莫泰等品牌应运而生,而价格定位就成为其核心定位,所以叫做"经济型酒店"。

再如，在格调定位上，欧美日韩风格成为女装的主流，而带有时尚创意的民族风格女装还比较少见，拥有较大机会市场，于是融汇东方民族文化和时尚个性设计的裂帛女装应运而生，格调定位就成为其核心定位。

⦿ 企业在某个维度具有明显资源或能力优势，就采用这个维度的定位作为核心定位

例如，在价格定位维度上，格兰仕微波炉、福特汽车、西南航空等品牌都有成本和价格优势，于是就以此为核心定位。

再如，在品类定位上，由于历史的积累，虎都拥有最大的西裤生产基地，品类上优势最显著，因此虎都的核心定位就是"西裤专家"。

再如，在顾客定位上，那些航机杂志、动车杂志、地铁视频等媒体品牌，都是立足于其拥有的顾客资源优势，于是顾客定位，就是其核心定位和核心价值所在。

总而言之，择优法则是简单易行的核心定位方法，只要前面5个维度定位准确，把握好上述两条原则，那么核心定位就可以很快确定。

02 | 四海归于一统
——归纳法则

如果其他5个维度都不突出，没有明显的优势，那么此时就要用到归纳法，将5个维度的因素综合起来，作为核心定位。归纳是跟演绎相反的过程，既然由核心定位可以演绎出其他维度的定位，那么由其他维度的定位，也一定可以归纳出核心定位。

我们以哎呀呀为例来说明。

①顾客定位：二三四线城市15~28岁的年轻女性，虽然她们的收入水平和购买能力不及一线城市的女性。但是爱美之心人皆有之，她们对时尚饰品的需

求很大，市场容量和空间很大。

②品类定位：饰品连锁店，产品线以时尚饰品为主，并拓展到精美礼品、化妆品、卡通玩具等其他女性时尚产品。哎呀呀率先将饰品连锁店做成了品牌化和规模化。

③价格定位：鉴于目标人群的特征，采用大众平价，保证人人都买得起，可以快速做大规模。

④格调定位：时尚、热情、快乐，请青春人气偶像S.H.E及林宥嘉作为品牌代言人，产品、广告、终端风格都充分体现品牌格调。

⑤个性定位："天真者"原型，追求纯真、热情、快乐的生活。

⑥核心定位：上述5个维度的准确定位，为品牌构建了优势竞争力。短短几年，哎呀呀将销售网点铺向全国，目前拥有近3000家门店，年销售额超过10亿元，在大众饰品连锁店领域做到了第一。所以，综合上述5个维度定位的优势，哎呀呀的核心定位为"中国饰品领导者"，这就是归纳法则的运用。

03 自立山头称大王
—— 唯一法则

前面第四章的《做第一与做唯一》中已经论述过，品类战略的最高境界，就是创建全新的品类，在这个新领域中做唯一，将来再伺机做第一。创建新品类不是一件容易的事情，但是如果真的创建了一个可以站住脚的品类，那么足以用这个品类定位在江湖上立足。于是，将新的品类定位作为品牌核心定位，因为它独一无二，所以叫唯一法则。

在概念层面，创新案例很多，例如前面提到过御泥坊、利郎、斯沃琪、农夫山泉、冷酸灵牙膏等品牌，都是唯一法则的典型代表。在矿物面膜这个竞争激烈的大类中，御泥坊创建了独一无二的"御泥"这个特定新品类，于是御泥坊的核心定位也是定在"御泥"上。而斯沃琪率先创建"戴在手腕上的时装"这个新品类，在众多的腕表品牌中脱颖而出，因此其核心定位也是"戴在手腕上的时装"。冷酸灵牙膏创建了"抗过敏"这个新品类，于是其核心定位也是"抗过敏牙膏"。

在科技创新层面，唯一性不仅仅是建立品牌核心定位、赢得顾客的利器，而且依靠专利保护形成排他性优势，进可攻，退可守，为企业赢得生存和发展的安全空间。这方面典型的案例是通领科技。

2010年，通领科技集团的董事长陈伍胜先生被评选为"CCTV中国经济年度人物"。央视的颁奖词是："中国商人动了美国巨头的奶酪，接诉讼状、收逐客令。他以5场官司、6年对阵、千万美元，完胜中国知识产权海外维权第一案。他用中国胜利的故事激励我们：勇无惧，开先河；真专利，走四方。"

原来，早在2004年，陈伍胜用一种全新的GFCI（接地、故障、漏电、保护的英文缩写）专利产品，成功打入美国市场。在这个领域，全球生产企业有5家，其中4家是美国企业，均采用传统的机电一体化的漏电保护技术；而陈伍胜领导的通领科技采用的是自主研发的专利技术，即以零功耗永磁式的电磁脱扣和电磁复位原理实现自动控制的漏电保护技术，最大限度地提高产品的安全性和检测灵敏度，实现自动复位、通讯控制和网络系统控制，为远程控制自动化和漏电保护智能化开创了一条重要途径，符合并超越了美国国家安全实验室UL认证机构2006年UL943的最新标准，被誉为漏电保护技术的一场革命。

正是凭借自主技术创新的优势，通领科技在强大的竞争对手面前即使不能做第一，也能做唯一，迅速在美国的主流市场占据一席之地。做唯一是有可能向做第一转化的，因此引起了美国500强企业——美国莱伏顿公司（Leviton）的恐慌，该公司于2004年以侵犯专利权为由，跟通领科技打起了官司。通领科技深知自己产品的唯一性和专利的排他性，所以底气十足地坚持应战，没想到从此踏上了一条曲折而漫长的海外知识产权维权之路。经过6年的艰辛，打赢了5场官司，最终获得完全胜利，为中国企业海外应对诉讼和维权树立了光辉的榜样。

显然，通领科技的胜利，首要的条件是其创新性和唯一性，打铁还需自身硬，如果真是抄袭了别人的技术，那么也不敢去应战了。同时，陈伍胜先生的个人顽强意志力，也是打赢官司的必要条件。

总之，以唯一法则定位的品牌，需要真功夫，需要创造力。即使是玩概念，那么也需要能站得住脚的概念，需要物理层面的支撑。

04 天下英雄谁敌手
——第一法则

跟唯一法则对应的就是第一法则，这需要企业的资源和能力能够支撑。

唯一法则和第一法则的本质，都是规避竞争或减少竞争。虽然整个商业文化都是鼓吹竞争的，但是，每个品牌都渴望安全感，希望拥有一个相对稳定、可以持续发展的市场空间。第一法则有两个含义：一是整体实力第一；二是单项优势第一。

①整体实力第一。最著名的就是GE（通用电气）的数一数二战略，GE前总裁韦尔奇上任后，对庞大的GE帝国进行大刀阔斧的改革，对于旗下众多企业，只将行业中数一数二的企业保留下来，处于第三第四位的企业统统出售，即便它们很赚钱。这样就保证通用电气的下属企业都是各个领域的龙头老大，竞争对手难以超越和撼动。因此，GE品牌也成为行业第一品牌。

韦尔奇曾经被誉为"全球第一总裁"，他说："有些人说我害怕竞争，但我认为，身为一位商业人士，最重要的工作便是尽量远避相互之间的争斗，选择一个可以让你达成目标的适当地位。而其中最基本的目标是摆脱羸弱的积弊，去寻找一处无人能伤害你的避难所，因为一味打斗不会有什么好处。"韦尔奇所说的"避难所"，就是做到第一。

显然，韦尔奇的思想得到很多企业家和投资家的拥护，当众多投资机构前赴后继、一而再再而三向一个企业砸钱时，别以为他们只是"疯投"，其实大家心里都有数，那就是一定要把这个企业做成第一，把这个品牌做成第一，否则就没有出路。很多时候，规模是企业盈利的首要条件，例如分众传媒，如果不将大中城市的楼宇电视网络垄断起来，就很难盈利。所以投资者千方百计将其推向第一，并在纳斯达克上市，上市后的融资又进一步巩固了其第一的地位。

②单项优势第一。虽然你不是行业最强大的领袖品牌，但你可以通过创新，在成本、技术或管理模式上领先于其他企业。英特尔公司副总裁达维多提出了"达维多定律"，他认为，一个企业要想在市场上总是占据主导地位，那么就要做到第一个开发出新产品，又第一个淘汰自己的老产品。这一定律告诉我们，技术领先才是攻占市场的利器，人们在市场竞争中无时无刻不在抢占先机，只有先入市场才能更容易获取较大的份额和较高的利润。

像索尼、思科、惠普、IBM、阿尔卡特、爱立信等著名企业，就是靠技术与创新上的领先地位而立于不败之地。他们利用原创性的技术发明，领导消费革命，赚走了第一桶金，让其他企业难以望其项背，只能享用一些残羹冷炙。在国内，华为就是为数不多的走技术领先道路的企业，《华为基本法》的第一条就表明了立场："为了使华为成为世界一流的设备供应商，我们将永不进入信息服务业。通过无依赖的市场压力传递，使内部机制永远处于激活状态。"很多人在解读这一条的时候，都不明白任正非为何要求华为"永不进入信息服务业"，其实问题很简单，华为要走技术领先的道路，在技术领域做第一；而信息服务行业没有多少技术门槛，结果必然是竞争非常激烈，难以做到第一。

如果企业的资源和能力能够支撑其做第一，那么就一定要追求第一，绝对不要自甘平庸，去做老二、老三、老四。第一法则的品牌定位就很简单，一般表述为"某某领域领导者"，当然，自封的不算。

05 | 不畏浮云遮望眼
——前瞻法则

品牌核心定位不但要满足当前市场需求，而且要满足未来消费趋势，也就是说，品牌核心定位必须要有前瞻性，要对市场未来发展做出预测和判断。如果一个品牌利用当前的核心定位赚了几年钱，而几年之后这个行业就被淘汰了，那么这样的品牌定位就缺乏前瞻性。

例如爱多VCD，虽然通过争夺央视标王做到行业第一，但是没多久，VCD产业就消亡了。再如曾经风靡一时的小灵通，UT斯达康将其做到了第一，但是没几年，小灵通就淘汰了。再如汉王科技，依靠电纸书风光了一阵子，如今却大势已去，电纸书逐渐被智能手机、平板电脑等功能更强大的掌上终端所替代。

我们要区分产品和品牌，绝大多数产品是有生命周期的，但是品牌应该追求永生，不能动辄从头来过，否则以前的品牌资产都化为泡影。所以，品牌核心定位必须有前瞻性，不能被当前的产品定位所局限。苹果品牌的魅力就在于，它总是在革自己的命，用新一代产品，去淘汰自己的上一代产品。道理很简单，与其等着别人来革命，还不如自己革自己的命。因此，苹果的核心定位，就不是某个产品制造者，而是一个数码娱乐创新者。

其实，前瞻性不单独属于品牌定位的问题，还跟企业发展战略以及创新能力有密切的关系。例如星巴克如今要去咖啡化，苏宁和国美要去电器化，这个跟市场环境变化、经营战略变化都有密切的关系。事实上，公司战略定位和品牌战略定位本来就是一脉相承的，我们不能割裂开来研究。

品牌核心定位的前瞻预测，可以是定量预测，也可以是定性预测，在调查研究的基础上，常用方法包括趋势外推法、专家会议法和德尔菲法等。

趋势外推法用得最多，一般都是根据行业的历史和现状资料，研究发现其中的发展变化规律，然后根据这个规律，去推测未来的状况。例如，根据生育高峰期的来临，可以推测未来几年母婴产业的繁荣；根据日本、香港乃至全球地产业发展的历史，结合中国经济危机、通货膨胀和房地产的泡沫的现状，可以推测未来房地产业将走向崩盘和低迷。显然，如果历史数据充分，现状情况清晰，那么不难推测未来的方向。但是，更多的时候，在整体经济和政策宏观环境剧变的情况下，很多行业在未来都会出现多种可能。例如太阳能行业，近些年本来被全球投资界普遍看好，以至于一夜之间巨额资本杀入，整个行业一片繁荣景象，然而，全球性的经济危机突然爆发，加上行业投资过热、产能过剩的状况，就让太阳能产业一夜之间陷入深渊。生产出来的成品价格，居然低于原材料成本，这种严峻的形势，让很多动辄投资几十亿的厂家，面临生或死的考验。再如，来自华尔街和世界投行的多少天才级专家天天在研究经济发展规律和未来市场机会,但是经济还是在这些天才的捣鼓下,越来越糟糕。因此,对于"预测"这个词,没有谁敢说能够完全驾驭它。

当人们无法把握自己的命运时,往往会向超自然的力量寻求帮助,例如向鬼神祈祷好运气。"中国式管理"倡导者曾仕强在《大易管理》中甚至提出占卜的方法,宣称当信息量不足无法决策时,应该学习古代的方士占卜问卦,并用易经的原理解卦,以此作为决策依据。曾先生说,正确的占卜,就不是迷信;不按理出牌,就是迷信。不知道正确的占卜该如何操作,我们强烈要求曾先生再著一部书,名曰《管理占卜学》,以填补海内外的空白。

当然,不能因为预测很难,我们就放弃它。如果排除国内和国际宏观经济形势的剧变,在相对稳定的一个时间段内,具体的行业发展趋势还是可以把握的。

还有两种重要方法是专家会议法和德尔菲法。专家会议法很简单,就是召集行业专家、管理专家以及其他相关领域的专家,通过会议的形式,进行面对面的交流,通过充分的思维碰撞、集思广益,最终形成一个统一的预测意见。只要召集到靠谱专家,那么会议法往往能得出比较靠谱的结论。当然,会议法也有一些弊端,例如专家的观点容易彼此干扰,尤其是出现了权威人物时,大家的观点容易被权威人物左右。为了克服这些弊端,美国兰德公司在1940年代末发展了德尔菲法。

德尔菲法又称专家函询调查法,它以匿名方式通过几轮函询,征求专家意见。预测领导小组对每一轮的意见都进行汇总整理,作为参考资料再发给每个专家,供他们分析判断,提出新的论证。如此多次反复,专家意见日趋一致,结论的可靠性越来越大。这种方法曾在20世纪七八十年代成为主要的预测方法,得到了广泛的应用。经过人们的不断改进和完善,现在它已成为在技术预测和社会预测方面的日常方法。

德尔菲法的关键,是要选对专家,完善操作流程。如果用于品牌定位和行业前景预测,那么至少要包含如下类型的专家:行业专家、品牌专家、营销专家、战略专家、关联行业的专家、财经和投资方面的专家等。兰德公司操作的预测项目,动辄调动几十上百专家参与,我们一般的企业没必要这么复杂,专家人数在10人以上即可,一般函询调查4轮左右。

06 灵感源于勤调研
——3C法则

更多的时候，如果我们对行业和企业都非常熟悉，只需经过3C调研，就可以直接根据逻辑推理，得出品牌的核心定位。由于并不存在一个精确的公式来计算出核心定位，所以3C直推法可能包括80%的理性因素，再加上20%的创意和灵感。结果的准确性，很大程度上要靠品牌团队的经验、智慧和能力去把握，下面看一个案例。

浙江有家叫做"红顶服饰"的公司，旗下有一个名为"不知"的品牌，该公司请一家品牌咨询机构帮助进行品牌重新定位，所采用的方法就是3C法则：顾问团队主要从3C维度，直接推理出"慢运动服饰"的品牌核心定位。

首先，从行业竞争的维度看，在运动装领域，国产主流运动装品牌如李宁、特步、安踏、匹克等，分别占据一二三阵营，都跟专业运动相结合，专业运动一般都是强调"更快、更高、更强"，主张挑战自我、实现梦想；而"不知"品牌主要在三线城市发展，缺乏品牌知名度和影响力，专业运动产品也不是其所长。再看纯休闲装领域，也是强者如云，知名品牌太多，渠道早已下沉到三线城市。如果采取跟随策略，显然没有机会，难以脱颖而出。因此，考虑向"运动+休闲"的领域发展，或许还有机会。

其次，从消费者维度看，不知品牌的目标顾客是二三线城市25岁以上的成熟职业人群，当代紧张、快节奏的都市生活，严重影响了人们的身心健康，如果倡导大家放松心情，放慢生活节奏，学会品味生活原味，则是一件很有意义的事情。于是，顾问团队进行了相关资料研究：从1986年开始，意大利人Carlo Petrini推动"慢食运动"（Slow Food Movement），如今已经发展到了100多个国家。由慢食主义衍生出了慢城主义，已成为一项国际性运动，在英格兰、威尔士、德国、挪威、波兰和葡萄牙都有慢城主义会员城市网。现在，人们又提出了"慢生活"的主张，在西方和东方都同时受到追捧。卫生部专家洪昭光开展1500多场讲座来推广慢生活，慢生活的概念已经有了很广泛的群众基础。中央电视台新闻频道还曾专门针对"慢活"制作了一个节目，介绍了慢活主义的兴起和当代快节奏生活的压力，呼吁大家"慢活"。英文中，心理医生把追求慢生活叫做"找到你心中的乌龟"（Find Your Inner Tortoise）。在慢生活的影响下，近年来"慢运动"也在大城市逐渐兴起。它跟瑜伽、太极、散步、钓鱼、高尔夫等运动有着天然联系，逐渐成为都市健康潮流。顾问团队决定，应该把这个生活哲学告诉所有的目标消费者，倡导慢运动、慢生活的潮流，或许能获得广泛共鸣。

从品牌自身维度看，红顶服饰公司经过20多年的发展，拥有比较扎实的基础，在三线城市拥有700多家门店，产品品类包括偏向休闲风格的运动装、内衣和家居服等产品，能够支撑运动休闲服饰全品线。

综上所述，根据3C直推法则，顾问团队最终将品牌核心定位确定为"慢运动服饰"。在此基础上，重新规划和调整产品线，使之能够支撑品牌核心定位。同时，制定了一整套品牌传播、公关和招商策略，重组公司营销体系。

事实证明了该品牌核心定位的合理性，2008年经济危机之下，该品牌以崭新的形象在二三四级市场快速扩张，近几年来增速保持在50%以上。2010年1月15日，由中国企业报联合中国民营经济研究会、清华大学中国文化创意产业研究中心等单位共同举办的"崛起的中国品牌暨2009（第二届）中国品牌论坛"在北京隆重举行，不知慢运动服饰被评为"2009中国品牌文化建设贡献奖"。

| 第九章 |

集团品牌战略管控
Strategic Management of Group Brand

里根总统时期的美国总统经济顾问委员会波什教授有一句名言:"不管是芯片还是薯片,只要能赚钱就是好片。"这个很好理解,接下来的问题是:假设一个集团公司旗下,既有芯片,也有薯片,甚至还有麦片、药片和刀片……那么如此一个大杂烩式的集团品牌族群,该如何管理呢?须知,跨越行业十万八千里进行并购和投资的集团公司非常普遍!

---

01 | 五步可成诗
——集团品牌战略5大模块

如今随着各个行业集中度的提升，诞生了越来越多的大型企业集团，面对旗下众多的子公司、孙公司以及子品牌和孙品牌，集团品牌战略与管控就成为集团高层必须重视的课题。下面我们先来探讨集团品牌战略规划的五大模块。

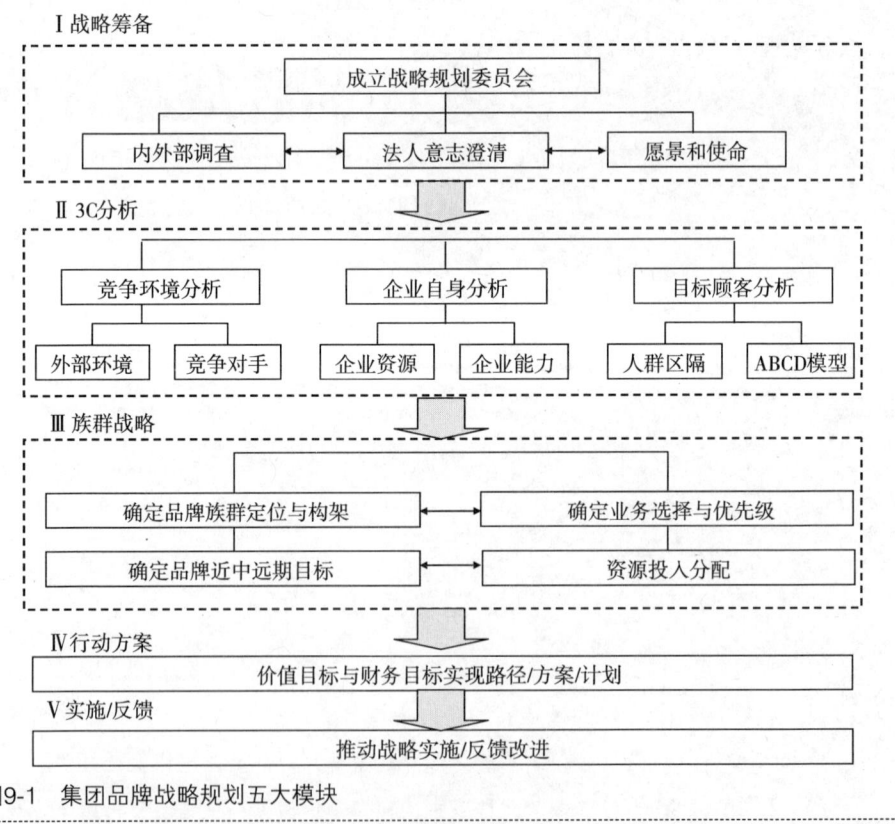

图9-1　集团品牌战略规划五大模块

下面在表9-1中，对这5大模块的内容、使用的工具和方法进行说明。

表9-1　　　　　　　　集团品牌战略5大模块要素与方法说明

模块	主要内容	工具和方法
Ⅰ战略筹备	成立战略规划委员会	集团高层和各业务板块负责人参加
	内部和外部调研	顾客定性与定量调查/内部访谈/市场走访/上下游合作伙伴访谈/行业专家访谈
	法人意志澄清	董事会/经营核心班子深入研讨
	确定愿景和使命	
Ⅱ 3C分析	竞争环境分析	宏观环境PEST分析/行业环境分析/竞争态势矩阵/集中度分析/波特五力分析/标杆企业分析
	企业自身分析	资源和能力分布矩阵/方阵图/雷达图/内部价值链等
	目标顾客分析	目标人群区隔/顾客特征多维度分析/定客ABCD模型综合分析
	3C综合分析	SWOT分析、IE内外因素矩阵分析等
Ⅲ族群战略	集团业务选择和确定业务优先级	通过以上分析，运用SWOT模型、BCG/GE矩阵、波特竞争战略模型等对集团业务（品牌）进行选择和取舍，并确定发展优先级
	品牌族群6C定位	顾客定位：通过价值元素分布图/年龄阶梯图/树形图等描述集团各品牌的目标顾客
		品类定位：通过树形图，将集团各品牌包含的业务分支表述清楚
		格调定位：通过格调定位矩阵，将集团各品牌的位置标注清楚
		价格定位：通过PE和PR矩阵，以及战略钟模型，将集团各品牌的位置标注清楚
		个性定位：运用艾克品牌个性维度量表或品牌个性12种原型或自定义的个性，将集团各品牌的个性描述清楚
		核心定位：选择同心多元化/异心多元化等模型，将集团各品牌的核心定位和相互地位描述清楚
	品牌族群构架梳理	区分母子品牌/主副品牌/背书品牌/平行品牌/联合品牌等不同模式，将集团各品牌的关系和构架梳理清楚
	品牌近/中/远期目标设定	包括各品牌的财务目标和价值目标
	品牌资源投入分配	根据业务选择与优先级，以及根据品牌近中远期目标，确定资源和资金的投入分配
Ⅳ行动方案	品牌价值目标/财务目标实现路径与方案	问题树分析方法，途径选择与取舍，并确定行动优先级，制定《集团品牌战略规划方案》
	方案转化为行动计划	包括行动内容/时间节点/责任人/需要的资源和能力支持等细节，制定《集团品牌战略规划执行计划》

续表

模块	主要内容	工具和方法
V实施/反馈	战略实施	战略委员会和集团品牌管理部推动战略的实施
	效果评估与反馈	实施过程控制与反馈，修正和完善方案计划

注意：对于单一品牌和单一业务的集团公司，就不需要做"集团业务选择与优先级"、"品牌族群构架梳理"这些内容，但品牌6C定位、品牌近中远期目标设定以及资源投入预算等还是不能缺的。

⦿ 战略筹备

集团品牌战略一旦制定，三五年之内要保持稳定，可以根据战略实施效果评估来修正和完善战略部署，但是不能大幅度改变战略方向或废止战略计划。朝令夕改、浅尝辄止对于大型集团公司来说，会引起混乱和严重后果。所以，制定战略是非常严肃的事情，牵一发而动全身，需要召集集团高层核心班子，组成一个战略规划委员会专门来负责。前期很多琐碎工作包括内外部调查、资料收集和文案分析等可以由集团品牌管理部来负责，但是在每个关键环节研讨和决策中，所有高层领导和各个业务板块的负责人都必须参加。

战略规划委员会成立之后，就应该召开动员会，将整个战略规划的思路、框架、任务和时间计划向所有成员宣导。接下来，就要进行企业内外部调查和研究，并通过高层会议，澄清法人意志。在此基础上，再确立集团品牌的愿景和使命。前面第一章的《品牌愿景与使命》，论述了品牌的愿景和使命，其道理适用于集团品牌和其他业务品牌。集团品牌作为品牌族群的最高层级，代表集团法人的意志，须与集团整体战略愿景相统一。

集团品牌的愿景，应该代表崇高的理想追求，能鼓舞人心和士气。集团品牌的基本使命，应该号召统领跟集团公司相关的5大力量。愿景和使命都要用精炼的语言来描述，简短有力。

⦿ 3C分析

3C分析是非常有效的工具，根据上面企业内外部的调查数据和资料，我们可以从竞争环境、企业自身和目标顾客三个方面来进行深入分析。

①竞争环境分析：包括外部宏观环境和行业竞争环境。外部宏观环境可以用PEST模型来分析，行业竞争环境主要分析包括：行业发展趋势分析、行业竞争态势矩阵（图9-2）、行业集中度分析、波特五力模型分析、行业价值链分析、标杆品牌分析，等等。这些工具不需要全部用上，根据需要进行取舍。同时不能变成工具的奴隶，而要将工具当做奴隶使用。笔者发现，一些对战略和工具缺乏深入理解的新手，很容易"为了使用工具而使用工具"，结果虽然洋洋洒洒、图文并茂撰写了一份厚厚的报告，实际上什么问题也没有解决。

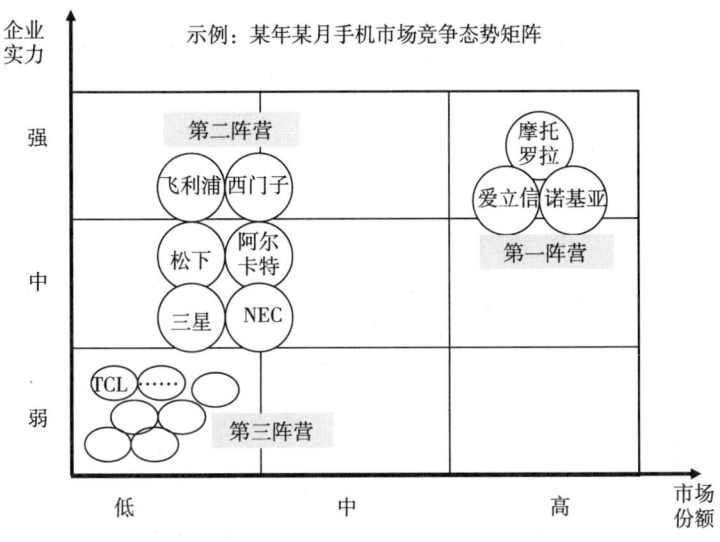

图9-2 行业竞争态势矩阵示例

②企业自身分析：主要包括企业内部资源和能力分析。这里可以运用内部价值链分析（图9-3）、资源和能力分布矩阵（图9-4）、方阵图、雷达图等等。通过内部价值链梳理，我们可以找到企业内部的关键资源和能力，然后根据资源和能力分布矩阵，对这些关键内容采取相应策略。对于行业竞争重要性高、企业拥有程度高的资源和能力，要继续保持优势，进行巩固和加强。对于行业竞争重要性高但是企业拥有程度低的内容，要重点改进和提升，以弥补短板。对于行业竞争重要性低、企业拥有程度高的内容，不需要做更多的投入和强化。对于行业竞争重要性低、企业拥有程度低的内容，可以考虑舍弃与外包。

企业资源和能力分析要处理好两个问题：一是我们能做什么，二是我们应该做什么，在二者之间找到最佳平衡点。

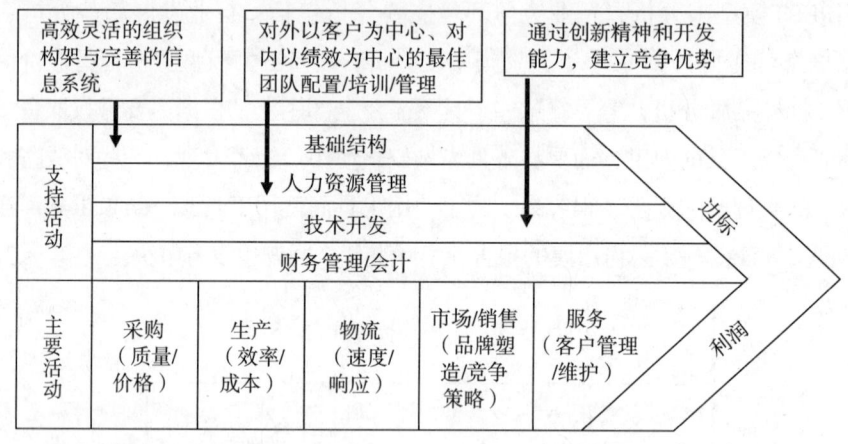

图9-3　企业内部价值链分析

另外参见第一章的图1-20：品的测评方阵图，这个方阵图实际上也属于企业资源和能力评价工具，根据实际需要，可以更换纵坐标的各项指标。此外，同样可以用雷达图来表示。方阵图和雷达图都能直观表示出本企业的资源和能力跟领导品牌的差距。

③目标顾客分析：主要是从芸芸众生中区隔出目标

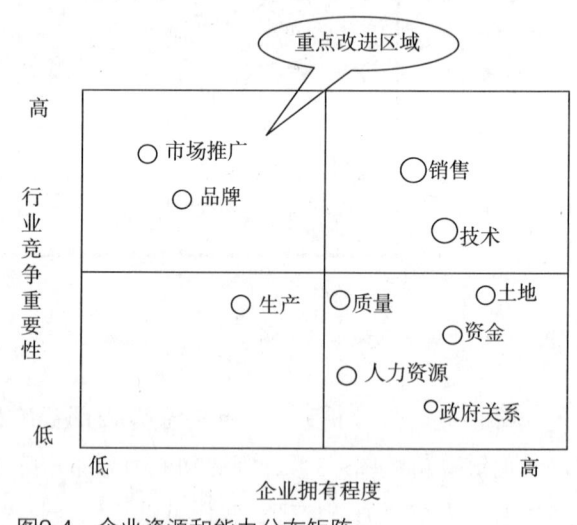

图9-4　企业资源和能力分布矩阵

顾客，并研究目标顾客的各项特征，再综合起来运用定客ABCD模型进行分析和描述。

此外，还应该运用SWOT模型、IE内外因素矩阵等模型，将企业内外部各个维度综合起来进行分析。分析的结论，将在下面的模块中应用。

第九章 集团品牌战略管控 | 355

⦿ 族群战略

（1）集团业务选择与优先级

运用GE或BCG矩阵，可以对集团业务进行分析和选择。如图9-5所示，对于市场吸引力强、企业竞争能力高的业务，应该重点扶持。对于市场吸引力低、企业竞争能力高的业务，主要用于获取回报，避免过度追究投资，因为行业已经走下坡路，没有太多的潜力可挖，继续投入的回报率会很低，还不如将获取的现金流和利润投入重点扶持和重点开发的业务中，以便获得更高的投资回报，并为企业赢得未来的盈利支撑点。对于市场吸引力强、企业竞争能力低的业务，要做重点开发。对于市场吸引力弱、企业竞争能力低的业务，可以考虑退出或转型。由于每种业务对应一个或多个品牌，因此品牌的未来发展，也要根据业务优先级而定。此外，还要考虑现有各业务的市场份额，综合制定最终的策略。

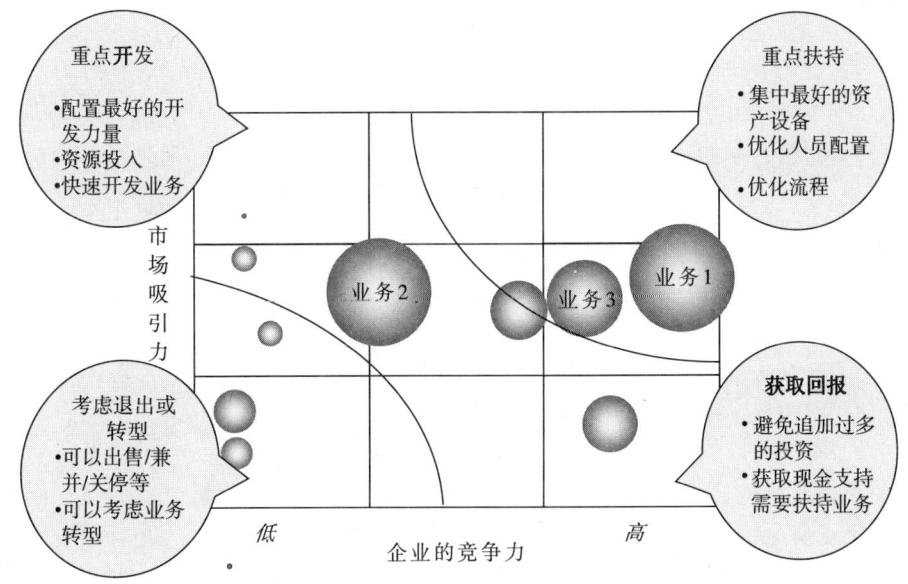

图9-5　GE矩阵分析：集团业务选择与优先级

（2）品牌族群6C定位

本书前面用了整整6章的内容来论述6C定位，这里就不再赘述了。这其中的工具如顾客年龄阶梯图、格调定位矩阵、PR和PE定价矩阵、战略钟模型、品牌个性维度量表等，既可以分析单品牌，也可以分析多品牌，可以将整个集团的品牌族群全部在图上标注清楚，一目了然。

（3）品牌族群构架梳理

本书第一章的《品牌族群战略》中，已经对公司（集团）品牌和旗下品牌族群的构架、彼此的关系和分担的角色等做了系统论述，对于平行品牌、母子品牌、主副品牌、背书品牌和联合品牌等几种模式做了举例说明，因此这里不再赘述。集团品牌族群定位和构架，按照上述几种模式对号入座即可。只有将各个品牌的"辈份"层级、角色定位和任务分工明确化，才能将整个集团的品牌统一协调运作起来。

（4）设定集团品牌近、中、长期财务目标与价值目标

长期目标跟愿景是有区别的，简单地说，长期目标比愿景更具体、时间上更近一些。我们通常制定3年或5年战略，也就是说以近中期目标为主，近中期目标是具体的、可以度量的、必须达到的目标。对于长期目标，只要求有清晰的描述即可，不要求太细化。

合理的品牌战略目标，应该包含两大部分：一是价值目标，二是财务目标。实际上，很多企业都习惯于根据销售业绩来判断品牌价值，也就是说用财务目标替代价值目标，包括全球品牌排行榜，都是用经济指标来判断品牌价值和资产的。这样的好处是数据容易获取，并且对品牌资产可以用货币来衡量。但是，财务指标也有很大的局限性，只适合于品牌资产评估和并购领域。在品牌建设方面，财务指标并不能提供直接的指导作用。比如今天股票涨了，明天股票跌了；这个月盈利了，下个月亏损……这些数据很可能由外部市场环境变化而引起，并不能反映品牌真实价值的变化。

所以，我们这里才专门提出品牌价值目标，它跟财务目标同样重要。二者关系是这样的：财务目标保证当前收益，价值目标不但促进当前收益，而且保障未来收益，让品牌可持续发展。长期来看，二者相辅相成，相互促进；短期来看，二者是一对矛盾关系，例如，品牌形象、传播、公关和顾客体验方面投入的资源很多，显然对提升品牌价值目标有利，但是对于当期财务目标（利润指标）不利。对二者关系的科学处理，是短视企业和远见企业的分水岭。

短视的企业，常常会犯如下错误：一是为了实现短期内的财务目标，忽视品牌的必要投入而导致品牌发展停滞；二是一味追求赚钱的项目、导致品牌过度延伸而稀释品牌价值；三是动辄拿价格战做文章降低品牌价值和档次；四

是为了赚取眼前利益而滥用品牌特许经营，将品牌使用权出售给很多鱼龙混杂的企业，这样显然是在贱卖品牌的现在和未来。

上述错误，对于有远见的企业来说，都是应该避免的。我们应该兼顾品牌的财务目标和价值目标，所以我们要两条腿走路，不可偏废。

首先，我们来探讨一下品牌价值目标。

根据戴维·阿克的品牌资产模型，将品牌价值分为知名度、感知质量、品牌联想、忠诚度和其他品牌专有资产5个维度。Ad Age新闻集团与花旗集团的联合调查显示，品牌企业的市场营销部门出资在Facebook网站上投放广告的最主要目的不是吸引顾客，而是建立品牌知名度。调查问及Facebook网站广告投放的最主要目的，45.9%的被调查者将提高知名度与认可度放在首位。而排名第二的目标为拉动品牌网站访问量，占17.6%。显然，品牌企业都认识到，广告最直接的作用是提升品牌知名度，由此提升品牌价值和品牌资产。对于成熟而知名的品牌而言，知名度、联想度、感知质量、忠诚度等数据都可以通过顾客调查和市场监测来获得，可以做定量和定性描述。例如万豪酒店，每周都要衡量顾客的满意度，从而找出服务或设备中存在的问题，及时改进。这样就将品牌感知质量的监测变成了日常工作，对品牌建设非常有益。再如忠诚度的监测，在CRM做得比较好的公司，可以直接获取老顾客重复购买率、重复购买的频次、老顾客对营收和利润的贡献值等数据，这些都可以直接评价品牌忠诚度。

当然，也不是要求所有的品牌企业都盲目设定价值目标，对于不知名的弱小品牌而言，做知名度和美誉度调查是徒劳的；因为知名度太低而检测不到。但是，对于大型集团而言，这项工作是不能省略的。集团品牌管理部门应该定期对目标市场进行调研和监测，并分析调研数据，为后面的品牌投入计划提供参考依据。实际上，很多大品牌会选择4A广告公司、品牌咨询机构等来完成品牌调研和广告监测工作。完全交给第三方操作也有弊端，那就是数据容易失真。最好的办法是，品牌方成立一支精干团队，跟第三方机构的顾问团队一起工作，参与每一个环节，这样不但起到监督作用，而且让己方团队深入学习专业机构的研究和操作方法，提升己方团队的专业素质。

接下来，我们再来看看品牌财务目标。

品牌财务指标一般根据历史数据、年增长率、市场形势、未来赋予品牌的战略使命、未来资源扶持情况等而综合设定。像海尔、华为、南航这类集团品牌跟企业品牌、业务品牌重合的企业，集团品牌的财务目标跟集团公司整体财务目标相重合，因此问题变得简单。然而，对于具有复杂品牌族群的集团公司，集团品牌和旗下族群之间就存在一个财务目标"合"与"分"的问题，我们要把握下面几条原则。

①集团品牌如果不作为业务品牌出现，则无财务目标。例如宝洁的集团品牌并不用于具体产品上，只是作为担保和背书出现，所以"宝洁"品牌本身无需设定财务目标，而是将集团财务指标分解到旗下300多个业务品牌头上去。

②如果集团品牌作为业务品牌出现，则财务目标的设定只限于品牌所覆盖的业务范围内。例如"大众"作为汽车集团品牌，旗下虽有12大汽车品牌，但是大众品牌只对商标为"大众"的汽车的业绩负责。再如可口可乐旗下的品牌包括可口可乐、雪碧、芬达、醒目、酷儿、天与地、岚风、阳光、美汁源、冰露、果粒奶优、健怡、原叶茶等，而可口可乐作为集团品牌，只承担可乐饮料业务的财务指标，不承担其他品牌的财务指标。总而言之，在集团大家庭里，财务指标是各品牌按"人头"的形式分摊下去的，每个品牌只需对自己的业务领域负责。

③集团任何品牌如果作为主品牌出现，则要承担所有副品牌的财务指标（当然，也可以按照副品牌继续分解指标）。因为副品牌的价值，是由主品牌驱动的。提升主品牌的价值，就会增加副品牌的业绩，反之，亦然。所以主品牌起到主导和决定性作用，必须对副品牌的业绩负责。例如，三星作为集团品牌，要对副品牌为"名品"的彩电业务的财务指标负责，因为当"三星名品"上市的时候，人们看重的还是"三星"。同样的道理，惠普品牌要对旗下"Envy"副品牌笔记本业务的财务负责，因为"HP Envy"的主副组合中，人们只认"HP"。

（5）品牌资源投入分配

根据集团业务选择与优先级、各品牌的价值目标和财务目标，可以确定合理的资源投入分配方案，重点把握如下几点。

①设定合理的投资回报率ROI。在传统行业，ROI的含义是投入产出比，即产出除以投资；在电商行业，ROI是指推广产出比，即营业额除以推广费用。这些都可以参考历史数据和行业情况而设定，根据ROI和财务指标，就可以反推出需要的资金投入。

②营销推广与品牌推广相结合。营销推广跟品牌推广是有区别的，对于

初创品牌、成长型品牌而言，营销推广一般跟销售额成正比，但品牌推广不一定直接带来明显收入，而是会提升品牌知名度、美誉度等指标，为品牌形象和价值加分，只要持续、科学、合理投入，会逐渐获得回报。也就是说，纯粹的品牌推广，属于品牌价值投资，收获不一定是在现在，而是在将来。过去的投资在现在获得回报；现在的投资在将来获得回报。

对于成熟品牌而言，品牌推广对于现在收益和未来收益都有帮助。

总之，要将营销推广和品牌推广结合起来，兼顾短期和长期利益。

③参考业务优先级、品牌角色和分工等因素。对于重点扶持、重点开发的业务，所对应的品牌投资力度大；对于获取回报的业务，其对应的品牌投资减少；对于考虑退出的业务，则停止投入。在品牌角色定位和分工方面，有些集团品牌同时充当业务品牌、背书品牌和主品牌，它的角色在品牌族群中自然是举足轻重的，分担的财务指标和价值指标大，对整个集团财务的贡献值大，被赋予重望，因此，品牌投入也要相应加大。而对于品牌族群中的一些小角色、小品牌、新培育的品牌等，本身财务指标不高，那么投入也会相应减少。

④参考品牌成长的不同阶段而定。在品牌成长的不同阶段，适合品牌传播的策略和投入是不同的。成熟的知名品牌可以做奥运营销、体育营销，大品牌、大公关，大策划，轰轰烈烈；但是小品牌还是应该精耕细作，精准传播。不要大笔乱烧钱，而应该在"人"的身上投资，建立优秀的推广和公关策划团队，采用低成本的策略，充分利用网络和新媒体互动式、病毒式传播的特征，用团队卓越的能力一定程度上替代资源的大笔投入。小成本也可以做出大的影响力，关键是策略得当、执行到位。

总之，品牌投入和资源配置一定要综合考虑多个方面的因素，才能做出正确决策。

⊙ 行动方案

本书第一章的《品牌战略溯源》中，对品牌3种战略路径进行论述。不过，这只是3种大的方向，为了达成战略目标，我们还要做进一步分析，直到确定具体可行的路径和方案。我们通常用的方法是问题树分析法（也叫决策树），下面请看具体的示例。

(1) 品牌价值目标转化为行动方案

我们建立问题树的依据是麦肯锡的MECE原则,即"相互独立,完全穷尽",简单地说,就是不重复,不遗漏,如图9-6所示。

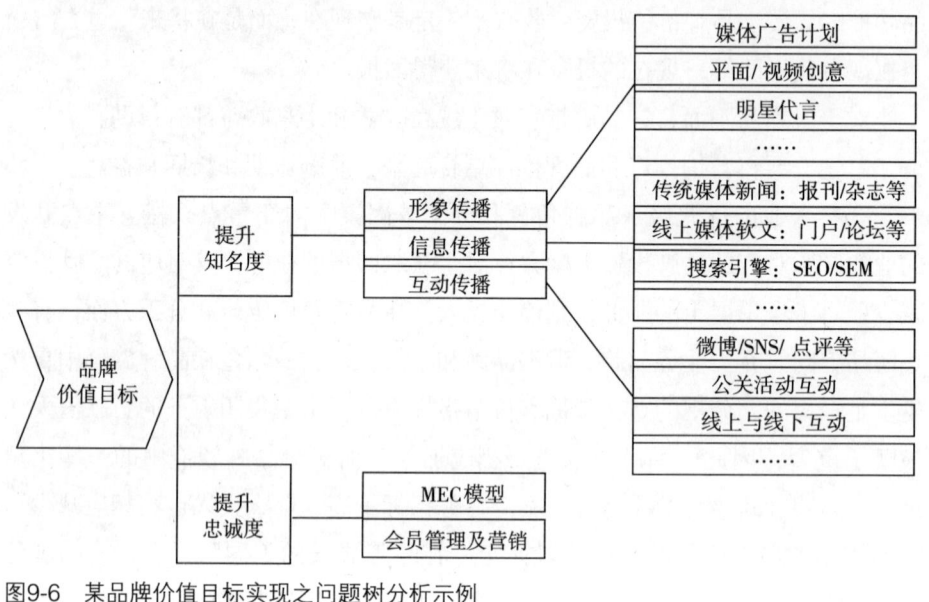

图9-6 某品牌价值目标实现之问题树分析示例

假设,某品牌的价值目标是针对新顾客扩大知名度;针对老顾客提升忠诚度。

首先,我们可以列出问题树的第一级目录:提升知名度,提升忠诚度。

然后,我们列出第二级目录,在思路上要穷尽,但在罗列的时候需要做出判断和取舍,只需列出最重要的几项,比如提升知名度最重要的三项是形象传播、信息传播和互动传播;提升忠诚度最重要的举措是提升MEC顾客体验,加强会员管理及会员营销。

接下来,可以列出第三级目录,同样要做出判断和取舍,只需列出最重要的、可行性的几项。例如信息传播,可以采用传统报纸杂志的新闻发布、线上门户网站和论坛的软文发布以及搜索引擎优化与关键词广告投放等。

如有必要,还可以列出第四级目录。其实,此时可以制定行动方案了,例如新闻发布如何操作?媒体广告如何投放?这些都需要去制定相应的行动方案。

(2) 品牌财务目标转化为行动方案

同样的道理,运用问题树分析,我们可以对品牌财务目标进行分解,实际上财务指标有很多种，例如投资规模、投资回报率、营业收入、现金流、毛利率等，为了简便起见，这里仅以某线上品牌如何提升营业收入为例来说明。

如图9-7所示，根据市场增长策略矩阵，我们可以组合出4种策略：现有产品对现有市场，

图9-7 市场增长策略矩阵

市场渗透策略；现有产品对新市场，市场开发策略；新产品对现有市场，产品开发策略；新产品对新市场，多元化（同心多元化、异心多元化）及一体化（纵向一体化和横向一体化）。除了集团品牌之外，其他业务品牌都不适合随意开展多元化、一体化业务，否则就会偏离品类定位，而应该采取集中策略。所以，对于业务品牌，我们这里不考虑多元化和一体化的情况。而在实际操作中，要根据具体情况进行分析和决策。那么，品牌财务目标的实现，就至少可以在市场渗透、市场开发和产品开发三个维度做文章。

市场渗透，我们通常称之为质量性增长，即现有品牌业务经营品质的提升；市场开发和产品开发，我们也可以称为结构性增长，即开拓更多的增长途径和机会。由此，我们可以绘制图9-8所示的营收指标增长策略模型。

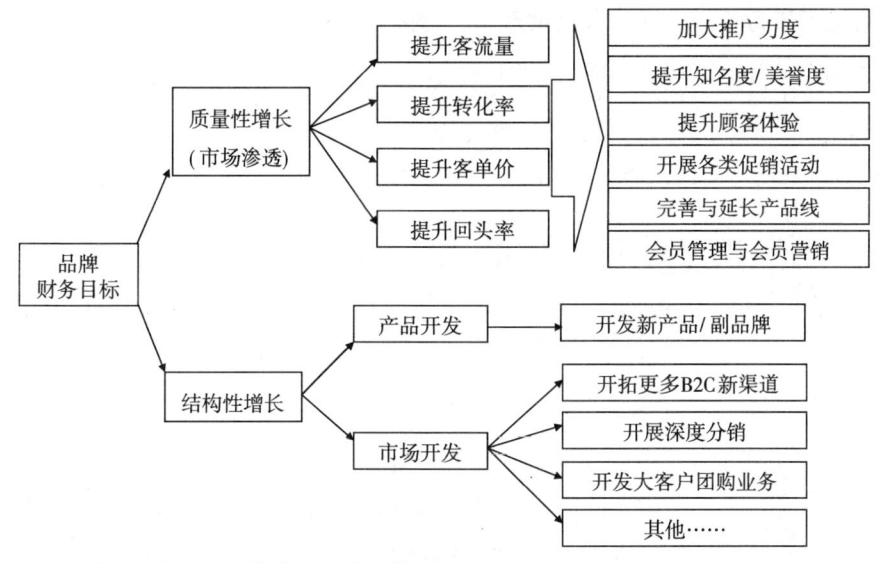

图9-8 某线上品牌财务指标增长策略示例

其中，质量性增长包括如下举措：提升客流量、转化率、客单价和回头率（重复购买率）；结构性增长包括如下举措：开发新产品或采用副品牌统领新产品、开拓更多的B2C渠道、开展网络深度分销、开发大客户团购业务，等等。在第三级目录中，对于质量性增长，我们还可以列出更加具体的措施：加大推广力度、提升品牌知名度和美誉度、提升顾客体验、开展各类促销活动、完善或延长产品线、会员管理和会员营销，等等。我们要对这些要素进行抉择和排序，挑选最关键的要素优先采用，然后去制定更加详细的解决方案，最终形成"集团品牌战略规划与行动方案"。

在完成战略方案之后，还要制定计划执行案。执行案中就不需要任何分析过程了，主要使用甘特图的形式，将方案转化为执行计划表，每一个事项都包括详细任务内容描述、时间节点、责任人、检查人以及所需的资源支持等，确保所有工作都能如时、如质、如量完成，这样才能确保战略目标的实现。

◉ 实施与反馈

在战略方案和行动计划制定后，资源投入和经费预算明确到位，接下来就是全面推动方案和计划的实施。这个时候，主要考验集团品牌管理团队的执行力以及对企业内外部资源的整合与运用的能力。同时，在执行过程中，还需要对结果进行检查、评估和反馈改进，必要时调整行动方案和计划，确保执行不会偏离品牌价值目标和财务目标。

02 | 捍卫价值的藩篱
——集团品牌管控12项任务

集团品牌管控的目标，为品牌价值构建一道藩篱，让品牌保值和增值。品牌管控是一个庞杂的系统工程，牵涉到方方面面。由于品牌的各项工作比较抽象，如果策略和执行跟不上，就容易停留于形式上，所以集团品牌管控基本任务经常被忽略，让位于其他业务和繁琐事务。很多国际大型集团都设立了首席品牌官（CBO）这个职位，在国内的企业，也普遍设立了品牌总监这个职位。显然，无论CBO还是品牌总监，都必须对集团品牌管控负责。

概括起来，品牌管控至少有12项基本任务，如图9-9所示。

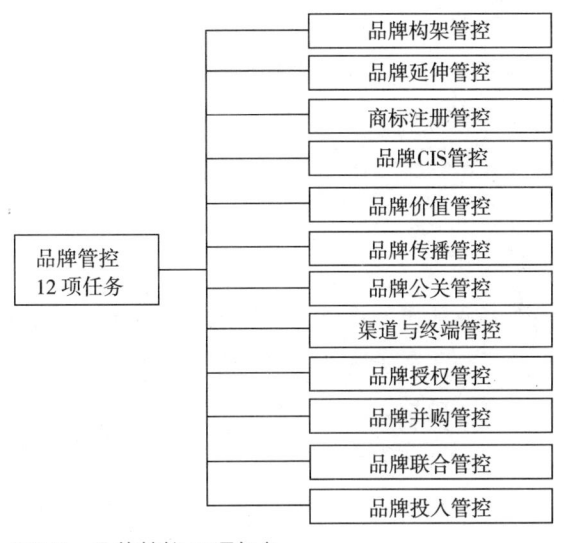

图9-9　品牌管控12项任务

● 品牌构架管控

品牌族群构架管控，包含静态和动态两个方面。在静态方面，那就是梳理和确立品牌现有族群构架，明确各个品牌的定位、角色和分工。并且，在具体的业务领域，要确保顾客定位、品类定位、格调定位、价格定位、个性定位和核心定位等各个维度不会突破品牌原来既定框架。

在动态方面，集团旗下往往有着庞杂的品牌和业务群组，为了适应市场竞争的需要，往往会对业务范围进行调整，可能会关停一些旧的业务，开辟一些新的业务；同时，还可能开设新品牌。这个时候，集团层面或旗下分子公司层面，应该召开新业务论证和协调会议，集团CBO和品牌管理团队，要对所有的新业务调整情况进行调研和判断，如果违背了品牌原有的定位，那么就要进行协调处理，或者停止新业务，或者开设新品牌。如果发现企业内外部环境和形式都发生了变化，也要考虑对原有品牌进行重新定位。总之，这些都要慎重进行，确保集团整体品牌族群的前后统一性和稳定性。

● 品牌延伸管控

品牌延伸是CBO必须经常面对的问题。对于销售负责人而言，品牌延伸是营销的利器。如果能借助集团知名品牌的影响力，来推进新产品、新业务上市销售，则是一件事半功倍的事情。这样可以避免新品牌建设的大笔投入，同时还可以获得新业务的收入，可谓一举多得，诱惑力无穷。然而，对于CBO来说，就面临抉择。CBO必须站在品牌专家的角度，必须坚持自己的正确主张。首先，CBO必须深入调查研究，判断新产品或新服务是否跟原有品牌的品类定位相符合，是否符合品牌延伸的条件。其次，对于跨大类的不合理延伸，要旗帜鲜明地反对。像马应龙眼霜、霸王凉茶、皮尔卡丹自行车、海尔电脑这类令人啼笑皆非的品牌延伸，都已经跨越大类，突破了原有品牌的品类定位，将导致新业务的失败，并严重损害原有品牌的价值。

跟品牌延伸相对应的是品牌收缩，这种情况也很常见。例如集团品牌承担了整个集团的形象和价值，为了规避风险，避免"一损俱损"的悲剧，就应该慎重涉足具体业务领域，甚至要将集团品牌从具体业务上剥离出来，这就叫品牌收缩，例如复星集团将"复星"商标从旗下药店品牌中剥离开来。

◉ 商标注册管控

商标是企业的重要资产，尤其是对于知名品牌而言，商标上承载着企业的无形资产，所以要重视商标注册管理，如果涉及到产权和法律问题，还必须请集团法务部进行协助。这里包括如下几项主要工作。

①商标整理归档。对于集团旗下所有商标资源要进行统一梳理，建立档案，统一管理。尤其是对于很多并购过来的子公司，有些商标注册年代久远，资料不全，甚至产权不清，这些都要进行整理和补正。

②商标注册保护。对主营业务的商标进行全方位保护，要对所有相关类目进行注册。如果有些类目已被别人注册，要进行商标谈判和购买。同时要尽可能申请国家驰名商标保护。

③商标收购。商标收购工作要趁早做，当品牌尚不知名的时候，收购的代价最小。同时，收购的时候一定要明确商标主体归属，签订完善的合同，严格走法律程序，防止其中的陷阱，避免iPad的商标官司这种情况。同时，要运用法律手段，应对商标被恶意抢注的行为。

④新商标注册储备。那些音节优美、朗朗上口、格调不俗、易记、易

懂、易传播的商标，属于稀缺资源，并且越来越稀缺。原因很简单，一方面，由于行业的发展，每天新品牌层出不穷，对新商标的需求很大；另一方面，也由于商标中介机构的囤积居奇行为，他们注册了大量商标，伺机出手卖给需要商标的公司。因此，对于集团现有业务领域，可以有计划地注册一些新商标，作为企业的储备资源。尤其是对于集团未来可能进驻的新业务领域，要提前注册一些新商标，或者提前购买一些认可的商标。

⦿ 品牌CIS管控

企业识别系统CIS，也同样适用于品牌，包括三个部分：VIS（品牌视觉识别系统）、MIS（品牌理念识别系统）、BIS（品牌行为识别系统），VIS是品牌的"脸"，MIS是品牌的"心"，BIS是品牌的"肢"，这些构成完整的品牌外在表现系统。值得注意的是，对于具有单一品牌的集团公司，品牌和企业的CIS合为一体；而对于多品牌企业，企业和品牌各有自己的CIS系统，但彼此内涵应该相统一。

（1）VIS的完善

早期的品牌很多没有完整的VIS系统，主要是商标所有者没有这方面的意识，或者是创业者没有资金实力去请专业品牌设计机构来服务。因此，要梳理集团旗下的所有品牌，对于VIS不完整的品牌，要立即请专业设计机构进行重新设计和完善，并保证VIS符合品牌核心定位和格调定位。

（2）VIS的更新

有些品牌形象老化，不能满足当下人们的审美需求，不符合时尚潮流，或者格调老土，不具备国际化元素，对于这类品牌的VIS都要进行更新，重新设计。本书前面讨论过多起换标的案例，换标引起的风波也不可小视，所以换标要慎重。VIS的更新，要符合品牌新的格调定位，满足未来消费趋势和国际化潮流。

（3）VIS的规范运用

集团品牌管理部门日常的工作，在于管理VIS的规范运用，原则上所有对外的宣传形象、资料和物料等，都要由品牌部门统一设计，统一制作，统一发放。其他分子公司自行设计、制作和传播内容，也应该严格遵循品牌VIS手册。同时，集团品牌部门应该对渠道和终端的窗口形象定期检查和监督。

（4）MIS、BIS的规范运用

一方面，品牌部门要对企业内部的全体员工灌输品牌理念和行为理念，通常跟企业文化结合起来进行，通过定期与不定期的内部文化活动、仪式、培训和奖惩制度等，将MIS和BIS贯彻落地；另一方面，品牌部门还要将MIS和BIS影响到企业对外的渠道和终端各级人员。只有全体员工共同遵守了MIS和BIS，那么才能让顾客感知品牌文化和品牌价值。

⊙ 品牌价值管控

品牌价值包含理性价值和感性价值，就像一个蓄水池，一方面水池因为渗漏等原因，品牌价值会逐渐耗损减少；另一方面，品牌管理部门必须不断为品牌的池子加水，以便让品牌价值越来越高，品牌价值管理包含如下内容。

（1）减少价值损耗

价值损耗的原因有很多，主要有如下几个方面：一是自然损耗，随着时间的推移，人们的记忆会变得模糊，此时品牌如果不能持续传播，那么人们最终会忘记这个品牌的存在；二是促销损耗，在促销过程中，往往会涉及打折让利行为，这会导致品牌自损身价；三是延伸损耗，前面提及过，品牌过度延伸，会稀释品牌价值。此外，还有特许经营过度授权损耗、危机事件损耗等。因此，减少价值损耗，就要针对上述各种情况，采取相应措施，例如持续投入、价格坚挺、合理延伸、授权管控、危机公关等等。

（2）增加价值体量

增加价值体量，就是本章前面关于品牌价值目标实现的举措和内容，包括提升知名度、美誉度、忠诚度等指标和对应措施。

⊙ 品牌传播管控

品牌传播也是品牌管控的日常工作之一，重点要注意以下内容。

（1）制定科学的传播策略

品牌传播是烧钱的工作，因此绝对不能拍脑袋，一定要将每一分钱都花在刀刃上，这就要考验品牌推广部门的业务水平。传播的首要任务，是围绕品牌财务目标和价值目标，制定科学合理的年度品牌传播方案以及投放计划，对于覆盖率、到达率、收视率、毛评点、千人成本、频次、排期等指标，都要有明确目标和可以量化的数据，并为今后的传播决策提供依据。

具体的广告投放方案和广告片脚本通常是交给4A公司等专业机构来操作的，或者采用招标与比稿的方式来选择，这不等于作为甲方的品牌管理团队可以置身事外。相反，甲方自身应该做到专业，才能让作为乙方的广告公司更加严谨和敬业。

（2）传播媒介管理

在明确品牌的目标客户定位基础上，还要深入了解目标顾客的媒体接触习惯，然后精选适合目标客户的媒体。传播媒体的选择，不仅仅参考广告公司的推荐，更要品牌总监和传播经理亲自去了解媒体定位和所覆盖目标受众的特征。此外，还有一项重要工作是媒体采购，即媒体广告的价格谈判，牵涉多方利益，其中潜规则很多，CBO应该熟悉广告行业的特征，并坚持公开、公正和透明的原则。

（3）传播内容管理

传播内容至关重要，无论平面广告、视频广告、新闻软文、明星代言等，都是内容决定效果。所以，对于传播内容的管理，要考验品牌团队的创意和策划能力。内容创意通常可以由外部品牌和广告智囊机构来协助解决，但品牌管理团队起码也要有判断能力，在众多的提案中选择最佳方案。同时，更重要的事情是，品牌管理团队要对所有的内容把关，确保符合品牌定位和价值主张，符合民族、历史、文化、情感和风俗，符合国家的相关法律法规等。例如龙在中国是吉祥高贵的象征，但是在西方文化中就是邪恶的化身。

对于有些出奇制胜的争议类广告，一定要慎重。一直以来，中国广告界流行"恶心营销"，只求知名度，不求美誉度。例如江西宜春的旅游广告为"一座叫春的城市"，湖北利川的旅游广告为"我靠重庆"，等等，这些都是成功的策划，虽然被叫停，但广告效果已经达成了。然而，不是每个行业都适合恶心广告营销的，例如医药类、母婴类、食品类、牛奶行业、保险业、教育培训业、服务业等，都必须树立正面的形象，恶搞会降低自身美誉度和专业形象，最终得不偿失。

（4）传播效果评估与反馈

品牌和营销界有无数精英在为广告效果而殚精竭虑，对于成熟品牌而言，由于拥有丰富的历史数据和历史经验，ROI都可以控制在一个最佳比例，所以广告投放的效果既可以预测，也可以评估。然而，对于新品牌而言，广告投入往往具有很大的赌博性。每次看到上海的楼宇电视、地铁广告中冒出了一个新品牌，就基本可以判断该品牌最近肯定拿到了一笔风投。在热热闹闹猛烧一把广告之后，就销声匿迹了。一年半载之后，就可以查到该品牌巨亏、再次融资或被兼并收购等消息。显然，即便很多商界精英在操盘这些品牌，但实际行动起来，还是具有很大的盲目性。当然，这其中也有风投的推波助澜，例如某网络知名童装品牌第一次融资1亿元，风投要求其在2011年将营收从3亿元提升到7亿元，即要求营收ROI=1：7。这个品牌也是草根成长起来的，老板拿着这么多银子，也不知道该往哪儿花，对于品牌的成长和未来的图景并无清晰的预见。于是，匆忙耍出三板斧：急剧扩张团队，大量增加库存，猛烈投放广告。短期内知名度果然大大提升了，但是营业额却没有多大的起色，结果导致大亏，于是又开始大规模裁员，伤筋动骨。其实，有些风投只是玩资本的高手，却不真正懂得实业运作规律，尤其不懂品牌成长规律，他们顶着那颗花岗岩脑袋，急功近利，揠苗助长，总是固执地为一些不切实际的思路买单。

那么，在资本运作时代，为什么"城头变幻大王旗"闹剧不断上演？为什么很多新品牌会重复"融资——广告——溃败"的老路？如果我们深究其根源，那就是很多新品牌对广告的理解存在误区。如图9-10所示，这是符合统计规律的品牌广告效果曲线。随着时间和广告投放量的增加，品牌资产（主要是知名度）会快速增长；同时销售业绩也会增加，但是销售业绩的增长速度，远远落后于知名度的增长速度。在新品牌阶段，销售效果不明显，尤其是新顾客销售增长率不明显；只有品牌走向成熟之后，广告对业绩的拉动才会逐渐显著，并且对老顾客购买的促进效果高于新客户。这也完全符合逻辑的：在新品牌阶段，如前面第一章关于特劳特定位局限性的论述，由于顾客只是接受了广告攻心的洗礼，对品牌的价值还缺乏直接的体验和感知，所以知名度还不能有效地转化为美誉度和忠诚度，于是销售业绩增长也不明显。而对于成熟品牌来说，顾客已经跟广告、终端、产品、客服等各个环节接触很多次，对品牌价值已经有感知和体验，那么此时投放广告，会对购买行为直接有促进作用。

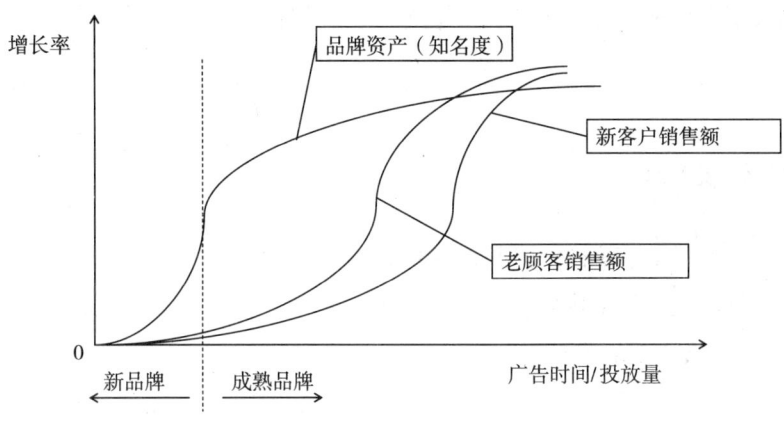

图9-10　品牌广告效果曲线

上面说的猛砸广告的新品牌，实际上对广告效果曲线和品牌成长规律不了解，没有对品牌广告和营销广告进行区分，对业绩的急功近利的追求，导致资源的投放和分配不合理。由于前期的投入大多属于品牌广告，主要对品牌资产提升有帮助，但对销售业绩贡献不明显，所以单纯用销售业绩来衡量的话，前期的投入肯定是亏损的。错误的广告投放策略，往往导致风投的钱很快烧完了，死在盈利的前夜。所以，这种玩法显然不对。

正确的做法是，遵循品牌成长的价值规律，采取精耕细作的方案，控制广告资源投放的节奏，尤其前期要控制广告成本，尝试更好的途径和方式，要评估是否要投放那么多，原则上维持合理的频次和力度即可，砸多了也是浪费，因为品牌成长需要过程。同时加紧构建品牌价值，提升顾客体验，让品牌资产（知名度）转化为新客户购买，再通过顾客体验转化为老客户购买，由此建立良性循环。更多的广告资源，应该投放在品牌逐渐成熟的阶段，这个阶段偏向营销广告，ROI会逐渐提升，最终实现盈利目标。

所以，在集团品牌管控中，需要对品牌的传播效果进行预测和把控，要区分针对品牌价值目标和财务目标的不同推广方式，将品牌广告和营销广告、新品牌推广与老品牌推广区别对待。

根据CAPE和MEC模型，我们要始终牢记一点：广告考验的是哪个公司更有钱，而品牌价值塑造和顾客体验提升，考验的才是品牌本身实力。科学合理地依靠广告获取新客户，依靠品牌价值体验留住老客户，这才是良性发展之路。如果新客户不能有效地转化为老客户，烧钱再多也没有用，只会加速企业的溃败。

⊙ 品牌公关管控

集团品牌管理部门日常很大一部分时间，要忙于品牌公共关系的维护。品牌公关具体包含如下内容——

（1）媒体关系的维护

一般媒体都会根据行业的不同，设定不同的栏目、频道或版块，有相应的"跑线记者"负责这个领域的新闻采写。因为跑线记者也需要大量新闻素材，因此会在企事业单位中发展自己的通讯员。根据这个特征，集团品牌宣传部门要跟各级媒体建立密切的联系，在内部建立一支专职和兼职相结合的通讯员队伍，每天都要给媒体记者提供行业相关的新闻稿件，这是一项必须长期坚持的日常工作。也就是说，跟媒体建立良好的关系，靠的不是请客送礼，而是依靠内容和信息资源的共享，依靠频繁的新闻活动带来的互动和交流。随着时间的推移以及通讯员队伍的成熟，媒体跑线记者会越来越依赖你，发稿命中率可以在95%以上，这样集团公司就建立了自己的公共话语权。也就是说，媒体公关的最高境界，就是宣传主管和通讯员跟跑线记者建立亲密的合作伙伴关系，而不是天天求着记者帮忙发稿。

多年以前，笔者曾经在中国南方航空深圳公司负责新闻宣传工作，整个南航集团年发表新闻稿件数量超过10000篇次（以各级媒体正式刊发或播出为准，包括一稿多投），其中南航深圳公司年发表量超过1500篇次，在集团20家分、子公司中名列第一位。这个成绩得益于南航完善的品牌宣传机制、成熟的通讯员队伍和多年来积累的良好媒体关系。

南航深圳公司设立3人专职宣传团队，并在飞行部、客舱服务部、地面保障部、机务维修部、市场营销部等各个部门中，乃至各个基层班组中，均设立若干名兼职通讯员，一共有50名左右的兼职通讯员。兼职通讯员由各级党组织负责领导，每年年初，公司党委工作部对每个党总支、支部设定年度发稿数量考核指标；每年年中和年底，将召开新闻宣传工作总结与表彰大会，对于完成指标的单位和宣传先进个人，进行物质和精神奖励，没有完成指标的单位，也会通报批评。为了本单位的荣誉，各单位负责人都很重视新闻宣传工作，为整个公司宣传工作的顺利开展奠定了良好基础。

在具体工作中，各部门的兼职通讯员的主要任务是，随时将本单位范围发生的新闻事件向宣传主管报告，可以电话口头报告，也可以写成书面的新闻初稿，然后由宣传主管或干事统一撰稿，统一发给媒体，公司只有一个新闻出口。举个例子：《乘客赶飞机煲汤忘关煤气，南航机长破例启用卫星电话》这则新闻，就是客舱部的空姐通讯员第一时间报告的，兼有新闻性和趣味性，讲述了一位乘客王先生急着赶飞机，当时灶台上正在煲汤，结果他忘记了关煤气就出门了，等到飞机起飞才突然想起。如果汤烧干了，很可能引起火灾，而飞机上又无法打电话，所以王先生急得要命。得知缘由后，南航空姐立即将情况告知机长，机长破例启用机上的8美元/分钟的卫星电话，通知王先生的妻子赶紧回家关煤气。等到飞机落地时，王先生接到妻子打来平安电话：当时汤锅已经冒烟，幸亏及时赶到，避免了一场灾难。南航机长还免掉了王先生的卫星电话费，王先生对南航的空中服务赞叹不已。该新闻同时在《深圳特区报》《深圳商报》《深圳晚报》《香港商报》《香港文汇报》《南方都市报》《羊城晚报》《广州日报》等10多家报刊上登出。

再如《南航拆掉飞机马桶寻出乘客万元钻戒》，这则新闻则是机务部门的通讯员第一时间报告的，讲述的是在南航CZ3953深圳至武汉的航班上，旅客杨先生如厕时不慎将一枚价值万元的婚戒，掉在飞机马桶中，并被冲走。杨先生心痛不已，求助南航乘务长，为了便于寻找戒指，乘务长在征得全体旅客理解的情况下，暂停了该厕所的使用。等航班降落武汉机场之后，立即通知南航湖北分公司的飞机维修工程师协助解决，但是工程师们使用多种方法，仍旧没有发现戒指。考虑到不能影响后续航班，南航决定将飞机飞回深圳基地再处理。最终，南航深圳公司的飞机维修团队紧急奋战3小时，硬是将飞机马桶拆开，在一根长长的弯管中找到了那枚珍贵的戒指。同样，这则新闻也同时被10多家媒体刊登。

南航作为客运量跻身全球前三甲、年运输量近1亿人次的大型航空公司，每天这类新闻事件层出不穷，这些都属于好人好事类正面新闻，为公司品牌树立了良好的公众形象。

此外，南航每天还有大量的公共服务信息，通过新闻和消息的形式发布在媒体上。例如新航线的开通、新飞机的引进、国际航班的动态、季度航班时刻的调整、台风天气对航班的影响、节假日航班加飞信息、无人陪伴儿童服务、机票打折消息、暑期师生优惠政策、旅游航线推出新套餐、地面服务新举措……类似这样的新闻，每天都有多条发布。在广州、深圳、珠海等华南城市，每天随便打开一份报纸，都能看到关于南航的正面新闻。这样显著提升了南航品牌的曝光率和美誉度，让南航成为旅客的首选。所以，民航跑线记者很轻松，即使坐在家里，每天也可以源源不断获得高质量的新闻稿件，基本上只需改动几个字，就可以直接刊登了。在这种情况下，南航跟媒体的关系自然是不言而喻的。

（2）政府和公共部门关系的维护

政府机关以及慈善机构、行业协会等公共部门，都对品牌公共形象具有重要影响，跟公共部门建立良好的关系，可以为品牌发展赢得很多资源和机会，并且很多资源和机会不是简单的金钱可以换来的。尤其在出现品牌危机事件时，这些公共部门还可以提供重要帮助。

政府和公共部门的关系维护，需要集团高层领导和各个分子公司负责人亲自躬行。品牌公关部门以及集团办公室等部门，主要是负责执行。如果一次新闻发布会需要邀请市长出席和讲话，一般需要集团公司发函，并由相关领导亲自跟市长本人或秘书沟通。很多关键时刻都需要公共部门的支持，主要靠平时积累良好的公共关系资源，不是仅靠领导者之间建立的良好的私人关系（虽然这也很重要），而是说集团公司和当地政府要找到共振的频率，寻求价值共同点和利益合作机会，在区域宏观战略和整体利益上达成一致性，建立密切合作关系，这样的公关才具有可持续发展的意义。对于大型集团公司来说，并不缺乏可以跟政府部门合作的资源和实力，关键在于如何去运用资源。

例如深圳市政府决议要将深圳建设成为国际化城市，那么重要任务之一就是将深圳宝安机场建设成为海陆空联合中转的大型枢纽机场、南中国货运门户机场，这需要南航集团的支持。南航集团立即响应，跟深圳市政府签订了战略合作框架协议，南航承诺将加大在深投资力度，将深圳建成其最重要的货运基地和最主要的客运基地，深圳市政府也承诺给予南航各项支持。虽然合作框架象征意义大于实际意义，但是双方都需要这种形式，符合各自的利益。因此，南航集团跟深圳政府的关系就得到巩固和提升。南航深圳公司很多重要活动，都可以看到市长或副市长亲自出席参加。凡是市领导参加的活动，深圳各大媒体都必然刊登头版头条。所以，新闻公关也变得简单多了。

（3）新闻发布会的组织

大型集团公司的新闻发布会是一项经常性的工作，新闻发布会主要包含如下工作——

①主题和新闻通稿。主题一定要抓住媒体的兴奋点，结合当前社会热点，挖掘新闻发布会的亮点和价值。通常，在发布会召开之前，都要完成新闻通稿撰写。新闻通稿的写作也是一门专业的学问，这里限于篇幅不做展开。新闻通稿写好之后，要交给公司高层领导过目并审核，才能发给各个媒体记者。也就是说，记者在发布会之前就能拿到通稿，这样他们对整个新闻的主题和意义有所了解，并为现场采访提问做好准备。

如果设置了现场问答环节，宣传主管还应该帮记者起草若干个问题，一份交给记者，一份交给与会领导和嘉宾，让大家事前都做好思想准备，免得发生冷场或提问无法回答等尴尬局面。中国新闻界的游戏规则就是这样的，新闻发布会一般都是正面的，形势一片大好。我们经常看到报刊和电视新闻中那种剑拔弩张、咄咄逼人的新闻发布会，肯定是没有做好事前准备工作的，属于危机公关没做好。媒体记者大多数都是通情达理的，只要事前做好沟通和准备，就可以避免不愉快的情况。

有一种特殊情况的新闻发布会是很有挑战性的，那就是企业闯下大祸，例如三聚氰胺事件，出现了墙倒众人推的悲惨场面，那么新闻发布会就是另外一种做法了，这就属于新闻危机公关的内容，后面的章节有专门论述。

②邀请媒体记者。要邀请什么级别、什么类型的媒体记者，事前都要列出一个清单。当然，这些记者都是老朋友了，平时关系就很密切，此时不过是打个电话而已，交代事由、时间和地点，并通过E-mail将新闻通稿群发给大家即可。一般重要的新闻发布会，媒体都会派两名记者出席，报社会派一名文字记者和一名摄影记者；电视台会派一名摄像记者和一名主持采访的记者。有些媒体可能不能同时派出两个记者，如果缺文字记者，发通稿即可；如果缺摄影

记者，那么宣传主管还要负责拍照（或者安排给专职的摄影专员），然后也是给记者发图片通稿。顺便说一句：一位合格的宣传主管，必须既熟练掌握新闻写作，也要熟练掌握新闻摄影，都要能达到专业级的水平，那就是无论图片还是文字，作品都可以直接刊发的。

此外，还要询问记者自己过来，还是派车接送，一般都是派车接送的。接送的时候，建议新闻主管亲自随公司的车过去，显得很有诚意，路上还可以将发布会的关键点、要注意的问题、要避免的问题跟大家交代清楚。如果人数较多，可以派一辆面包车或小巴车过去，这个时候，尤其要设计行车路线，通知每个记者，在什么时间、什么地点，准时等候上车。要考虑天气和路况，打好一定的提前量。由于车子抵达每个等候点的时间不一样，所以通知记者等候的时间也不一样。如果经常做这项工作，可以保证误差在3分钟之内。这样可以避免久等的情况，让记者觉得贵公司的人是守时的、守信的，这一点很重要。

③邀请领导和嘉宾。通常，出席领导和嘉宾的名单由公司高层领导决定，宣传主管或部门经理这个层级只管电话联系确认即可。政府的重要领导，需要公司总经理、副总经理这个级别亲自联络。必要时要发邀请函，派专人投递。领导和嘉宾都是自备车辆的，一般无需公司派车接送。

④会议议程。宣传主管要负责起草会议议程，按照严格的时间序列，确定领导发言的顺序，如果政府领导的秘书不熟悉这方面情况，宣传主管还要替代或协助领导秘书起草讲话稿。期间如果有奠基、剪彩、揭幕、颁奖等仪式与活动，还要对嘉宾、礼仪小姐和工作人员进行彩排，确保万无一失。会议结束，可以安排记者采访与提问，如果记者有这方面的需求的话。如果无需求，则不要多此一举。

⑤会议招待。一般新闻发布会结束之后，要安排与会嘉宾和领导参加宴会。如果新闻发布会在下午，那么记者要忙着赶回去发稿，媒体一般都是下午4点半截稿的，因此不会留下来吃晚宴。此时，要派车将记者一一送回单位。如果是上午举行发布会，那么有可能一部分记者会留下来参加宴会，此时要安排记者们都坐在一起，宣传主管或品牌总监等要亲自作陪。席间，有能喝酒的记者，要陪着喝酒；对于不喝酒的记者，也不要强行敬酒。宴会结束后，照例也要将记者一一送回。

（4）新闻事件的策划

除了主题鲜明的新闻发布会，品牌或宣传部门也要经常策划一些新闻事件。如何保证策划的效果，笔者体会是一定要借力而为、借势而为。

借力而为与借势而为，往往二者是相辅相成的。简单地说，就是要善于借助当前的社会热点形势，借助政府、媒体和公共部门的影响力，通过事件策划而将本企业和这些权威部门及社会热点联系在一起，从而起到事半功倍的宣传效果。

例如震惊世界的"9·11"恐怖事件发生之后，全球的关注点就是"9·11"事件，这个时候，南航新闻传播的权威人物罗小君第一时间策划了一条新闻，标题为"南航飞欧美航班未受影响"、"南航飞美国航班加强安保措施"等。其实，严格来说，这不算新闻，因为在"9·11"前与后，南航飞欧美航班并没有什么变化，没有新情况发生，就谈不上有什么新闻；同时，加强安保措施也不是新闻，无论"9·11"前，还是"9·11"后，南航都必须加强安保措施，这只是日常工作。但是，罗小君深谙新闻传播之道，新闻传播中有一种现象叫做"本地效应"，即距离大家关系最近、发生在身边的事情，最能引起人们的关注。"9·11"跟我们本来没有啥关系，但是这个新闻却让"9·11"事件实现了本地化，大家终于可以看到我们可以跟"9·11"扯上关系啦。本地化的新闻，才是本国和本地各级媒体最感兴趣的，所以这个稿子被几十家媒体同时采用。这样，借"9·11"的"势"，南航轻而易举就抢尽了风头，这个传播效果胜过百万广告费。

再举个例子：2011年，第26届世界大学生运动会在深圳举行。"大运会"素有"小奥运会"之称，深圳在全球6大城市的角逐中胜出，赢得大运会的举办权，这对于提升深圳国际化知名度和美誉度非常有利。早在2006年，深圳申办大运会成功的前夕，"国际大学生体育联合会"（简称"大体联"）的官员就分别对各个申办城市进行综合考察，这个时候，考验各个城市的人力物力财力、组织能力和民众的意志，深圳市政府将整座城市的士气调动起来了，全民申大的热潮一浪高过一浪。在这个情形下，南航的新闻宣传机构立即开动起来，等待时机切入。

机会终于来了，大体联官员在深圳考察完毕后，要进京接受温家宝总理的会见。深圳市政府跟另外一家航空公司协商包机进京事宜，而该公司的营销部门觉得这是一个赚钱的好机会,于是跟市政府在讨价还价。南航深圳公司宣传部门得知消息,立即请示总部领导,宣布免费提供包机。于是,市政府将合作的橄榄枝转向南航。虽然说是免费,但是市政府怎么会让你吃亏呢?所以实际上,南航还是得到了一笔包机费用,并不亏。这些都是次要的,主要的收获在于,市政府将这项政治任务布置给南航之后,南航就有了借力、借势传播自己的机会。

南航接受任务之后,进行了精心的准备。大体联官员、广东省政府和深圳市政府陪同官员共计70多人乘机,南航调用158座的空客A320飞机,让客舱显得空间绰绰有余。同时,南航机务技术人员连夜拆掉了经济舱的前6排座椅,于是空出了一个场地出来,为举办空中Party提供了条件。为了在空中提供优质服务,南航将原本5人的乘务组扩张为10人,选派10名英语好、业务素质强的空姐负责服务。在飞行途中,南航空姐通过客舱广播宣读南航支持深圳申办大运会的支持函,并将制作精美的支持函作为纪念品赠送给国际大联体主席。专机的客舱也被布置一新,除了用鲜花装点外,所有飞机座椅上的头巾都经过重新制作,喷上了国际大运会的标志和深圳申办大运会的标志,并一一对应印有每位官员的名字。本次航班上的70名中外官员,除了头等舱外,所有经济舱也都享受VVIP(非常要客)服务,无论从服务内容还是餐食挑选上都高于一般贵宾标准。根据深圳市政府的要求,餐食都根据各位官员的喜好而"量身定做",确保符合每位贵客的口味。旅途中,深圳市政府安排乐器演奏和魔术表演,而南航空姐也即兴演唱中国民歌,让考察团官员领略到了中国文化的魅力。这次专机保障任务非常成功,随机有10多家主流媒体的记者,他们将这次新闻事件做了详细报道,南航借力而为,又一次成功地传播了自己。

不仅于此,此后,南航通过进一步的努力,成为大运会合作伙伴。借助大运会的影响力,南航趁热打铁,继续策划更多的新闻事件。例如,深圳市政府将大运会会徽11个设计稿向社会公布之后,南航深圳公司立即策划了"南航组织旅客空中为大运会会徽设计入围作品投票"的空中活动,并邀请10多家媒体的记者跟机采访,进行报道。这仍旧是借力而为、借势而为的延续。

总之,借力而为、借势而为,可以让集团品牌的传播事半功倍,尤其是通过新闻媒体的权威性，树立品牌的公信力和美誉度。这比起纯粹的广告效果要好很多。

（5）品牌公关活动的策划与实施

新闻公关策划侧重于跟媒体互动，通过媒体再去跟影响公众；品牌公关活动策划侧重于品牌直接跟顾客和公众互动，也可以影响媒体，通过媒体再影响更多的人。品牌公关活动的策划和实施，也是集团品牌管理部门的日常职责之一。

品牌公关策划分为两大类，一类是常规的公关活动，例如针对全年的主要节庆日，开展各种形式的活动。"端午南航机上送粽子"、"南航万米高空庆团圆，2万盒月饼送旅客"、"天上吃汤圆，地上人团圆——南航空中闹元宵"、"重阳节登上万米高空，南方航空送来菊花美酒"、"南航空姐空中载歌载舞迎'三八'"……这类公关活动都是每年的保留节目，不仅仅是跟航班上的旅客互动，而且还会邀请摄影记者全程跟机采访，一般都是发图片新闻。因为每到节庆日，报纸都需要登载大幅喜庆图片，南航的公关活动，有飞机、空姐、旅客等元素，比起地面的场景更有新闻性和娱乐性。

另一类是大型主题活动，例如由舒蕾赞助的"南航空姐新人秀"。2006年8月至10月，首届"空姐新人秀"在华南、华中、东北、西南和华东五个区域分赛区举行海选及分赛区晋级赛，由广东电视台与各赛区当地省级电视台联合制作。10月中旬，在全国分赛区晋级赛中胜出的75名选手，在广州进行了"75进50"的复赛。最终入围的50名准空姐在广州南航培训基地接受为期两个半月的专业培训，凡是能够顺利通过培训的，都可成为南航的正式空姐。在培训过程中，选手们还参加6次以培训项目为内容的对抗赛。累积分数最高的前18名准空姐，参加空姐全国精英总决赛，最终决出本次大赛的冠、亚、季军。

"南航空姐新人秀"有别于时下一般的选美比赛或是职场真人秀，而是围绕"空姐"这一特殊职业，加入大众娱乐元素而进行的比赛，大赛融专业性和娱乐性于一体。专业性方面，南航为选手提供了专业的空姐培训流程与条件，并为优胜的50位选手提供了空姐职位；而娱乐性方面，广东电视台和南航传媒公司合力让选秀活动故事化、情节化，最终让观众喜闻乐见。

所以，南航空姐的选秀活动，与其说是一场招聘活动，还不如是一场品牌公关活动。以往南航每年都要花费几百万元去全国各地招聘空姐，而通过选秀活动，由赞助商舒蕾承担了招聘费用，并通过跟广东卫视和其他媒体的合作，将南航的品牌影响力传播出去。因此，这样的活动，就跟超级女声一样，是一个多方共赢的局面：南航节省了招聘经费，还扩大了品牌影响力；舒蕾洗发水虽然掏了赞助费，却带来品牌知名度和美誉度的提升；广东卫视通过这个节目提升了收视率，反过来又带来了更高的广告收入，等等。

首届南航空姐新人秀活动的巨大成功，让南航集团明白了品牌公关活动的价值和意义。从此，空姐选秀活动成为南航品牌一年一度的大型公关活动。

（6）品牌危机公关处理

品牌危机公关处理，考验品牌的资源和能力。由于内容很多，本书在后面开设专门的章节来论述。参见本章后面的内容：《品牌危机公关》。

⦿ 渠道和终端管控

无论工业品品牌还是消费品品牌，一般都要通过渠道或者终端来分销产品，所以，对渠道与终端的管控，也是品牌管控的重要内容。

（1）渠道和终端传播管控

这里包含两个方面，一是静态的传播系统，主要是指渠道和终端的VIS形象，集团各级品牌管理部门必须给渠道商和终端商提供统一的视觉形象和装修规范，确保品牌LOGO、店招、店内装修风格、陈列方式、动线布局、员工着装等全部符合规范。二是动态的传播系统，对于公司层面的品牌传播与公关活动，都是由品牌部门统一策划，统一部署，尤其是重要的海报、易拉宝、吊旗、画册、赠品等宣传物料统一由总部制作，发放给渠道和终端；为了减少运输成本，也可以由总部统一设计，交给各个分子公司去制作。总之，无论静态的形象，还是动态的活动，都要统一规范。

（2）渠道和终端的理念和行为管控

品牌形象和传播的统一，只是表面上的统一。除此之外，还必须要有理念（MIS）和行为（BIS）上的统一。理念上管控包括品牌理念、营销理念、服务理念等，例如渠道或终端销售人员是否树立了以顾客为中心的理念？是否明白品牌的宗旨和定位？是否为了追求当前业绩而违背品牌价格政策？是否为了促销而损害品牌价值？是否以次充好而降低品牌信誉？等等，这些都是品牌管理部门要加强培训、教育和监督的。对于服务行业而言，除了正面的宣传和教育之外，采用神秘顾客制、聘请社会服务质量监督员等形式，明察暗访，也可以起到良好的监督作用。

（3）渠道和终端投诉处理

渠道和终端是品牌接触顾客的窗口，如果产品或服务有问题，都会引起顾客的投诉，而这笔账，都要算在品牌头上。所以，品牌管控的重要内容之一，便是投诉处理。

一类是常规投诉，渠道和终端服务人员或公司客服部门按照公司的规章制度处理即可，通常很快能解决。品牌管理部门需要对投诉率和投诉处理的满意率进行监控，要根据行业的情况，将投诉率控制在一个合理的范围内。如果投诉率高于行业一般水平，或者投诉率从较低水平突然转为较高水平，此时品牌管理部门就要调查原因，协调集团或分子公司有关职能部门进行整改。比如发现是公司新推的产品有质量问题而导致投诉率上升，那么就要协调产品开发部门，对产品暂停销售并进行改进。

另一类是特殊的事件，通常是由于基层的员工因害怕承担责任，常常一开始就千方百计掩盖矛盾，既没有给顾客满意的答复，又没有将问题反映给上级部门，结果顾客投诉无门，矛盾激化，进而直接投诉到媒体或消费者权益保护机构，引起媒体的曝光等，此时为时已晚，需要品牌管理部门耗费大量精力去处理问题。这个时候，就不是投诉处理了，而是品牌危机公关，下面专门有章节论述。

● 品牌授权管控

如果你从市面上买到一件北极绒内衣或一件恒源祥羊毛衫，千万不要以为这真是它们公司的产品，当然，也不是冒牌的。这其中的缘由，不过是北极绒将商标通过特许经营的形式，授权给一些生产厂家有偿使用，然后收取17%的品牌使用费。这些生产厂家跟北极绒没有什么关系，他们无非是贴北极绒的商标，自行生产、自行销售、自负盈亏；他们贴牌的目的，无非是利用品牌的知名度，来推销自己的产品。由于北极绒毕竟不是他们自己的品牌，所以他们难以对品牌形象、声誉、口碑等负责。这跟OEM是不一样的，OEM虽然将生产环节外包给别的厂家，但是品牌商要对品质、渠道、销售、业绩、口碑、形象、声誉等负有完全的、最终的责任。

在品牌连锁领域，特许经营是一种常见的模式。由于对象是分散的加盟商、代理商，只是在终端销售环节授权给对方，那么一切都处于可控范围内。但是，将特许经营用于其他产销一体化的厂家，则风险就非常大了。这意味着品牌方对生产、工艺、品质、渠道、终端、推广等所有环节都失去了直接控制力。将这种方式运用娴熟的代表是恒源祥，恒源祥模式号称"看不见的工厂"，也就是说，恒源祥作为品牌商本身不从事服装生产，它只做两件事：一是负责品牌传播和维护，每年砸大把的钱去做广告；二是向加盟工厂和经销商、加盟商收取品牌使用费，类似于收"保护费"。目前，恒源祥拥有100余家加盟工厂，600多家加盟经销商、分销商以及7000多个加盟销售网点，在全国省级市场销售网点覆盖率为100%。

这个模式看上去是多赢的：恒源祥不用去为生产和销售发愁，只需做好品牌形象即可；众多加盟工厂也无需为品牌发愁，贴上恒源祥的牌子，立即就可以卖出更好的价格；经销商和加盟商也无需为生产和销售发愁，从加盟工厂拿货，在广告影响力和终端网络的支撑下，经销商也赚得盆满钵满。

这是一盘很高的棋，一场精彩的游戏，只要品牌商、工厂和经销商各司其责，大家都遵守游戏规则，便天下太平，大家都可以轻松赚大钱。然而，风险也正是源于此，只要一个加盟工厂失控，以次充好，蒙骗消费者，那么消费者都会把这笔账算在总部品牌头上，严重的情况下，可以导致品牌联盟体系"一损俱损"。

因此，这个模式的关键点，就在于品牌总部对加盟工厂的生产标准和质量体系进行有效管控。没有完善的质量控制体系，没有高效的总部执行，没有一个强大的灵魂人物，这个游戏肯定玩不下去。

此外，品牌授权的风险还不仅仅来自业务和质量管控本身，还有更多的人为道德风险。例如恒源祥旗下的加盟工厂——上海康强，就涉嫌传销式诈骗，其法人打着恒源祥品牌的旗号，以编造的赴美上市故事为诱饵，让2万人上钩，非法敛财7亿元人民币。法律界人士认为，上海康强事件暴露出恒源祥存在对加盟工厂监管不善的问题，难辞其咎。所以，品牌授权的风险，其实来自多个方面、多个层次，甚至很多危机出乎意料。

为了规避风险，品牌总部应该跟加盟商厘清责任和义务，用战战兢兢、如履薄冰的态度，强化总部对加盟体系的监控和管理，提升管理水平和管理效力。同时，要向全社会声明和撇清关系，将品牌联合体的商业模式如实告知公众，建立畅通的信息传递途径，接受公众的监督，对顾客疑问及时做出回应，得知加盟厂家违规的信息后立即采取处理措施，避免加盟工厂借总部的品牌名义，做正常产品产销之外的事情。

⦿ 品牌并购管控

品牌并购牵涉多方的权益和关系，下面开辟专门的章节来论述，详见本章后面的内容：《品牌资产评估与并购》。

⦿ 品牌联合管控

品牌联合的内容繁多，关系复杂，所以后面开辟专门的章节来论述，详见本章后面的内容：《集团品牌联合》。

⦿ 品牌投入管控

毫无疑问，品牌的传播和维护是需要不断投入资金和资源的。品牌投入管控主要包括如下内容——

①投入策略管控。规划最佳投入策略，并制定详细的投入方案，面向目标和效果，设定合理的ROI等绩效指标，确保品牌族群收益最大化。

②投入预算管控。科学制定投入预算方案，盘整集团的资源，一定要分清主次，统筹兼顾。

③投入过程管控，确保每一分钱都花在刀刃上，提升资金和资源运用效率。保证专款专用，不能挪作他用。

03 | 好戏在高台
——集团品牌管控组织与流程

为了唱好集团品牌管控这出戏，就应该完善组织与流程，搭建好坚实的基础平台。

⦿ 品牌管控组织构架

一般来说，我们实行品牌三级管控。

第一级是集团品牌战略委员会，这是一个非常设的虚拟机构，主要由集团领导班子及CBO组成，这是集团品牌管理的决策机构。委员会的职能包括：品牌近、中、远期战略方案的制定或审批；品牌年度公关传播计划和费用的审批；新品牌新业务入市、品牌并购、品牌联合、品牌特许经营授权等重大事务的审批等。

第二级是集团品牌管理部，负责人就是CBO或品牌总监，该部门是集团品牌管理的策略制定和管理执行机构。主要职能包含品牌战略方案的推动制定、品牌年度公关传播方案和计划的制定以及各项方案和计划的推动和执行。其日常工作范围包括品牌管控12项任务：品牌构架管控、品牌延伸管控、商标注册管控、品牌CIS管控、品牌价值管控、品牌传播管控、品牌公关管控、渠道和终端管控、品牌授权管控、品牌联合管控、品牌并购管控、品牌投入管控。

第三级是各事业部、分（子）公司的品牌部或市场部，这是各业务品牌的策略与执行机构，其职能包括三个方面：一是执行集团品牌战略委员会、集团品牌管理部的各项决议、规章、制度、流程、方案和计划；二是对于自身管辖范围内的业务品牌负有策略制定、方案执行和日常管控职能；三是将业务品牌战略方案、年度传播策略与预算方案等重大事项报集团品牌管理部审批。

⦿ 品牌管控流程

集团品牌管控主要有三类流程，每类流程还包含很多子流程。

（1）方案、计划、预算类审批流程

方案、计划、预算类审批流程，一般会牵涉到品牌管理的各个层级，由事业部、分子公司提出年度品牌公关与传播计划以及经费需求，报给集团品牌管理部进行方案审议，首先要审核策略与方案是否合理，其次要审核经费预算是否合理且必需。如果发现由于方案不科学导致经费的不合理开支，那么集团品牌管理部应该将方案否定，并将原因和理由告知事业部或分子公司，要求其重新研讨和决策，提出修正案。此时，集团品牌管理部可以派人或邀请外部专业机构参与其调研、研讨和论证过程，确保方案和计划的质量。

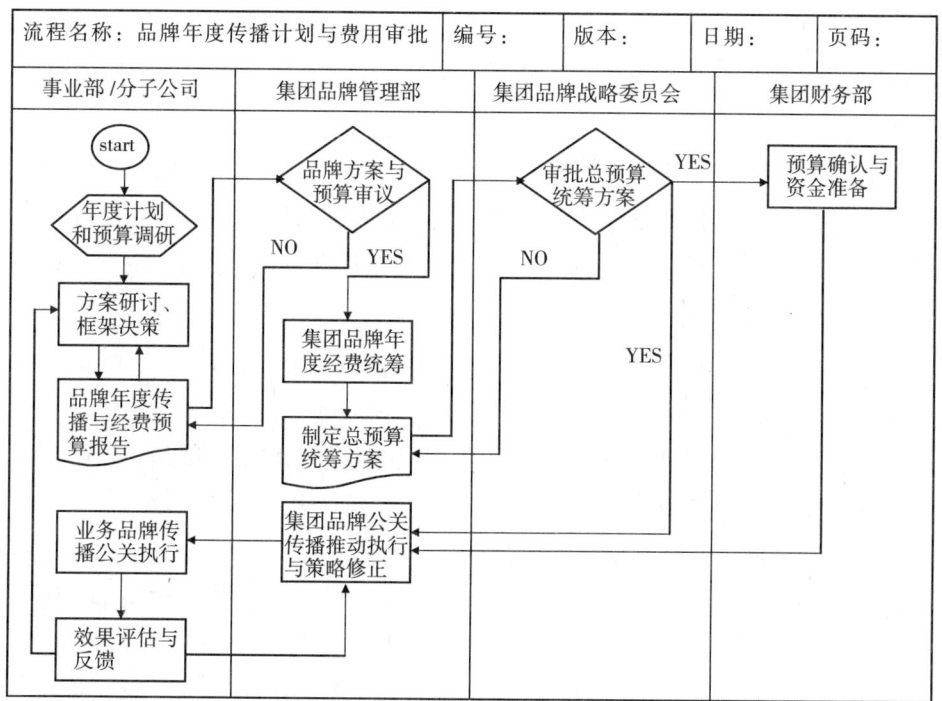

图9-11 品牌年度传播计划与费用审批流程示例

如果各个事业部、分子公司的计划和预算均被品牌管理部认可，那么品牌管理部会将这些方案、计划和预算综合起来，进行年度传播费用的统筹与配置。如果总费用有限,那么对各个子业务品牌的预算会做一定的调整,以便保证集团品牌收益整体最大化。如果有些品牌的确有必要增加预算,那么另外由集团品牌部向集团品牌战略委员会提出申请并阐明理由。

当集团品牌年度传播经费统筹方案提交给集团品牌战略委员会之后,委员会将召集专题会议,综合全年战略目标、营销目标和资源投入等多个方面,最终做出是否批准该方案的决策。如果不能批准,那么将如何调整,都要提出明确意见,以便品牌管理部重新修正方案。

最终把由集团品牌战略委员会批准的方案,交给集团财务部备案和确认,并做相应的资金准备,将相应的预算指标下发各个事业部、分子公司财务部。接下来,就是集团品牌管理部进行集团层面的统一媒体采购和统一公关部署,并推动各业务品牌的公关与传播执行,同时监督经费的使用情况、公关传播的阶段性效果,对于偏离既定目标的行为或无效的执行,要及时予以纠正,责成事业部和分子公司重新修订方案,同时集团品牌管理部做出策略指导。

(2)品牌重大事项决策流程

集团品牌重大事项是非日常性的工作,重大事项虽然不多,但是每一个决策都事关全局,至关重要。所以,对于重大事项的决策,应当制定专门的流程。重大事项一般包括以下方面——

①新品牌和新业务的开发,例如从OTC领域进军药妆领域,这既是公司战略的重大转变,也是品牌战略的重大挑战,新品牌和新业务如何定位,如何切入市场,采用什么样的营销策略、渠道策略和传播策略等,都是必须回答的问题。决策的科学性与合理性,将直接决定新品牌和新业务的成败。

②原有品牌和业务战略优先级调整,比如有些品牌是明日之星,应该重点培养;有的品牌处于衰退行业,应该逐步退出,等等,都要在集团层面作出重大决策。

③品牌并购、联合、授权、危机处理等重大项目的决策。比如品牌并购项目,通常跟企业并购同时发展,品牌资产如何估值,品牌未来前景与收益如何,并购之后品牌如何整合与重生,等等,都是必须回答的重要课题。

下面以新品牌和新业务的决策流程为例来说明,如图9-12所示。

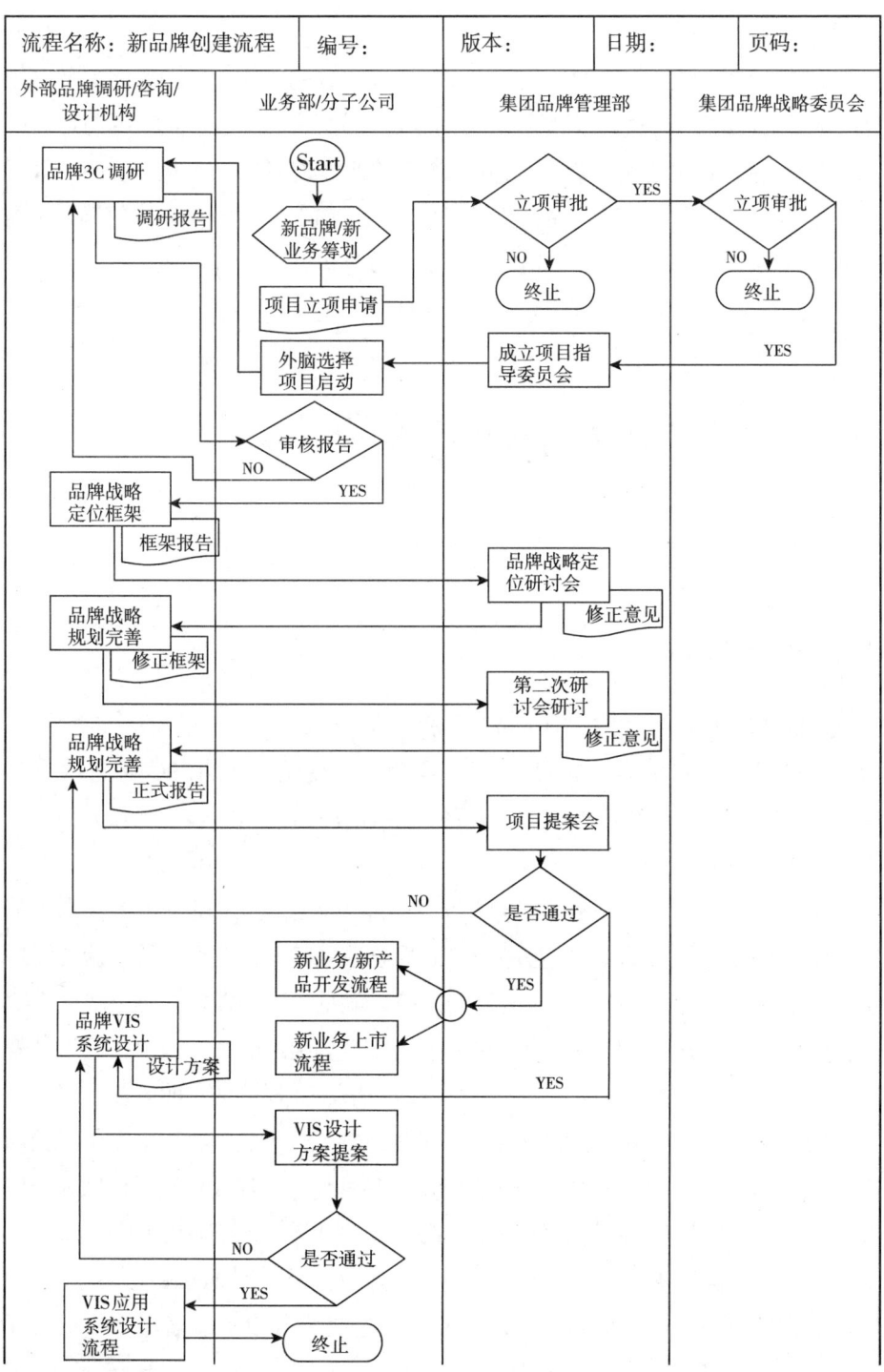

图9-12　新品牌创建流程示例

（3）品牌日常管控流程

品牌日常管控工作，主要包括一些细致而琐碎的工作，例如商标命名、注册；品牌广告策划与投放；品牌公关活动策划与实施；品牌文化的宣导与培训；终端和渠道的VIS规范应用监督检查；窗口形象和服务质量监督检查……千万不要小看这些日常的琐碎工作，品牌形象和价值正是通过这些点点滴滴的努力而逐渐建立的。由于日常管控流程都比较简单，所以这里就不再具体说明了。

04 阵亡率极高的游戏
——品牌资产评估与并购

● 品牌并购风云

华通明略发布了2013"BrandZ全球最具价值品牌100强"榜单，苹果以1850亿美元的品牌价值，连续第3年蝉联榜首。据统计，自2006年首次发布BrandZ100强榜以来，7年内100强品牌的总价值增长了77%，显示了强大品牌抵抗经济衰退的能力。

显然，品牌是企业的战略性资产，因为它无论过去、现在还是未来，都有持续变现的能力，理由之一是品牌培养的忠诚顾客群，可以让品牌始终保持稳定收益。通俗地说，一个健康发展的品牌，就是一棵摇钱树，可以在危机四伏、变幻莫测的未来市场环境中，保证企业持续盈利的能力。因此，对于品牌和企业的并购，就必须将品牌这项资产考虑进来，合理评估，明码标价。

1985年，英国食品和烈性酒企业大都会公司以55亿美元收购了皮尔斯勃瑞公司（Pillsbury），皮尔斯勃瑞公司拥有知名品牌如皮尔斯勃瑞、绿色巨人、伯格·金等，此收购价格比它的股市价值高50%，是其有形资产价值的7倍。

1988年，雀巢花费50亿英镑，购买了罗温树公司（Rowntree），这个价格相当于该公司净资产的5倍、其市值的2倍。这是为其旗下著名品牌如聪明豆（Smarties）、奇巧（Kit-Kat）等的所有权买单。

1988年，美国食品和烟草巨头菲利浦·莫里斯公司花费129亿美元收购卡夫食品，是其有形资产的4倍，显然，那额外的3倍费用也是为品牌无形资产买单。

2000年3月，位居世界第四的日本烟草公司以78亿美元收购位居第三的美国雷诺斯公司（RJR）的海外业务，其中50亿为收购美国雷诺斯公司的股票价格，27亿是支付骆驼、云丝顿、沙龙这三个知名品牌的价格，另外1亿是其他的一些费用支出。

2006年，全球第一大啤酒巨头比利时英博啤酒集团以最高的报价竞走了福建雪津啤酒39.48%的国有股权。雪津啤酒有关负责人透露，未来几年，雪津的其他股东也将以同等条件、同等价格将剩余的60.52%的股权分两次出让给英博集团。果然，在2011年，英博集团宣布共计以58.86亿元人民币的代价取得雪津100%的控股权。而雪津啤酒的净资产只有区区5亿元人民币左右，相当于获得10倍的溢价。

纵观近50年来的国际品牌并购案例，我们发现了一个规律：品牌并购的溢价居高不下，并且有越来越高的趋势，这说明，品牌价值越来越被企业界和投资界人士所看重。同时通过漫长的历史岁月之检验，证明品牌并购之后企业获得巨大收益，当初高价并购品牌是合算的。品牌具有穿越时空的本领，对于一贯表现良好的品牌，在未来的不确定性市场中，我们认为它比其他任何资产更靠谱，更具有贴现能力，更让投资者有安全感。

◉ 品牌资产评估

国际会计准则（IAS）批准，可以将并购的品牌价值列入企业资产负债表。例如美国的会计制度规定，对于并购的品牌资产，可以列入企业资产中，而不需要进行费用摊销；如果品牌价值出现明显减值，才需要按年摊销费用。

中国在2006年2月15日颁布的《企业会计准则》中，对于不可辨认的资产——商誉（品牌）的会计处理有了明确的规范和重大变化。新准则规定：无形资产是企业拥有或者控制的没有实物形态的可辨认非货币性资产。据此，商誉由于它的不可辨认性，新准则将其从无形资产中分离而独立确认为一项资产。在会计实务中，一般只对企业外购商誉加以确认入账，自行创造的商誉不予入账。也就说，如果贵公司花费1亿元购买了一个品牌，那么这个可以计入公司资产；但是贵公司的自有品牌也号称价值1亿元，但是在没有发生并购时，是不能计入企业资产的。需要说明的，品牌属于商誉的范畴，但商誉不仅仅包括品牌，会计学上商誉内涵包括了所有不可辨认的资产。

商誉的初始计量根据第20号准则，合并商誉=企业合并成本-合并中取得被购买方可辨认净资产公允价值份额。例如，英博集团以58.86亿元人民币的代价并购雪津啤酒，而雪津啤酒的可辨认资产公允价值只有5亿元左右，那么58.86减去5，所得53.86亿元即为商誉。

因此，商誉或品牌价值的会计计量，是以企业并购支付的实际成本为依据的。这个很好理解，会计做的是事后诸葛，那么，我们需要继续往前追问：企业并购之前，又该如何确定支付的成本呢？将上面的公式反过来，就是：并购成本=企业可辨认的净资产公允价值+品牌资产商誉+其他商誉。其他商誉可能是政策扶持，可能是渠道资源等等，暂且不管它，我们现在的问题是：品牌资产商誉又是如何评估的呢？

品牌资产评估，并无统一的标准和方法。事实上我们可能永远无法知道品牌的真实价值，但是通过科学合理的方法，可以让我们得到一个尽可能接近事实的估值。前面第一章03节介绍过品牌评估的两类方法，其中第一类更贴近品牌本质，对于品牌塑造有直接的参考与指导作用，因此容易被品牌和营销界人士采用；但是，由于第一类不能将结果用财务数据表达出来，所以在品牌并购和资产评估时，我们通常采用第二类方法，即通过财务数据来评估品牌值多少钱。这方面，不同的品牌评估机构又开发了很多不同的模型与算法。下面介绍一下比较主流的Interbrand方法。

1990年，英国Interbrand公司提出了一种品牌评估方法，最初公司将品牌价值归纳为三个类别：成本、溢价和收益。随后发现，品牌成本与品牌价值并不一定成正比，尤其是对不成功的品牌而言，成本就是属于沉没成本，没有转化为品牌价值。因此，成本法不能作为品牌评估的依据。接下来，发现溢价法也很难操作，主要是寻找没有溢价的参照对象很困难。最终，Interbrand团队将目标聚焦于收益法上，这是基于一个价值判断：品牌价值是对未来现金流的贴现，换句话说，品牌价值表现为可以保证未来持续获得收益。

采用收益法，基本思路是：品牌价值=品牌未来收益÷贴现率。这里的"品牌未来收益"，采用的是未来5年品牌累计收益。Interbrand公司通过对历史数据分析，运用统计模型来预测未来5年的现金收益流量。现金收益减去所使用的有形资产，即得沉淀收益（通俗地说，就是毛利）。毛利算作无形资产收益，约定其中75%算作品牌收益。这样，就可以算出未来5年品牌收益累计额。

接下来，就是贴现率的算法。贴现率跟品牌强度是负相关的，即品牌强度越高，那么贴现率越低，品牌价值就越高。Interbrand公司最终确定了7个指标来衡量品牌强度系数，并尽量确保各个指标之间的相互独立性，以避免相互重叠。这7项指标是：市场性质、稳定性、品牌在同行业中的地位、行销范围、品牌趋势、品牌支持、品牌保护，如表9-2所示。分别给这7项指标评分，就可以得出100分制的品牌强度数据。那么，品牌强度如何转化为贴现率呢？

表9-2　　　　　　　　Interbrand品牌强度评估7项指标

品牌强度层面	最高得分
市场性质	10
稳定性	15
市场地位	25
品牌趋势	10
品牌支持	10
行销范围	25
品牌保护	5
合计	100

如图9-13所示，Interbrand公司根据长期的实践经验，创建了一种"S"型曲线，在纵坐标上标出品牌强度值，通过S曲线投射到横坐标上，就可以找出相对应的品牌强度乘数。当品牌强度是0分时，对应的强度乘数也是0；当品牌强度达到理想的100分时，对应的强度乘数是20。强度乘数跟贴现率是互为倒数的关系，比如当品牌强度达到最大值100

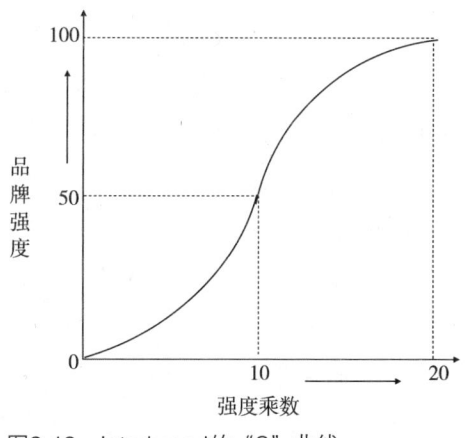

图9-13　Interbrand的"S"曲线

时，对应的贴现率就是5%。

这样一来，品牌未来5年累计收益和贴现率都可以算出来，根据上面的公式，品牌价值也可以计算出来。最终的品牌总资产还要记得加上5年后的品牌残值。以上所有环节都是折合现值来计算的。

虽然Interbrand方法也还存在很多缺陷，比如品牌强度和贴现率曲线，都包含了主观和经验的内容，但是相对其他众多的品牌评估方法而言，Interbrand方法的客观性和操作性都比较强，因此在业界运用得比较多。事实上，也许永远就没有完美的方法，在实际操作中，应该集思广益，找到适合自身的方法，并根据实际情况加以改良和运用，切忌生搬硬套。

⦿ 品牌并购失败的原因

1998年，德国戴姆勒——奔驰公司在收购美国克莱斯勒公司以前，对大型跨国并购的失败率和原因进行了一次研究，结果表明超过70%的并购交易在3年内承认失败，对其中50宗失败案例的详细分析又表明，文化冲突是并购失败的主因。至此，戴姆勒——奔驰公司似乎掌握了打开真理大门的钥匙，踌躇满志地制定了收购方案。然而，造物弄人，戴姆勒——奔驰公司自己最终还是掉进了并购失败的陷阱。

据传，戴姆勒的总裁于尔根·施伦普（Jurger Schrempp）和克莱斯勒的总裁罗伯特·伊顿（Robert Eaton）只用17分钟，就敲定了这场号称"天作之合"的并购案意向。当戴姆勒——奔驰以370亿美元收购了克莱斯勒公司之后，双方成立了全球化运营的戴姆勒——克莱斯勒集团。谁也没有想到，此后的10年间，这桩曾经被江湖称颂的并购婚姻，却发生了一系列戏剧性的故事。

一开始，罗伯特·伊顿宣布隐退江湖。接下来，伊顿指定的新总裁导致克莱斯勒严重亏损。随后，为了挽救克莱斯勒，于尔根·施伦普派自己的心腹蔡澈（Dieter Zetsche）去克莱斯勒担任总裁。蔡澈力挽狂澜，终于将克莱斯勒救活。接下来，戴姆勒公司却又陷入亏损之中，施伦普也宣布隐退，于是，蔡澈又被调回德国，接施伦普的班，担任戴姆勒公司总裁。然而，在蔡澈履新之后，克莱斯勒又陷入亏损之中……最终，疲于奔命的救火队长蔡澈，决定结束这场令人痛苦的婚姻。2007年，他主导将克莱斯勒公司80%的股份以74亿美元卖给了私募股权公司瑟伯勒斯资本管理公司，相当于只收回了当初收购成本的20%。

后续的故事也很具戏剧性：甩掉克莱斯勒这个包袱之后，戴姆勒公司迎来了业绩猛增的大好局面。而瑟伯勒斯接下这个烫手的山芋之后，却无力将其救活。于是在2009年，克莱斯勒申请破产，意大利的菲亚特公司（Fiat）几乎不花分文收购了它。在菲亚特的帮助下，克莱斯勒成功地更新了产品线，提高了销售业绩，开始渐入佳境。纵观这场并购，就像一场错误的婚姻，当两人分手之后，都获得解脱，各自过上了幸福的生活。

回顾戴姆勒——奔驰公司对克莱斯勒公司的这场并购案，虽然前者对并购做足了功课，但是结果仍旧令人沮丧，所以品牌并购并不是过家家的快乐游戏，而是在万丈深渊上空表演走钢丝，并且失败的概率远远大于走钢丝。美国《商业周刊》2002年的一份报道称，以标准普尔公司和交易追踪机构的权威统计数据，对1995年7月1日到2001年8月31日期间的302项重大并购案进行了研究，得出以下结论：61%的收购者减少了股东的财富；并购一年后，收购者的平均回报率比业内同类公司低25%。因并购导致亏损的150家收购者，80%在24个月后的回报率仍然为负数，其中67%根本没有任何改善的迹象。

根据麦肯锡顾问公司在2003年所做的一项研究表明：以1991年至2002年期间的153宗并购案作为调查对象，其中61%的并购项目是失败的，只有23%的并购项目是成功的，另外16%的并购项目结果在当时仍不明了。

据德勤2010年并购报告统计，超过50%的中国企业的海外并购交易未取得成功，无法达到增值的底线。

此外，其他咨询机构的统计数据都同样证明了一个事实：品牌和企业并购的成功率并不高。

显然，购买一个品牌，并不像购买一棵大白菜那么简单。交易过程并不难，难的是购买品牌之后，如何让品牌继续存活与增值。须知，购进一个品牌，背后就是购进了一个企业、一个团队、一个价值体系、一个牵涉到"五种力量"（参见第一章）的商业生态系统。管好一个企业不难，管好一个团队也不难，但是要运作好一个复杂的生态系统，就不是一件容易的事情。就像移栽一棵根繁叶茂的大树，需要大量带土移栽，并努力保持与原来相同或比原来更优的土壤、水源、气候和生态环境，大树才有可能存活。

麦肯锡的调查报告表明，65%～70%的失败案例是由于未能提高利益相关者的利益。用通俗的话讲，就是品牌原本统领和号召的五种力量，如今因为利益没有得到提升和满足，因此五种力量消极怠工或造反了，品牌和企业也就走向衰败。

（1）顾客的质疑：破坏价值还是创造价值

当联想收购IBM的PC业务时，论坛上很多人都表示不再购买带有IBM的电脑了，因为他们怀疑IBM电脑血统不再纯粹，或者说新东家联想会降低IBM的电脑的品质。联想购买了IBM商标5年使用权，但是实际上不到5年，联想就用自己的商标替代了IBM。所以，品牌并购只要发生在地位不相等的两个企业之间，那么都会引起顾客的质疑。如果反过来，假设IBM收购了联想电脑，人们仍旧会质疑联想的品质是否得到相应提升，是否配得起IBM这块牌子。同样的道理，很多中外合资品牌，人们对于国内生产还是原装进口的区别耿耿于怀，因为大家对于品牌的地道性和纯正性产生怀疑。

要消除顾客的疑虑，除了公关和广告策略之外，更要用事实说话，要用事实证明原品牌的血统、品质、服务和顾客体验并没有降低，反而是升高。此时，品牌必须回答一个问题：并购之后，是在破坏价值，还是在创造价值？

收购方必须理解被收购品牌的核心价值，且必须延续或提升其核心价值。例如国美电器并购永乐之后，可以整合供应商资源，提升采购议价能力；整合仓储和物流资源，降低成本、提升效率；发挥市场协同效应，并避免了头破血流的价格战；进一步完善了永乐的产品结构和品类，提升顾客一站式购物的体验，等等，这些都可以提升其核心价值。同样的道理，国美并购库巴网，也在资金和供应链等方面提供了强大支持，通过便捷和便宜的网购服务，为顾客创造了价值。

然而，不是所有并购都能提升品牌的核心价值。请看下面的案例：最早一批接触互联网的人，对Netscape浏览器都不陌生。作为浏览器的鼻祖之一，Netscape在跟微软的竞争中一度将微软IE打败。后来，微软拿出杀手锏，将IE跟Windows 98捆绑在一起免费提供给网民，导致Netscape市场急剧萎缩。此时，Netscape也拿出了一个绝地反击计划：宣布Netscape也免费，并公布所有的程序源代码，然后Netscape转向其他商业增值服务领域，寻求其他利润来源。然而，这个计划还没有来得及实施，1998年，美国在线（AOL）以42亿美元的价格收购了Netscape，但此后美国在线对Netscape却没有任何的发展计划，原来它的目标并非要提升Netscape的价值去跟微软竞争，而是要将Netscape作为针对微软反垄断的筹码。2003年，美国在线跟微软之间结束了那场反垄断官司，同年7月，Netscape的大部分研发团队被解雇。从2008年2月1日起美国在线停止发布有关Netscape浏览器的安全和更新，从此，Netscape时代宣告彻底结束。

现在来看这个并购案，Netscape其实是有机会为顾客创造更多价值的。如今谷歌、360、搜狗等都纷纷推出自己的浏览器，Netscape没有理由败于这些晚辈。Netscape可以用免费的浏览器聚集全球最庞大用户群（那个时代，终端应用软件领域真没几个对手），然后通过这个用户群，在网络安全、邮件、通信、搜索等领域都可以有大作为。可惜历史不能假设。这只能说明一点：美国在线收购Netscape之后，不是在创造价值，而是在毁坏价值。

（2）上下游合作伙伴的利益

由于历史的原因，上下游的合作伙伴跟企业之间建立了错综复杂的利益关系，他们也是企业生态环境的重要组成部分。品牌一旦换了东家，那么原来采购方式、采购渠道都可能会发生变化，下游的渠道政策也往往会发生改变。此时，如何保证原有供应商和渠道商的既得利益，让他们继续同心同德围绕品牌服务，才是问题的关键。上策是继续保持原有的构架不变，逐步进行改良，建立优胜劣汰的机制，提升效率，降低成本；下策是一切推翻重来，按照本企业的资源和能力，重新构建上游供应链和下游渠道系统。后者肯定会带来动荡，甚至引起危机。除非收购方强大到足以摆平一切的程度，例如沃尔玛收购好又多，沃尔玛强大的采购体系，足以全部或部分替代原来的好又多供应链。只有在这种情况下，采用激进的变革措施才不会发生乱子。

（3）公共组织和舆论导向

当地政府部门支持还是阻挠并购案，是否能保持或扩大原有政策扶持力度，都对并购的成功产生重要影响。例如可口可乐并购汇源果汁计划，就因为中国商务部的阻挠而流产。与之类似的是，2011年，美国外国投资委员会认为华为的并购将危害美国国家安全，要求华为剥除其在2010年5月份收购的美国创业科技公司3Leaf Systems。该委员会称，若华为不剥除3Leaf Systems，则将建议美国总统下令解除这起收购案。迫于压力，最终华为主动撤销了这桩收购。

最极端的案例是健力宝，作为小股东的三水政府，不信任李经纬的创业团队，强行干涉健力宝的股权和经营，最终将健力宝卖给了"空手套白狼"的气功大师张海，张大师毕竟不是经营的料，最终将健力宝推向倒闭的边缘，一个优秀的品牌再也没有恢复元气。

除了政府部门，还有媒体、行业协会、环境保护协会等公共组织，都会对并购的成败产生重要影响。如果媒体引导的舆论导向都是质疑和反对的声音，那么最终会影响公众的态度，造成品牌目标人群和市场份额丢失，并造成股票的下跌。

所以，公共关系必须在并购之前就要理顺，没有理顺就不要急着发起并购。

（4）内部组织和文化冲突

1991年，Egon Zehnder International管理咨询公司对101位大公司的CEO和高级经理进行了一项调查，其中一个问题是关于并购失败的原因，被调查者普遍认为，并购失败的首要原因是组织与人员问题。

1996年，美国国际学院商业研究中心的研究人员在对财富500强的45家公司研究时，让高级经理人员对所有给出的10个导致兼并后失败的因素按其重要性列出。在所有因素中，最经常被列出的5个因素是：不相容的企业文化，管理模式的冲突和管理者的自以为是，改进计划难以实施，无法进行未来预测，以及对协同效应期望过高。

上面两项研究的结果，都表明并购失败的主要原因是企业内部管理、人员和组织文化问题。其实道理也很简单，每一家企业都有自己的组织行为惯性，每一个品牌都有自己的文化和价值体系，当二者合并时，必然会带来组织和文化冲突。这在跨国并购中表现尤甚，业界流传着一个"七七定律"，即70%的国际并购没有实现预期的商业价值；这其中70%的企业又受挫于并购之后的文化冲突。例如达能收购乐百氏之后，就在文化冲突方面处理不当，出现了很多问题。并购之前的乐百氏员工，在创始人何伯权个人魅力的影响下，形成自身独特的创业文化。上下级之间能够打成一片，团队之间彼此信任，决策过程也比较民主，人文和情感因素成为维系团队的纽带，因此整个队伍有一股凝聚力和创业精神。乐百氏品牌被收购之后，随着几大创业骨干的离开，达能从香港调任高管入驻乐百氏，冲突由此开始。香港人有职业精神，采用西式的绩效管理方式，注重对结果的考核，而不关注过程。绩效管理属于刚性管理、制度化的管理，好处是让制度管人、约束人，减少了人治的弊端，提升管理效率和执行力，让管理层加强了对整个企业的控制力。但是，绩效管理也有弊端，绩效数据多了，情感关怀少了，冰冷的考核撕掉了温情的面纱，导致乐百氏的老员工难以适应。显然，绩效管理必须跟人文管理相结合，让刚性管理和柔性管理相辅相成，所谓"文武之道，一张一弛"，才能收到好的效果。而新任高管没有做好这一点，结果事与愿违，在企业内部自然形成新老不同派系，矛盾逐渐激化。同时，中国市场有很多潜规则，新的管理层不向熟悉市场的老员工那里听取意见，而采用死板的数据作为决策依据，导致新品上市屡次失败，贻误公司战略发展。在内部的动荡之下，乐百氏业绩受到严重影响。

所以，组织和文化冲突是不能采取简单方式解决的，企业高层一定要有耐心，先让新购品牌独立运营，采取和平演变的方式，逐步用强势文化潜移默化统一全公司。例如1990年代中期，IBM对软件供应商Lotus的收购案，就做得非常稳妥。蓝色巨人IBM以生产硬件闻名于世，而Lotus则是当时著名的软件品牌。并且，这两家公司的品牌文化有很大差异，IBM偏于保守，Lotus很有进取心。为了保持Lotus的稳定，留住Lotus的人才和客户，IBM决定采取保守的方式，即并购之后，继续让Lotus在企业资产和产品品牌上独立运营。经过10年磨合，IBM最终将Lotus整合为自己的软件部门，成为IBM的一个产品品牌。

（5）股东之间的冲突

股东之间的冲突，是非常复杂的问题。如果并购一个品牌及其企业100%的股权，那么这种并购方式自然不存在股东之间的冲突。然而，实际上大部分的并购并不是100%股权并购，甚至不是控股权的转移，这样就会带来新老股东之间基于经营理念、战略目标和利益方面的冲突。严重的情况是股东之间矛盾不可调和，最终导致企业元气大伤。典型是赛富基金首席合伙人阎炎跟雷士照明吴长江之间的冲突，引起雷士照明剧烈的动荡，公司一度到了崩溃解体的边缘。

其实，品牌并购之后，如果所有股东都遵守现代企业制度之下的游戏规则，那么股东之间的冲突是可以避免或尽量减少的。一般来说，发生冲突主要有如下几种情况。

①敌意收购。敌意收购或恶意收购，是指收购公司在未经目标公司董事会允许，不管对方是否同意的情况下，所进行的收购活动。顾名思义，敌意收购是不友好的，双方会产生强烈的对抗性。恶意收购的目标，可能是为了消灭对手，改变经营方略，重组管理层等等。由于目标公司高层不愿意被收购，当事人双方会在收购过程中采用各种攻防策略，激烈的收购和反收购将会持续整个过程。其实，敌意收购对于被收购方的股东来说，主要不是利益上的冲突，因为恶意收购往往带来更高的溢价，被收购方的股东可以获得更多的利益。但是，创始团队一般并不希望被对方恶意收购，这主要是基于理念、情感和价值观的冲突。敌意收购方通常不会真正对品牌的未来负责，而是追求短期利益而透支品牌的未来，然后转手高价出售，从中渔利，这是品牌创业团队所不愿意接受的。一旦敌意收购得逞，那么必然引起非常强烈的股东冲突、高层冲突。

②对赌协议。对赌协议实际上就是期权的一种形式，通过条款的设计可以有效保护收购方（投资方）的利益。如果被收购方（融资方）赢了，则皆大欢喜；反之，被收购方（融资方）输了，则收购方（投资方）的利益得到保障，但是被收购方（融资方）则失去很多利益。例如2005年，摩根士丹利、鼎晖等收购永乐电器，对赌协议内容是：永乐2007年（可延至2008年或2009年）的净利润高于7.5亿元（人民币，下同），外资方将向永乐管理层转让4697.38万股永乐股份；如果净利润等于或低于6.75亿元，永乐管理层将向外资股东转让4697.38万股；如果净利润不高于6亿元，永乐管理层向外资股东转让的股份最多将达到9394.76万股，相当于永乐上市后已发行股本总数（不计行使超额配股权）的4.1%。最终的结果是：永乐未能完成目标，导致控制权旁落，最终被国美电器并购。对赌失败的案例，还有太子奶品牌，创始人李途纯不但失去了控股权，而且导致牢狱之灾。类似的案例还有飞鹤乳业跟红杉资本对赌，最终飞鹤失败，被迫出售牧场。所以，对赌协议，是引起股东冲突的重要根源之一。如果愿赌服输也就罢了，但是失败方通常会认为对方将"业绩目标定得太高"，"这是一个陷阱"，"乘人之危，漫天要价"，等等。如果抱着这样的想法，那么双方接下来就会陷入扯皮之中，严重的情况会影响品牌和企业的前途命运。

③破坏游戏规则。这种情况属于股东的道德风险,也就是说,品牌并购或投资时,遇人不淑,看错了人。收购方进驻之后,才发现对方存在严重职业道德问题,甚至是违法行为。例如收购方对财务失控,被收购公司原来的创始人直接将公司财产转移到境外;或者创始人巧妙通过自己的亲信建立关联的公司,转移公司财富;或者创始人将政府拨给企业的资金和土地转移到自己个人名下,等等。在中国不规范的市场环境中,诞生了很多"奸雄"型的企业主,当企业属于他个人时,他有能耐通过各种灰色手段为企业谋福利;一旦收购方或投资者进驻之后,企业就不再属于他一个人了,那么他同样可以通过灰色手段转移财物,将公司掏空。这方面原因引起的股东冲突,比起敌意收购还严重。例如达能在收购某品牌之后的冲突,赛富基金在2012年陷入跟某品牌的冲突,大都属于此类。

基于以上的分析,品牌并购的成败,关键在于事前的充分调研和论证,充分厘清五种力量的态度,认清目标品牌背后纷繁复杂的种种关系,同时做好并购之后的规划和执行,以及做好风险应对预案。

◉ 并购成功的三大关键问题

综合起来,为了提升品牌并购的成功率,有几个关键问题必须澄清和解决。

(1)新购品牌跟本企业资源和能力是否匹配

做B2B出身的企业,未必能玩转B2C品牌;做外贸的公司,未必能玩转内销品牌;做连锁经营的,未必能玩转商超大通流;做技术和生产的,未必能完全玩转零售品牌……这些都是资源和能力不匹配的原因。

例如在TCL的国际化并购行动中,连续发动了3次大规模的品牌收购:2002年,收购了具有113年历史的德国施奈德家电生产厂;2004年,TCL又收购了大名鼎鼎的汤姆逊彩电;9个月之后,TCL又将阿尔卡特手机纳入囊中,最终的结果是,这些收购品牌纷纷亏损,导致TCL变成了ST。TCL收购失败的原因,业界已经出现很多分析和反思,笔者认为,最主要的原因是TCL当时过于冒进,只看到了收购成功的好处,而没有看到自身的资源和能力不足以玩转这三个走向衰败的国外知名品牌。类似的案例和教训还有很多。

2012年9月6日，在监狱中呆了七年一个月零九天的顾雏军出狱。回顾顾雏军的收购战略，从2001年底至2004年4月，他闪电式收购吉林、扬州、江西、杭州、珠海等地一大批国内已经停产的冰箱生产线，又并购科龙、美菱到亚星客车、襄阳轴承，在不到两年半的时间内，顾雏军通过并购构建了一个拥有4家国内上市公司、横跨制冷家电和汽车两大行业、其中冰箱产能达到1300万台、号称世界第二的格林柯尔实业王国。显然，格林柯尔对收购患有狂热症，摊子之大、争议之大仅次于德隆。而最终的命运，也跟德隆极类似。格林柯尔王国之所以倒下，原因很简单：格林柯尔和顾雏军，并无相应的资源和能力，去盘活这个庞大的实业王国的众多企业和品牌。没有金刚钻，却揽瓷器活，必然是要失败的。很多通过资本杠杆效应而实现"蛇吞象"并购且最终失败的案例，都属于此类。

这方面，我们可以找到规律。如果并购方和被并购方资源和能力比较匹配，并且，收购方比被收购方更强大，则成功的概率要大很多。例如国泰航空收购港龙航空，沃尔玛收购好又多，百胜收购小肥羊等，这些收购案的双方都在同一个市场上竞争，彼此之间的资源和能力非常类似和匹配，商业模式相似，供应链相近，营销渠道相同，目标顾客人群相近，管理水平相近，甚至彼此的高管团队都很熟悉，由更强的一方来收购相对弱的一方，那么强的一方完全可以玩转对方的品牌。

反过来看，收购失败的案例，大多属于跨境、跨行业的并购。在中国做品牌所需的资源和能力，跟美国做品牌所需的资源和能力，是有显著差异的；做房地产品牌所需的资源和能力，跟做零售品牌所需的资源和能力，也是有显著差异的。由于对现金流的渴求、受到高额利润的诱惑以及国际化战略布局的需要等原因，很多并购都在跨境和跨类中发生，这就导致了并购成功率低于30%。

（2）新购品牌在未来居于何种战略地位

为什么要发动并购？显然必须要有充足的理由，要对新购品牌的未来发展战略有一个清晰的构想。如果连品牌在未来的角色都没有弄清楚，那么这样的并购跟拍脑袋又有什么区别呢？实际上，有不少并购案还真有拍脑袋的嫌疑。

并购的战略目标和意图部署，主要有以下几种情况。

①购进优势品牌，增强现有业务的市场份额和竞争力，因此将新购品牌作为领导品牌或骨干品牌对待，进行资源和能力上的倾斜和扶持。例如，2001年，宝洁公司从施贵宝公司收购了伊卡露系列；2003年，宝洁以65亿欧元又收购了德国染发护发品牌威娜。伊卡璐和威娜分别增强了宝洁在保健养护和美容业务中的竞争实力，逐渐成为宝洁的业务重心之一。

②购进品牌背后的支撑体系，弥补自身短板。例如收购对方的研发实力、生产实力、渠道资源等等，然后增强自有品牌的支撑体系，对于购进品牌，则采用冷处理，甚至将新购品牌废弃。当然，废弃新购品牌不一定很明智。例如，从2002年到2009年，IBM收购了70家软件类公司，价值约为140亿美元。IBM历史上的强项是硬件，所以收购这么多软件公司，大大增强了其软件业务。由于IBM完全有资源和能力消化这70个企业，通过全球销售队伍推广软件产品，实际上是共享现成的渠道和客户资源，IBM软件业务获得快速增长。IBM估计在每次收购后的前两年里相应业务的收入提高了差不多50%，在随后三年中其收入增长平均超过10%。显然，IBM的收购属于只收购品牌背后的支撑体系，最终都统一使用IBM商标。

③借船出海，借新购品牌进入原来未曾涉足的业务领域或未曾涉足的市场，因此对于新购品牌委以战略重任，希望成为新的业绩增长点。例如中粮并购蒙牛，从而将业务延伸到了乳业。再如吉利汽车以18亿美元成功收购沃尔沃100%的股权以及相关资产，这场并购案被戏称为"农村青年"与"国际明星"苦恋成正果，实际上也是吉利借船出海，从一个国产三流品牌，跃身进入国际品牌汽车行列。

④纯粹的财务投资，对新购品牌只进行财务层面管控，在经营层面，继续保持其独立地位。这方面的案例就太多了，各类投资机构所操作的投资案例，就属于这一类。基本上每个成功的品牌和企业背后，都有机构投资者活跃的身影，他们通过纯粹的财务型并购，帮助品牌发展壮大，最终获得丰厚回报。

⑤做品牌买卖，低价购买经营不善但是有潜力的企业和品牌，整合盘活之后再高价出售，这考验购买者的经营整合能力。这其中又可以分为两种类型，一是纯粹的财务投资，通过为企业输血而让其渡过难关；二是战略投资者，介入企业的经营管理，帮助企业起死回生。后者的操作难度和风险都很

大，如果缺乏独特的资源和能力，那么很容易把货砸在自己手里。

做品牌和企业买卖，做得很出色的要数李嘉诚，他统领着长江实业、和黄集团、香港电灯、长江基建等四家上市公司，业务遍及各行各业，如地产、港口货运、超级市场、基建、电讯、酒店、保险、水泥、电力、网络等等，形成了一个逾万亿资产的跨国企业帝国。李嘉诚不断并购，也不断出售，低买高卖，眼光独到，失手的情况比较少。

综上所述，在品牌并购之前，必须明确并购的战略目标，确立新购品牌的角色分工和发展思路。

（3）新购品牌如何整合与创新

品牌并购进来之后，不能任其自生自灭，还需要重新进行整合与创新。大致可以分为三大方面：一是企业外部价值链的整合；二是企业内部管理系统的整合；三是品牌业务和服务的创新，下面具体说明。

①价值链的整合。新购品牌和本企业在价值链上的优势各不相同，有的侧重于研发、生产、采购等上游资源；有的擅长于品牌运作、营销策略和渠道管理。无论是向前一体化、向后一体化还是横向一体化，或搞同心多元化，并购之后，首要的任务是将价值链整合起来，理顺上游产业链和下游渠道体系的衔接关系，通过集团公司的统一管控与协调，提升各个环节的效率，革除瓶颈，放大优势，并对资源和投入进行统筹安排，有如下几种有效整合方式。

——消除过剩产能。让渠道资源和营销能力强大的品牌，来消除生产优势型品牌的过剩产能，盘活库存，提升现金流，从而为品牌减负，轻装上阵，开始新的历程。这种情况在钢铁、能源、汽车等领域非常常见。为了解决产能过剩，近年催生了很多国际并购。

——弥补技术缺口。通过并购那些技术研发有优势的品牌，为营销和渠道运作有优势的品牌提供新产品和新服务，从而增强集团品牌的整体竞争力。例如思科公司通过收购填补其技术缺口，从而使其能够组建范围广泛的网络产品线，从一家拥有单一产品线的公司快速成长为互联网核心设备企业。从1993年到2001年，思科以大约3.5亿美元的平均价格收购了71家公司。思科的销售额从1993年的6.5亿美元提高到2001年的220亿美元，其2001年的收入中有近40%直接来自这些收购。10年后，思科的收入超过了360亿美元，市值约为

1500亿美元。

——渠道与市场整合。联合利华进入中国市场时，采取的就是资本换市场的策略，并购或租赁经营中国本土6个品牌：美加净牙膏、中华牙膏、京华茶叶、蔓登琳冰淇淋、老蔡酱油、芳草洗衣粉。显然，联合利华掌控这些本土品牌的目的，就是为了整合它们已经占据的渠道和市场资源，为自身原有的品牌服务。事实上证明，这个策略是非常成功，联合利华借助这6个中国本土品牌引路，迅速将庞大品牌族群全面杀进中国市场，占据了无可撼动的市场地位和份额。

——供应链的整合。两个品牌合并之后，可以共享产品采购渠道，提升议价能力和规模效益；可以共享仓储系统，降低仓储成本；可以共享物流配送系统，避免重复建设，等等。例如，航空公司总是倾向于并购和扩张，因为并购的好处很明显，可以带来规模效应。譬如航材库存，10架飞机需要建立1.5亿元的航材库，但如果通过并购变成20架单一机型的机队规模，那么航材采购和库存并不需要达到3亿元，在这方面就可以节约现金5000万元以上。

值得注意的是，并非所有品牌的并购都要去争取价值链的完整性，相反，很多时候应该将价值链的某些环节外包出去，而将精力主要放在核心环节上。那些不分青红皂白，拉郎配式的"高大全"产业整合，基本都是失败的，例如盛极一时、不可一世的德隆系和格林柯尔王国都轰然倒下了，因为他们违背了价值规律，所谓产业整合不过是乌托邦式的理想而已。就连中粮集团这样实力强大的央企，妄图打造全产业链，结果也是事与愿违。宁高宁主导下的"中粮全产业链"打造运动历时3年之后，我们从其2012年年报得到的数据是：中粮旗下拥有中国食品、中粮控股、蒙牛乳业、中粮包装4家香港上市公司，以及中粮屯河、中粮地产和中粮生化3家内地上市公司。除中粮包装外，中粮旗下另外6家上市公司全部陷入亏损的泥潭，其中中粮屯河巨亏超7亿元。

所以，价值链的整合是有选择的适当整合，而不是要做无限延伸。价值链上的各个环节对集约化和规模经济性的要求不同，所需要的资源配置不是均匀分布的，生产效率也完全不同。例如服装品牌企业，就不应该去从事上游的纺纱和织布业务，甚至连成衣生产环节也可以外包。这是由于纱线和布料生产，有规模经济性的需求，生产效率高，毛利低，如果每个服装公司都自己去纺纱织布，那么就会造成重复建设，一方面纺纱织布厂因为效率高，产能过剩，严重浪费；另一方面，纺纱厂和织布厂也由于没有规模效应，而不能养活自己。所以，在纺纱和织布这个环节，就应该走规模化和集约化的道路，独立出来，分拆价值链，而不是去整合它。显然，当代社会化大分工和产业集群的出现，就是为了解决价值链上的资源配置和效率不均衡的问题。

价值链的整合问题，应该着重掌握核心环节。不同的行业，核心环节各不相同。例如生产羊毛衫的企业，就不需要亲自去养羊，因为没有这个必要，也没有经济性；但是乳业品牌，就应该亲自去养奶牛，因为这样才能真正保证奶源品质和食用安全。中国乳品行业的食品安全问题层出不穷，归根结底是企业不能对上游价值链有效掌控。蒙牛创立的"公司+牧民"供应链模式，为企业快速扩张立下了汗马功劳，但是也为品牌的长远发展埋下了安全隐患。那么，是不是说牛奶行业要掌控全价值链呢？当然也不是。例如下游的销售环节，乳业一般都是采取进驻商超渠道，而不是自建连锁店。光明牛奶是个例外，在上海本地市场有终端连锁门店，但不只卖牛奶。

②企业内部管理系统的整合。品牌和企业兼并重组之后，面对管理、制度、组织、流程和文化的冲突，必须采取有效的整合方式，让原本不同的两个团队能够变成一个战斗集体。这里主要包含如下几个方面。

——文化的整合。前面提到文化的冲突是导致并购失败的主因，因此，并购的内部管控整合，首要任务就是文化的整合。可以用集团公司成熟的企业文化体系，来对新企业的员工进行价值观的引导和灌输。这其中要注意方式和技巧，切不可采用简单粗暴的洗脑式教育，不可操之过急，否则就会引起抵触和敌意，结果适得其反。正确的方法是先对新购品牌的文化进行调研和梳理，再跟集团公司的文化进行对比，明白二者的异同，对症下药。先是求同存异，消除敌意，建立友好和谐氛围，然后再逐步通过观念层面、制度层面、物质层面和行为层面的种种措施，逐渐将对方统一到集团的文化和价值理念上来。对于跨国并购这种文化语境相差甚远的情况，应该让新购品牌尽可能独立运营，只要在大的方面保持跟集团一致即可，不可求全责备。

——组织的整合。在大集团的构架下，新购品牌的组织和人力资源都会进行相应的调整，这里牵涉到很多敏感问题，涉及人事变动、利益纠纷和权力博弈。集团如果派驻新的管理团队过去，那么新老团队之间的博弈和冲突会更加严重。因此，组织的整合也不可操之过急，一定要慎之又慎。集团总部应该多方调研，广泛收集意见，建立周详的方案，再分步逐渐实施。为了避免集团跟新购企业内部的直接冲突，也可以请第三方咨询公司来操作。

——制度的整合。集团公司的制度跟新购品牌的制度肯定有很多差异，制度的整合属于刚性系统，一般来说，只要事前听取新购品牌团队的意见，达成共识之后，由集团公司统一宣布即可。

——流程的整合。"流程再造"、"重塑公司"之类的观点和书籍流行一时，这也反映了当代是一个管理水平不断提升的时代。品牌并购之后，就牵涉两个企业之间内部流程衔接的问题。此时要对双方的内部流程进行重新梳理，将各个环节理顺、疏通，有的流程只是衔接问题，有的流程需要重构，还有可能产生全新的流程。总之，流程整合的目标，是让人、财、物和信息在企业内部通畅地流转起来。

③品牌业务和服务的创新。新购品牌和集团公司如果各忙各的，对于顾客体验和品牌价值没有新的改变和提升，那么并购就失去了意义。然而，并购是一把双刃剑，可以激发创新，也可以扼杀创新。为什么这么说呢？如果并购带来行业集中度的提升，消除或减少了竞争对手，那么就消除了创新的动力，团队会因此变得懒惰和平庸。一旦创新精神被窒息，那么即便是一个垄断帝国，也会被新兴商业组织所取代。我们来看看下面的例子。

英国是最早发生工业革命的国家，同时拥有广阔的殖民地和丰富的资源，因此经济实力迅速膨胀，到19世纪中期，英国煤、铁、纺织品的产量超过了法、美、德三国的总和，在世界工业中占据垄断地位，因此英国无可争议地成为"世界工厂"。

然而，缺乏竞争，就缺乏创新。19世纪末20世纪初，在向帝国主义过渡的过程中，高额垄断利润让英国资本家安于现状，不愿采用新技术和新设备；而美国、德国却出现了企业家推动的新经济，通过创新提升生产力和竞争力，让经济获得飞速发展，最终使英国丧失了"世界工厂"的地位，而美国最终掌握世界经济霸权，被称为电气时代的"世界工厂"。

二次世界大战后，在企业家创新精神的推动下，日本经济飞速增长，一跃成为世界第二大经济强国。1955~1973年，日本经济年均增长高达9.8%，制造业生产增长10倍。20世纪80年代中期，日本许多工业制成品的产量都在世界前三名之列，在国际市场上具有很强的竞争力和很高的市场占有率，成为世界上家用电器、汽车、船舶和半导体的主要生产国。同时，日本也是重要的技术创新大国，20世纪80年代初期，日本的总体技术水平已经领先于西欧、接近美国。据1983年日本《通商白皮书》统计，在159项关键技术中，日本同时领先于美国、西欧的有39项，与美国、西欧接近的有38项，落后的为16项。80年代中期，在新兴的半导体产业技术方面日本超过了美国，赢得了全球半数以上的市场份额，确立了美国之后新的"世界工厂"地位，成为历史上第三个"世界工厂"。

从上面的史料可以看出，那些希望通过兼并走向垄断、消除或者减少竞争、一劳永逸赚大钱的想法，是不现实的。无论你的规模有多么庞大，大得像英国工业革命时代的煤、铁和纺织巨头一样，最终也会被创新企业所打败。所以，品牌并购之后，企业更应该珍惜所拥有的资源和契机，大力进行创新，而不是扼杀创新。创新主要表现在如下两个方面。

第一，"授之以鱼"，直接收购创新成果。品牌并购发生的重要动机之一，就是直接收购创新型品牌和企业。例如，中国化工集团发起的海外并购为它带来1000多项专利，占这家公司目前所有专利的三分之一多。并购让中国化工集团在多晶硅、有机硅、蛋氨酸、农药等领域的技术创新实力大增，在全球产业链中的位置不断前移。

谷歌也是收购创新的典型。从1998年至今，谷歌收购的公司超过100家。例如，2007年谷歌以310万美元的价格收购了DoubleClick，这项收购一夜之间把谷歌领进了展示广告新市场。2006年，当谷歌视频项目（Google Video）在市场中竞争不力时，谷歌再以16.5亿美元的价格收购了创新的视频网站YouTube，如今YouTube获得了40%的市场份额。

再如微软，也是收购创新运作的高手。微软的第一次收购始于1987年，那次收购的Forethought新开发了一种做展示用的程序，这一程序最终发展成为微软办公套件中重要的一部分——幻灯片（Microsoft Powerpoint）。此后，对于市场上新兴的商业模式和技术成果，微软都会表示出兴趣。

第二，"授之以渔"，通过收购，注入创新基因，自主进行创新。直接购买新技术和新产品的行为，实际上是授之以鱼，而不是授之以渔，非长久之计。例如，甲骨文公司就深知这一点，于是，采用收购创新和自主创新相结合的方式，在自主研发上，年投入资金超过50亿美元。2009年，甲骨文以74亿美元收购Sun计算机系统公司，之后甲骨文不是躺在Sun原有技术创新成果上睡大觉，而是对Sun进行深入整合创新。在研发方面，甲骨文一直在加大对于原先Sun业务的支持。从芯片的角度来看，现在的芯片性能比原来更加强大，SPARC T4是最新的处理器，比上一代产品快4.5倍；未来的SPARC T5会比T4快2.5倍，这比现在的IBM Power系统还要快很多。在操作系统方面，甲骨文也提供了更强大的支持云计算的操作系统Solaris 11。这一切，都显示了甲骨文在不断增强对原来Sun产品和系统的支持和创新。

并购之后的整合创新，并不局限于产品和技术领域，还包括服务创新、商业模式创新、盈利模式创新等各种类型。商业模式的创新，也是品牌和企业并购的重要动机之一。

例如万向集团的海外并购，目的就是价值链的互补和商业模式的重塑。万向是中国最早的乡镇企业之一，从"万向节"产品开始切入汽配市场，并逐步开始向二级配套和集成方向发展。自1999年开始，万向集团开始在全球整合资源，先后收购英国AS、美国舍勒、ID、LT、QAI、HMS和UAI等海外公司。万向集团创始人鲁冠球解释说，万向在海外收购公司并非是简单的收购，实际上关系到国际资源的聚集和商业模式的转型。比如，万向购买了舍勒、环球汽车工业公司和罗克福德动力系统公司，因为它们拥有万向最缺乏的市场、技术和品牌。这些公司的弱点是劳动力成本不断上涨，而万向的强项在于劳动力的成本低。万向使用大量的廉价劳动力把这些公司的低附加值产品带到中国，在这里生产，同时继续在原处生产高附加值的产品。因此，通过收购合并这些公司，万向就完成了从低成本、低附加值的单一生产型企业，转型为整合价值链并追溯上游高附加值的产业集团，整个商业模式和盈利模式发生了深刻变革。

05 | 门当户对好联姻
——集团品牌联合

随着全球化进程的发展,市场的边界和壁垒被打破,品牌再也不是坐井观天的青蛙,它必定要回归江河与大海,拥有更加广阔的天空。而在千帆竞渡的潮水中,竞争不是唯一的武器,打得头破血流貌似很神武的样子,实际上也可能只是一介粗野武夫,难成大器。西方商业的实践表明,品牌合作会带来意想不到的收获,联合起来的品牌比起单打独斗更具竞争优势。麦肯锡20年前的一项调查数据显示,品牌联合领域每年以40%的速度增长。而最近20年,随着全球化浪潮和市场经济的成熟,品牌联合已经变成一种司空见惯的现象,几乎所有的品牌企业都或多或少、或深或浅涉足其中。

◉ 品牌联合的类型

品牌联合(CO-BRANDING)是指两个或两个以上的品牌为了追求更大更新的商业价值,建立某种形式的合作关系和价值同盟。品牌联合是一个比较新的词汇,对于品牌联合的定义和范围,业界并无统一的定论。笔者认为,品牌联合的最基本特征是,参与联合的每个品牌的价值,都叠加在一起影响顾客,即产生了价值叠加放大效应或为顾客创造了新价值。

英国人汤姆·布莱科特和鲍勃·博德合著的《品牌联合》(Co-Branding: The Science of Alliance)一书中,对品牌联合定义比较窄,对于营销联合、资本联合和商业联盟等概念,都不认为是品牌联合。本书认为,品牌联合有广义和狭义之分,凡是两个或两个以上品牌之间存在某种合作关系,都可以归于广义的品牌联合。根据合作的时间长短和合作的深度,广义品牌联合分为三大类:品牌营销联合、品牌战略联合、品牌资本联合,如图9-14所示。

而狭义的品牌联合,应该根据是否"产生了价值叠加放大效应或为顾客创造了新价值"这个标准来衡量与甄别,由于狭义的品牌联合具有实质意义,而不是停留于形式,所以下面将各种情形是否符合狭义品牌联合的问题,作为

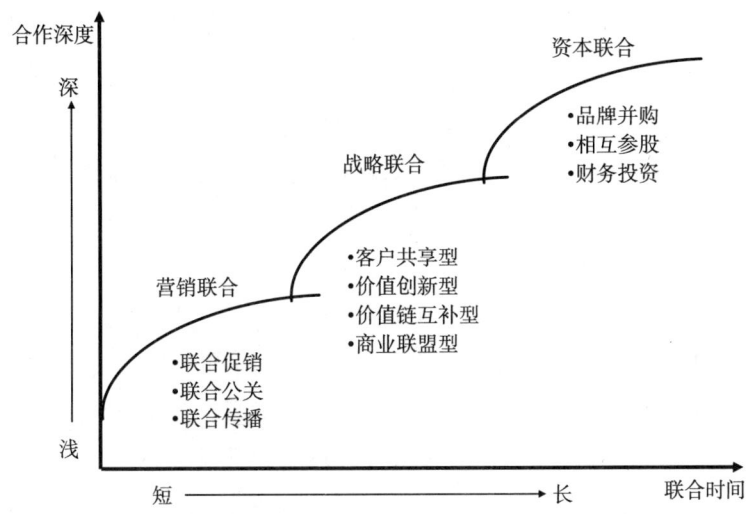

图9-14 广义的品牌联合三种类型

我们讨论的核心。下面强调的品牌联合，都是指狭义的概念。对于营销联合、商业联盟和资本联合，本书并没有一概而论，而是进行了去伪存真，详细界定了其中属于品牌联合的内容和不属于品牌联合的内容。

（1）品牌营销联合

品牌的营销联合，是出于对短期内品牌促销、公关和传播的需要，而建立的品牌合作关系。具体说来又可以进一步细分。

①联合促销。联合促销是非常常见的品牌联合形式，一方面包括同一集团旗下的品牌联合促销，例如宝洁旗下的多个洗发水品牌有时联合捆绑在一起促销，给顾客带来超值体验。另一方面，也包括不同企业的品牌进行同业或异业联合促销，例如希尔顿酒店和维珍航空公司的联合促销，可以为顾客奖励飞行里程；中国移动与麦当劳的联合促销活动，用移动积分可以兑换麦当劳的套餐。异业联合促销需要想象力，很多时候是天马行空的，貌似完全不相干的行业的品牌，也有联合促销的可能性，因为他们的目标群体相同或相近。例如豪杰公司和娃哈哈集团曾经拿超级解霸和娃哈哈冰红茶做过联合促销；而可口可乐也和魔兽世界做过联合促销，在国内大面积推出数亿罐"魔兽版"可乐。这些联合促销形式，都给顾客带来了新的价值体验或超值体验，所以属于品牌联合的范畴。联合促销一般都是短期的合作关系，促销活动一结束，则品牌之间的合作关系也结束了。

②联合公关与传播。联合公关和联合传播通常是结合在一起进行的。中国移动和NBA联合推出"2012动感地带，我的NBA地盘"，这是典型的品牌联合公关活动。联合公关最常见的就是赞助体育赛事或慈善事业，例如北京奥运会的赞助品牌有63家，伦敦奥运会的赞助品牌有53家。伦敦奥运会的顶级赞助商包括可口可乐、宏碁、法国源讯公司（Atos）、陶氏化学公司（Dow）、通用电气、麦当劳、松下、宝洁、欧米茄、三星和VISA等知名品牌。奥运会赞助体系已经非常完善，包含三个层次：国际奥委会TOP计划、奥运会组委会赞助商计划和国家奥委会赞助商计划，分别对应不同的权益。成为奥运赞助商之后，品牌就跟"奥运会"这个金字招牌建立了联合关系，再通过一系列的广告传播计划，将 "松下，国际奥委会全球合作伙伴"这类广告语向公众传播，从而在公众面前可以树立良好的品牌公关形象。联合公关传播为顾客带来了品牌价值的叠加放大效应，所以属于品牌联合的范畴。

（2）品牌战略联合

品牌战略联合是指品牌之间中长期的深度合作关系，包含4种类型：一是客户共享型；二是价值创新型；三是价值链互补型；四是商业联盟型。

①客户共享型。很多异业品牌却有共同的目标顾客群，例如中国人寿保险与工商银行，中国银行与南方航空公司，中国移动与沃尔玛，等等，他们属于不同的行业，但都有共同的顾客群体。在此基础上，可以通过品牌联合推出一些共享产品，实现彼此之间客户数据库的共享合作。联合信用卡是最常见的客户共享型案例，例如兴业银行与南方航空联合推出"兴业银行南航明珠信用卡"，让兴业银行和南方航空可以彼此共享对方的客户资源库，兴业的顾客刷卡积分可以兑换南航里程奖励；南航会员新办这种联合信用卡，也可以获得里程奖励，等等。再如，广发银行与凡客诚品也联合推出信用卡，持卡人作为广发银行的客户，也可获得两年凡客会员资格，享受凡客官网会员优惠；持卡人消费积分可以兑换凡客礼品卡，等等，这样就将两个品牌的客户群关联起来，实现了客户共享。站在顾客角度，这样的品牌联合也带来了价值叠加放大效应，或也带来了超值体验，所以客户共享型联合属于品牌联合。

②价值创新型。高明的品牌联合，应该为顾客创造新的价值，而不应该是原来品牌价值的简单相加。《品牌联合》书中提到的一个案例是很多慈善机构与银行之间联合推出的信用卡，这种信用卡的好处是创造了新价值：第一，

银行将每一笔交易带来的收益的一小部分，捐赠给慈善机构。虽然银行损失了一笔利益，但是它获得顾客的赞誉，并通过口碑为其带来很多新客户，这笔利益损失相对获得新客户的营销费用而言，还是很划算的。第二，对于顾客而言，不用花费一分钱，但是可以为慈善事业作出自己的贡献，消费越多，贡献越大，这种做善事的自豪感是普通信用卡所不能给予的。第三，对于慈善机构来说，是最大的赢家，只需拿自己的品牌公信力做担保，影响公众，就为自身带来巨大的收益。所以，这种多赢的信用卡，就是品牌联合价值创新的典型。

再如，意大利时装设计大师乔治·阿玛尼跟梅赛德斯——奔驰联合推出CLK500敞篷跑车，该跑车号称由阿玛尼大师亲自设计，融合了其服饰设计的"前卫、创新以及激情"理念，阿玛尼与奔驰的联合，赋予了CLK500跑车全新的时尚价值和设计品味，引起时尚高端群体的价值共鸣。可以说，这个案例在品牌感性价值上，进行了创新和增值。

③价值链互补型。价值链上不同环节的品牌进行联合，最终给顾客呈现一道完整的套餐，这对于顾客来说，是具有吸引力的。最典型的案例就是英特尔和其他电脑品牌如戴尔、宏碁、联想等联合推出的"Intel Inside"（内置英特尔），让英特尔的品牌影响力直达消费者，同时也增强了电脑品牌的品质感，也让顾客无需拆开机箱去检查里面是什么CPU。所以，这是一个多赢的结果。

类似的案例还有可口可乐跟迪斯尼之间进行了长达60年的品牌合作，可口可乐对于迪斯尼来说是上游供应商，而可口可乐和斯斯尼同时呈现在顾客面前的时候，共同将欢乐的气氛推向高潮，感染顾客。此外，可口可乐跟麦当劳和肯德基等快餐连锁都有广泛的品牌合作关系。

再如7-11便利店在美国跟美孚石油进行品牌联合，在澳洲跟壳牌石油开展品牌联合，联合的形式主要是终端组合，即将便利店开在美孚和壳牌加油站内，为顾客提供加油和零售一条龙服务，将价值链互补和贯通起来。这样显然带来了品牌价值的叠加和服务的增值。

④商业联盟型。并非所有的商业联盟都是品牌联合，例如几个相互竞争的汽车品牌宣布建立商业联盟，停止价格战，共同提高价格。这样的商业联盟，就不属于品牌联合，因为对顾客来说，看不到任何一款汽车因为这个联盟的建立而产生价值叠加放大效应或创造新的价值。

可以算作品牌联合的商业联盟案例，是航空公司之间建立的联盟。全球的航空公司建立了三大联盟：天合联盟、星空联盟和寰宇一家。三大联盟内部是资源共享、优势互补的，联盟之间是竞争关系，每一个航空公司只能选择加入一个联盟。这种商业联盟能给顾客创造带来价值叠加效应与超值体验，因为顾客可以通过联盟的庞大航线网络，快捷抵达全球任何一个角落；顾客可以购买联程套票，享受套票的优惠；累计的航线里程，可以在联盟内进行自由兑换，等等。由于享受联盟带来的种种好处，顾客的忠诚度和依赖性得到显著提升。在联盟的内部，航空公司之间通过代码共享协议，而对联盟的整体航线资源、顾客资源等实现共享。

（3）品牌的资本联合

资本联合主要是指品牌并购、相互参股以及财务投资。需要指出的是，并非所有的资本联合都是品牌联合。如果并购、参股和投资发生之后，两个或多个品牌彼此之间没有联合推出产品或服务，没有产生品牌价值的叠加效应，顾客也感受不到这些品牌之间有何种关联，那么这种情况下，品牌联合就不存在。如果发生资本合作的品牌之间，建立了类似上述品牌营销联合和品牌战略联合的关系，那么就属于品牌联合。

◉ 集团品牌联合的管理

站在集团公司角度，品牌联合是集团品牌管控的重要任务之一。针对大型的营销联合、战略联合、品牌商业联盟等等，其决策权和决定权应该归于集团品牌管理部和战略委员会。这其中主要包含如下工作任务——

（1）联合对象的调研与选择

品牌联合一般遵循"门当户对"原则，即找一个知名度、美誉度和档次跟本品牌旗鼓相当的品牌，作为联合对象。这样可以保证双方互惠互利，平等交易，谁也不吃亏。如果不能"门当户对"，那么也可以操作，就是弱势的品牌一方应该支付更多的费用和成本。此外，在两个联合的品牌之中，至少要有一个知名品牌（不知名的一方要拿出有吸引力的资源进行价值置换），不难想象，如果拿两个不知名的品牌进行联合，联合之后仍旧是不知名的，顾客无法从中体验到价值提升与放大，这样的联合就没有什么意义。

（2）评估成本、收益和风险

奥运会TOP赞助商，花费的成本大约1亿美元，另外，还要花费数亿美元来投放相关广告。如此高昂的代价，让很多中小品牌望而却步。其实，拥有这个支付能力的品牌并不少，对于全球500强来说，这个营销成本都是可以接受的。问题的关键是：这样做是否合算？这就需要事前评估成本、收益和风险。近年来，对于奥运赞助商投资回报率的质疑越来越多，实际效果也是几家欢乐几家愁。更有甚者发现，与其将钱花在赞助费用上，还不如将钱集中起来请奥运明星做广告，做好体育营销，效果超过赞助商。例如北京奥运会，阿迪达斯是赞助商，耐克不是。耐克可以将更多资源投向体育营销，势头超过了阿迪达斯，很多顾客甚至会误认为耐克才是奥运会赞助商。所以，品牌联合项目，都必须事前评估成本、收益和风险。

成本和收益一般都是可控的、容易评估的。有些品牌联合项目甚至不会带来营销费用的增加，例如联合信用卡的发行，可口可乐和迪斯尼的联合等，都可以在其年度广告费用预算之中列支。换句话说，即使不搞品牌联合，每年3%左右的广告费也得花出去，因此，品牌联合不会带来边际费用的明显增加。并且，更重要的是，品牌联合带来的规模效益，还可以显著降低成本、提高投资回报率。道理很简单，假设两个品牌平摊传播费用，那么双方都节省了一半的费用；如果利用双方的渠道和会员网络共同推广联合品牌，那么在边际费用不增加的情况下，双方的边际收益都得到成倍提升。例如，一个拥有5000万会员的航空公司和拥有5000万会员的银行进行品牌联合，那么他们共同拥有1亿顾客。每个品牌花费同样的钱进行会员推广，以前各自覆盖5000万会员，如今可以覆盖1亿会员，投资回报率自然就更高了。所以，品牌联合的好处是显著的，下面我们重点来探讨品牌联合的风险问题。这其中有4大风险值得我们特别关注。

①合作伙伴的经营和财务状况。试想，如果双方进行品牌联合之后，突然爆发了对方巨亏、退市、裁员等事件，那么我方品牌也会受到连累。尤其是对方如果给予顾客的承诺无法兑现，例如积分不能兑换，收取的会员预充值无法返还等，那么我方品牌也要承担连带责任。因此，在选择合作对象的时候，一定要谨慎，同时在联合方案设计上，不要过多牵涉到营销收益合作和财务交易之中。

②品牌个性和文化的不相容。有的品牌倡导狼文化，市场行为像狼一样咄咄逼人；有的品牌则倡导羊文化，行为理念都比较温和与亲切。品牌个性和文化不相容的两个品牌如果进行联合，也会带来一系列负面影响。例如加多宝和王老吉在竞争白热化的时候，双方一线员工爆发了多起肢体冲突事件，假设迪斯尼跟加多宝进行品牌联合，推出"冰河世纪版"加多宝凉茶，如果在终端遇到打架事件，作为老好人形象的迪斯尼该如何办呢？显然这种情况不利于迪斯尼。所以，迪斯尼跟可口可乐之间60年的友谊是可以理解的，因为他们的核心价值和品牌个性相近。

③品牌目标人群不一致。这种情况会带来两种不利后果：一是两种人群价值观不同，鸡同鸭讲，没有共同语言，不能引起共鸣，导致品牌联合的效果不好；二是两种人群的层次不同，品牌档次不同，结果让档次更高的那方比较吃亏。比如广发银行跟凡客诚品联合推出信用卡的案例，凡客在电子商务领域倡导"平民快时尚"，给顾客的印象是大众低档品牌，其目标顾客也是消费层次不高的人群；而广发银行的目标顾客，应该主要属于城市白领和中产人群，品牌档次不算低。二者进行品牌联合，对凡客诚品品牌形象提升很有利，而对广发的品牌形象和价值没好处。

④品牌延伸与顾客认知模糊。根据顾客心智定位原则，每一个品牌都跟一个专门的品类相对应。品牌联合有时候相当于品牌的跨类延伸，会引起顾客心智认知模糊，对品牌价值可能产生不利影响。

（3）设计联合方案

前面阐述过品牌联合的多种不同类型，每种类型对应不同的联合方案。集团品牌管理部门应该根据自身实际情况、市场状况和合作伙伴情况，综合考虑，提出一套合理的联合方案。如果可能的话，可以从最容易的、最基础的联合开始考虑和尝试。如果双方可以做好营销联合，那么再去考虑是否可以做好战略联合。

当然，有些品牌的联合是可以直接框定方案的，因为他们的联合关系比较简单。例如零售店和加油站之间的联合，双方的独立性非常强，彼此运营独立，加油站在选择合作伙伴的时候，只需考察对方的连锁经营实力和品牌影响力即可。在联合方案中，可能只是房东和房客的关系，即加油站将一部分空间租给零售连锁店。

在联合方案的设计中，最重要的有三点：一是方案要简明、可控、容易操作，越复杂难度越大，效果越不好。二是要制定详细的共同行动计划，双方严格按照计划推进。三是要明确双方的权益和义务，对于资源投入和收益分配情况进行详细而清晰的规定，避免后面的推诿和扯皮。

（4）方案的落实与跟踪反馈

合作双方确认方案之后，就要按计划进行落实。双方应该共同成立由高层领导者牵头的协调小组或部门，来专门负责推动联合方案的实施。在实施过程中，会牵涉双方组织、人员和原有营销管理体系的冲突问题，这就需要专门小组来负责协调和解决。同时，要跟踪检核方案的实施效果，对于反馈的结果要进行分析，必要时重新调整和改进联合方案。

06 掐灭危险的火花
——品牌危机公关3道防线

品牌是企业与公众沟通的纽带，品牌是一个开放系统，从安全管理的角度看，开放系统的安全问题是最难防控的。例如一个大型乳业品牌，上游有成千上万的分散供应商（牧民和牧场），下游有成千上万的渠道与终端，中间有规模庞大的加工车间和物流配送体系，如此繁杂的系统，只要有一个环节出了问题，那么都要由品牌来承担责任。这就是为什么中国乳业品牌总是被架在火上烤的原因。

危机公关是所有品牌都要学会的一堂生存课，但是很多企业将这门课学歪了，以为危机公关就是建立一支"海豹突击队"，或者去花大价钱临时整合一支雇佣军，哪里出问题，就派这个特种部队去"攻关"。如果用这样的态度去看待危机公关，那就大错特错了。危机公关绝对不是临时抱佛脚，四处求爷爷告奶奶找关系摆平问题。危机公关的真谛在于"防患于未然，工夫在诗外"。也就是说，要让一个庞大的集团有安全感，就要建立一个危机公关防范机制，修建安全防范的长城，让99.99%的危机事件消除在萌芽状态，这才是危机公关的最高境界。系统化的集团品牌危机公关，包含三道防线。

⦿ 第一道防线：建立内部反馈和反应机制

所有的公共危机事件，都是从内部处理不当开始的。千万不要忽视内部危机反馈和反应机制的建立，这是杜绝90%以上危机事件的第一道防线。

一天，笔者在上海街头乘坐出租车时，听到的交通广播节目是关于一起投诉事件的，这个节目很长，听完了大致知道了事情的缘由：顾客李老太太上周一买了一台X洋牌彩电，买回去后，发现图形不清晰，噪音很大，于是拨打该彩电的售后热线，维修人员第一次上门，没有找到故障原因，说了一个什么理由就走了。李老太太再次拨打售后热线，维修人员第二次上门，说某个部件坏了，要请示领导才能更换，于是他又走了。李老太太看到问题不能解决，继续打售后热线也没效果，于是就打了交通台的投诉热线。主持人在节目中当着公众的面，拨打对方的售后热线，接线员的答复是她尚不知情，要去核实情况，这已经是周五了。主持人答应给他们处理的时间，下周会继续连线跟踪事情的进展。结果，到了本周一，也就是笔者乘坐出租车的时间，主持人继续连线该品牌售后热线，得到客服员的答复是要继续核实情况。主持人问到底什么时间能解决，你们要给一个明确的时间，对方的回答是"要看维修部门的安排，我不能给出答复……"主持人当场就火了："你们×洋牌彩电给顾客解决一个小故障怎么就这么难？以后谁还敢买你们这个牌子的彩电？只要你们不解决，本节目就每天曝光一次，直到你们解决为止！"

这个时间段，上海有5万辆出租车和数十万辆其他各类车辆在路上运行，按照每辆车平均2名乘客计算，可能有上百万人在收听这个节目。如果连续曝光一周以上，直接与间接知道这个负面新闻的人可能会超过500万。显然，这就是一次典型的由小问题而引起的大范围危机公关事件，如果去深究那些严重的品牌危机案例，基本上都是在小问题上处理不当，才酿成大事件的。不知道该彩电的高层领导知道了这个负面新闻会作何感想，这本来就是不应该发生的事情。

笔者听完这个负面投诉之后，立即就大致明白了问题的根源出在哪里：一方面，是该公司售后服务的管理上存在明显问题，简单的投诉问题，能修就修，不能修就换，哪有这么多扯皮推诿的行为？因此，内部整顿是必须的。另一方面，该品牌肯定没有建立内部危机反馈与反应机制。基层人员没有经过危机公关的培训，也缺乏向上级反馈问题的途径。无论老太太投诉，还是电台主持人的连线，说白了都在跟对方的基层话务员（客服员）较劲，信息根本就没有上传到上级领导那里。缺乏训练的基层员工，根本就没有意识到这个问题有多么严重，她以为自己只是在跟一个"刁蛮"顾客打太极。

如果建立了危机反馈和反应机制，会是怎样一种情况？第一，所有的基层话务员、销售人员，都会被告知"媒体无小事"，如果遇到媒体介入的投诉事件、媒体的采访要求等，必须在第一时间报告部门领导和集团品牌管理部，并公布内部公关反馈专线号码、邮箱等信息，该号码24小时待机。第二，所有部门的领导在得知有媒体介入之后，必须第一时间将情况调查清楚，上报集团品牌管理部。第三，集团品牌管理部召开紧急会议，商讨对策，快速分工行动。像上面这个投诉，通常可以这样解决：第一，维修部门的负责人亲自带队登门向老太太道歉，更换电视机，并赠送一份礼物，检讨自身工作不到位，求得老太太谅解；第二，品牌管理部的负责人给电台打电话，必要时亲自登门说明情况，告知电台问题已经圆满解决，检讨工作的失误，恳请媒体谅解。说白了，投诉不可避免，大家都能理解，关键看的就是你的态度，无论顾客还是媒体，都是如此，人家并非故意跟贵公司过不去。只要按照这两点做了，危机也就解除了，也就不存在连续的负面跟踪报道了。

内部反馈机制有两点要注意：一是反馈免责机制，很多时候，由于基层员工自身犯错，导致顾客投诉，该员工害怕上级处罚，所以就故意隐瞒情况不上报，结果导致小矛盾发酵成大危机。所以，必须明确反馈免责机制，只要及时向上级报告情况，就可以免除责任。二是瞒报问责机制，无论基层员工，还是部门领导，只要瞒报问题，引起严重后果的，都要追究责任。

反应机制也有两点要注意：第一，基层员工和部门主管都要学习应对媒体的基本培训，不能随便对具体处理措施表态，但是可以整体上表达积极而诚恳的态度，可以采用统一的话术如"对于上述问题，我们非常抱歉，我一定马上向上级领导汇报，马上进行处理，直到让顾客满意为止"等；对于媒体追问该如何处理，这时可以引用公司的售后服务规定进行答复，如"我们会第一时间调查清楚，如果是我方责任，该退换的退换、该维修的维修、该赔偿的赔偿，我们都会负责到底"；对于媒体追问何时给出处理答复，这时也可以引用公司售后服务政策："我们公司规定，当天给予答复，3个工作日之内处理完毕。您这次事情比较特殊，我将马上向上级汇报，用最快的速度给您解决……"第二，品牌管理部门要有丰富的媒体应对经验，知道媒体的游戏规则，快速制定处理方案，并对媒体的要求要做到快速、积极、诚恳的答复。这个时候，通常可以动用平时积累和维护的良好媒体关系，真诚跟栏目编辑、主持人、记者沟通，这样完全可以避免第二次负面曝光。

实际上，第一道防线可以拦截90%以上的媒体首次曝光，像上述电台热线这种投诉事件属于特殊情况，因为是实时连线的，电话一接通，投诉就曝光了，连缓冲时间都没有。但是，其他所有媒体，包括电视、报刊、网络媒体等，都有足够的危机处理缓冲时间，只要集团品牌管理部第一时间介入，那么第一次曝光也可以避免。

◉ 第二道防线：日常媒体公共关系维护

第一道防线，可以拦截90%的负面曝光，那么第二道防线，就用来拦截剩下的10%负面曝光。

跟地方媒体和全国主流媒体建立良好的关系（参见本章前面的"品牌公关管控"部分），是品牌危机公关的第二道防线。除了正面报道集团公司的新闻之外，如果遇到顾客投诉，栏目编辑通常都会在第一时间通知跑线记者去采访新闻当事双方，要听取两方的意见，再决定是否刊登新闻稿件。这个时候，良好的媒体关系，就给本集团赢得了宝贵的危机公关的时间和机会。对于没有建立媒体关系的公司，媒体第一时间找不到对方联系方式，或者拨打了售后热线又碰到上述某彩电品牌那样的话务员，结果肯定就是负面报道产生了。

这个时候，同样是分两步处理，一是安抚投诉顾客，求得顾客谅解；二是向媒体通报处理情况，阐明态度和理由，恳请媒体低调处理。正常情况下，只要顾客安抚好了，媒体也就不再理会此事，事情就能顺利解决。

当然，在极少数情况下，也有可能遇到刁蛮顾客，漫天要价，导致事情复杂化。这里要分两种情况：一是我方无过错，对方胡搅蛮缠，只要跟媒体说明情况，媒体也会通情达理的，不再理会这类顾客；二是我方有过错的，这个时候顾客可能得理不饶人，我方要进行谈判，明白对方动机，如果只想得到一些赔偿，那么公司可以适当做出让步，给予适当的物质补偿，通常都会见效。

最难缠的就是遇到年轻气盛的律师之类的人物，他们不要钱财，而是希望出名，通过跟大公司、大品牌打"索赔1元钱"的道义官司，煽动公众正义情绪，让自己变成正义斗士。而这种人的行为，又往往得到媒体的追捧，动辄变成新闻焦点。虽然这种情比较少，但也不等于没有。遇到这种情况，我们要把握几点：第一，集团法务部应该介入，跟对方从法律依据、官司输赢、利害关系等方面进行谈判。在跟专业人士的对阵中，可能对方会知难而退。如果对方仍旧不退让，那么法务部就要出来应战了。大型集团的法务部每年都要应对多起这类官司，绝大多数官司都能打赢。第二，品牌管理部门仍旧不能松懈，法庭内的战线不用操心，但是媒体战线上仍旧需要公关。大部分关系不错的媒体，此时都会给面子，将稿子压下来。少数媒体不配合，品牌管理部门此时就要动用各种公关资源了，要去拜访媒体的领导，一方面诚恳地说明本集团跟贵方长期在广告等多个领域的合作关系；另一方面，声明我方更加理由充足，肯定会赢得官司，因此在官司结束前，应该不予曝光，以免误伤本集团声誉。实际上，这样官司一拖就是一年半载，甚至好几年的都有，几年后，即便本集团官司输了，媒体也早就忘记此事了，即便对方去媒体爆料，媒体对这种陈芝麻烂谷子的事情早已不感兴趣了。

如果是大型集团、大型国企、央企，那么应对媒体就更容易一些，媒体也不愿意跟大型集团交恶，因为这里牵涉到很多利益关系。集团品牌公关部门最重要的是要表明一个真诚的态度，一种知错就改的姿态，媒体也会给你一个台阶下。

此外，还有一种情况是网络媒体，互联网有病毒式多向传播、原创互动传播等特征，网络消息往往难以控制。其实，一般情况下，主流网络媒体可以跟传统媒体同样对待。同样要跟主流网络媒体的栏目编辑或跑线记者建立密切联系，遇到危机事件的时候，对方同样可以将负面报道撤下来。另外一种情况是顾客个人将自己的不满通过QQ、论坛、博客、微博、点评、跟帖等形式进行曝光，让负面内容广泛传播，这才是让很多现代公关专家闻之色变的。

实际上，这种情况并不可怕。只要没有干出像"三聚氰胺"那样伤天害理、人神共怒的大事，那么第一道和第二道防线仍旧起作用。很多传播专家、公关专家，在谈论网络公关危机事件时，都在偷换概念。跟企业谈品牌危机公关，而列举的案例大都是社会领域的矛盾和焦点案例，例如"郭美美"、"表哥"、"动车事件"、"某书记艳照门"之类的事件，都不是属于商业范畴的品牌危机，而属于社会阶层之间的矛盾。由于现实的不公，底层民众容易带有仇富、仇官心理，这就是此类危机事件能够扩大化的根源。而正常的品牌危机事件，只要不像"三聚氰胺"、"毒胶囊"那样危害公共安全，就难以形成公众自发关注的焦点。须知，互联网的信息是海量，更新速度极快，导致大家的关注点非常分散、不能持久，即便像"钓鱼岛"这样的重大新闻事件，如果没有权威媒体的连续关注和报道，大家过一段时间也就忘记了。一个有趣的案例是，网易很多热点新闻后面的跟帖中，都带有一个几年前的古董级投诉帖，这个执着的受害青年苦大仇深地陈述他是如何被富士康北门一家理发店坑骗的。在我的印象中，这个投诉帖至少连续发了3年，有网友说是发了5年，反正曝光量起码也有几千万人次，大家看得眼睛都起老茧了，然而，据说这个理发店还活得好好的。

其实，网络时代，草民不可怕，杀伤力巨大的是名人博客、名人微博。像任志强、薛蛮子、潘石屹、韩寒、李承鹏等人都是网络意见领袖，本身的粉丝动辄上千万，读者数量胜过100家报纸。如果他们发一个帖子或微博抨击某个品牌，那么一夜之间可以获得百万次以上的曝光和转载，其结果对于该品牌肯定是严重危机。不过，这些名人跟贵公司无冤无仇，是不会随便抨击贵品牌的。如果出于某种原因发布了贵品牌的负面消息，那么第一时间要跟对方或经纪人交涉，让对方删除。这方面，一定要反应迅速，慢了消息就传播开了。例如，美国驻华使馆的微博，对于普通粉丝发布内容是不回复、不吭声的，但是遇到"微博女王"姚晨的批评或询问，3分钟之内就会做出回应，反应速度非常快。

因此，网络危机事件没有想象的那么可怕，不信你可以去搜集一下，是否有某个品牌在没有权威媒体曝光、没有干出伤天害理大事的前提下，轻易就被某个投诉的顾客发动网民而扳倒了？试想一下，如果真有这种情况出现，那就真是天下大乱了，你可以雇佣几个水军，炮制几条负面消息，一夜之间干掉行业所有竞争对手，然后你就从一个三流品牌摇身变成了行业老大！怎么可能？！

事实上，如果不围绕政治、社会和食品安全之类的热点问题进行策划，就算给你几千万的传播经费，想要炮制一个公众能自发关注、病毒式传播的商业热点话题都很难。很多网络危机事件，都是在网上论坛发酵，然后引起传统线下媒体的关注和连续报道，然后才是事件得到升级，变成焦点的。如果没有权威媒体的介入，事情就变得很简单。对于个别人的发帖投诉事件，如果情况属实，完全可以跟顾客协商解决；如果无中生有、恶意中伤，则可以交给网络公关公司处理，直接删除那些帖子。

总而言之，只要做好了第一和第二道防线，集团品牌就是安全的。像达芬奇家居的危机公关事件，其实也不是什么大不了的事情，出口转内销的情况已司空见惯了，如果做好第一和第二道防线，何至于落到如此悲惨地步！从头到尾，达芬奇家居的品牌危机公关都是不专业的，错失很多良机。

⦿ 第三道防线：危机事件的正确处理

经过前面两道防线，基本上99.99%的危机事件都可以避免了。中医有一个理念叫做"治未病，不治已病"，同样的道理，真正的危机公关，就是防患于未然，不是等到事情不可收拾了，才去临时抱佛脚。

那么，是不是第三道防线就没必要存在了呢？也不是。对于某些特殊行业而言，有些危机事件是不可控的，例如"毒胶囊"、"三聚氰胺"、"皮革奶"、"瘦肉精"、"地沟油"、"塑化剂"等危机事件，不是个别企业、个别品牌的行为，而是属于行业痼疾，大家长期就这么干的，这属于行业不健康发展埋下的隐患，这种隐患一旦爆发就变得不可收拾。并且，这也是有规律的，即大部分危机事件都集中在食品、药品、饮品、酒类领域。只要不危害公共安全，大部分品牌可能永远也碰不到这种惊天动地的大事。

如果真是碰到了这种大面积传播的危机，企业其实没有太多的选择了。第一，媒体是拦截不住了，就连铁道部也没办法。第二，公众的怒火是挡不住的，不给出满意的交代，跟你没完。第三，政府部门负有监管责任，因此它必须站在公众一方，表明支持公众、严查到底的态度。此时，品牌就成为全民公敌。危机公关如果到了这一步，就算天王老子也无力回天了。

这种情况下，品牌应该老老实实、诚诚恳恳，采取得力措施，其实还是有翻身机会的。下面要分两种情况来处理。

第一种情况：主观原因引起的危机。

例如瘦肉精、三聚氰胺等，都是企业明知故犯，为了某种目的而故意添加的。这种情况下，可以采取如下策略——

第一招，第一个站出来，主动承认错误。既然行业都这么干，事情闹大了，想隐瞒和抵赖是不可能的，那么痛快一点，决策要迅速，动作要快，第一个站出来召开新闻发布会，深刻检讨、认错和道歉。最先道歉的品牌，容易被顾客原谅。后面吞吞吐吐、被迫道歉的品牌，则错失良机，没有机会了。

第二招，第一个站出来，自揭行业黑幕。既然站出来认错道歉了，那就没什么顾虑了，与其被媒体和公众穷追猛打，还不如自己如实招来，将行业黑幕和潜规则悉数托出。此时要速度快，就像博弈论中的"囚徒困境"一样，第一个告密者容易获得好处，第二个告密者就不管用了。此时，本集团应该站在行业领导者的角度，在新闻发布会上，痛陈行业痼疾，猛揭行业潜规则，根据"劣币驱逐良币"原理，阐述不遵守潜规则就会因为成本太高而在竞争中失败，痛言本企业的苦衷，不得不被行业潜规则所绑架，做违心的事情。说到动情处，别忘了挤出几滴眼泪。要将媒体和公众的抨击焦点引向整个行业，而不是让大家将目光聚焦于本品牌，让行业集体担责，那么落在本品牌头上的唾沫和子弹就要少很多。

第三招，在召开新闻发布会痛陈行业弊病的同时，发誓改正错误，限期提出N种大整改措施，邀请媒体和公众监督。要有诚意，要动真格，千万不能忽悠媒体和公众。

第四招，率先采取实际行动。例如"毒胶囊"、"皮革奶"，没看到哪个企业召回问题产品，也没有看到某个企业公开销毁不合格产品和原材料。如果要做好品牌危机公关，在证据确凿的情况下，这类问题产品就应该销毁。并且，不能悄悄销毁，而要邀请媒体和公众现场见证，像虎门销烟那样声势浩大地进行，通过媒体和网络大肆宣传。虽然当前可能给企业带来巨大损失，但是为品牌挽回了声誉，总比企业因此倒闭的好。并且公众看到了实际行动，消除了安全隐患，也就会改变对本品牌的态度。没有壮士断腕之决心，企业和品牌难以获得新生。其实，公众最不能容忍的就是出事之后，众企业纷纷推卸责任、不承认错误，不拿出实际改正措施。如果本品牌、本集团第一个以高姿态和实际行动来改正错误，重新赢得顾客尊敬，那么即便接下来整个行业哀鸿遍野，本品牌也会成为不安全行业的唯一可靠的品牌，而获得发展的契机。

第五招，整改之后，再策划开放日活动，邀请媒体记者、网民代表等前往本企业参观，让大家亲眼见证本企业确实已经进行了内部整改，整改前和整改后变化巨大，要大大方方，不要试图隐瞒什么。并设立互动和演示环节，向大家讲解什么是安全产品，什么是伪劣产品，要将其中的原理讲清楚，免得外行人士做出负面误读。同时，对于接待媒体记者和公众的工作人员，都要经过严格培训，熟悉话术，明白该说什么，不该说什么，所有人都要自然大方得体，清晰回答记者和公众的所有问题。千万不能像归真堂那样，归真堂为了消除"活取熊胆"危机事件，邀请媒体和志愿者参观，结果就是参观几个样板工程，工作人员机械呆板操作，对于记者提问一概不回答，像木头一样不吭声。这种情况就让媒体觉得归真堂缺乏诚意，明显是隐瞒实际情况，结果适得其反。第五招如果没有准备好，就不要采用。免得弄巧成拙，重新卷入负面漩涡中。

第二种情况：客观原因引起的危机。

这种情况就是品牌企业主观上无恶意，并没有想到要添加什么化学物质进去，以提升全民化学知识和抵抗能力。但是由于环境污染、生产条件落后或遭人陷害等原因，让产品受到了污染。典型的案例是强生1982年"泰莱诺尔"药物中毒事件，以及2012年酒鬼酒的"塑化剂"含量严重超标事件，这两起危机事件都是品牌商非主观原因引起的，但是处理结果却大相径庭。

"泰诺"药物中毒事件，危机的出现是该药物中毒导致7人死亡，随后强生公司快速反应，第一时间站出来承担责任，查明原因（系人为投毒），召回受污染的产品，并将所有的过程和真相全程公开，向公众说明情况，消除了群体性恐慌。后来强生公司乘胜反击，推出了抗污染的新包装，引起药品安全保障的一场革命，强生品牌重新赢得公众信任。

相比之下，酒鬼酒的危机公关则非常糟糕。2012年11月19日，有媒体报道说，酒鬼酒50度白酒被质检部门检查出塑化剂超标247%。随后，酒鬼酒极力否认塑化剂超标。后来湖南质检部门将样品送检国家质检总局，仍旧得出塑化剂超标的结论，于是酒鬼酒就被推向风口浪尖。由于酒鬼酒采用了错误的危机公关策略，导致损失惨重，股票连续4日跌停，市值损失53亿元，并导致整个白酒板块市值蒸发500亿，而本来它是有机会可以避免这种后果的。下面就拿酒鬼酒的案例来分析这种情况下的公关策略。

第一招，道歉。既然情况属实，抵赖是没用的。酒鬼酒自己内部也检测发现了塑化剂含量超标，又何必嘴硬呢？虽然它自己觉得很冤枉，塑化剂又不是故意加进去的，国家白酒检测中就根本没有塑化剂检测这一项。所以，它采取了危险的策略：先是极力否认，后来看到事实无可争辩，在事发停牌4天后，才被迫发布了迟来的道歉公告，同时又坚持声称塑化剂无害，被公众解读为"道歉但不认错"，缺乏诚意。其实，在这个信用危机的时代，你的任何争辩，只会给品牌带来更大的危机。我大汉民族是从小吃三聚氰胺、地沟油、毒胶囊、皮革奶、苏丹红、瘦肉精、毒大米、染色馒头、膨大剂、化工蜜饯等长大的，练就了百毒不侵、金刚不坏之躯，尔等区区塑化剂能奈我何？所以大家需要的是诚恳道歉和认错的态度。态度诚恳了，起码会减缓大家"痛打落水狗"的心态。强生在危机发生后的第一时间宣布道歉和担责，通过媒体呼吁公众停止购买和停止服用该药品。在随后的数天时间里，坦诚圆满地答复了从新闻界打来的2000多个询问电话，公司内部所有人员统一口径，统一行动，诚恳向媒体公布真相，不做任何争辩和抵赖。所以，对比之下见分晓，第一招，酒鬼酒已经输了。

第二招，召回。召回肯定会给企业带来巨大损失，但是不召回难道就没损失了？酒鬼酒产品在各地市场都纷纷下架，工厂停工，股市巨跌，这都是损失。与其产品被市场退回来，还不如主动召回。两者损失是一样的，但是公关效果完全不同。被市场退回，那么短期内市场是不会接受品牌再度入市的，实力不济的企业，很容易就垮掉了。而如果主动召回，那么给公众留下知错能改的印象，整改之后的安全产品如果再度入市，反而能赢得顾客的信赖。强生公司危机爆发后，以高达1亿美元的代价撤回了市场上所有的泰诺产品。虽然调查表明只有极少量药（75粒胶囊）受到污染，但公司决策人毅然决定在全国范围内立即收回全部胶囊（在5天内完成）。与此同时，强生花费50万美元通知医生、医院、经销商停止使用和销售，并积极配合美国食品与药品管理局的调查，对800万瓶泰诺药品进行试验，查看其是否还受过其他污染，并向公众公布检查结果。接下来，宣布为已经购买泰诺胶囊的顾客进行换药，将胶囊换成片剂，这个计划又使强生增加了几百万美元的支出。

其实，酒鬼酒主要是50度酒被查出超标，市场存货只有区区5000万，就算加上消费者手中的存货，也不会太多，因为这酒又没储存增值的功能。其2012年前3季度的销售额就达14.8亿元，完全有实力锁定这个品类的酒实现全部召回。但是事发10多天后，酒鬼酒在市值蒸发53亿的情况下，还没有召回计划。其实这5000万存货，已经引起各地经销商纷纷退货，如果顺水推舟宣布召回，则可以挽救品牌声誉和其他品种的销售。现在跟这个已经不存在任何价值的5000万元存货较劲，而让超过存货价值百倍的市值和品牌资产陷入深渊，世界上还有比这更糟糕的决策么？所以，第二招，酒鬼酒也输了。

第三招，追查。既然不是主观添加了塑化剂，那么塑化剂从何而来？你要给公众一个交代，那么就应该自证清白。此时就可以进行公关策划，变被动为主动。一方面，可以高调宣布重金聘请专家组，开展"悬赏500万，捉拿塑化剂"的公关活动。另一方面，邀请媒体、志愿者等动用各类媒体平台对追查进展进行24小时直播，让公众了解和关注事情的进展。当查出原因之后，应该立即兑现500万的承诺，树立诚实守信的形象；同时也间接表明，酒鬼酒自身无过错，也是受害者，这样公众会将同情的天平稍微偏向酒鬼酒。事实上，酒鬼酒自己也在追查原因，直到11月25日，才发布通报称，塑化剂主要是酒体和塑料接触产生的，公司将整改集中在包装线上，计划将含塑料的零部件更换掉。然而，用这样的方式宣布追查结果，酒鬼酒又错失了绝佳的公关机会。

第四招，整改。既然找到了塑化剂的元凶，工厂停工，连夜更换塑料部件，就完啦？错了！正确的做法是：它应该召集各大媒体记者和网民志愿者，来到现场参观原来的塑料部件，在大家的监督和直播之下，更换掉塑料部件。并将这些塑料部件作为"真凶"放在所有媒体上公开展示，这样就将大家目光转移到"真凶"身上，人的恐慌都是源于对未知事物的应激反应，现在大家看到，原来沸沸扬扬的塑化剂真凶，不就是这几个塑料品嘛，我家都有很多塑料品啦，饮水机是塑料的，饭盒是塑料的，水杯是塑料的……这也没啥大惊小怪的啊，这样就可以大大安慰大家的过激反应情绪。同时，对于酒鬼酒知错就改、迅速反应的精神大家都能表示认同的。经过这样的过程，酒鬼酒后面的产品就安全了，公众可以重新接受一个在众人监督下确认为"安全"的产品。而其他白酒品牌，大家还不敢确定是否安全，那么酒鬼酒就因祸得福，可以成为很多顾客的首选。可惜，这招酒鬼酒又错过了。

第五招，反击。如果前面四招酒鬼酒都及时做了，那么危机基本上就过去了。想想看，不安全的产品被召回了，新设备在大家的监督下，生产出不含塑化剂的酒了，品牌商态度诚恳，可以信赖，那么还有什么不可原谅的呢？此时，如果酒鬼酒的公关部门水平高一点，还可以转败为胜，乘胜反击，发动第五招。

怎么反击呢？先看看强生的做法：危机被控制之后，强生快速研发一种新包装重新打入市场。新包装有多重密封，专防假药掺入，杜绝了人为投毒的可能性，成为全行业第一种防掺假药品包装。强生积极与各大媒体联系，宣告新泰诺归来。同时，强生的新包装也引发了药品包装领域的一场革命，真正消除了安全隐患，让所有的消费者受益。最终，强生品牌声誉得到了捍卫，泰诺药品也重新占领了市场，6个月之后，市场份额恢复到原来的95%，一场危机完全化解。

再来看看酒鬼酒的塑化剂，其实塑化剂早就引起了台湾各界的注意，因为塑化剂广泛存在于所有使用塑料容器的产品中，现在台湾各行各业，都在尽量控制塑化剂的含量。复旦大学教授厉曙光在这方面已经做了大量的研究，主要监测塑料包装中塑化剂的迁移量，研究涉及49种饮料，包含茶饮料20种、果汁饮料21种、咖啡乳类饮料8种。塑化剂实际上包含DBP和DEHP等多种物质，检测结果表明，其中DBP的检出率为98%，DEHP检出率为100%，不过含量都低于国家允许的迁移标准，由于人体有代谢功能，可在24~48小时内随尿液或粪便排出，不足以带来危害。但是，也有专业人士认为，由于存在多种渠道同时摄入含塑化剂的食品或饮料，导致塑化剂在体内的同时累加，到底每人每天摄入总量有多少，有没有超过人体新陈代谢的能力，对人体到底有无危害，还有待进一步研究。

基于这样的事实，酒鬼酒应该再次策划一场品牌公关行动，高调宣布斥资5000万（具体根据自身能力而定），成立"全民围剿塑化剂基金"或"塑化剂与食品安全机构"，该基金或机构主要研究塑化剂对人体的危害；研发不转移塑化剂的新型塑料产品；如何消除已经存在的塑化剂危害；做好塑化剂危害宣传，督促食品、饮品和药品行业改进设备等等。这样一来，酒鬼酒就不再是一个千夫所指的品牌，而是摇身变成了"反塑化剂"英雄，高举公益的大旗，将品牌形象提升到一个全新的高度。

经过这五招，酒鬼酒完全可以化危机为契机，重塑品牌，走向更高的辉煌。可惜，酒鬼酒在这些方面都没有做到。

总而言之，集团品牌危机公关实际上是一个系统工程，要扎实做好三道防线，防患于未然，工夫在诗外。尤其是第一和第二道防线，可以拦截绝大部分危机事件，真正考验集团品牌管理水平。

[1] Jenniffer L.Aaker. Dimensions of Brand Personality. Journal of Marketing Research, 1997,34: 342~352

[2] Tom Blackett, Bob Boad. Co-Branding: The Science of Alliance. England: Palgrave Macmillan, 2000

[3] Jan Lindemann. Brand Valuation. Interbrand,2003

[4] 戴维·阿克. 品牌资产管理. 北京：机械工业出版社，2012

[5] 玛格丽特·马克，卡罗·S·皮尔森. 很久很久以前…以神话原型打造深植人心的品牌. 汕头：汕头大学出版社，2003

[6] 向忠宏. 中国品牌个性量表及初步实证. 科技智囊，2010（12）

[7] 艾·里斯，杰克·特劳特. 定位. 北京：机械工业出版社，2011

[8] 杨卫. 品牌价值评估客观性研究——对Interbrand评估方法的几点改进，2006

[9] 吴琪，朱彤. 图解消费者需求. 哈佛商业评论，2003（3）

[10] 范伟达，范冰. 社会调查研究方法. 上海：复旦大学出版社，2012

后记

光从信徒数量来看,品牌可能是全球第一大信仰。从权贵阶层到城市中产,再到底层百姓,都普遍存在品牌崇拜现象。

大凡成熟的市场中,品牌都成为竞争的核心与焦点。据业内估测,目前全国直接从事品牌管理与塑造的人士超过100万之巨,而与品牌密切相关的从业人员更是难以计数。然而,令人惊诧的是,几乎所有的高等学府中,都没有设立品牌学专业,也没有建立系统而成熟的品牌学科,甚至连权威的品牌学教材都很少。

我想,原因主要有两点:一是品牌属于实践性非常强的科学和艺术,如果不能深入到品牌建设的第一线,边实践边研究,那么很难认知和把握品牌的实质。二是品牌属于交叉学科,边界模糊,除了理性的内容,还有很多感性的成分,而感性的部分难以定量和定性,也难以理解和表述,这也导致品牌学的框架、概念等都不能统一。

由于复合型品牌管理人才缺口巨大、培养缓慢,从2006年开始,劳动和社会保障部对"品牌管理师"进行国家考级认证。但是,品牌学科尚未建立,那么"品牌管理师"的认证内容和标准就值得商榷。

本书试图以严谨的态度,结合笔者自身多年来的实践及思考心得,在三个方面下工夫:一是梳理和建立了比较清晰的理论框架,让读者对品牌战略、品牌族群、品牌构建、6C定位、集团品牌管控等内容有一个整体认知和把握;二是对所有重要概念诸如品牌的定义、品牌价值、顾客体验、品牌格调等都正本清源,去伪存真,进行了深入系统的论述;三是在大量实战项目中,开发了数十种应用工具和模型,将抽象理论转化为实操方法。同时,本书一改传统教材枯燥乏味的写法，力图用生动的语言增强可读性。上述努力，希望对品牌学的发展贡献绵薄之力，并对业界人士的实战操作有所帮助。

本书经历了10年实践、5年构思和3年写作，才得以完稿。在本书出版过程中，得到中国发展出版社副总编尚元经老师的亲自指点，得到我的老师复旦大学顾丽梅教授以及复旦管理学院段邵斌老师的无私帮助，得到复旦大学管理学院企业管理系主任苏勇、中国南方航空深圳公司总经理李云祥、通领科技集团有限公司董事长陈伍胜、优势资本股权投资基金总裁吴克忠、商界传媒集团执行副总裁周忠华等名家的点评和肯定，此外，我的同窗挚友、重庆鹏方交通科技股份有限公司CEO周文明为本书作序，还有周云成、刘东等挚友也都给予了大力支持，在此一并表示衷心的感谢！最后，也要感谢我的家人对我的一贯理解和支持！

由于水平有限，疏误之处难免，恳请行家不吝批评指正！

湛　广

2013年5月于上海